1만 시간의 재발견

Peak:
Secrets from the New Science of Expertise
by Anders Ericsson and Robert Pool
First published by Eamon Dolan Book,
an imprint of Houghton Mifflin Harcourt Publishing Company, New York.

노력은 왜 우리를 배신하는가

1만시간의 재발견

안데르스 에릭슨, 로버트 풀 지음 | 강혜정 옮김

비즈니스북스

옮긴이 **강혜정**

서울대학교 동양사학과를 졸업하고 출판사와 신문사를 거쳐 현재 전문 번역가로 활동하고 있다. 옮긴 책으로는 《스냅》, 《해적국가》, 《몸짓의 심리학》, 《미래의 금메달리스트에게》, 《자본주의의 아킬레스건》, 《자칼의 날》, 《텅 빈 레인코트》, 《비이성의 시대》, 《심리학에서 육아의 답을 찾다》 등이 있다.

1만 시간의 재발견

1판 1쇄 발행 2016년 6월 30일
1판 35쇄 발행 2024년 10월 22일

지은이 | 안데르스 에릭슨, 로버트 풀
옮긴이 | 강혜정
발행인 | 홍영태
편집인 | 김미란
발행처 | (주)비즈니스북스
등 록 | 제2000-000225호(2000년 2월 28일)
주 소 | 03991 서울시 마포구 월드컵북로6길 3 이노베이스빌딩 7층
전 화 | (02)338-9449
팩 스 | (02)338-6543
대표메일 | bb@businessbooks.co.kr
홈페이지 | http://www.businessbooks.co.kr
블로그 | http://blog.naver.com/biz_books
페이스북 | thebizbooks
ISBN 979-11-86805-28-2 03190

* 잘못된 책은 구입하신 서점에서 바꾸어 드립니다.
* 책값은 뒤표지에 있습니다.
* 비즈니스북스에 대한 더 많은 정보가 필요하신 분은 홈페이지를 방문해 주시기 바랍니다.

비즈니스북스는 독자 여러분의 소중한 아이디어와 원고 투고를 기다리고 있습니다.
원고가 있으신 분은 ms1@businessbooks.co.kr로 간단한 개요와 취지, 연락처 등을 보내 주세요.

아내 나탈리에게.
당신의 도움과 격려가 있었기에
기존의 전문가와 전문성에 대한 이해 수준을 넘어서서
정상에 한층 다가갈 수 있었습니다.
– 안데르스 에릭슨

내 영혼의 동반자이자 뮤즈인 디앤에게.
글쓰기에 대해 내가 아는 많은 부분을,
인생에 대해 내가 아는 대부분을,
사랑에 대해 내가 아는 모든 것을,
가르쳐준 사람.
– 로버트 풀

차례

이 책은 심리학자와 과학 전문 작가가 공동으로 작업한 결과물이다. 우리 둘은 책의 주제, 즉 자기만의 분야에서 최고 수준에 오른 전문가와 '의식적인 연습'에 대해서 10여 년 전부터 정기적으로 의견을 나눠왔고, 5년여 전부터 책을 만드는 작업을 진지하게 시작했다. 우리가 오랜 시간 의견을 주거니 받거니 하는 사이 책은 무럭무럭 성장했고, 이제는 우리 자신조차도 정확히 누가 책의 어느 부분을 담당했고 어느 부분에 책임이 있는지 명확하게 구별하기 힘들 정도가 되었다. 그러나 공동 작업 덕분에 우리 가운데 누군가가 단독으로 작업한 것보다 훨씬 나은 책 그리고 많이 다른 책이 탄생했다는 것만은 분명하게 말할 수 있다.

책은 공동 작업의 산물이지만, 본문에 나오는 사례를 포함한 각종 이야기는 한 사람(에릭슨)의 것임을 더불어 밝혀둔다. 에릭슨은 심리학자의 길을 걷는 내내 전문가, 즉 일반 수준을 넘어서는 비범한 실력을 갖춘 사람들이 그런 실력을 갖게 된 비결을 연구해왔고, 지금도 연구하고 있다. 우리는 에릭슨의 관점에서 책을 쓰기로 했으며, 따라서 본문에서 '나'라고 지칭하면 에릭슨을 가리키는 것으로 이해해야 한다. 그렇지만 책 자체는 더없이 중요한 주제와 그것이 지니는 함의를 설명하려는 우리 두 사람의 공동 노력의 산물이다.

안데르스 에릭슨
로버트 풀

'타고난 재능'이란 없다

왜 어떤 사람들은 자기 일을 놀랍도록 훌륭하게 해내는 걸까? 경쟁을 통해 기량을 겨루는 스포츠나 악기 연주부터 과학, 의학, 경영까지 어느 분야에든 경이로운 실력으로 우리를 감탄하게 만드는 소수의 비범한 사람들이 항상 존재하는 것 같다. 이런 사람들과 마주치면 우리는 당연히 그들이 다른 사람들은 갖지 못한 무언가를 가지고 태어났다고, 그래서 저렇게 잘하는 것이라고 결론을 내리는 경향이 있다. 그리고 "그 사람은 진짜 타고난 재능이 있어."라고 말하곤 한다.

하지만 정말 그럴까? 나는 30년 이상 이런 사람들, 즉 운동선수, 연주자, 체스 기사, 의사, 영업사원, 교사 등 다양한 분야에서 탁월한 실력을 보이는 특별한 사람들을 연구해왔다. 나는 이들이 어떤 일을, 어떻게 하는지와 관련된 핵심 내용을 철저하게 조사했다. 이들을 관찰하고, 인터뷰하고, 테스트했다. 이런 비범한 사람들의 심리, 신체, 신경 구조를 연구했다. 시간이 흐르고 연구가 누적되면서 나는 이들이 분명 비범한 재능을 지니고 있으며, 이들이 발휘하는 비범한 능력의 핵심에 이런 재능이 있음을 알게 되었다. 그러나 이 재능은 우리가 흔히 생각하는 '선천적인 재능'이 아니다. 또한 그것이 지닌 힘과 영향력 역시 우리의 상상을 초월한다. 무엇보다 중요한 것은 우리 모두가 그 재능을 가지고 태어나며, 올바른 접근법을 통해서 얼마든지 활용할 수 있다는 점이다.

절대음감에 관한 신화

1763년, 어린 볼프강 아마데우스 모차르트는 '모차르트 전설'에 시동을 걸 유럽 연주여행을 막 시작하려는 참이었다. 불과 일곱 살, 키가 하프시코드 너머를 겨우 볼 수 있을까 말까 한 정도밖에 되지 않았지만, 모차르트는 바이올린과 여러 건반 악기를 다루는 솜씨로 고향 잘츠부르크 관객들을 사로잡았다. 일곱 살 어린아이라고는 도저히 믿기지 않는 연주 솜씨였다. 그러나 그에게는 당대 사람들에게 그보다 훨씬 놀랍게 느껴졌던 또 다른 재주가 있었다. 오늘날 우리가 그의 이런 재능을 알게 된 것은 그와 가족이 잘츠부르크를 떠나 유럽 연주여행길에 접어든 직후, 모차르트 아버지의 고향 아우크스부르크의 어느 신문에 실린 다소 흥분된 어조의 독자 투고[1] 덕분이다.

독자 투고를 보낸 사람은 어린 모차르트가 악기로 연주하는 음을 들으면, 어떤 음이든 듣는 즉시 음이름을 정확하게 알아맞혔다고 썼다. '가온다 2옥타브 위의 높은 라 음' 또는 '가온다 낮은 미 음' 식으로 말이다. 그는 다른 방에 있으면서 연주하는 악기를 볼 수 없을 때도 음을 정확히 알아맞혔으며, 바이올린과 피아노뿐만 아니라 모든 악기의 음을 맞힐 수 있었다. 작곡가이자 음악 교사였던 그의 아버지는 우리가 흔히 생각할 수 있는 거의 모든 악기를 집에 두고 있었다. 비단 악기뿐만이 아니었다. 어린 모차르트는 자명종 소리, 교회 종소리, '에취' 하는 재채기 소리 등도 충분히 음악적이다 싶기만 하면 정확하게 음높이를 식별할 수 있었다. 이는 당시 대부분의 성인 연주자, 심지어 그중 가장 경험이 풍부하고 노련한 사람도 필적하지 못할 능력이었다. 따라서 당대 사람들에게 모차르트의 이런 능력은 피아노 건반을 두드리고 바이올린을 켜는 솜씨보다 훨씬 인상적인, 모차르트라는 신동이 타고난 신비로운 재능을 대표하는 것처럼 보였다.

물론 오늘날 우리에게 이것은 그렇게까지 신비로운 능력은 아니다. 250년 전에 비하면 이에 대해 알려진 정보가 훨씬 많으며, 대부분의 사람이 최소한 이 능력에 대해 들어본 적이 있다. 이 능력은 전문 용어로 '절대음감'이라고 불린다. 절대음감은 대단히 희귀한 것으로, 인구 1만 명당 1명[2] 꼴로 나타난다. 세계적인 음악가로 범위를 좁히면 그렇게까지 드물게 나타나지는 않지만, 거장 음악가 사이에서도 결코 흔한 능력은 아니었다. 베토벤은 절대음감을 가지고 있었다고 생각되지만 브람스는 아니었다. 블라디미르 호로비츠는 가지고 있었지만, 이고리 스트라빈스키는 가지고 있지 않았다. 프랭크 시나트라는 가지고 있었지만, 마일스 데이비스는 가지고 있지 않았다.

이렇게 보면 절대음감은 운 좋은 소수만이 가지고 태어나는 선천적 재능의 완벽한 사례처럼 보인다. 실제로 적어도 과거 200년 동안 널리 믿어진 바에 따르면 그렇다. 그러나 지난 몇십 년간 절대음감을 기존과는 다르게 이해하는 새로운 견해들이 등장했다. 정확히 말하자면 절대음감만이 아니다. 이들 새로운 견해에 따르면, 삶에서 마주치는 다른 여러 재능 역시 이전과는 다르게 이해되어야 한다.

절대음감이 선천적 재능이라는 기존 견해에 의문을 제기하게 되는 최초의 힌트는 이런 '재능'을 가진 사람들이 하나같이 유년 시절부터 일종의 음악 교육을 받았다는 관찰 결과에서 나왔다는 것이다. 특히 절대음감을 가진 거의 모든 사람이 '아주 어린' 시기에 음악 교육을 받기 시작했음을 보여주는 연구 결과가 상당히 많았다. 일반적으로 3세에서 5세 사이였다.[3] 절대음감이 선천적인 능력이라면, 즉 '태어나는 순간 소유 여부가 결정'되는 것이라면, 유년 시절에 음악 교육을 받았는지 여부가 상관이 없어야 한다. 생의 어느 시점에든 음이름을 알 정도의 음악 교육을 받으면 되는 것이다.

중국어, 베트남어를 비롯한 몇몇 아시아 언어의 특징인 성조聲調 언어 사용자에게서 절대음감이 훨씬 빈번하게 나타난다는 연구 결과 역시 절대음감에 대한 기존 견해를 바꿀 중요한 단서가 되었다. 성조 언어란 음의 높낮이에 따라 단어의 의미가 달라지는 언어다. 절대음감이 정말 유전적 능력이라면, 성조 언어와의 연관성을 설명할 유일한 방법은 아시아계 후손들이 유럽이나 아프리카계 후손보다 절대음감 유전자를 가지고 있을 확률이 높은 경우뿐이다. 그런데 이것은 쉽게 확인이 가능하다. 영어나 다른 비非성조 언어를 사용하면서 성장한 아시아계 사람들을 연구하여 절대음감을 보유하고 있는 확률이 높은지를 보면 되는 것이다. 연구 결과

비성조 언어를 사용하면서 성장한 아시아계 후손이 절대음감을 가질 확률은 다른 인종보다 높지 않았다.[4] 그러므로 절대음감을 가질 확률을 높이는 것은 아시아계 혈통이 아니라 성조 언어의 학습 여부다.

몇 년 전까지 절대음감에 대해 밝혀진 내용을 요약하자면 다음과 같다.[5] 유년 시절의 음악 공부는 절대음감을 보유하는 데 필수이고, 성장 과정에서 성조 언어를 사용한 사실은 절대음감을 보유하게 만들 확률을 높인다. 말하자면 과학자들은 절대음감이 선천적 재능인지 여부는 확실하게 밝히지 못했지만, 그것이 하나의 재능이라면 유년 시절에 어느 정도의 음조 관련 교육을 받은 사람들 사이에서만 발현되는 재능이라는 점까지는 알고 있다. 즉 절대음감은 '사용하지 않으면 잃게 되는' 그런 유의 재능이었다. 절대음감에 대한 재능을 타고난 운 좋은 소수라고 해도 그것을 개발하려면 무언가를 해야 한다. 특히 유년 시절에 어느 정도의 음악 교육을 받아야 한다.

얼마 전까지는 이런 생각이 지배적이었지만 지금은 그렇지 않다는 사실이 밝혀졌다. 2014년, 학술잡지 《음악심리학》Psychology of Music[6]에 소개된, 일본의 심리학자 사카키바라 아야코榊原彩子의 실험 덕분이다. 일본 도쿄 이치온카이—音会 음악학교에서 진행된 이 실험은 절대음감의 진정한 본질을 밝혔다는 평가를 받는다.

실험에서 사카키바라는 2세에서 6세 사이의 어린이 24명에게 여러 가지 피아노 화음을 소리만 듣고 식별하는 법을 가르칠 목적으로 설계한 교육 프로그램을 이수하게 했다. 화음은 모두 장3화음으로, 예를 들어 가온다 계이름으로 치면 도미솔로 이루어진 화음 같은 것이었다. 아이들은 하루에 네다섯 가지 짧은 수업을 받았는데, 각각 불과 몇 분밖에 걸리지 않았다. 수업은 사카키바라가 선정한 열네 가지 화음을 모두 소리만 듣고 식별할 수 있을 때까지 계속되었다. 일부는 1년이 안 되어 교육을 마친 반면 일부는 1년 반이 걸렸다. 그리고 일단 아이가 열네 가지 화음을 식별하는 법을 배우고 나면, 개별 음의 이름을 정확하게 맞힐 수 있는지 시험해보았다. 교육을 마친 뒤에 연구에 참여한 모든 아이가 절대음감을 가지게 되었고, 피아노로 연주되는 개별 음을 식별할 수 있었다.[7]

이는 그야말로 놀라운 결과다. 일반적인 상황에서는 1만 명 가운데 1명만이 절대음감을 나타내는 데 반해서, 사카키바라의 교육 프로그램을 이수한 학생은 모두가 절대음감을 키울 수 있었다. 이 결과에 담긴 함의는 너무나 명확하다. 절대음감이 운 좋은 소수에게만 주어지는 타고난 재능이 아니라, 적절한 환경과 훈련이 수반되면 거의 모든 사람이 발전시킬 수 있는 능력이라는 것이다. 사카키바라의 연구는 절대음감에 대한 기존의 이해를 완전히 바꾸는 획기적인 것이었다.

그렇다면 모차르트의 절대음감은 어떻게 되는 걸까? 그의 성장 환경을 조금만 들여다보면 납득이 가는 상당한 정보를 얻을 수 있다. 모차르트의 아버지 레오폴트 모차르트Leopold Mozart는 자신이 원했던 정도의 성공에 도달하지 못한, 평범한 재능을 가진 바이올린 연주자이자 작곡가였다. 이루지 못한 간절한 꿈에 대한 보상심리였을까? 레오폴트는 자녀들을 성공한 음악가로 만드는 일에 유달리 공을 들였다. 모차르트의 누나 마리아 안나 모차르트Maria Anna Mozart가 첫 번째였는데, 동시대인의 설명에 따르면 마리아 안나는 열한 살 무렵에 이미 전문적인 성인 연주자 못지않은 피아노와 하프시코드 연주 실력을 갖추었다고 한다.[8] 어린이 음악 교육에 관한 최초의 교재를 집필하기도 했던 레오폴트는 마리아 안나가 음악 교육을 받기 시작한 것보다도 이른 나이에 모차르트의 음악 교육을 시작했다. 모차르트가 네 살이 되자 레오폴트는 바이올린, 건반 악기 등을 가르치면서 다른 일을 접고 아들 교육에만 전념했다.[9] 그가 정확히 어떤 훈련 방법을 썼는지는 모르지만, 예닐곱 살 무렵에 모차르트가 사카키바라의 교육 프로그램을 통해 절대음감을 키운 24명의 아이들보다 훨씬 오랜 시간 강도 높은 훈련을 했다는 것만은 분명하다. 그러므로 지금 생각해보면 모차르트가 절대음감을 발휘한 일은 하나도 놀랍지 않은, 당연한 결과인 셈이다. 당대에는 다들 경악을 금치 못할 일이었지만 말이다.

그렇다면 일곱 살의 모차르트가 절대음감에 대한 재능을 가지고 있었을까? 답은 그렇기도 하고 아니기도 하다. 모차르트가 피아노 소리든 찻주전자에서 김이 나오는 소리든 정확한 음높이를 식별하게 해주는 희귀한 유전적 능력을 타고났을까? 그동안 과학자들이 밝힌 절대음감에 관한 사실을 종합해보면 답은 부정적이다. 모차르트가 만약 다른 가정에서 음악을 접하지 않고(혹은 제대로 된 방향으로 충분한 음악을 접하지 않고) 자랐다면, 당연히 그런 능력을 발전시키지 못했을 것이다. 그럼에도 불구하고 모차르트는 분명 재능을 타고났고, 그것은 사카키바라의 연구에 참여한 아이들이 가지고 태어난 것과 같은 재능이었다. 이들 모두가 올바른 훈련을 거치면 (가지고 있지 않은 사람에게는) 마법이 아닌가 싶을 정도로 대단해 보이는 능력을 발전시킬 수 있을 만큼 유연하고 '적응력이 뛰어난 뇌'를 가지고 태어났다는 것이다.

말하자면 절대음감 자체가 타고난 재능이 아니라 '절대음감을 발전시킬 수 있는 능력'이 타고난 재능이다. 그리고 거의 모든 사람이 이런 재능을 가지고 태어난다고 말해도 무리가 없다.

이는 놀랍고도 반가운 소식이다. 일반적인 상황에서 1만 명에 1명꼴로만 능력이 발현되었던 것을 보면, 현대 인류에 이르기까지 수백만 년에 걸친 진화 과정에서 어떤 새가 부르는 노래의 정확한 음높이를 식별하는 사람에게 유리한 선택압選擇壓은 없었던 것으로 보인다. 그러나 지금도 우리는 비교적 간단한 훈련만으로 절대음감을 키울 수가 있다.

간단한 훈련만으로 절대음감도 개발하는 놀라운 재능이 인간에게 존재하는 이유를 신경과학자들이 이해하게 된 것은 최근에 와서다. 수십 년 동안 과학자들은 인간은 뇌의 신경조직망이 거의 고정된 상태로 태어나며, 이것이 우리의 능력을 결정짓는다고 믿었다. 말하자면 뇌의 신경 구조가 절대음감에 맞게 만들어져 태어나거나 그렇지 않거나 둘 중 하나로, 우리가 이를 바꾸기 위해서 할 수 있는 일은 많지 않다는 식이었다. 타고난 재능을 만개시키려면 어느 정도의 훈련이 필요할지 모른다. 그리고 이런 훈련을 하지 못하면 절대음감이 온전하게 발전할 수 없을지도 모른다. 그러나 처음부터 그에 맞는 유전자를 가지고 태어나지 않았다면 아무리 많은 훈련을 해도 소용없다는 것이 일반적인 믿음이었다.

그러나 1990년대 이후 뇌 연구자들은 인간의 뇌가(심지어 성인의 뇌라고 해도) 그동안 생각해온 것보다 훨씬 적응력이 뛰어나며, 덕분에 인간이 뇌의 능력에 엄청난 통제력을 발휘한다는 것을 알게 되었다. 특히 뇌는 제대로 된 자극에 반응하여 다양한 방식으로 신경조직망을 재설계하는 능력이 뛰어나다. 자극에 따라서 신경세포, 즉 뉴런 사이에 새로운 연결이 만들어지기도 하며, 기존의 연결이 강화되거나 약화될 수도 있다. 심지어 뇌의 일부 영역에서는 새로운 뉴런이 생성되는 일까지도 가능하다. 뇌의 이런 적응 능력은 모차르트뿐만 아니라 사카키바라 실험에 참가했던 아이들이 절대음감을 개발할 수 있었던 이유를 설명해준다. 그들의 뇌가 절대음감을 가능하게 하는 특정 형태의 연결망을 만들어냄으로써 음악 교육이라는 자극에 반응했던 것이다. 아직은 그것이 정확히 어느 연결망인지 밝히지 못했고, 어떻게 생겼는지, 정확한 기능이 무엇인지 등을 말할 수 있는 단계도 아니다. 하지만 그것이 존재한다는 사실만은 분명하게 알고 있다. 또한 이런 연결이 선천적인 것, 즉 유전적 프로그래밍 결과가 아니라 훈련의 산물이라는 사실 역시 알고 있다.

절대음감의 경우 개발에 필요한 뇌의 적응력adaptability은 6세가 넘으면 사라지며, 따라서 그때까지 절대음감에 필요한 신경조직망이 구축되지 않으면 이후 영원히 만들어지지 않는 것으로 보인다(제8장에서 살펴볼 것처럼 일종의 예외는 있다. 이런 예외를 통해 뇌의 적응력을 정확히 어떻게 활용할 것인지에 대해 많은 정보를 얻을 수 있다). 나이가 들면서 뇌의 적응력이 사라지는 현상은 절대음감에만 국한되지 않는다. 이는 우리 뇌에서 광범위하게 일어나는 일반적인 현상이다. 즉 인간의 두뇌와 육체 모두 성인기보다는 유아기에 적응력이 뛰어나다. 따라서 6세, 12세, 18세 등 특정 연령 이전에만 개발이 가능한, 혹은 특정 연령 이전이면 한층 수월하게 개발할 수 있는 능력들이 있다. 그러나 한편으로 인간의 두뇌와 육체는 모두 성인기 내내 상당한 적응력을 보유하고 있다. 바로 이런 적응력 덕분에 성인, 심지어 나이가 많은 성인조차도 올바른 훈련을 통해 새로운 능력을 다양하게 개발할 수 있다.

이런 사실을 염두에 두고 이 글의 서두에서 제기한 질문으로 돌아가보자. 왜 어떤 사람들은 자기 일을 놀랍도록 훌륭하게 해내는 걸까? 다양한 분야의 전문가들을 오랫동안 연구하면서 나는 그들 모두가 사카키바라 연구에 참여한 아이들과 같은 방법으로 자신의 능력을 개발했다는 사실을 알게 되었다. 그렇게 하지 않았다면 불가능했을 것들을 가능하게 해주는 뇌(능력에 따라서는 신체)의 변화를 유도하는 꾸준한 훈련을 통해서 말이다.

물론 어떤 경우에는 타고난 유전적 자질이 중요하다. 신장 같은 신체적 요인이 중요한 분야에서는 특히 그렇다. 키가 165센티미터까지밖에 크지 않는 유전자를 가진 남성이라면 프로 농구 선수가 되기는 아무래도 힘들 것이다. 마찬가지로 키가 180센티미터인 여성이 세계적인 체조 선수로 성공하기도 거의 불가능하다고 보아야 한다.[10] 또한 앞으로 살펴보겠지만 유전자는 이외에도 여러 방식으로 개인의 성취에 영향을 미칠 수 있다. 개인이 얼마나 근면한 태도로, 얼마나 정확하게 연습할 수 있는가에 영향을 미치는 유전자가 특히 그렇다. 그러나 수십 년 동안의 전문가 연구에서 나온 분명한 메시지는, '탁월한 재능을 지닌' 사람들의 성취에서 유전적 자질이 어떤 역할을 하든, 그들이 가진 핵심 재능은 우리 모두 가지고 있다는 것이다. 그것은 바로 인간의 두뇌와 육체가 지닌 놀라운 적응력이다. 그리고 '재능 있는' 사람들은 누구나 가지고 있는 이런 재능을 다른 사람들보다 효과적으로 활용해왔다는 사실이다.

비범한 능력을 가진 사람들과 이야기를 해보면, 그들 모두가 이런 사실을 어떤 식으로든 이해하고 있다는 느낌이 든다. '인지 적응력'cognitive adaptability이라는 전문 개념에는 익숙하지 않을지 모르지만, 자신이 특정 유전자를 갖고 태어나는 복권에 당첨되어서, 말하자면 엄청나게 운이 좋아서 자기 분야에서 정상에 올랐다고 생각하는 사람은 좀처럼 없다. 또한 그들은 직접 경험해왔기에 자신이 가진 비범한 능력을 키우기 위해 무엇이 필요한지 누구보다 잘 알고 있다.

이와 관련해서 내가 특히 좋아하는 경험자의 증언이 하나 있다. 바로 미국 프로농구NBA 선수 레이 앨런Ray Allen의 이야기다. 앨런은 열 번이나 NBA 올스타로 선발되었고, NBA 역사상 3점슛을 가장 많이 성공시킨 선수로 꼽힌다. 몇 년 전 앨런이 최다 3점슛 기록에 다가가고 있을 무렵, ESPN 칼럼니스트 재키 맥뮬런Jackie MacMullan이 앨런에 대한 기사를 하나 썼다. 기사를 작성하려고 앨런과 이야기를 나누면서 맥뮬런은 어떤 농구 해설자가 앨런이 슛 감각을 타고났다고, 다시 말해 3점슛을 잘하는 선천적인 재능을 타고났다고 말한 사실을 언급했다. 당시 앨런은 동의는커녕 가당치 않다면서 그런 주장을 하는 사람들에 대한 서운함을 내비쳤다.

"지금까지 살아오면서 그것과 관련해 여러 사람과 논쟁을 벌였습니다." 앨런은 맥뮬런에게 말했다. "내가 점프슛을 잘하는 것이 신의 축복 덕분이라는 소리를 들으면 정말 화가 납니다. 그런 사람을 보면 난 이렇게 말하지요. '내가 매일 들인 노력을 과소평가하지 마세요.' 며칠이 아니라 매일입니다. 나랑 같은 팀이었던 사람 누구라도 붙잡고 누가 슛 연습을 가장 많이 하느냐고 물어보세요. 시애틀 슈퍼소닉스든, 밀워키 벅스든 찾아가보세요. 답은 접니다."

실제로 앨런의 고등학교 농구부 코치에 따르면 고등학생 때만 해도 앨런의 점프슛은 다른 부원들보다 크게 나을 것이 없었다. 아니 사실, 그때 앨런의 점프슛은 형편없었다. 그러나 앨런은 형편없는 슛을 고치기 위해서 누구보다 많은 연습을 하며 최선을 다했고, 결국 자신의 점프슛을 사람들이 타고났다고 생각할 만큼 우아하고 자연스럽게 변모시켰다.[11] 말하자면 앨런은 자신의 재능, 진짜 재능을 활용했다.

노력과 성실함에도 전략이 필요하다

이 책은 볼프강 아마데우스 모차르트, 사카키바라 아야코의 연구에 참여한 아이들, 레이 앨런, 모두가 가지고 있었던 재능에 관한 책이다. 그 재능이란 바로 인간의 뇌와 육체의 놀라운 적응력을 활용함으로써 올바른 훈련과 연습을 통해 그렇게 하지 않았다면 갖지 못했을 능력들을 만들어낸 것을 뜻한다. 뿐만 아니라 이 책은 여러분 각자가 이런 재능을 활성화시켜 자신이 선택한 분야에서 활용할 구체적인 방법을 알려주는 책이기도 하다. 마지막으로 인간의 잠재력을 바라보는 근본적으로 새로운 시각과 사고를 이야기하는 책이다. 이 새로운 시각에 따르면 인간이 지닌 삶에 대한 통제력은 우리의 생각보다 훨씬 크고 강력하다.

고대부터 사람들은 특정 분야에서 개인의 잠재력은 타고난 재능에 의해 필연적이고 불가피하게 제한된다고 생각해왔다. 많은 사람이 피아노를 배우지만 특별한 재능을 가진 사람만이 진정으로 위대한 피아노 연주자나 작곡가가 된다. 모든 아이가 학교에서 수학을 접하지만 소수만이 수학자, 물리학자, 공학자가 되는 데 필요한 자질을 지니고 있다. 이런 관점에 따르면 개인은 (음악 잠재력은 얼마, 수학 잠재력은 얼마, 운동 잠재력은 얼마 하는 식으로) 분야별로 고정된 일단의 잠재력을 가지고 태어나며, 그 가운데 어떤 것을 선택해서 발전시킬 수 있다(혹은 발전시키지 않을 수도 있다). 이런 잠재력은 크기가 정해진 '그릇'과 같아서 우리가 최선을 다해도 정해진 용량까지만 채울 수 있으며, 이를 넘어설 수는 없다. 그러므로 훈련이나 교육의 목적은 그릇을 가능한 가득 채울 수 있도록, 말하자면 개인이 타고난 잠재력의 최대치에 도달하도록 돕는 것이 된다. 이런 관점은 결국 정해진 한계를 전제하고 접근하는 학습법으로 이어질 수밖에 없다.

그러나 그동안의 축적된 연구 덕분에 이제 우리는 미리 정해진, 고정된 능력 따위는 없음을 알고 있다. 인간의 뇌는 적응력을 가지고 있으며, 훈련을 통해서 (절대음감 같은) 이전에는 없던 능력을 새로 만들어낼 수 있다. 어떤 일이나 상황에서 결과나 흐름의 판도를 뒤바꿀 만한 중요한 역할을 하는 사람, 사건, 서비스, 제품 등을 '게임 체인저'game changer라고 하는데, 이런 인식이야말로 확실한 '게임 체인저'에 해당한다. 이런 인식을 가지고 있으면 학습에 대한 접근이 근본적으로 달라진다. 학습이 인간의 타고난 능력을 활용하게 해주는 수단이 아니라 없던 능력을 창조하는 수단이 되기 때문이다. 이런 '신세계'에서는 개인이 고정된 잠재 역량을 가지고 태어난다고 생각하는 것은 말이 안 된다. 오히려 인간의 잠재력은 크기와 모양이 얼마든지 바뀌는 신축성 있는 그릇과 같으며, 우리가 평생 하는 다양한 활동에 의해 그 크기와 모양이 결정된다. 이렇게 보면 학습은 개인의 잠재력에 도달하는 수단이 아니라 오히려 잠재력을 개발하는 수단이 된다. 말하자면 인간은 자신의 잠재력을 만들어낼 수 있다. 이런 원칙은 개인의 목표가 전문 피아노 연주자가 되는 것이든 스스로 즐길 정도로 적당히 피아노를 연주하는 것이든, 미 프로골프협회 회원이 되어 PGA 투어에서 활동하는 것이든 그저 핸디캡을 몇 타 줄이는 것이든 상관없이 모두에게 적용된다.

그렇다면 이제 질문은 "어떻게 할 것인가?"가 된다. 이런 재능을 어떻게 활용하여 자신이 선택한 영역에서 필요한 능력들을 개발할 것인가? 지난 수십 년간 나는 이 질문에 대한 답을 찾고자 애썼다. 즉 특정 활동에서 수행능력을 향상시킬 가장 좋은 방법을 구체적으로 찾고, 이해하고자 했다. 말하자면 "무엇이 효과가 있고 무엇은 효과가 없는가? 이유는 무엇인가?"라는 질문을 던지고 그 해답을 찾고자 노력했다.

신기하게도 이런 주제에 대해 책을 쓴 사람들 대부분이 이 질문에는 거의 관심을 갖지 않았다. 지난 수십 년 동안 우리가 선천적인 재능의 가치를 과대평가하고, 기회, 동기부여, 노력 등의 가치를 과소평가해왔다고 주장하는 책이 많이 나왔다.[12] 나도 이런 주장에 반대할 생각은 없다. 연습으로 나아질 수 있다는 사실, 그것도 많이 나아질 수 있다는 사실을 사람들에게 알리는 것은 분명 중요하다. 그렇지 않으면 노력을 해야 한다는 동기부여조차도 받기 힘들 것이다. 하지만 이런 책들은 때로 진정으로 원하는 마음과 각고의 노력만 있으면 수행능력을 향상시킬 수 있다는 인상을 준다. "꾸준히만 하면 목표에 도달할 것이다." 듣기에는 그럴싸하지만 사실 틀린 말이다. '올바른 연습'을 충분한 기간에 걸쳐 수행해야 실력이 향상되고 원하는 목표에 도달할 수 있다. 다른 방법은 없다.

나는 이 책에서 '올바른 연습'이란 무엇이며, 효과적인 실천 방법은 무엇인지를 상세하게 설명할 것이다.

이와 관련된 자세한 내용은 '전문성학'science of expertise이라고 하는 것이 최선이 아닐까 싶은, 비교적 새로운 심리학 분야에서 나온다. '전문가' expert performer, 즉 자기 영역에서 세계 최고에 속하는 사람, 수행능력의 정점에 도달했던 사람들이 지닌 능력을 이해하는 것을 목표로 하는 심리학 분야다. 그동안 나는 이런 주제와 관련된 학술서를 몇 권 출간했다. 《전문성에 대한 일반 이론에 대하여: 전망과 한계》Toward a General Theory of Expertise: Prospects and Limits, 《탁월한 경지에 이르는 길》The Road to Excellence, 《전문성과 전문가 수행능력에 관한 케임브리지 안내서》The Cambridge Handbook of Expertise and Expert Performance 등이다. 전문성 연구에 몸담은 학자들은 이런 비범한 사람들을 나머지 일반인과 구별해주는 것이 무엇인지 조사하고 탐구한다. 또한 이들 전문가가 시간의 흐름에 따라 자신의 능력을 어떻게 향상시켰는지, 그에 따라 그들의 정신적, 육체적 능력이 정확히 어떻게 변했는지를 단계적으로 설명하고 종합하려고 한다. 20여 년 전 여러 분야 전문가들을 연구한 뒤에 동료들과 나는 분야가 무엇이든 수행능력을 향상시키는 가장 효과적인 방법은 모두 동일한 일반 원칙을 따른다는 것을 인식하게 되었다. 그리고 어느 분야에서나 통하는 보편적인 방법을 '의식적인 연습' deliberate practice이라고 명명했다. 오늘날 '의식적인 연습'은 어떤 분야에서든 새로운 기술과 능력을 개발하기 위해 적응력이라는 천부의 재능을 활용하려는 사람이라면 반드시 따라야 하는 금과옥조와 같은 규범이며, 이 책의 핵심 내용이기도 하다.

책의 전반부에서는 '의식적인 연습'이란 무엇인지, 왜 효과적인지, 전문가들이 이것을 어떻게 활용하여 비범한 능력을 만들어내는지를 살펴볼 것이다. 이를 위해 더없이 단순한 것부터 복잡한 것까지 다양한 형태의 연습 방식을 살펴보고, 연습의 효과를 구분 짓는 차이가 무엇인지를 논의할 것이다. 여러 종류의 연습을 구분 짓는 핵심 차이 가운데 하나는 "인간의 뇌와 육체의 적응력을 얼마나 활용하는가?"이다. 따라서 당연히 적응력이란 무엇이며, 적응력을 활성화시키는 방법이 무엇인지도 살펴볼 것이다.

또한 '의식적인 연습'에 대한 반응으로 뇌에서 정확히 어떤 변화가 일어나는지도 알아본다. 전문성 획득은 주로 심리 과정을 향상시키는 것이 관건이다(일부 분야의 경우 신체 움직임을 통제하는 심리 과정을 포함한다). 또한 체력, 유연성, 지구력 증가 같은 신체 변화에 대해서는 이미 상당 부분 알려져 있으므로, 이 책은 주로 전문가 수행능력의 심리적 측면에 초점을 맞춘다. 물론 스포츠를 비롯한 여러 신체 활동 분야에서 전문성을 논할 때는 신체적 요소가 중요한 것도 사실이다. 이상의 요소를 개별적으로 살펴본 뒤에 우리는 이 모든 것이 어떻게 한데 어우러져서 전문가가 탄생하는지를 살펴볼 것이다. 전문가의 탄생은 보통 10년 또는 그 이상이 걸리는 장기적인 과정이다.

다음으로 막간을 이용하여 선천적인 자질이라는 문제와, 그것이 개인이 도달할 수 있는 전문성 수준을 제한하는 데서 어떤 역할을 하는지 면밀히 살펴볼 것이다. 운동을 비롯한 여러 신체 활동에서는 신장이나 체격 같은 선천적인 신체 특징들이 개인의 수행능력에 영향을 미친다. 이런 것들은 연습으로 바꾸기 힘들다. 그러나 개인의 수행능력에 일정한 영향을 미치는 대부분의 자질은 올바른 연습을 통해 바꿀 수 있다. 적어도 삶의 특정 시기 동안에는 그렇다. 전체적으로 보면 타고난 유전적 요인과 우리가 이제 막 이해하기 시작한 연습 사이에는 복잡한 상호작용이 일어난다. 일부 유전적 요인이 '의식적인 연습'에 몰두하는 개인의 능력에 지속적인 영향을 미칠 수도 있다. 예를 들어 매일 장시간 집중할 수 있는 개인의 능력을 제한하는 식으로 말이다. 역으로 장기간의 집중적인 연습이 우리 몸에서 어떤 유전자를 활성화시키고 어떤 유전자를 비활성화시킬지에 영향을 미칠 수도 있다.

책의 후반부에서는 그동안 전문가 연구를 통해 '의식적인 연습'에 대해 터득한 모든 사항을 다룰 것이다. 그리고 그것이 아직 전문가가 아닌 보통 사람들에게 어떤 의미를 지니는지 설명할 것이다. 여기서 나는 '의식적인 연습'을 조직에서 직원의 수행능력을 향상시키기 위해서 어떻게 활용할지, 개인이 각자의 관심 분야에서 실력을 향상시키기 위해서 어떻게 활용해야 할지, 나아가 교육 현장에서 어떻게 활성화시킬지에 대해 구체적으로 조언할 예정이다.

'의식적인 연습' 원칙은 전문가를 연구하는 과정에서 발견되었지만, 원칙 자체는 지금보다 아주 조금이라도 나은 성과를 바라는 사람이라면 누구든, 어디에든 활용할 수 있다. 테니스 실력이 나아지기를 바라는가? '의식적인 연습'을 하라. 글쓰기 실력이 향상되기를 바라는가? '의식적인 연습'을 하라. 영업 능력이 향상되기를 바라는가? '의식적인 연습'을 하라. '의식적인 연습'은 단순히 '만족스러운' 정도가 아니라 세계 최고 수준에 오르도록 도울 목적으로 고안된 것으로, 지금까지 나온 어떤 것보다 강력한 학습 방법이다.

다음과 같이 생각해보면 이해가 한결 쉽지 않을까 싶다. 여러분이 어떤 산을 오르려 한다고 가정해보자. 얼마나 높이 올라가고 싶은지는 스스로도 명확하지 않다(정상까지 가면 물론 좋겠지만 너무 멀어 보여서 엄두가 나지 않는다고 하자). 그렇지만 현재 상태보다 높이 올라가고 싶다는 것만은 확실하다. 가능성이 보이는 어떤 길이든 택해 산을 오르다 보면 어떻게든 되겠지 하고 생각할 수도 있다. 그러나 그렇게 해서는 그리 멀리 가지 못한다. 한편으로 정상에 다녀온 적이 있어서 최선의 길을 알고 있는 가이드에게 의존하는 방법도 있다. 그럴 경우 어느 정도까지 오르기로 마음먹었든 가장 효과적이고 효율적인 방식으로 산을 오를 수 있게 된다. 산을 오르는 최선의 길은 '의식적인 연습'이고, 이 책이 바로 여러분을 이끌어줄 가이드다. 이 책은 여러분에게 정상까지 오르는 길을 알려줄 것이다. 그 길을 따라 어디까지 갈지는 여러분 각자에게 달렸다.

제1장

우리는 왜 '노력의 배신'에 부딪히는가?

_문제는 시간이 아니라 방법이다

불과 네 번째 시간인데 스티브는 이미 절망하기 시작했다. 나는 실험이 두세 달은 지속되리라고 생각했지만, 실험이 시작된 첫째 주 목요일의 일이었다. 스티브의 말을 들어보니 계속하는 것은 그리 좋은 생각 같지 않았다. "8개 혹은 9개쯤이 제 한계인 것 같습니다." 스티브가 말했다. 실험 시간마다 스티브의 말은 그대로 녹음되었다. "특히 9개는, 제가 사용하는 패턴, 그러니까 저만의 방법에 상관없이 너무 힘듭니다. 어떤 방법을 쓰느냐는 정말 중요하지 않아요. 그저 너무 어려운 것 같습니다."

스티브는 당시 내가 강의하던 카네기 멜런 대학교의 학부생이었다. 나는 그를 일주일에 몇 번 만나서 간단한 작업을 하는 조건으로 고용했다. 간단한 작업이란 내가 읽어주는 숫자를 외우는 것이었다. 나는 대략 1초에 하나 정도 속도로 여러 숫자를 읽어주었다. "7…… 4…… 0…… 1…… 1…… 9……." 내가 읽어주는 숫자를 모두 기억했다가 다 읽으면 다시 말해보는 것이 스티브의 일이었다. 숫자 기억력이 연습을 통해 얼마나 나아지는지 알아보려는 단순한 목적이었다. 1시간 정도 지속되는 실험을 네번 한 뒤에 스티브는 (시내 전화번호 숫자 길이인) 7개까지는 확실하게 기억할 수가 있었다. 대개 8개는 제대로 기억했지만, 9개가 되면 운이 좋으면 맞고 아니면 틀리는 식이었다. 10개가 되면 전혀 외우지 못했다. 이때쯤 초기 몇 번의 실험에서 맛본 절망감을 떠올리며 스티브는 여기서 더나아지기는 힘들 것이라고 여겼다.

그때 (나는 알고 있었지만) 스티브가 몰랐던 사실은 당시의 거의 모든 심리학 연구 결과들이 스티브의 판단을 지지하고 있다는 것이었다. 수십년간 진행된 여러 연구들은 개인이 단기기억short-term memory에 저장할 수있는 항목의 수에 엄격한 한계가 있음을 보여주었다. 단기기억이란 뇌가짧은 시간에 소량의 정보를 저장하는 데 사용하는 기억이다. 친구가 부르는 주소를 곧장 받아쓰는 경우 우리는 그 정보를 잠깐 동안 뇌에 저장했다가 기록하는데, 그것이 바로 단기기억이다. 또는 두 자리 숫자 둘을 암산으로 곱하는 경우, 암산 과정에서 나오는 중간 결과들이 저장되는 공간이 바로 단기기억이다. "어디 보자. 14 곱하기 27이면…… 먼저, 4 곱하기 7은 28, 그럼 8은 놔두고 2는 올리고, 그리고 4 곱하기 2는 8이니까……." 이것이 '단기'라고 불리는 데는 이유가 있다. 시간을 들여 여러차례 반복해주지 않으면, 친구가 불러준 주소나 곱셈의 중간 과정 숫자들은 5초 뒤에는 기억나지 않는다. 시간을 들여 반복해줌으로써 장기기억으로 바꿔주지 않으면 말이다.

단기기억의 문제 그리고 스티브가 직면한 문제는 우리 뇌가 한 번에 얼마나 많은 항목을 단기기억에 저장할 수 있느냐에 엄격한 한계가 있다는 점이다. 어떤 사람은 여섯 항목, 어떤 사람은 일곱 항목이나 여덟 항목으로 약간 차이는 있지만, 일반적으로 대략 일곱 항목이 한계다. 시내 전화번호는 충분히 붙잡아둘 수 있지만 주민번호를 외울 만큼은 아니다. 장기기억은 그런 한계가 없지만 활용하려면 훨씬 오랜 시간이 걸린다(사실 아직까지는 누구도 장기기억의 상한선을 찾아내지 못했다). 충분한 시간이 주어지면 우리는 10개 혹은 수백 개의 전화번호도 외울 수 있다. 하지만 내가 스티브와 한 실험은 숫자들을 빠르게 불러주기 때문에 단기기억을 통해 외우게끔 설계되어 있었다. 1초에 하나 꼴로 숫자를 불렀으니 스티브가 8개나 9개에서 한계에 부딪힌 것은 당연했다(1초에 하나 꼴이면 스티브가 숫자들을 장기기억으로 전환하기에는 너무 빠른 속도다).

그래도 나는 스티브가 그보다 많은 숫자를 외울 수 있으리라고 예상했다. 이 연구 아이디어는 1929년 《미국 심리학 저널》American Journal of Psychology에 발표된 잘 알려지지 않은 논문에서 나왔다. 펜실베이니아 대학교의 심리학자 폴린 마틴Pauline Martin과 새뮤얼 펀버거Samuel Fernberger가 작성한 것으로, 과거 학술 논문들을 뒤지다가 우연히 발견했다.[1] 논문에서 마틴과 펀버거는 학부생 실험 참가자 2명이 4개월간의 연습으로 기억하는 숫자의 수를 늘릴 수 있었다고 말한다. 숫자는 우리 실험처럼 초당 하나 꼴의 빠른 속도로 제시되었다. 한 학생은 평균 9개에서 13개까지로 기억하는 숫자를 늘렸고, 다른 학생은 11개에서 15개로 늘렸다.

그동안 심리학계에서 간과되거나 망각된 연구였지만, 나는 보자마자 관심을 빼앗겼다. 이런 식의 발전이 정말로 가능했을까? 만약 그랬다면 '어떻게' 가능했을까? 마틴과 펀버거는 두 학생이 어떻게 숫자 기억력을 향상시켰는지에 대해서는 상세히 설명하지 않았다. 내게는 이 부분이 가장 궁금했다. 당시 나는 대학원을 막 졸업한 참이었고, 사람이 무언가를 배우거나 어떤 기술을 발전시키는 동안에 일어나는 심리 과정에 주로 관심이 있었다. 박사 논문을 준비하면서 이런 심리 과정 연구를 위해 고안된 심리학 연구 방법도 익혔다. 그래서 나는 카네기 멜런 대학교의 저명한 심리학 교수 빌 체이스Bill Chase와 함께 마틴과 펀버거의 연구를 다시 재현하는 실험을 시작했다. 이번에는 정확히 어떻게 실험 참가자가 자신의 숫자 기억력을 향상시키는지 꼼꼼하게 지켜볼 생각이었다. 실험 참가자에게서 실제로 기억력 향상이 일어난다면 말이다.

우리는 실험 참가자로 스티브 팰룬Steve Faloon을 선발했다. 그는 애초 우리가 찾으려 했던 전형적인 카네기 멜런 대학교의 학부생에 가까웠다. 스티브는 유아기 발달에 관심이 많은 심리학과 학생이었고, 막 3학년을 마친 참이었다. 그의 대학입학 학력고사 성적은 카네기 멜런 대학교의 다른 학생들과 비슷한 반면 대학 성적은 평균보다 살짝 높았다. 그는 굵고 검은 머리칼에 키가 크고 마른 체격으로, 친화력이 좋고 외향적이며, 매사에 열정적이었다. 또한 만만찮은 실력을 갖춘 육상 선수였다. 이 사실은 선발 당시만 해도 큰 의미가 있어 보이지 않았지만, 결과적으로 우리 연구에 중요한 영향을 미친 핵심 요인으로 밝혀졌다.

스티브가 기억력 실험을 하러 온 첫날, 그의 실력은 더도 덜도 말고 정확히 평균이었다. 그는 불러주는 숫자를 7개까지는 대부분 기억했고 가끔 8개까지도 기억했지만 그 이상은 기억하지 못했다. 이는 거리에서 마주치는 누구든 무작위로 골라 실험했을 경우 예상되는 수치였다. 화요일, 수요일, 목요일을 거치며 스티브는 조금 나아졌지만(평균 9개 미만), 여전히 평범한 수준이었다.[2] 스티브는 첫날과의 주된 차이가 자신이 기억력 테스트에서 무엇을 해야 하는지를 알게 되어 심리적으로 한결 편안해졌다는 점이 아닐까 싶다고 말했다. 그가 자신이 왜 더 이상 나아질 가망이 없는 것 같은지 말한 것은 바로 목요일, 네 번째 실험 시간 말미였다.

그리고 금요일에 모든 것을 바꿀 무언가가 일어났다. 스티브는 돌파구를 찾았다. 보통 훈련은 다음과 같이 진행되었다. 내가 임의로 숫자 5개를 부르는 것으로 시작한다. 스티브가 제대로 맞히면(5개는 항상 맞혔다.) 6개로 넘어간다. 이번에도 맞히면, 7개로 넘어간다. 즉 그가 정답을 말하면 숫자를 하나씩 늘려가는 식이다. 틀리면 숫자 개수를 2개 줄이고 다시 시작한다. 이런 식으로 계속 문제를 냈지만 불가능하다 싶은 정도까지는 아니었다. 스티브가 기억할 수 있는 것과 없는 것 사이, 바로 경계에 있는 숫자 개수까지 반복하는 식이었다.

그날 금요일에 스티브는 경계를 넘었다. 그때까지 스티브는 9개까지는 몇 번쯤 제대로 기억했지만, 10개를 제대로 기억한 적은 한 번도 없었다. 따라서 11개 이상의 숫자를 시도해볼 기회는 전혀 없었다. 스티브는 다섯 번째 실험 시간을 순조롭게 시작했다. 그는 처음 세 번(5, 6, 7개)을 문제없이 맞혔고, 네 번째를 틀려서 다시 앞으로 돌아갔다. 6개, 맞음. 7개, 맞음. 8개, 맞음. 9개, 맞음. 이어서 내가 숫자 10개를 소리 내어 읽었다. 5718866610. 스티브는 이것도 해냈다. 그리고 11개로 이루어진 다음 숫자는 틀렸다. 우리는 규칙대로 다시 9개부터 시작했다. 스티브가 9개를 맞히고, 10개를 맞힌 다음, 내가 11개로 이루어진 숫자를 두 번째로 불렀을 때였다. 이번에 스티브는 전체를 술술 반복했다. 바로 전의 시도보다 숫자 2개가 늘어난 것이었다. 숫자 2개가 더 있다고 하면 그렇게 대단하게 보이지 않을지도 모르지만, 사실 이것은 중요한 성과였다. 지난 며칠간의 실험으로, 스티브에게는 8개 또는 9개까지가 끝이라는 '선천적인' 상한선, 즉 장벽이 존재한다는 사실이 증명되었기 때문이다. 말하자면 스티브가 단기기억에 편안하게 보유할 수 있는 숫자의 수에 분명한 한계가 있었다. 하지만 이날 스티브는 그 장벽을 뚫고 나아갈 방법을 찾아낸 것이었다.

그것은 내 연구에서도 가장 놀라운 2년의 시작이었다. 그때를 기점으로 스티브는 숫자 기억 능력을 느리지만 꾸준하게 향상시켰다. 실험 16회째가 되자 스티브는 20개의 숫자를 일관되게 기억할 수 있었다. 빌과 내가 예상했던 것보다 훨씬 많은 숫자였다. 100회를 조금 넘긴 다음에는 40개의 숫자까지 기억했는데, 전문 기억술사mnemonist조차도 이르지 못한 단계였다. 그리고 여기서 끝이 아니라 계속 발전하고 있었다. 스티브는 나와 함께 이런 숫자 외우기 훈련 겸 실험을 200회 이상 진행했는데, 마지막에는 82개의 숫자까지 기억했다. 82개까지! 잠깐만 생각해봐도 얼마나 놀라운 기억력인지 실감할 수 있으리라. 82개의 숫자를 무작위로 한 번 써보겠다.

0326443449602221328209301020391832373927788917267653
24 50377461201790943455510355530

저렇게 많은 숫자를 1초에 하나 꼴로 불러주는 소리를 듣고 '전부 기억할 수 있다'고 상상해보라. 스티브 팰룬이 2년에 걸쳐 우리 실험에 참가하면서 스스로 깨친 것이 바로 그것이다. 그런 일이 가능하리라고 생각조차 못한 채로, 한 주 한 주 계속해보는 것만으로 말이다.

100년 동안 인류에게 무슨 일이 있었나

1908년, 조니 헤이스Johnny Hayes는 런던올림픽 마라톤에서 우승했다. 당시 신문들은 "금세기 최고의 레이스였다."라며 극찬을 아끼지 않았다. 당시 마라톤 세계 기록을 갈아치운 헤이스의 우승 기록은 2시간 55분 18초였다.

그로부터 100년이 조금 지났을 뿐이지만, 오늘날 마라톤 세계 기록은 2시간 2분 57초로, 헤이스의 기록보다 약 30퍼센트 단축되었다. 그리고 18세부터 34세 사이의 남성이 다른 마라톤 대회에서 3시간 5분 이하의 기록을 낸 적이 없다면 보스턴마라톤대회에는 참가조차 할 수 없다. 요컨대 1908년에 헤이스가 세운 세계 기록은 지금의 보스턴마라톤대회 참가 자격 정도는 되지만, 별로 쓸 데가 많지 않다(이런 자격을 가진 사람은 대략 3만 명이다).

또한 같은 1908년 하계올림픽 남자 다이빙 경기에서는 하마터면 큰 사고가 날 뻔했다. 한 선수가 공중 2회전을 시도하다가 가까스로 심각한 부상을 면한 것이다. 몇 달 뒤에 나온 공식 보고서는 공중 2회전이 너무 위험하다는 결론을 내리고 향후 올림픽에서는 금지할 것을 권고했다. 현재 공중 2회전은 입문자 수준의 다이빙 기술로 통한다. 보통 열 살 정도면 대회에서 공중 2회전을 하고, 최고 수준의 고등학교 다이빙 선수들은 공중에서 네 바퀴 반을 돈다. 세계적인 수준의 선수들은 '비틀기' 같은 기술을 동원해 한층 더 나아간다. 뒤로 공중돌기 2회 반에 비틀기 2회 반을 더하는 식이다. 다이빙에서 공중 2회전이 너무 위험하다고 생각했던 20세기 초의 전문가들이 요즘의 비틀기를 보면 어떤 말을 할지 쉽게 상상이 되지 않는다. 추측건대 불가능한 일로 일축하면서 어이없다는 헛웃음을 날리지 않았을까 싶다. 그나마도 애초에 그런 이야기를 꺼낼 정도로 풍부한 상상력과 대담함을 가진 사람이 있었다는 전제하에 해볼 수 있는 추측일 것이다.

1930년대에 알프레드 코르토Alfred Cortot는 세계에서 가장 유명한 클래식 피아노 연주자 가운데 한 사람으로 꼽혔다. 그가 연주한 쇼팽의 〈24개의 연습곡〉은 여기저기에서 곡에 대한 완벽한 해석이라는 극찬을 받았다. 하지만 오늘날 교사들은 코르토의 연주를 '음까지 빠뜨려가며 대충대충 한 연주'라면서 쇼팽을 이렇게 연주하면 '안 되는' 대표적인 사례로 가르친다. 그의 엉성한 연주 실력에 대한 비판도 빠뜨리지 않는다. 요즘 직업적인 피아노 연주자라면 누구라도 쇼팽의 연습곡을 코르토보다는 훨씬 나은 기술과 열정을 가지고 연주할 수 있어야 한다. 《뉴욕 타임스》New York Times의 음악 평론가 앤서니 토마시니Anthony Tommasini는 코르토 시대 이래 음악적 재능이 워낙 많이 발전해서 지금은 코르토가 줄리어드 음악학교에 입학조차 못 할 것이라고 논평하기도 했다.[3]

1973년, 캐나다의 데이비드 리처드 스펜서David Richard Spencer는 무리수인 원주율 π의 수를 이전의 누구보다 많이 외웠다. 바로 511번째 수까지였다. 이후 최다 원주율 수 암기 기록자라는 자리를 놓고 경쟁하는 사람들이 세운 신기록이 속사포처럼 터져 나왔다. 그리고 5년 뒤인 1978년,

최고 기록은 원주율 수를 1만 개까지 외운 데이비드 생커David Sanker의 차지가 되었다. 그로부터 다시 30여 년이 흐른 2015년 현재 공식 기록 보유자는 인도의 라즈비르 미나Rajveer Meena인데, 무려 7만 개다. 미나가 7만 개의 숫자를 말하는 데만도 도합 24시간 4분이 걸렸다. 한편 공인된 것은 아니지만 일본의 하라구치 아키라原口證는 훨씬 놀라운 개수인 10만 개까지 외웠다고 주장한다. 불과 42년 전에 세계 최고로 꼽혔던 사람이 외운 숫자의 거의 200배에 맞먹는 기록이다.

지금까지 말한 마라톤, 다이빙, 원주율 외우기 등에서 나타난 급격한 기록 향상은 예외적인 현상이 아니다. 우리는 비범한 능력을 가진 사람들로 가득한 세상에 살고 있다. 인류 역사상 어느 시대의 관점에서 보든 불가능하다고 생각될 그런 능력을 가진 사람이 우리 시대에는 도처에 있다. 테니스공을 가지고 부리는 로저 페더러Roger Federer의 마술, 2012년 하계올림픽에서 미국 체조 선수 맥케일라 마루니Mckayla Maroney가 성공시킨 놀라운 도마 기술을 생각해보라. 마루니는 구름판까지 힘차게 도움닫기를 한 뒤에 제자리손짚고뒤돌기로 도마 위로 올라가서 활처럼 날아오르더니 공중에서 2바퀴 반 비틀기를 완료하고 전혀 흔들림 없이 안전하게 착지했다. 눈을 가리고 동시에 수십 명을 상대로 게임을 진행할 수 있는 체스 그랜드마스터도 있고, 피아노, 바이올린, 첼로, 플루트 같은 악기로 100년 전이라면 애호가들을 경악시켰을 만큼 놀라운 기술과 솜씨를 발휘하는 천재들을 꼽자면 끝이 없다.

그러나 능력은 기이할 만큼 비범할지 모르지만, 이들이 그런 능력을 발전시킨 방법과 관련해서 불가사의한 미스터리 따위는 없다. 그들은 연습을 했다. 그것도 많이. 과거에 비해 장거리 달리기 재능이 뛰어난 사람이 많이 태어났기 때문에 마라톤 세계 기록이 1세기에 걸쳐 30퍼센트나 단축된 것이 아니다. 또한 20세기 후반에 들어 쇼팽이나 라흐마니노프를 연주하는 재능이나 수십만 개의 무작위적인 숫자들을 외우는 재능을 타고난 사람들이 급증한 것도 아니다.

20세기 후반에 나타난 새로운 현상은 여러 영역에서 점점 더 정교한 훈련 방법들이 등장하고, 동시에 사람들이 이러한 훈련에 바치는 시간이 꾸준히 증가했다는 것이다. 이는 실로 다양한 영역에 해당된다. 악기 연주, 무용, 스포츠, 체스, 기타 대결 구도의 경기처럼 경쟁이 심한 영역에서는 특히 그렇다. 연습량이 증가하고 기법이 정교해지면서 사람들의 실력은 꾸준히 향상되었다. 한두 해만 놓고 보면 분명하게 드러나지 않을 때도 많지만 수십 년을 놓고 보면 그야말로 극적인 실력 향상이 아닐 수 없다.

때로 기이한 기록들도 있긴 하지만, 이런 연습의 결과를 보기에 가장 좋은 자료 중 하나가 《기네스북》Guinness World Records이다. 책을 이리저리 넘겨보거나 온라인 웹사이트를 방문해 둘러보면 정말 대단한 기록 보유자들을 볼 수 있다. 분당 212단어를 타이핑하는 미국인 교사 바버라 블랙번Barbara Blackburn[4], 자전거를 타고 24시간에 900킬로미터를 달린 슬로베니아의 마르코 발로흐Marko Baloh[5], 불과 1분 동안 대단히 큰 숫자의 거듭제곱근(각각이 자릿수가 20에서 51자리에 이르는 큰 숫자들의 17에서 50제곱근이었다.)을 12개나 구할 수 있는 인도의 비카스 샤르마Vikas Sharma[6]……. 어쩌면 마지막 사례가 가장 인상적이지 않을까 싶다. 샤르마는 불과 60초 사이에 12개의 대단히 어려운 암산을 해낼 수 있기 때문이다. 이는 보통 사람이 해당 숫자를 계산기에 입력하고 도출된 답을 읽는 것보다도 빠른 속도다.

사실 나는 기네스 세계 기록 보유자인 밥 J. 피셔Bob J. Fisher에게서 이메일을 하나 받은 적이 있다. 피셔는 한때 농구 자유투와 관련해 12개나 되는 세계 기록을 보유하고 있었다. 그가 보유한 기록에는 30초 내에 최다 자유투 성공(33개), 10분 내에 최다 자유투 성공(448개), 1시간 내에 최다 자유투 성공(2,371개) 등이 포함되어 있다. 그는 연습의 효과에 대한 내 연구들을 읽었으며, 거기서 배운 내용을 자유투 실력을 키우는 과정에 활용해서 누구보다 빠르게 자유투를 성공시키는 사람이 되었다고 썼다.[7]

피셔가 읽은 내 연구들은 모두 1970년대 말에 스티브 팰런과 함께 진행한 작업에 뿌리를 두고 있다. 그 후 나는 연습이 새로운 능력을 창출하거나 기존의 능력을 향상시키는 데 정확히 어떻게 영향을 미치는지 이해하는 연구에 몰두했다. 특히 나는 연습을 통해 자기 분야에서 세계 최고의 반열에 오른 사람들을 중점적으로 연구했다. 수십 년 동안 이들 최고 중의 최고, 즉 전문가들을 연구한 결과, 나는 음악, 운동, 체스, 기타 어떤 분야를 연구하든 가장 효과적인 연습 방법은 하나같이 동일한 일반 원칙을 따른다는 사실을 발견했다.

왜 그래야 하는지에 대한 명백한 이유 같은 것은 없다. 왜 야심 찬 음악가를 전문 연주가로 변모시키는 데 사용되는 교수법이 무용수가 프리마 발레리나로 성장하는 과정에서 반드시 거쳐야 하는 훈련, 또는 체스기사가 그랜드마스터가 되기 위해 마쳐야 하는 학습과 관련되는 걸까? 답은 어떤 분야든 가장 효율적이고 효과적인 연습이 이전에는 불가능했던 것을 해내는 능력을 단계적으로 만들어내는 우리 몸과 뇌의 적응력을 활용함으로써 효과를 내기 때문이다. 어떤 일에 진정으로 효과적인 훈련 방법을 개발하고 싶다면, 우리 몸과 뇌에 변화를 유발하는 데 무엇이 효과적이고 무엇이 효과적이지 않은지를 반드시 고려해야 한다(세계적인 수준의 체조 선수를 길러내든 의사에게 복강경 수술을 가르치든 마찬가지다). 말하자면 진정으로 효과가 있는 연습 방법은 모두 본질적으로 같은 방식으로 작동한다.

이는 모두 비교적 최근에 밝혀진 새로운 통찰들이다. 때문에 지난 세기에 특정 분야에서 놀라운 수행능력 발전을 이끌어냈던 교사, 코치, 수행자들은 활용할 수가 없었다. 과거에 이런 발전은 모두 관련자들이 특정 훈련 기법이 효과적인 이유를 기본적으로 모르는 상태에서 시행착오를 거쳐 이루어졌다. 게다가 이들은 이런 지식이 서로 연관성이 있다는 사실을 알지 못한 채로 각자의 분야에 고립되어 상당량의 지식을 쌓았다. 트리플 악셀, 즉 공중 3회전 반 점프를 연마하는 피겨 스케이팅 선수가 알고 보면 모차르트 소나타를 완벽하게 연주하려고 노력하는 피아노 연주자와 동일한 일반 원칙을 따른다는 사실을 알지 못한 채로 각자의 영역에서 훈련과 시행착오를 거듭했던 것이다. 그렇다면 전문성을 키우는 가장 좋은 방법에 대한 명확한 과학적 이해를 토대로 연습 계획을 세우고, 실제로 그 방법에 따라 연습하는 경우 성과가 얼마나 클지 상상해보라. 그야말로 어마어마할 것이다. 또한 스포츠, 음악, 체스 등에서 큰 효과가 있음이 입증된 방법을 학교 교육부터 의사, 엔지니어, 비행기 조종사, 사업가, 각종 노동자까지 온갖 분야의 학습에 적용하면, 얼마나 많은 일이 가능해질지 상상해보라. 효과적인 연습 원칙 연구에서 배운 교훈을 적용한다면, 과거 100년 동안 몇몇 분야에서 목격되었던 극적인 발전이 거의 모든 분야에서 가능해지리라고 생각된다.

어느 정도 효과적인 다양한 연습 방법이 있지만 특정 형태의 연습이 최고의 기준, 즉 '황금 기준'이다. 바로 내가 1990년대 초반에 '의식적인 연습'이라고 명명한 방식이다. 이것은 현재까지 알려진 가장 효율적이고 효과적인 연습이며, 이 원칙을 적용하는 것은 어느 분야에서든 연습법을 설계하는 가장 좋은 방법이다. 따라서 책의 많은 부분은 '의식적인 연습'이란 무엇이며, 왜 그렇게 효과적인지, 다양한 상황에서 이를 적용할 최선의 방법은 무엇인지를 살피고 설명하는 데 할애될 것이다. 그러나 이것을 철저하게 살펴보기 전에 잠깐 시간을 내어 몇몇 기본적인 형태의 연습 방법을 살펴본다면 좋지 않을까 싶다. 많은 사람이 이런저런 방식으로 이미 경험해본 그런 연습 방법들 말이다.

1만 시간을 노력해도 최고가 되지 못하는 이유

사람들이 새로운 기술을 배우는 일반적인 방법을 살펴보는 것에서 시작해보자. 운전, 피아노 연주, 장제법長除法(긴 나눗셈), 인물화 그리기 등 어떤 분야든 상관없다. 설명의 편의상 구체적인 예가 필요하므로 여러분이 테니스를 배우고 있다고 가정해보자.

배움의 계기는 텔레비전에서 본 테니스 경기가 재미있어 보였을 수도 있고, 테니스를 치는 친구가 함께하자고 권했을 수도 있다. 그래서 여러분은 두어 벌의 테니스복, 테니스화에 땀 흡수 밴드, 라켓, 공 등을 산다. 기본적인 장비도 갖췄고 의지는 충만한데 실제 테니스를 어떻게 하는지는 그야말로 아무것도 모르는 상태다. 라켓을 어떻게 잡는지조차 모른다.

그래서 테니스 강사에게서 수업을 받거나 친구에게 기본적인 것을 가르쳐달라고 부탁한다. 그야말로 기본에 기본인 교육을 받고 나니 혼자 연습할 만큼은 알게 되었다. 아마도 여러분은 서브 연습을 하며 상당한 시간을 보낼 것이고, 벽에 대고 공을 치는 연습을 반복할 것이다. 벽을 상대로 하는 게임에서 지지는 않을 것 같다고 어느 정도 확신할 때까지 말이다. 그런 다음 강사나 친구에서 가서 다음 단계를 배우고, 이어서 좀 더 연습을 한다. 그리고 또 다음 단계를 배우고 연습한다. 얼마 뒤에 여러분은 다른 사람을 상대로 게임을 해도 되겠다고 느끼게 된다. 아직 썩 잘하는 편은 아니지만 다행히 참을성 있는 친구들이라 모두 즐거운 한때를 보낸다. 여러분은 계속해서 혼자 연습을 하고, 가끔 강사나 친구에게 배운다. 시간이 흐르면서 (라켓을 크게 휘둘렀는데 공을 전혀 맞추지 못했다거나 친 공이 복식 파트너의 등을 향해 곧장 날아가는 등의) 황당한 실수는 점점 드물어진다. 심지어 백핸드 기법을 포함하여 여러 타구 동작이 나날이 나아지고, 가끔 상황이 받쳐주면 프로 선수처럼 멋지게(적어도 속으로라도 그렇게 생각할 만큼) 공을 치기도 한다. 이제 밖에 나가서 게임을 즐길 정도로 편안한 수준에 도달했다. 테니스에 대해서 알 만큼 알게 되었고, 기계적으로 공을 칠 수 있는 단계가 되었다. 굳이 머리 아프게 이것저것 생각하지 않아도 자연스럽게 몸이 반응하는 단계가 된 것이다. 따라서 매주 친구들을 만나 테니스를 치고, 게임과 운동을 즐긴다. 그렇게 여러분은 테니스 치는 사람이 되었다. 즉 여러분은 전통적인 의미에서 테니스를 '배웠다'. 목표는 의식하지 않아도 모든 동작이 기계적으로 일어나고, 크게 신경 쓰지 않고도 그럭저럭 봐줄 만한 경기력을 갖추고 편안하게 게임을 즐기는 단계에 도달하는 것이었다.

이 단계에서 여러분이 자기 수준에 100퍼센트 만족하지 못한다고 해도 여러분의 발전은 멈춘다. 말하자면 여러분은 쉬운 일들을 마스터한 것이다.

그러나 금방 알게 되겠지만, 여러분에게는 친구들과 아무리 자주 테니스를 쳐도 사라지지 않는 약점들이 있다. 예를 들어 가슴 높이로 오는 공을 약간의 스핀을 먹여 백핸드 스트로크로 치면, 그때마다 공이 빗나갈지도 모른다. 이런 문제점을 여러분만 아는 것이 아니다. 말은 하지 않지만 상대도 알고 있다. 결과적으로 이런 약점 때문에 이만저만 좌절감을 맛보는 것이 아니다. 그러나 자주 일어나는 일이 아닌 데다 언제 그런 상황이 올지 알 수 없는 노릇이므로 의식적으로 어떻게 해볼 기회를 갖기는 힘들다. 다른 공격을 기계적으로 막아내듯이 그런 공격은 기계적으로 놓치는 상황이 계속된다.

파이 굽기부터 설명문 쓰기까지 어떤 기술을 배우든 우리는 모두 거의 비슷한 패턴을 따른다. 하려는 작업에 대한 전반적인 개념에서 시작하여 교사나 코치, 또는 책이나 웹사이트 등에서 약간 배우고, 그럭저럭 봐줄 만한 수준에 도달할 때까지 연습을 한다. 그리고 나면 크게 의식하지 않아도 기계적으로 그 일을 할 수 있는 단계에 이른다. 여기까지 잘못된 것은 전혀 없다. 삶에서 우리가 하는 많은 일에 적용되는 좋은 방법이다. 중간 정도 수준까지 도달해서 그대로 유지하는 데까지만 생각하면 더할 나위 없이 좋은 방법이다. 차를 A 지점에서 B 지점으로 안전하게 이동시키거나 베토벤의 〈엘리제를 위하여〉를 가볍게 연주하는 수준의 피아노 실력을 갖추는 정도가 전부라면 이런 식의 학습법이면 충분하다.

그러나 여기서 이해해야 할 아주 중요한 사실이 하나 있다. 운전, 테니스, 파이 굽기 등 무엇이 되었든 일단 여러분이 이처럼 '만족할 만한' 수준, 기계적으로 하는 수준에 도달하면 발전이 멈춘다는 것이다. 여기서 사람들은 종종 오해를 한다. 지속적으로 운전을 하거나 테니스를 치거나 파이를 굽는 것이 일종의 연습이라고 보고, 그 일을 계속하면 나아지리라고 생각하는 것이다. 속도는 느리겠지만 그럼에도 지속적으로 발전하리라는 생각이다. 사람들은 20년 동안 운전을 한 사람이 5년 동안 한 사람보다 분명코 운전 실력이 나을 것이라고, 20년 동안 진료를 한 의사가 5년 동안 한 의사보다 분명코 실력 있는 의사일 것이라고, 20년 동안 교편을 잡은 선생이 5년 동안 잡은 선생보다 분명코 유능한 선생일 것이라고 생각한다.

하지만 사실은 그렇지 않다. 그간의 연구에 따르면 일반적으로 어떤 사람이 일단 그럭저럭 '만족할 만한' 실력과 기계적으로 무언가를 처리할 수 있는 단계에 도달하면, 이후의 '연습'은 실력 향상으로 이어지지 않는다. 오히려 20년 동안 그 일에 종사한 운전자, 의사, 교사가 불과 5년 일한 이들과 비교해 차이가 있다면, 오히려 실력이 그보다 못할 가능성이 있다. 왜 그럴까? 바로 이런 기계적인 능력은 향상시키려는 '의식적인 노력'이 없는 경우에 서서히 나빠지기 때문이다.

그렇다면 이런 기계적인 수준에 만족하지 못할 때 무엇을 해야 할까? 10년 경력의 교사가 지금보다 더욱 학생들을 수업에 집중시킬, 수업 내용을 지금보다 효과적으로 전달하고 이해시킬 무언가를 하고 싶다면 어떻게 해야 할까? 주말 골퍼가 핸디캡 18 상태를 넘어서고자 한다면? 광고 카피라이터가 광고 문안을 지금보다 인상적으로 만들어 한층 깊은 감동을 주고 싶다면?

두어 번의 실험을 마친 뒤 스티브 팰룬이 처한 상황이 바로 이랬다. 일련의 숫자를 듣고 기억했다가 말하는 작업에 익숙해졌을 무렵 스티브는 단기기억의 한계와 관련된 그간의 지식에 비추었을 때 기대되는 만큼을 충분히 해내고 있었다. 보통 8개 혹은 9개가 한계이므로 그대로 계속하면서 시간을 보낼 수도 있었을 것이다. 하지만 스티브는 그렇게 하지 않았다. 매번 지난번보다 하나를 더 외우라고 도전을 받는 그런 실험에 참여하고 있었고, 선천적으로 이런 유의 도전을 좋아하는 젊은이였기에, 그는 한계를 돌파하고 실력을 향상시켰다.

스티브의 경우 그가 택한 방법은 놀라울 정도로 성공적이라는 사실이 입증되었다. 우리는 이를 '목적의식 있는 연습'Purposeful Practice이라고 부를 것이다. 그러나 계속 살펴보겠지만 이것이 항상 효과적인 것은 아니다. 그렇지만 그럭저럭 만족스러운 결과를 내는 일반적인 방법보다는 효과적이다. 또한 이것은 우리의 최종 목표인 '의식적인 연습'으로 가는 중간 단계이기도 하다.

'더 열심히'가 아닌 '다르게 하기'의 위대한 힘

'목적의식 있는 연습'은 우리가 '단순한 연습'naive practice이라고 부르는 것과 구별되는 몇 가지 특징이 있다. 단순한 연습은 기본적으로 무언가를 그저 반복하는 것이다. 그런 반복만으로 실력이 향상될 것이라고 기대하면서 말이다. 위치타 주립 대학교의 음악 교육 전문가인 스티브 오어Steve Oare가 음악 교사와 악기 연주를 배우는 학생 사이에 오가는 다음과 같은 가상의 대화를 이야기한 적이 있다. 이는 학생들의 연습과 관련하여 음악 교사들이 항상 나누게 되는 흔한 대화의 일종이다.[8] 대화에서 교사는 학생의 실력이 늘지 않는 이유를 파악하려 한다.

> 교사 연습 일지를 보니 하루에 1시간씩 꾸준히 연습하고 있던데, 연주 시험 성적은 C밖에 안 되더군. 이유를 말해줄 수 있겠나?
>
> 학생 저도 어찌된 영문인지 모르겠습니다! 어젯밤에만 해도 과제곡을 잘 쳤는데요!
>
> 교사 얼마나 연습했나?
>
> 학생 열 번이나 스무 번이요.
>
> 교사 제대로 연주한 것은 얼마나 되나?
>
> 학생 음, 모르겠습니다. ……한 번 아니면 두 번…….
>
> 교사 음…… 어떻게 연습을 했나?
>
> 학생 모르겠습니다. 그냥 연주했습니다.

간단히 말하자면 이것이 단순한 연습이다. "그냥 연주했어요." "그냥 방망이를 휘둘러서 야구공을 맞히려고 했어요." "그냥 숫자들을 듣고 기억하려고 했어요." "그냥 수학 문제를 읽고 풀려고 했어요."

용어 자체가 암시하는 것처럼 '목적의식 있는 연습'은 단순한 연습에 비해서 훨씬 목적의식이 강하고, 용의주도하고, 집중적이다. 구체적으로 '목적의식 있는 연습'은 다음과 같은 특징을 가지고 있다.

'목적의식 있는 연습'은 명확하고 구체적인 목표를 가지고 있다

앞의 가상 대화에 등장하는 음악생도가 다음과 같은 현실적인 목표를 가지고 있었다면 피아노 연습이 훨씬 성공적이었을 것이다. "실수 없이 적절한 속도로, 연달아 세 번 해당 곡을 연주하기." 이런 목표가 없으면 연습 시간이 효과가 있는지 없는지를 판단할 방법이 없다.

숫자 외우기 실험에 참가했던 스티브의 경우 장기 목표는 없었다. 사람이 그런 식으로 주어지는 숫자를 얼마나 많이 외울 수 있는지 누구도 알지 못했기 때문이다. 하지만 스티브는 아주 구체적인 단기 목표를 가지고 있었다. 앞 시간보다 많은 숫자를 외우는 것이다. 장거리 육상 선수로도 활동하는 그는 경쟁심이 매우 강한 편이었다. 우리 실험에서는 달리 경쟁 상대가 없이 자기 자신과 경쟁해야 했지만 그는 육상 경기를 할 때와 다름없는 진지한 태도로 임했다. 그리고 처음 시작할 때부터 매일 외우는 숫자를 늘리려고 안간힘을 썼다.

'목적의식 있는 연습'은 아기가 걸음마 하듯 작은 단계들을 차곡차곡 더해서 장기 목표에 도달하는 방법이다. 주말 골퍼가 핸디캡을 다섯 타 줄이려고 한다면 전체 목표로는 괜찮다. 하지만 연습이 효율적이 되게 해줄 명확하고 구체적인 목표는 아니다. 목표를 잘게 쪼개고 그에 맞는 구체적인 계획을 세워야 한다. 핸디캡을 다섯 타 줄이려면 정확히 무엇을 해야 할까? 한 가지 목표는 페어웨이에 떨어지는 드라이브샷의 수를 늘리는 것이 되리라. 이는 상당히 구체적인 목표지만 여기서 더 잘게 쪼갤 필요가 있다. 드라이브샷의 페어웨이 안착률을 높이려면 정확히 어떻게 해야 하는가? 자신이 치는 드라이브샷이 자꾸 페어웨이를 벗어나는 이유를 알아내고 문제를 해결해야 할 것이다. 예를 들어 혹이 나게 공을 치는 버릇을 줄이려고 노력한다든지 말이다. 구체적으로 어떻게 해야 할까? 교습을 해주는 강사에게 스윙 동작을 구체적으로 어떻게 고쳐야 할지 조언을 받을 수도 있다. 잘게 쪼갠 작은 목표 하나가 달성되면 다음 목표로 나아가는 식으로 이런 작업을 계속할 수 있을 것이다. 핵심은 전반적인 목표(수행능력 향상)를 정하고, 그것을 다시 현실적인 기대치를 가지고 매진할 수 있는 구체적인 목표로 바꾸는 것이다.

'목적의식 있는 연습'에는 집중이 필요하다

앞의 가상 대화에 나오는 음악생도와 달리 스티브 팰룬은 처음 시작 단계부터 자신이 하는 일에 집중했다. 실험이 진행되면서 그는 집중력이 높아지고, 점점 많은 숫자를 외웠다. 115회째 실험 시간의 녹음테이프를 들어보면 그의 높은 집중력을 엿볼 수 있다. 연구가 절반 정도 진행되고 있던 시점이었다. 스티브는 안정적으로 40개에 가까운 숫자들을 외우고 있었지만, 어느 정도의 일관성을 유지하지는 못하고 있었다. 그는 그날은 반드시 40개의 숫자를 일관되게 외우는 단계에 도달하기를 바랐다. 우리는 35개부터 시작했는데, 스티브에게는 쉬운 과제였다. 숫자가 계속 늘어남에 따라 그는 스스로를 독려하기 시작했다. 내가 39개를 읽기 전에 그는 흥분해서 일종의 파이팅을 외치는 혼잣말을 했다. 마치 임박한 과제 외에는 아무것도 의식하지 못하는 것 같았다. "정말 중요한 날이야! ……아직까지 하나도 틀리지 않았어. 그렇지? 그렇고말고! 오늘은 기념비적인 날이 될 거야!" 그리고 내가 숫자를 소리 내어 읽는 40초 동안 스티브는 침묵했다. 그러나 그의 머릿속은 바쁘게 돌아갔다. 그는 머릿속으로 숫자들을 거듭 검토했다. 여러 묶음이며 숫자가 등장하는 순서 등을 기억하면서 그는 간신히 흥분을 억누르고 있었다. 탁자를 요란하게 여러 차례 두드리고 한참 손뼉을 치기도 했다. 이런저런 숫자 묶음과 순서, 위치 등이 쏙쏙 기억되는 것을 축하라도 하는 듯했다. 한번은 불쑥 이렇게 말하기도 했다. "100퍼센트 맞아! 확실하다고!" 그리고 마침내 내게 숫자들을 부를 때, 스티브는 정말로 제대로 외웠고, 이어서 40개로 넘어갔다. 그는 이번에도 스스로를 격려하는 혼잣말을 했다. "이제 정말 중요한 순간이야! 이번 고비를 넘기면 모두 끝나! 반드시 넘어서야 해!" 내가 숫자를 읽는 동안 스티브는 다시 침묵했다. 그가 머릿속에서 숫자들을 정리하고 검토하는 동안 흥분에 찬 소음과 감탄사들이 들렸다. "우와! ……자 자! 정신 차려! ……좋아! ……해보자고!" 이번에도 스티브는 제대로 외웠다. 그날 실험은 실제로 그가 처음으로 40개의 숫자를 안정적으로 기억한 기념비적인 날이 되었다. 40개를 넘기지는 못했지만 말이다.

그렇다고 모든 사람이 고함을 치고 탁자를 두드리면서 집중을 하는 것은 아니다. 그러나 그날 스티브의 성과는 효과적인 연습에 대한 연구에서 얻은 핵심 통찰을 확인시켜준다. 과제에 온전히 집중하지 않고는 큰 성과를 얻기 힘들다는 것이다.

'목적의식 있는 연습'에는 피드백이 필요하다

자신이 올바른 방식으로 연습하고 있는지, 그렇지 않다면 어떤 식으로 잘못하고 있는지를 알아야 한다. 앞의 가상 대화에서 학생은 시험을 치르고 뒤늦게야 성적이 C라는 피드백을 받지만, 연습 도중에는 피드백이 없었던 모양이다. 연주를 듣고 실수를 지적해주는 사람이 없어서 학생은 연습 과정에서 실수를 했는지 전혀 몰랐던 것으로 보인다("제대로 연주한 것은 얼마나 되나?", "음, 모르겠어요. ……한 번 아니면 두 번…….").

　기억력 실험에서 스티브는 매번 간단하고도 직접적인 피드백을 받았다. 답이 맞았는지 틀렸는지, 성공인지 아닌지 말이다. 그는 자신의 상태를 항상 알고 있었다. 그러나 그보다 중요한 피드백은 어쩌면 그가 자신에게 제공한 것이었다. 그는 내가 불러준 숫자열의 어떤 측면이 문제가 되는지에 세심하게 주의를 기울였다. 어떤 숫자열을 틀리면, 그는 보통 정확히 어떤 숫자를 왜 틀렸는지 알았다. 맞혔을 때도 나중에 어떤 숫자가 힘들었고 어떤 부분이 쉬웠는지 말해주곤 했다. 자신의 약점을 인식함으로써 스티브는 그때그때 어디에 집중해야 할지 파악했고, 약점을 극복할 새로운 암기 방법을 도출했다.

　일반적으로 어떤 일에서든 자신이 정확히 어디가 어떻게 부족한지 알게 해주는 피드백이 필요하다. (스스로든 외부 관찰자로부터든) 피드백이 없으면 어떤 부분에 개선의 여지가 있는지, 목표를 달성하는 데 어디까지 도달했는지 파악할 수가 없다.

'목적의식 있는 연습'은 자신의 컴포트 존에서 벗어날 것을 요구한다

　이는 어쩌면 '목적의식 있는 연습'에서 가장 중요한 부분일 것이다. 앞의 가상 대화에 등장하는 학생은 익숙하고 편안한 상태를 벗어날 만큼 스스로를 채찍질하고 밀어붙이는 어떤 표시도 보여주지 않는다. 오히려 학생의 말을 들어 보면 이미 자기에게 쉽고 편안한 것 이상을 하려는 어떤 노력도 없이, 대책 없이 연습에 임한다는 느낌이 든다. 그런 방법은 효과가 없다.

　우리의 기억력 실험은 스티브가 지나치게 편안한 상태를 멀리하게끔 설계되었다. 그의 기억력이 향상되면 나는 점점 더 많은 숫자를 제시했고, 그는 항상 자기 능력에 살짝 부치는 과제를 안고 자신을 채찍질하는 상태에 있었다. 특히 스티브가 올바로 대답하면 숫자의 개수를 늘리고, 틀리면 숫자의 개수를 줄임으로써 나는 계속 숫자의 개수가 그의 능력이 미치는 범위 가까이에 있게 하는 한편, 항상 1개를 더 외우게끔 이끌었다.

이는 어떤 종류의 연습에든 적용되는 근본적인 진리다. 자신이 편안함을 느끼는 상태인 '컴포트 존'comfort zone(원래 온도, 습도, 풍속 등이 맞아 인체가 가장 편안함을 느끼는 일정한 범위를 가리키며 쾌감대快感帶, 쾌적대快適帶, 안락 지대 등으로 번역되기도 한다.─옮긴이)에서 벗어나도록 스스로를 밀어붙이지 않으면 향상도 없다. 10대 시절 6년 동안 피아노 교습을 받았지만 지난 30년 동안은 정확히 같은 방식으로 같은 곡들을 반복해서 연주한 아마추어 피아노 연주자를 생각해보자. 그는 30년 동안의 연주가 누적되어 1만 시간의 '연습량'을 채울 수 있었을지는 모르지만, 그의 피아노 실력은 30년 전이나 마찬가지다. 아니, 실력이 이전보다 못하게 되었을 수도 있다.

의사에게 적용해보면 이런 현상이 특히 두드러지는 것을 볼 수 있다.[9] 전공의들을 대상으로 객관적인 수행능력을 측정한 연구 결과, 20년 또는 30년 동안 진료를 한 의사가 갓 의대를 졸업한 2년 차나 3년 차 풋내기 의사보다 못했다. 알고 보니 의사들이 하는 일상 진료의 대부분이 실력을 향상시키는 일과 무관했으며, 심지어 실력을 유지하는 일과도 무관한 것으로 드러났다. 도전의식을 북돋우거나 컴포트 존에서 벗어나도록 유도하는 상황이 거의 없기 때문이었다. 이런 상황 때문에 2015년, 의사들의 도전의식을 자극하고 실력을 유지하거나 향상시킬 새로운 의학 교육 프로그램을 찾아내자는 취지로 합의회의가 열렸다. 나는 거기에 참여했었는데,[10] 이에 대해서는 제5장에서 상세히 다룰 예정이다.

이런 교훈과 관련하여 내가 특히 좋아하는 사례는 벤저민 프랭클린Benjamin Franklin의 체스 실력에 관한 것이다.[11] 프랭클린은 미국인 최초의 유명한 천재다. 그는 전기 연구로 명성을 얻은 과학자이자 《가난한 리처드의 달력》을 집필한 인기 작가이며, 출판인, 미국 최초의 공공 도서관 설립자, 성공한 외교관, 이중초점 안경렌즈, 피뢰침, 프랭클린 스토브 등을 발명한 발명가이기도 하다. 이처럼 다재다능했던 프랭클린이 가장 열정을 쏟았던 분야는 의외로 체스였다. 그는 미국 최초의 체스 기사 중 한 사람으로, 미국에서 진행되었다는 최초의 체스 경기 참가자이기도 하다. 그는 50년 이상 체스를 두었고, 나이가 들면서 점점 많은 시간을 체스에 쏟았다. 유럽에 있을 때 그는 당대 최고의 체스 기사였던 프랑수아-앙드레 다니칸 필리도르François-André Danican Philidor와도 게임을 했다. 또한 "일찍 자고 일찍 일어나라."라는 유명한 명언을 남겼음에도 스스로는 보통 오후 6시쯤부터 체스를 시작하여 밤을 꼴딱 새우곤 했다.

벤저민 프랭클린은 워낙 똑똑한 사람이었다. 그리고 그는 수천 시간을 체스를 하며 보냈고, 이따금 당대 최고의 체스 고수들과 게임을 즐겼다. 그래서 프랭클린은 체스의 고수가 되었을까? 그렇지 않다. 그의 체스 실력은 보통 이상이었지만, 유럽의 내로라하는 선수들과 비견되기에는 부족했고, 최고 수준에는 더더구나 미치지 못했다. 이런 실패는 그에게 크나큰 좌절감을 안겨주었지만 프랭클린은 자신의 체스 실력이 향상되지 않는 이유를 알지 못했다. 그렇지만 지금 우리는 알고 있다. 프랭클린은 결코 스스로를 강하게 채찍질하지 않았고, 컴포트 존을 벗어나지 않앉으며, 실력 향상에 필요한 '목적의식 있는 연습'에 시간을 들이지도 않았다. 그는 30년 동안 같은 곡을 같은 방법으로 연주한 피아노 연주자와 다르지 않았다. 이는 실력을 정체시키는 비법이지 실력을 향상시키는 비법이 아니다.

컴포트 존을 벗어난다는 것은 이전에는 하지 못했던 어떤 것을 시도한다는 의미다. 시도한 결과 때로는 새로운 무언가를 해내는 것이 비교적 쉽다는 사실을 깨닫고 계속 노력할 수도 있다. 그러나 때로는 장애물을 만나 멈출 수밖에 없을 때도 있다. 도저히 극복하기 힘들다고 느껴질 때도 있다. 이런 장애물을 피해가는 방법을 찾는 것도 '목적의식 있는 연습'에서 중요한 부분이다.

일반적으로 해결책은 '더 열심히 하기'가 아니라 '다르게 하기'다. 즉 방법의 문제다. 스티브의 경우 22개의 숫자에 도달했을 때 이런 장벽을 만났다. 스티브는 이들 숫자를 4개의 숫자로 이루어진 4개 그룹으로 묶은 다음 여러 가지 연상 방법을 이용해서 기억했다. 마지막에 남은 숫자 6개는 한 묶음으로 묶어 소리로 기억할 수 있을 때까지 읊조렸다. 그러나 그는 22개를 넘어갈 방법을 찾을 수가 없었다. 4개씩 짝지은 4개의 묶음을 외우려고 할 즈음 순서가 헷갈렸기 때문이다. 결국 그는 3개 묶음과 4개 묶음을 모두 활용하는 아이디어를 생각해냈고, 덕분에 4개 묶음 4개, 3개 묶음 4개, 6개짜리 암송 묶음 하나를 이용하여 최대 34개 숫자까지 외울 수 있는 돌파구를 마련했다. 이후에도 그런 한계에 도달하면 스티브는 다른 기억 방법을 개발했다. 우리가 기억력 연구를 하는 내내 일반적으로 이 패턴이 이어졌다. 스티브는 일정 단계까지 수행능력을 키우고, 장애물을 만나 정체 상태에 빠졌다가, 장애물을 넘어설 다른 방법을 강구하고 찾아냈고, 다음 장애물이 나타날 때까지 꾸준히 수행능력을 키웠다.

장애물을 넘어서는 가장 좋은 방법은 다른 각도에서 접근하는 것이다. 이것이 교사나 코치와 함께하는 것이 유용한 이유 중 하나다. 여러분이 마주칠 가능성이 높은 장애물에 이미 익숙한 사람은 그것을 극복할 방법을 제시해줄 수 있다.

이런 장벽이 심리적인 것일 때도 있다. 명망 높은 바이올린 지도 교수인 도러시 딜레이Dorothy DeLay는 음악제에서 연주할 곡의 연주 속도를 높이기 위해 도움을 요청한 남학생의 이야기를 들려주었다. 그는 그 곡을 빠르게 연주하는 것이 아무래도 안 된다고 하소연했다. 딜레이가 어느 정도의 속도를 원하냐고 묻자 그는 이츠하크 펄먼Itzhak Perlman처럼 연주하고 싶다고 답했다. 그래서 딜레이는 그 곡을 펄먼이 연주한 녹음테이프를 가져와서 시간을 측정했다. 그리고 메트로놈을 느리게 맞춰놓고 학생에게 거기에 맞춰 연주하도록 했다. 학생이 충분히 연주할 수 있는 속도였다. 딜레이는 매번 메트로놈 속도를 조금씩 올리면서 계속 연주를 시켰다. 학생은 매번 이를 해냈다. 마지막으로 그가 완벽하게 연주를 마친 뒤 딜레이는 메트로놈 설정을 보여주었다. 그는 펄먼보다 빠른 속도로 연주를 해냈다.[12]

스티브가 장벽에 부딪혀 더 이상은 기억력을 증진시킬 수 없다고 생각되었을 때, 빌 체이스와 나는 이와 유사한 방법을 두 번 활용했다. 한 번은 숫자를 읽는 속도를 살짝 늦춰서 스티브가 전에 비해 상당히 많은 숫자를 기억할 수 있게 여유를 주었다. 이는 그에게 문제는 숫자의 개수가 아니라 얼마나 빨리 숫자들을 부호화하는가에 달려 있음을 확신시켜주었다. 즉 나열된 전체를 구성하는 여러 숫자 묶음에 적절한 기억 방법을 만들어내는 것이 관건이었다. 그러면 숫자를 장기기억에 새기는 속도를 높여 실력을 향상시킬 수 있게 될 터였다.

한 번은 그때까지 스티브가 기억할 수 있었던 가장 긴 수보다 10개나 많은 수를 불러주었다. 그는 완벽하게 외우지 못했지만 자신이 나열된 숫자의 대부분을 기억했다는 사실, 특히 어느 때보다 많은 숫자를 기억했다는 사실에 놀랐다. 이런 경험은 그에게 그것보다 길게 나열된 수를 기억하는 것이 실제로 가능하다는 확신을 심어주었다. 그리고 문제는 자신이 기억력의 한계에 도달한 것이 아니라 나열된 숫자에서 한두 묶음의 숫자를 제대로 정리하지 못한 것임을 깨달았다. 그리하여 그는 작은 숫자 묶음들을 좀 더 세심하게 부호화하는 것이 다음 단계로 넘어가는 핵심이라고 결론 내렸고, 그의 숫자 기억 능력은 다시 향상되기 시작했다.

어떤 일을 하는 수행능력을 향상시키려고 노력할 때마다 여러분 역시 이런 장애물에 직면하게 될 것이다. 전진이 아예 불가능해 보이거나 적어도 전진을 위해 무엇을 해야 할지 알 수 없는 그런 시점이 올 것이다. 이는 지극히 자연스러운 일이다. 자연스럽지 못한 것은 우리를 진정한 교착 상태에 빠뜨린다. 돌아가는 것도, 넘어가는 것도, 뚫고 가는 것도 불가능한 장애물이다. 그동안 내가 한 연구들을 모두 종합해보면, 어떤 분야에서든 개인의 수행능력 향상을 가로막는 불변의 한계에 도달했다는 증거가 분명하게 나타난 경우는 드물었다. 오히려 사람들이 자주 포기하고 나아지려는 노력을 중단하는 것이 문제였다.

여기서 주의할 점이 한 가지 있다. 계속 전진하고 수행능력을 향상시키는 것은 항상 가능하지만, 그것이 늘 쉽지는 않다는 점이다. '목적의식 있는 연습'에 요구되는 집중력과 노력을 유지하기란 어려우며, 보통은 재미도 없다. 그러므로 동기부여라는 문제가 나올 수밖에 없다. 왜 어떤 사람은 이런 연습을 그토록 열심히 하는가? 무엇이 그들로 하여금 힘들고 지루한 연습을 계속하게 하는가? 이는 피해 갈 수 없는 질문이며, 이 책 전반에 걸쳐 반복적으로 살펴볼 것이다.

　스티브의 경우 몇 가지 요인이 작용했다. 첫째, 스티브는 돈을 받고 있었다. 그러나 실험 시간에 나타나기만 하면 특별히 열심히 하지 않아도 비용은 지급되었다. 따라서 돈이 그에게 동기부여가 된 것은 사실이겠지만, 결코 전부는 아니었다. 왜 그는 기억 능력을 향상시키기 위해서 그토록 열심히 스스로를 채찍질한 것일까? 스티브와 나눈 대화에 따르면, 동기부여의 많은 부분은 처음 몇 회의 실험을 진행하고 목격한 성과에서 나왔다. 그는 자신의 기억력이 향상되는 것을 진심으로 즐기게 되었던 것이다. 그로 인해 기분이 좋았고, 그런 기분을 계속 느끼고 싶었던 것이다. 또한 기억 능력이 일정 수준에 도달하자 그는 일종의 유명인사가 되었다. 그에 관한 이야기가 신문이며 잡지 여기저기에 소개되었고, 그는 《투데이 쇼》Today show를 포함해 몇몇 텔레비전 프로그램에도 출연하게 되었다. 이는 또 다른 형태의 긍정적인 피드백을 제공했다. 일반적으로 긍정적이고 의미 있는 피드백은 동기부여를 지속시키는 중요한 요인 가운데 하나다. 그것은 어떤 일에서 수행능력이 향상하는 자신의 모습을 보는 만족감 같은 내적인 피드백일 수도 있고, 다른 사람들이 제공하는 외적인 피드백일 수도 있다. 아무튼 긍정적인 피드백은 개인이 '목적의식 있는 연습'을 통해 수행능력을 향상시키는 데 필요한 지속적인 노력을 이어나가는 데 엄청난 영향을 미친다.

　또 다른 요인은 스티브가 자신의 한계에 도전하기를 좋아했다는 것이다. 이는 크로스컨트리 선수, 육상 선수로서 그의 이력을 보면 분명해진다. 스티브를 아는 사람이라면 누구나 그가 누구 못지않게 열심히 훈련했다고 말한다. 그리고 그에게 동기부여가 되었던 것은 그 자신의 수행능력을 향상시키는 것이었지 반드시 경기에서 이기는 것은 아니었다고 말할 것이다. 더구나 오랜 세월 달리기를 해온 경험을 통해 스티브는 몇 주나 몇 달에 걸쳐 규칙적으로 훈련한다는 것이 어떤 느낌인지 알고 있었다. 따라서 그에게는 한 번에 1시간씩 일주일에 세 번 기억력 증진을 위해 노력한다는 과제가 특별히 벅차거나 당혹스러운 일이 아니었을 것이다. 스티브가 3시간씩 규칙적으로 달리기를 하고 있었다는 점을 생각하면 더욱 그렇다. 스티브 그리고 다른 두 학생과의 기억력 증진 실험을 마친 뒤에 빌 체이스와 나는 반드시 운동선수, 무용수, 음악가, 가수 등으로 장기간의 훈련을 했던 사람만을 실험 참가자로 선발하기로 했다. 이런 원칙을 정한 뒤에 선발한 실험 참가자 중에는 중도에 그만둔 사람이 하나도 없었다.

그럼 이쯤에서 '목적의식 있는 연습'을 아주 간결하게 설명해보겠다. 자신의 컴포트 존을 벗어나되 분명한 목표, 목표에 도달할 계획, 진척 정도를 추적 관찰할 수단을 가지고, 집중하여 매진하라. 아, 그리고 자신의 동기부여를 유지할 방법도 파악하라.

이런 처방은 영역에 상관없이 수행능력이 향상되길 바라는 누구에게든 훌륭한 시작이 되어준다. 하지만 어디까지나 시작일 뿐 끝은 아니다.

가장 올바른 노력의 방법

빌 체이스와 나는 스티브 팰룬과 2년간의 기억력 연구를 진행하던 도중에 (그러나 스티브가 자신의 '숫자 폭'digit span 기억 기록을 세우기 시작한 뒤에) 자발적으로 같은 도전을 해볼 다른 실험 참가자를 찾기로 했다. 우리 둘 다 스티브가 숫자를 기억하는 특별한 재능을 가지고 태어났다고는 생각하지 않았다. 스티브의 실력 향상이 전적으로 그동안의 훈련에서 기인한다고 생각한 것이다. 그리고 이를 입증할 가장 좋은 방법은 다른 실험 참가자를 대상으로 같은 연구를 하여 같은 결과가 나오는지 알아보는 것이었다.

첫 번째 자원자는 대학원생인 르네 엘리오Renée Elio였다. 시작하기 전에 그녀는 이전 참가자가 숫자의 개수를 기억하는 측면에서 극적인 성장을 보였다는 이야기를 들었다. 따라서 그녀는 기억 능력이 극적으로 향상될 수 있다는 사실을 알고 시작했다. 이것은 실험을 시작할 때 스티브가 알았던 것보다 많은 정보다. 그러나 우리는 스티브가 그 같은 성취를 이뤄낸 구체적인 '방법'에 대해서는 전혀 말하지 않았다. 따라서 르네는 자신만의 방법을 찾아내야 했다.

처음 시작했을 때 르네는 스티브와 많이 흡사한 속도로 숫자 기억 능력이 향상되는 패턴을 보였다. 그리고 누적 실험 시간이 50시간 정도 흐른 다음 20개에 가까운 숫자를 기억할 만큼 기억력이 향상되었다. 그러나 스티브와 달리 그녀는 여기서 장벽에 부딪히더니 좀처럼 이를 넘어서지 못했다. 진전 없이 50시간 정도를 더 보낸 뒤에 그녀는 훈련을 그만두기로 했다. 그동안 그녀는 어떤 훈련도 하지 않은 사람보다는 훨씬 나은 그리고 일부 기억술사와 비교해도 훨씬 나은 수준까지 숫자 기억력을 향상시켰지만, 스티브가 달성한 것에 비하면 한참 미치지 못했다.

차이가 뭘까? 스티브는 장기기억을 활용하여 단기기억의 일반적인 한계를 피하고 긴 숫자를 외울 수 있도록 해주는 심적 구조물을 만들어냄으로써 장벽을 돌파하는 데 성공했다. 즉 다양한 연상기호를 이용한 것이다. 그중 많은 것들이 달리기 기록을 기반으로 한 것들인데, 여기에는 연상기호들의 순서를 기억하는 시스템이 가미되어 있었다. 예를 들어 스티브는 907이라는 숫자를 들으면 이를 1500미터 달리기 기록으로 개념화한다. 9:07, 즉 9분 7초로 생각하는 것이다. 이렇게 하고 나면 이제 907이라는 숫자는 단기기억에 맡겨야만 하는 임의의 숫자가 아니라 그에게 친숙한 무엇이 된다. 앞으로 살펴보겠지만 정신적 능력을 향상시키는 핵심은 단기기억의 한계를 극복하고, 다량의 정보를 한꺼번에 효율적으로 다룰 수 있게 해주는 심적 구조물을 만들어내는 것이다.

스티브가 사용했던 방법을 알지 못하는 상태에서 르네는 전혀 다른 숫자 기억 방법을 개발했다. 스티브가 주로 달리기 기록을 중심으로 숫자를 셋이나 넷으로 묶어 그룹을 짓고 그것들을 외웠던 지점에서, 르네는 요일, 날짜, 시각 같은 것에 의존하는 정교한 연상기억 방법을 활용했다.[13] 스티브와 르네의 핵심 차이 중 하나는 스티브는 항상 숫자를 기억하는 데 어떤 패턴을 사용할지 미리 결정했다는 것이다. 나열된 수를 셋이나 넷으로 묶어서 그 그룹들을 나누어 기억하고, 끝에 남는 4개에서 6개로 이루어진 한 묶음은 계속 읊조려서 소리가 기억 속에 새겨지게 했다. 예를 들어 나열된 수가 27개라면 이를 숫자 4개로 이루어진 묶음 3개, 숫자 3개로 이루어진 묶음 3개로 나누고, 끝에 6개짜리 묶음을 따로 둔다.

우리는 이렇게 미리 정해진 패턴을 '회수 구조'retrieval structure라고 불렀다. 이렇게 하면 스티브는 셋이나 넷으로 이루어진 숫자 묶음을 개별적으로 외우는 데 집중하고, 이어서 이들 개별 묶음이 회수 구조의 어디에 있는지 기억해둘 수가 있다. 이것은 아주 효과적인 방법임이 증명되었다. 스티브가 셋이나 넷으로 구성된 숫자 묶음 각각을 달리기 기록이나 다른 연상기호로 기호화하여 장기기억에 넣고 나면, 다시 생각하고 신경 쓸 필요가 없는 것이다. 마지막에 모든 숫자를 기억해내야 하는 시점에 쏙쏙 불러내면 그만이었다.

이와 달리 르네는 그때그때 상황에 따라 즉석에서 연상기억 방법을 만들어냈다. 들은 숫자에 따라 어떤 연상 방법을 사용해 어떻게 기억할지 결정하는 것이다. 예를 들어 4778295 같은 숫자를 들으면 4월 7일, 78년을 활용하고, 이어서 새로운 날짜를 시작해야 한다. 295가 남았으니 2월 9일…… 식으로 말이다. 스티브의 방법이 보증하는 일관성이 없었기 때문에 르네는 20개 이상의 숫자를 기억하지 못했다.

이런 경험 이후 빌과 나는 나열된 숫자를 기억하는 방법 자체가 가능한 스티브와 비슷한 실험 참가자를 찾기로 했다. 그래서 우리는 육상 선수인 다리오 도나텔리Dario Donatelli를 선발했다. 다리오는 카네기 멜런 대학교 육상부 장거리팀 팀원이자 스티브의 훈련 파트너 중 한 사람이었다. 우리가 기억력 훈련 연구에 장기간 참가할 사람을 찾는다는 스티브의 말을 듣고 다리오가 참가 의사를 밝히면서 그와의 작업이 시작되었다.

우리는 이번에는 다리오가 혼자 방법을 찾게 하지 않았다. 스티브가 숫자를 연상기호화하는 자신의 방법을 다리오에게 가르치게 한 것이다. 이처럼 유리한 고지에서 시작한 덕분에 다리오는 스티브보다 훨씬 빠른 속도로 기억 능력이 향상되는 모습을 보였다. 적어도 처음에는 그랬다. 다리오는 상당히 짧은 기간에 20개의 숫자를 외우는 데까지 도달했다. 하지만 그 후 속도가 느려지더니 30개의 숫자에 도달한 다음에는 스티브의 방법에서는 더 이상 재미를 보지 못하는 것 같았다. 당연히 기억력 향상도 정체 상태에 빠졌다. 이 단계에서 다리오는 스티브의 방법을 자기 식으로 바꾼 새로운 방법을 개발하기 시작했다. 다리오는 숫자 3개와 4개로 이루어진 묶음을 기호화하는 약간 다른 방법을 생각해냈다. 더욱 중요한 것은 본인에게 훨씬 효과가 있는 상당히 다른 회수 구조를 고안해냈다는 점이다. 하지만 다리오가 숫자를 기억하는 방법은 자세히 살펴보니 기본적으로 스티브가 개발했던 것과 매우 흡사한 심리 과정에 의존하고 있었다.[14] 몇 년에 걸쳐 훈련한 뒤 다리오는 100개, 즉 스티브보다 약 20개 많은 숫자를 기억하게 되었다. 여기까지 오자 다리오는 이전에 스티브가 그랬듯이 빠른 속도로 불러주는 무작위 숫자 기억하기라는 특수한 능력에서 지금까지 알려진 어느 누구보다 뛰어난 사람, 말하자면 분야 최고가 되었다.

여기에는 중요한 교훈이 한 가지 있다. 집중 연습과 컴포트 존에서 벗어나는 자극을 통해서 수행능력을 어느 정도까지 향상시키는 것이 일반적으로 가능하지만, 그것이 전부가 아니라는 점이다. 그저 열심히 하는 것만으로는 충분하지 않다. 자신의 한계를 넘어서도록 스스로를 채찍질하는 것으로도 충분하지 않다. 연습과 훈련에는 흔히 간과되는 다른 측면, 하지만 마찬가지로 중요한 측면들이 존재한다.

지금까지 연구된 모든 영역에서 개인의 능력을 향상시키는 가장 강력하고 효과적인 방법임이 증명된 특별한 연습 형태가 있다. 바로 '의식적인 연습'이다. 이에 대해서는 곧 상세히 설명할 예정이다. 하지만 그에 앞서 이런 현상 뒤에 숨어 있는 근본 원리가 무엇인지를 면밀하게 살펴보고자 한다. 말하자면 우리 인간은 올바른 연습을 하면 상상을 초월할 정도로 놀라운 능력 향상이 가능해지는데, 그것이 어떤 원리에서 일어나는지 살펴보는 것이다.

제2장

쓸수록 발달하는
뇌를 이용하는 법

_뇌는 어떻게 인간을 변화시키는가

여러분이 보디빌딩을 하거나 근육을 만들려
고 역기를 들어 올리고 있다면, 이두근, 삼두근, 사두근, 흉근, 삼각근, 광
배근, 승모근, 복근, 둔근, 종아리 근육, 대퇴굴근 등 정해진 목표에 따른
결과를 관측하기가 쉽다. 줄자를 사용할 수도 있고, 거울을 들여다보면서
그간의 성과에 감탄할 수도 있다. 지구력을 기르려고 달리기나 자전거 타
기, 수영 등을 하고 있다면, 심장박동 수, 호흡, 또는 젖산 증가로 인해 근
육이 후들거릴 때까지 얼마나 운동을 계속할 수 있는지 등으로 스스로 발
전 상태를 확인할 수 있다.

그러나 도전 대상이 미적분이나 악기 연주, 새로운 언어 습득 등 눈에
보이지 않는 정신 활동이라면 상황이 달라진다. 뇌가 점점 늘어나는 요
구에 적응해가는 동안 뇌에서 일어나는 변화를 관찰할 쉬운 방법은 없다.

유난히 힘든 훈련을 마친 다음 날 대뇌피질이 따끔따끔 아픈 일도 없다. 그동안 머리가 커져서 예전에 쓰던 모자를 쓸 수 없게 되어 새로 모자를 사야 하는 일도 일어나지 않는다. 그렇다고 이마에 '식스팩'이 생기는 것도 아니다. 뇌에서 일어나는 변화는 이처럼 눈에 보이는 것이 아니다. 때문에 우리는 사실 뇌에서 그렇게 많은 일이 일어나고 있지 않다고 치부하기 쉽다.

그렇지만 이것은 오해다. 뇌의 구조와 기능 모두가 여러 가지 정신 훈련에 반응하여 변화한다는 증거는 점점 많이 나타나고 있다. 근육과 심혈관계가 신체 훈련에 반응하는 것과 거의 같은 방식으로 말이다. 자기공명영상MRI 같은 뇌 영상 촬영 기법 덕분에 신경과학자들은 특정 기술을 가진 사람의 뇌가 그런 기술을 가지지 않은 사람의 뇌와 어떻게 다른지를 연구하고, 어떤 종류의 훈련이 뇌에 어떤 형태의 변화를 가져오는지 탐구하기 시작했다. 신경과학 영역에서는 아직 연구되어야 할 것들이 산더미지만, 그간의 연구 덕분에 우리는 '목적의식 있는 연습'과 '의식적인 연습'이 어떻게 우리의 신체적, 정신적 능력을 증대시키는지, 어떻게 우리가 이전에 하지 못하던 것들을 할 수 있게 해주는지에 대해서는 분명하게 알고 있다.

인간의 육체가 훈련에 어떻게 적응하는지에 대해 지금까지 알려진 많은 내용들은 육상 선수, 역도 선수 등 다양한 분야의 운동선수들에게서 나왔다. 운동 외의 영역에서 연습이 수행능력에 미치는 영향에 관한 연구 대상으로는 연주자나 체스 기사, 수학자 등이 전통적인 강자였다. 하지만 정말 흥미롭게도, 인간의 뇌가 장기간의 훈련에 반응하여 어떻게 변화하는지를 관찰한 연구 가운데 최고로 꼽히는 몇몇 연구는 의외로 택시 운전사를 대상으로 이루어진 것이었다.

런던 택시 운전사들의 뇌

런던만큼 GPS 시스템을 무색하게 만드는 도시도 지상에 거의 없을 것이다. 우선 런던에는 맨해튼, 파리, 도쿄 등과 같이 방향과 경로를 찾는 데 활용할 수 있는 바둑판 모양의 간선도로망이 없다. 대신에 런던의 주요 도로들은 직각이 아닌 묘한 각도로 교차하도록 배치되어 있다. 또한 반듯하지도 않고 이리저리 구불구불 휘어 있다. 일방통행로도 많고 여기저기 로터리며 막다른 길이 널려 있다. 그리고 이처럼 얽히고설킨 어수선한 도로망 한가운데로 템스 강이 흐른다. 런던 중심부에만 강을 건너는 다리가 12개 있는데, 도시에서 아무리 좁은 범위를 움직여도 적어도 하나(때로는 둘 이상)의 다리를 건너야 할 가능성이 높다. 또한 힘들게 도로를 제대로 찾았다고 해도 불규칙한 번지수 체계 때문에 특정 주소를 정확히 어디서 찾아야 할지가 다시 문제가 된다.

따라서 런던 여행자들을 위한 최선의 충고는 내비게이션이 장착된 차량을 렌트 하는 일일랑 잊고 택시 운전사에게 맡기라는 것이다. 런던의 택시 운전사는 그야말로 어디에나 있다. 런던에는 검은색의 대형 박스형 차를 모는 택시 운전사가 대략 2만 5,000명이나 된다. 외관보다는 실용성에 치중한 런던의 택시는 이용자들에게는 편안한 '자동 신발' 같은 것이다. 런던의 택시 운전사들이 손님을 가능한 가장 효율적인 방법으로 A 지점에서 B 지점으로 데려다주는 솜씨는 그저 놀라울 따름이다. 여러 가능한 경로들의 거리는 물론이고, 시간대, 예상 교통량, 일시적인 도로 공사나 도로 폐쇄 상태, 이외에 운행과 연관된 각종 세부 사항들을 모두 고려해서 가장 좋은 길로 손님을 안내한다. 출발지와 도착지가 반드시 일반적인 도로명 주소일 필요도 없다. 예를 들어 여러분이 런던의 중심 번화가인 채링크로스에 위치한 작은 모자 가게에 다시 가고 싶다고 해보자. 근사하고 파격적인 모자들을 파는 것이 인상적이었지만 안타깝게도 가게 이름을 정확하게 기억하지 못한다. 로드네인가, 아니면 리어? 뭐 이런 비슷한 이름이었다는 정도만 기억한다. 그런데 바로 옆에 컵케이크를 파는 크지 않은 가게가 있었다는 것만은 분명하게 기억한다. 런던에서는 그 정도면 충분하다. 이상의 정보를 택시 운전사에게 말해주기만 하면 된다. 차량 운행이 허락하는 선에서 가능한 빠른 시간 내에 여러분은 '뉴 로 23A번지, 레어드 런던'23A New Row, Laird London이라는 가게 앞에 도착하게 될 것이다.

런던에서 길 찾기가 얼마나 어려운지 생각하면 아무나 택시 운전사가 될 수는 없다고 생각하게 될 것이다. 실제 런던에서 택시 운전사가 되려면 세계에서 가장 어려운 시험이라고들 하는 여러 단계의 시험을 통과해야 한다.[1] 시험을 주관하는 런던 도로교통공사는 (예비 택시 운전사가 알아야 하는) '지식'에 대해서 다음과 같이 설명한다.

'올 런던'All London 택시 운전사 면허 취득에 필요한 기준에 도달하려면, 무엇보다도 채링크로스 반경 9킬로미터 이내의 지역을 철저하게 숙지하고 있어야 한다. 또한 다음 사항을 알고 있어야 한다. 모든 도로, 주택단지, 공원, 야외, 관청, 백화점, 금융 및 상업 중심지, 외교공관, 시청, 구청, 등기소, 병원, 종교 시설, 운동 경기장 및 레저 센터, 항공사, 각종 역, 호텔, 클럽, 극장, 영화관, 박물관, 미술관, 학교, 단과대학 및 종합대학, 파출소와 경찰서, 민사 법원, 형사 법원, 검시 법원, 각종 교도소, 관광지. 사실상 택시 손님이 목적지로 말할 가능성이 있는 모든 곳.

채링크로스 반경 9킬로미터 이내에는 대략 2만 5,000개의 거리가 있다. 그러나 택시 운전사 지망생은 단순히 거리와 건물을 아는 것 이상으로 지역에 익숙해져야 한다. 어떤 지형지물이든 시험 대상이 될 수 있다. 2014년 《뉴욕 타임스 매거진》New York Times Magazine에 실린 런던의 택시 운전사를 다룬 기사를 보면, 어느 지망생은 생쥐 두 마리와 치즈를 묘사한 조각 작품의 위치가 어디냐는 질문을 받았다. 문제의 조각 작품은 채링크로스의 어느 건물 정면에 있는 것으로, 불과 높이 30센티미터짜리다.

더욱 중요한 것은 런던의 한 지점에서 다른 지점으로 가능한 효율적인 방법으로 갈 수 있다는 능력을 증명하는 일이다. 따라서 런던의 택시 운전사 시험은 여러 차례의 '주행'으로 구성된다. 시험관이 런던 내의 두 지점을 제시하면, 수험자는 해당 지점의 정확한 위치를 말하고, 최선의 이동 경로를 설명해야 한다. 도중에 지나는 도로 하나하나를 차례차례 말해야 하는 것은 물론이다. 주행 시험 때마다 얼마나 정확하게 설명하느냐에 따라 숫자로 점수가 매겨지는데, 점수가 쌓일수록 시험 내용은 어려워진다. 도착지가 불분명해지고, 이동 경로 역시 길고 복잡하고 난해해진다. 택시 운전사 지망생 가운데 절반 이상이 도중에 포기한다. 그러나 끝까지 남아서 면허를 취득하는 사람의 경우, 런던이라는 도시가 오롯이 머릿속에 들어 있게 된다. 이런 머릿속 지도는 위성사진, 카메라 장착 차량, 측량 불가능한 메모리와 정보 처리 능력을 갖춘 구글 지도조차 어렴풋이 흉내만 낼 뿐 도저히 따라갈 수 없는 수준이다.

런던 도로교통공사에서 요구하는 '지식'을 마스터하기 위해 ('지식남' knowledge boys 때로는 '지식녀' knowledge girls 라고 알려진) 택시 운전사 지망생들은 몇 년 동안 런던 여기저기를 운전하면서 어디에 무엇이 있는지, 어떻게 이동하는지 등을 기록한다. 첫 번째 단계는 택시 운전사 지원자에게 지급되는 안내서에 나온 320가지 주행 경로를 마스터하는 것이다. 보통 지원자는 어떤 목적지에 대해 가능한 다양한 경로로 실제 이동해봄으로써 최단 경로를 파악하는 일을 제일 먼저 한다. 이때는 주로 오토바이를 이용한다. 그리고 출발지와 도착지 주변을 탐사한다. 이는 반경 500미터 정도의 지역을 이리저리 둘러보면서 주변 건물과 지형지물을 주의 깊게 살피고 기록한다는 의미다. 이런 과정을 320번 반복하고 나면 지원자는 런던의 320개 최적 경로에 대한 필수 지식을 쌓게 된다. 그러니까 채링크로스 반경 9킬로미터 이내의 거의 모든 핵심 지역을 탐구하고 관련된 메모까지 한 상태가 되는 것이다. 하나 이는 시작에 불과하다. 모든 시험을 통과한 지원자는 목록에 올라 있지 않은 다른 많은 곳들에 대해 최적의 경로를 파악하고 이전의 탐사에서 놓쳤거나 새로 생긴 지형지물 등에 주의를 기울이면서 계속 스스로를 채찍질해야 한다. 실상 런던의 택시 운전사들은 모든 시험에 통과하여 면허를 취득한 뒤에도 런던 거리에 대한 지식을 계속 늘리고 다듬는 일을 게을리하지 않는다.

이런 과정을 거쳐 얻은 런던 택시 운전사의 기억력과 길 찾기 능력은 그야말로 놀라울 따름이다. 때문에 이들은 학습, 특히 길 찾기 능력 학습에 관심이 많은 심리학자들에게 더없이 유혹적인 연구 대상이 되었다. 런던의 택시 운전사에 관한 가장 심도 있는 연구는 유니버시티 칼리지 런던의 신경과학자인 엘리너 맥과이어Eleanor MacGuire의 연구들이다. 또한 그녀의 연구는 훈련이 뇌에 미치는 영향에 대해 가장 많은 정보를 준다.

2000년에 발표된 런던의 택시 운전사에 대한 초기 연구에서 맥과이어는 남성 택시 운전사 16명의 뇌를 MRI로 촬영하여 관찰하고, 택시 운전사가 아닌 비슷한 연령대의 남성 50명의 뇌와 비교했다.[2] 그녀는 기억력 증진에 관여하는 '해마'를 집중적으로 살폈다. 해마는 특히 공간 탐색과 공간 내 사물의 위치 기억에 관여한다(인간은 좌우 뇌에 하나씩 2개의 해마를 가지고 있다). 예를 들어 먹이를 여러 곳에 저장해놓고 이 은닉처들을 기억해두는 조류는 먹이를 여러 곳에 저장하지 않는 비슷한 종의 조류보다 상대적으로 해마가 크다.[3] 더구나 해마의 크기는 상당히 신축성이 있어서 최소한 일부 조류에서는 이런 먹이 저장 경험에 반응하여 30퍼센트까지 커질 수 있는 것으로 나타난다.[4] 그렇다면 인간에게도 같은 논리가 적용될까?

맥과이어가 조사한 결과, 런던의 택시 운전사들은 해마의 특정 부위, 후위, 즉 뒤쪽 부분이 다른 실험 참가자보다 컸다.[5] 게다가 택시 운전사로 일한 기간이 길수록 후위 해마posterior hippocampi가 컸다.[6] 몇 년 뒤에 시행한 다른 연구에서 맥과이어는 런던 택시 운전사의 뇌와 런던 버스 운전사의 뇌를 비교했다.[7] 택시 운전사와 마찬가지로 버스 운전사들도 런던 시내를 운전하면서 돌아다닌다. 양쪽의 차이는 버스 운전사는 동일한 노선을 반복해서 오가므로 A 지점에서 B 지점으로 가는 최적의 경로를 찾아낼 필요가 없다는 점이다. 연구 결과, 택시 운전사의 후위 해마가 버스 운전사보다 상당히 큰 것으로 나타났다. 이런 결과가 내포하는 분명한 함의는 후위 해마의 크기에 차이가 나는 원인이 무엇이든, 그것이 운전 행위 자체와는 무관하며 해당 직업에 필요한 길 찾기 능력과 구체적으로 연관된다는 점이다.

그러나 여전히 해결되지 않은 부분이 있다. 어쩌면 연구 대상이었던 택시 운전사들은 처음부터 런던에서 길 찾기에 유리한, 평균 크기 이상의 후위 해마를 가지고 있었을 수도 있다. 그러니까 그들이 치른 폭넓은 시험은 미로 같은 런던에서 길을 찾는 법을 배울 수 있는 우량한 장비가 선천적으로 갖추어진 택시 운전사를 솎아내는 작업에 불과했을 수도 있다.

맥과이어는 아주 간단하고도 효과적인 방법으로 이런 의문을 해결했다.[8] 그녀는 일단의 택시 운전사 지망생을 선발하여 자격증을 취득하기 위해 훈련을 시작한 시점부터 시험 결과가 나올 때까지(시험에 통과하여 자격증을 가진 택시 운전사가 되거나 포기하고 다른 일을 찾기로 하거나) 살펴보았다. 특히 막 훈련을 시작한 79명의 남성 택시 운전사 지망생뿐만 아니라, 비슷한 연령대의 남성 31명을 실험 대조군으로 선발했다. 맥과이어가 실험 초기에 그들의 뇌를 정밀 촬영하여 검사한 결과 택시 운전사 지망생과 대조군 사이에는 후위 해마 크기에 차이가 없었다.

4년 뒤에 맥과이어는 당시의 두 실험 참가자 집단을 다시 찾았다. 교육생 79명 가운데 41명은 자격을 취득해 택시 운전을 하고 있었고, 38명은 중도에 훈련을 포기하거나 시험에 통과하지 못했다. 결과적으로 이때는 비교 집단이 둘이 아니라 셋이었다. 런던의 도로를 충분히 익혀서 시험을 통과한 새내기 택시 운전사, 충분히 익히지 못해서 시험에 통과하지 못한 훈련생, 전혀 훈련을 받지 않은 집단으로 말이다.[9] 이번에도 맥과이어는 뇌를 촬영하여 후위 해마의 크기를 측정했다.

맥과이어가 보디빌딩을 하는 사람들의 이두근을 측정했다면 검사 결과가 놀라울 일은 없었을 것이다. 그러나 뇌의 여러 부위 크기를 측정하는 실험이었기에 결과는 그야말로 놀라웠다. 교육을 받고 택시 운전사 자격을 얻은 훈련생의 경우, 후위 해마의 크기가 유의미한 정도로 커진 것이다. 반면 자격을 얻는 데 실패한 지망생들의 후위 해마의 크기는 변화가 없었다(훈련을 중도에 그만두어 자격을 얻지 못했든 시험에 통과하지 못했든 마찬가지였다). 택시 운전사가 되는 훈련 과정과는 전혀 무관한 대조군 실험 참가자들도 마찬가지였다. 런던 도로교통공사에서 요구하는 '지식'을 마스터하는 데 보낸 세월은 한 지점에서 다른 지점으로 길을 찾아가는 활동을 담당하는 뇌의 부위, 정확히 그 부위를 키웠다.

2011년에 발표된 맥과이어의 연구는 인간의 뇌가 강도 높은 훈련에 반응하여 성장하고 변화한다는 가장 극적인 증거가 아닌가 싶다. 나아가 맥과이어의 연구가 지니는 분명한 함의는, 자격을 얻은 택시 운전사들의 후위 해마에서 증가한 뉴런과 기타 세포들이 이들의 길 찾기 능력 향상의 토대가 된다는 점이다. 런던 택시 운전사의 후위 해마를 남성 기계체조 선수의 유독 발달한 팔과 어깨에 맞먹는 발달한 신경이라고 생각해도 무방하다. 기계체조 선수의 경우 오랫동안 링, 안마, 평행봉, 마루운동을 훈련한 결과 여러 기구 위에서 펼치는 동작에 절묘하게 맞는 근육이 발달한 것을 볼 수 있다. 그리고 실제로 이처럼 발달한 근육 덕분에 선수는 훈련을 시작할 무렵에는 자기 능력 밖이었던 다양한 체조 동작들을 할 수 있게 된다. 런던 택시 운전사의 후위 해마도 마찬가지다. 차이가 있다면 근섬유가 아니라 뇌세포의 '부피가 커졌다'는 점일 것이다.

적응력을 과소평가하지 마라

21세기가 시작되고 처음 10년까지만 해도 대부분의 과학자들이 맥과이어가 런던 택시 운전사의 뇌에서 확인한 그런 현상에 대해서는 가능성조차 극구 부인하곤 했다. 일단 성인이 되면 남녀를 막론하고 뇌의 신경조직망이 거의 고정된다는 것이 일반적인 믿음이었다. 물론 사람이 새로운 무언가를 배우거나 하는 경우 여기저기 소소한 조정이 일어날 수밖에 없다는 사실은 알려져 있었다. 다만 이런 조정이 일부 신경 연결을 강화하거나 일부를 약화하는 정도 이상은 아니라고 생각되었던 것이다. 뇌의 전반적인 구조와 신경조직망은 고정되어 있기 때문이다. 이런 믿음은 개인의 능력 차가 주로 유전적으로 결정된 뇌 신경조직망의 차이에 기인하며, 학습은 개인이 유전적으로 타고난 잠재력을 실현하는 방법에 불과하다는 생각과 밀접하게 연결되었다. 이런 생각을 나타내는 흔한 비유가 뇌를 컴퓨터로 묘사하는 것이다. 학습은 데이터를 로딩하거나 새로운 소프트웨어를 설치하는 것이다. 그리고 그 덕분에 개인은 이전에는 하지 못했던 무언가를 할 수 있게 되지만, 개인의 궁극적인 수행능력은 임의접근기억장치RAM의 바이트 수와 중앙처리장치cpu의 성능 등에 제한을 받는다.

반면에 앞서도 말한 것처럼 육체의 적응력은 항상 인식하기가 쉽다. 인간 신체의 뛰어난 적응력을 보여주는 좋은 예로 나는 팔굽혀펴기를 들곤 한다. 비교적 건강한 편인 20대 남성이라면 40회 또는 50회 정도가 가능할 것이다. 100회까지 한다면 친구들한테 나름 잘한다는 소리를 듣고 이따금 내기에서 이길 수도 있다. 그렇다면 팔굽혀펴기 세계 기록은 얼마나 될까? 500회? 1,000회? 1980년에 일본의 요시다 미노루는 쉬지 않고 1만 507회를 해냈다. 이후 기네스북위원회에서는 팔굽혀펴기 기록을 잴 때 쉬지 않고 하는 것을 받아들이지 않고, 필요한 경우 휴식을 취하면서 24시간 이내에 할 수 있는 최대 개수를 세는 것으로 규칙을 바꾸었다. 지금까지 남아 있는 이 분야의 세계 기록은 1993년 미국의 찰스 세르비치오_{Charles Servizio}가 세웠는데, 21시간 21분 동안 도합 4만 6,001회를 했다.

턱걸이를 또 다른 예로 들어보면 어떨까? 비교적 건강한 남성이라도 보통은 10회에서 15회가 최선이다. 정말 열심히 노력한다면 40회나 50회까지 끌어올릴 수 있을 것이다. 그런데 2014년 체코공화국의 얀 카레시_{Jan Kareš}는 12시간에 4,654회를 해냈다.

간단히 말해 인간의 육체는 믿기지 않을 정도로 적응력이 강하다. 이는 운동을 담당하는 골격근骨格筋에 한정되지 않는다. 심장, 폐, 순환계, 에너지 비축, 그밖의 육체의 힘과 활력과 관련된 모든 부분이 놀라운 적응력을 보여준다. 아마도 한계가 있겠지만, 아직까지는 한계에 도달했다는 조짐은 보이지 않는다.

맥과이어의 연구를 비롯해 다른 연구들을 통해 이제 우리는 인간의 뇌도 정도와 다양성 면에서 육체와 흡사한 적응 능력을 가지고 있다는 사실을 알게 되었다.

신경과학자들이 '가소성'_{plasticity}이라고 부르는 이런 적응력이 관찰된 초기 사례는 시각장애인이나 청각장애인의 뇌[10] 연구에서 볼 수 있다. 이런 장애인들의 경우 시각이나 청각 데이터를 처리하는 뇌의 부분이 어떻게 회로를 변경하여 그 부분을 새로운 용도로 사용하는지를 밝힌 연구다. 시각장애인 대다수는 눈이나 시신경에 문제가 있어 보지 못한다. 하지만 시각피질(시신경으로부터 자극을 받아들이는 대뇌피질 내의 영역 — 옮긴이)을 비롯해 시각과 관련된 뇌의 다른 부분은 온전히 작동하고 있다. 다만 눈으로부터 아무 정보도 입력받지 못할 뿐이다. 인간의 뇌가 컴퓨터처럼 프로그래밍되어 있다면 뇌의 시각과 관련된 이런 부분은 영원히 할 일이 없을 것이다. 그러나 인간의 뇌는 일부 뉴런의 경로를 변경하여[11] 뇌의 이런 부분이 다른 작업에 투입되도록, 특히 상실되지 않은 다른 감각과 관련된 작업에 투입되도록 한다. 시각장애인이 주변 환경에서 정보를 얻기 위해 시각 대신 활용해야 하는 그런 감각들 말이다.

예를 들어 시각장애인은 점자를 구성하는 볼록 점들을 손끝으로 더듬어 글을 읽는다. 점자를 읽는 시각장애인의 뇌를 MRI로 관찰했을 때, 활성화되어 빛을 발하는 부분 중 하나가 시각피질이다. 정상 시력을 가진 사람의 경우 시각피질은 손끝이 아니라 눈을 통해 입력된 정보에 반응하여 활성화되지만, 시각장애인의 시각피질은 점자를 구성하는 볼록 점들을 스치듯 지나면서 얻는 손끝의 감각을 해석하는 작업을 돕는다.[12]

더욱 흥미로운 점은 이런 신경 연결 변경이 일어나는 부위가 그렇게 하지 않았으면 사용되지 않았을 부위만은 아니라는 점이다. 사람이 어떤 것을 충분히 열심히 훈련하면, 뇌는 뉴런의 용도를 바꾸어 해당 작업을 돕게 만든다. 이미 다른 할 일이 있던 뉴런이라고 해도 그렇다. 이와 관련한 가장 설득력 있는 증거는 1990년대 말 능숙하게 점자를 읽는 사람들의 손가락들을 관장하는 뇌 부분들을 관찰한 실험 결과다.

실험 참가자들은 세 손가락을 사용해 점자를 읽는 사람들이었다. 즉 집게손가락으로 개별 문자를 구성하는 점의 패턴을 읽고, 가운뎃손가락으로 문자 사이의 빈칸을 가려내고, 약지로 읽고 있는 특정 줄을 따라간다. 손가락을 관장하는 뇌 부위의 신경조직망은 보통은 개별 손가락을 전담하는 부분이 다르게 구조화되어 있다. 그렇기 때문에 우리는 굳이 자기 손가락을 보지 않고도 어떤 손가락이 연필심이나 압정을 만지는지 구별할 수 있는 것이다. 실험 참가자들은 하루에 5~6시간 정도 손가락을 사용해 점자를 읽는 점자 강사들이었다. 실험 결과 연구자들은 이처럼 꾸준히 세 손가락을 사용하면, 각각의 손가락을 전담하는 뇌의 부분들이 무척 커지게 되고, 결국 서로 겹쳐질 정도가 된다는 사실을 발견했다. 결과적으로 실험 참가자들은 이들 세 손가락에 가해지는 접촉에 유난히 예민해졌지만(시각을 가진 실험 참가자들이 감지하지 못하는 훨씬 미미한 접촉도 감지해냈다), 종종 셋 중 어느 손가락인지를 구별하지 못했다.[13]

시각장애인과 청각장애인을 대상으로 한 뇌의 가소성 연구를 통해 우리는 뇌의 구조와 기능이 고정된 것이 아님을 알 수 있다. 뇌의 구조와 기능은 사용에 대한 반응으로 변화한다. 그러므로 누구의 뇌든 의식적인 훈련, 의식적인 연습을 통해 원하는 방향으로 변화시키는 것이 가능하다.

이런 가소성이 작용하게 만들 방법은 여러 가지가 있지만, 이에 대한 연구는 아직 걸음마 단계다. 지금까지 가장 눈길을 끄는 연구는 미국과 이스라엘의 신경과학자와 시각 연구자들이 2012년에 발표한 것으로,[14] 노화로 인한 원시로 고생하는 사람이라면 누구든 효과를 볼 수 있을 방법이 나타나 있다. 말하자면 쉰 살을 넘긴 모든 사람에게 해당된다. 실험 참가자들은 가까운 사물에 초점을 맞추지 못해 고생하는 중년의 사람들이었다. 이런 상태를 가리키는 공식 명칭은 노안老眼인데, 이는 눈 자체의 문제로 인해 발생한다. 눈의 수정체가 탄력을 잃어서 작고 세밀한 것을 알아볼 만큼 초점을 조정하지 못하는 것이다. 이런 사람들은 이와 관련해 명암 대비를 감지하는 데도 어려움을 겪는다. 명암 대비가 초점 조절을 더욱 어렵게 만들기 때문이다. 결과적으로 찾아오는 노안은 검안사와 안경 판매업자에게는 더없이 좋은 돈벌이지만, 50대 이상의 사람들에게는 더없이 귀찮은 일이 아닐 수 없다. 50대 이상 거의 모든 인구가 무언가를 읽거나 세밀한 작업을 할 때는 안경을 써야 한다.

실험 참가자들은 세 달 동안 일주일에 세 번 정도 연구실에 와서 30분씩 시력 훈련을 했다. 이들은 화면에서 작은 이미지를 찾아내는 훈련을 했다. 다만 이미지의 색과 배경의 색이 매우 흡사했는데, 다시 말해 찾아야 하는 이미지와 배경 사이에 대비가 거의 없었던 것이다. 따라서 이미지를 찾아내기 위해서는 강도 높은 집중력과 노력이 필요했다. 시간이 흐르면서 실험 참가자들은 점점 빠르고 정확하게 이미지를 찾아냈다. 세 달이 지난 후 참가자들은 어느 크기까지 글자를 읽을 수 있는지 알아보는 검사를 했다. 평균적으로 이들은 훈련을 시작하기 전에 가능했던 것보다 60퍼센트 더 작은 글씨를 읽을 수 있었다. 그리고 이런 시력 향상은 참가자 모두에게서 나타났다. 나아가 훈련 이후 모든 참가자가 안경 없이 신문을 읽을 수 있었는데, 대다수가 이전에는 하지 못하던 일이었다. 글자를 읽는 속도 역시 이전에 비해 빨라졌다.

3개월의 훈련으로 이처럼 많은 것이 개선되었지만 놀랍게도 이 중 어느 것도 눈 자체의 변화에 따른 것은 아니었다. 수정체는 여전히 탄력 없고 경직된 상태를 유지하고 있었고, 초점 조절 장애도 있었다. 대신 눈을 통해 들어오는 시각 신호를 해석하는 뇌 부위에서 변화가 일어났고, 그 결과 보는 능력이 개선된 것이었다. 연구자들은 정확히 어떤 변화라고 콕 집어 설명하지는 못했지만, 뇌가 흐린 이미지에서 얼룩덜룩한 번짐 현상을 제거하고 선명도를 높이는 법을 터득했다고 믿는다. 이미지가 흐려 보이는 이유는 시각상의 두 가지 문제가 결합된 결과다. 작고 세밀한 것을 보지 못하는 문제와 명암 차이를 잘 감지하지 못하는 문제다. 뇌에서 수행하는 이미지 처리 과정은 이런 두 가지 문제를 해결하는 데 도움을 줄 수 있다. 컴퓨터나 카메라에서 이미지 처리 소프트웨어가 명암 조절 등의 기법을 통해 이미지를 선명하게 해주는 것과 거의 같은 이치다. 연구자들은 훈련을 통해 실험 참가자들의 뇌가 이런 이미지를 한층 능숙하게 처리할 수 있는 방법을 터득했고, 결과적으로 이들이 눈에서 들어오는 신호가 전혀 나아지지 않았음에도 세밀한 것들을 구분할 수 있게 되었다고 믿는다.

도전이 없다면 발전도 없다

먼저 생각해보자. 인간의 육체와 두뇌는 왜 그런 적응력이 있는 것일까? 아이러니하게도 이런 현상은 개별 세포와 조직이 가능한 모든 것을 이전과 같은 상태로 유지하려 한다는 사실에서 기인한다.

인간의 육체는 안정된 상태를 선호하는 경향이 있다. 일정한 체내 온도를 유지하고, 혈압과 심장박동 수도 일정하게 유지한다. 혈당 수치와 (산성/알칼리성 정도를 의미하는) pH 농도 역시 마찬가지다. 체중도 하루하루 상당히 일관되게 유지한다. 물론 이상의 어느 것도 완전히 고정되어 있지는 않다. 예를 들어 운동을 하면 심장박동 수가 올라가고, 과식을 하거나 다이어트를 하면 체중도 늘거나 준다. 하지만 이런 변화는 보통 일시적인 것으로, 몸은 결국은 원래 상태로 돌아간다. 이런 현상을 가리키는 전문 용어가 항상성恒常性이다. 간단히 말해서 어떤 시스템(어느 시스템이나 해당되지만 가장 흔하게는 생물체나 생물체의 일부)이 자체적으로 안정된 상태를 유지하려는 방향으로 움직이는 경향이다.

육체를 구성하는 개별 세포 역시 안정된 상태를 좋아한다. 수분의 양도 일정 수준으로 유지하고, 양이온과 음이온, 특히 나트륨 이온과 칼륨 이온의 균형을 단속하고, 어떤 이온과 분자를 남기고 어떤 것을 세포막을 통과하여 나가게 할지 조절함으로써 여러 가지 작은 분자들도 일정하게 유지한다. 우리 입장에서 그보다 중요한 것은 세포가 효율적으로 기능하려면 안정적인 환경에 있어야 한다는 사실이다. 주변 조직이 너무 뜨겁거나 차갑다거나, 조직의 액량 수준이 바람직한 범위에서 너무 많이 벗어나거나, 산소량이 너무 떨어지거나, 에너지 공급량이 너무 낮으면 세포의 기능에 손상이 생긴다. 그리고 이런 변화가 너무 크고 오래 지속되면 세포들이 죽기 시작한다.

이처럼 인간의 몸은 현재 상태를 유지하는 쪽으로 반응하는 다양한 피드백 메커니즘을 구비하고 있다. 격렬한 신체 활동을 할 때 어떤 일이 생기는지 생각해보자. 근섬유가 수축되면서 개별 세포는 에너지와 산소를 소모하고, 이를 근처 혈관에서 가져와 보충한다. 이렇게 되면 혈류 내의 산소 수치와 에너지 공급원이 감소하고, 이에 대한 반응으로 몸은 다양한 대책을 강구한다. 혈액 내의 산소 수치를 높이고 이산화탄소를 많이 배출하기 위해 호흡 속도가 빨라진다. 지방 등의 형태로 비축되어 있던 에너지는 근육에서 사용하고 혈류에 공급되는 에너지 공급원으로 전환된다. 동시에 필요한 부위에 산소와 에너지를 효과적으로 분배하기 위해서 혈액 순환이 빨라진다.

운동을 한다 해도 신체의 항상성 메커니즘에 부담을 줄 정도로 강도 높은 운동이 아니라면 신체의 물리적 변화를 촉진하는 데는 거의 효과가 없다. 몸의 관점에서 보면 굳이 바꿀 이유가 없는 것이다. 모든 것이 기존 상태를 유지하면서 바람직하게 돌아가고 있기 때문이다.

그러나 사람이 이런 항상성 메커니즘으로 감당하기 힘들 정도로 몸에 압박을 주는, 지속적이고 격렬한 신체 활동을 할 때는 문제가 달라진다. 몸의 여러 시스템 및 세포들은 비정상적인 상태에 놓이게 된다. 산소는 물론 포도당, 아데노신이인산ADP, 아데노신삼인산ATP 같은 에너지와 관련된 화합물 수치가 비정상적으로 낮아지기 때문이다. 여러 세포의 신진대사가 평상시처럼 진행되지 못하고, 따라서 세포 내에서 평상시와 다른 일련의 생화학 반응이 진행된다. 결과적으로 세포가 평소에 생산하는 것과는 완전히 다른 생화학적 산물이 만들어진다. 세포 입장에서는 이런 바뀐 상황이 마음에 들지 않기 때문에, 세포 DNA에서 다른 유전자들을 소환함으로써 대처한다(세포 내의 DNA 안에 있는 대부분의 유전자는 평소에는 활성화되지 않은 상태로, 세포가 어느 순간 어떤 유전자가 필요한지에 따라 여러 유전자들을 '켜고' '끈다'). 이렇게 새로 활성화된 유전자는 다시 세포 내의 다양한 생화학 시스템을 활성화시키거나 이미 활성화되어 있는 경우 활동을 증강시킨다. 이를 통해 세포 활동 자체가 세포와 주변 시스템에 가해지는 '컴포트 존'을 벗어나라는 압박에 맞춰 반응하는 방향으로 바뀌게 된다.

감당하기 힘든 스트레스를 받은 세포 내에서 일어나는 반응은 워낙 복잡해서 세부적으로 정확히 어떤 일이 일어나는지는 연구자들도 이제 막 매듭을 풀기 시작했다. 예를 들어 쥐를 대상으로 한 연구에서[15] 과학자들은 쥐 뒷다리의 특정 근육 하나에 작업 부하가 급격히 증가했을 때 새로이 활성화되는 유전자의 수를 112개까지 셌다.[16] 당시 활성화된 유전자들로 미루어, 스트레스에 대한 쥐의 반응에는 근육세포의 신진대사와 구조 변화, 새로운 근육세포가 만들어지는 속도의 변화 같은 것이 포함되었다. 이런 모든 변화의 궁극적인 결과는 쥐의 근육을 강화시켜 늘어난 작업 부하를 감당하도록 만드는 것이었다.[17] 근육들은 컴포트 존에서 벗어나라는 압박을 받았고, 새로운 컴포트 존을 만들어낼 만큼 강해지는 것으로 반응했다. 이렇게 하여 다시 새로운 항상성을 수립하는 것이다.

이상이 신체 활동이 몸에 변화를 만들어내는 일반적인 패턴이다. 특정 근육, 심혈관계, 이외 무엇이든 어떤 신체 시스템이 항상성이 유지되지 않을 만큼 스트레스를 받으면, 몸은 항상성을 새로 수립하는 것을 목표로 변화하기 시작한다. 이것이 스트레스에 대한 몸의 반응이다. 예를 들어 유산소 운동을 시작했다고 가정해보자. 최대 심장박동 수의 70퍼센트인 권장 수준으로 심장박동 수를 유지하면서 일주일에 3회, 30분씩 조깅을 한다고 해보자(젊은이의 경우 분당 140회가 조금 넘는다). 이런 지속적인 신체 활동은 무엇보다도 다리 근육에 산소를 공급하는 모세혈관 내의 산소 수치를 떨어뜨린다. 그러면 몸은 다리 근육에 전보다 많은 산소를 공급해 컴포트 존으로 되돌리기 위해 새로운 모세혈관을 만들어내는 것으로 변화된 상황에 반응한다.

신체의 항상성에 대한 지향이 아이러니하게도 변화를 끌어내는 데 활용되는 것이다. 몸을 충분히 강하게 그리고 충분히 오랫동안 압박하라. 그러면 몸은 그런 압박 자체가 편안해지는 방향으로 변화함으로써 그에 대응할 것이다. 그런 과정에서 우리 몸은 이전보다 강해지고, 지구력과 근육의 협응력도 한층 커졌을 것이다. 그러나 한 가지 단점이 있다. 새로운 근섬유가 생겨나고 체력이 강해지고 새로운 모세혈관이 자라는 등 일단 자극 강도에 맞춘 변화가 일어나고 나면, 이전에는 스트레스가 되었던 신체 활동을 부담 없이 감당할 수 있게 된다. 다시 편안한 상태가 되는 것이다. 그러면 변화가 멈춘다. 그러므로 지속적으로 변화가 일어나게 하려면 계속해서 '판돈'을 키우는 수밖에 없다. 더 멀리 달리고, 더 빨리 달리고, 더 위를 향해 달리는 것이다. 압박의 강도를 계속 높이지 않으면, 우리 몸은 새로 얻은 항상성에 안주하게 된다. 그리고 이전보다 나아진 수준이기는 하지만 지속적인 발전은 멈추게 된다.

이는 자신의 컴포트 존 바로 밖에 머무는 것이 중요한 이유를 말해준다. 우리는 자신의 몸이 강해진 자극에 맞춰 지속적으로 변화하도록 계속 압박을 가해야 한다. 그러나 컴포트 존에서 너무 멀리 벗어나면, 부상을 입기도 하고 결과적으로 변화를 촉진하기는커녕 저해할 위험이 있다.

이상은 적어도 몸이 운동에 반응하는 방식이다. 뇌가 몸이 아니라 정신과 관련한 도전에 반응하여 어떻게 변화하는지에 대해서는 밝혀진 내용이 훨씬 적다. 육체와 뇌의 중요한 차이점은 일반적으로 성인의 뇌에서는 세포들이 분열하여 새로운 뇌세포가 만들어지는 일이 드물다는 점이다.[18] 앞서 설명한 해마에서처럼 새로운 뉴런이 생성되는 소수의 예외가 있기는 하다. 그러나 뇌의 대다수 부위에서는 (시력 개선에 활용된 명암 훈련 같은) 정신적 도전에 반응하여 일어나는 변화에 새로운 뉴런 생성은 포함되지 않는다. 대신에 뇌는 신경조직망을 다양한 방법으로 재배열한다. 뉴런들 사이의 연결을 강화 또는 약화시키고, 새로운 연결을 추가하거나 이전의 연결을 제거하는 등의 일이 일어나는 것이다.[19] 또한 신경세포를 둘러싸고 형성되어 일종의 절연 피복 역할을 하면서 신경 신호의 누출이나 분산을 막아 전달 속도를 높여주는 마이엘린myelin 양이 증가하는 일도 가능하다. 마이엘린의 형성으로 신경 자극 전달 속도를 10배나 높일 수 있다. 사고, 기억, 동작 통제, 감각 신호 해석, 기타 뇌의 모든 기능이 신경조직망을 통해 이루어지므로, 이런 신경조직망의 재배열과 속도 개선으로 뇌는 이전에 할 수 없었던 많은 일들을 할 수 있게 된다. 안경 없이 신문을 읽거나, A 지점에서 B 지점으로의 최적 이동 경로를 신기에 가까울 정도로 정확하고 빠르게 찾아낼 수 있게 되는 것이다.

뇌의 경우 도전이 거세면 변화도 크다. 어느 정도까지는 그렇다. 최근 연구에 따르면 뇌의 구조 변화를 유발하는 데 새로운 기술을 익히는 것이 이미 아는 기술을 계속 연습하는 것보다 훨씬 효과적이라는 사실이 밝혀졌다.[20] 그러나 한편으로 압박의 강도와 기간이 지나치면 극도의 피로와 함께 학습 효율이 오히려 떨어진다. 몸과 마찬가지로 뇌도 컴포트 존 밖으로 밀어내는, 그렇지만 너무 멀리 밀어내지는 않는 최적의 지점, 구기 종목에서 공이 가장 잘 맞는 지점을 가리키는 '스위트 스폿'sweet spot에서 가장 빠르게 변화한다.

▎아인슈타인 뇌만의 특이점

인간의 뇌와 육체가 새로운 능력을 개발함으로써 도전에 반응한다는 사실이 '목적의식 있는 연습'과 '의식적인 연습'이 지닌 효율성의 바탕이 된다. 런던의 택시 운전사든, 기계체조 국가대표 선수든, 음악학교의 바이올린 전공자든, 훈련은 본질적으로 그것이 없었다면 불가능했을 능력을 개발하는 뇌와 육체의 적응력을 활용하는 수단이다.

이런 원리가 작동하는 모습을 볼 수 있는 가장 좋은 분야가 바로 연주능력 개발이다. 과거 20년 동안 뇌 연구자들은 연주 훈련이 뇌에 어떻게 영향을 미치며, 그런 영향이 어떻게 비범한 연주 실력으로 이어지는지를 매우 상세하게 연구했다.[21] 그중 가장 유명한 연구는 버밍엄 소재 앨라배마 주립 대학교의 심리학자 에드워드 타웁Edward Taub과 4명의 독일 과학자가 시행한 것으로, 1995년 《사이언스》Science에 발표되었다.[22] 이들은 바이올린 연주자 6명, 첼로 연주자 2명, 기타 연주자 1명을 선발하여 뇌 영상을 촬영했다. 실험 참가자들은 모두 오른손잡이였다. 타웁 등은 또한 연주자들과 비교할 대조군으로 음악가가 아닌 사람 6명을 선발했다. 그리고 이 두 집단의 손가락 움직임을 전담하는 뇌 부위에 어떤 차이가 있는지 밝히고자 했다.

타웁의 가장 큰 관심사는 악기 연주자들의 엄지를 제외한 왼 손가락이었다. 바이올린, 첼로, 기타를 연주하려면 왼 손가락을 특별히 잘 다루어야 한다. 왼 손가락은 이런 악기들의 목 부분에서 위로 아래로, 현에서 현으로 움직인다. 때로는 놀라울 정도로 빠른 속도로 그리고 극도의 정확성을 가지고 적절한 위치에 놓여야 한다. 나아가 이런 악기들에서 나오는 많은 소리들은 비브라토처럼 손가락 하나를 미끄러지듯 움직이거나 흔드는 동작에서 나오는데, 보통 이런 동작을 마스터하기까지는 막대한 연습이 필요하다. 반면에 왼손 엄지는 하는 일이 거의 없다. 주로 악기의 목 뒷부분을 받치고 있는 정도다. 오른손은 일반적으로 왼손보다 하는 일이 훨씬 적다. 바이올린 연주자와 첼로 연주자의 경우 주로 활을 잡고 있기만 하고, 기타 연주자의 경우는 치거나 퉁기는 동작이 전부다. 요컨대 현악기 연주자가 하는 훈련의 대부분은 엄지를 제외한 왼 손가락 4개를 다루는 능력을 향상시키는 데 맞춰져 있다. 따라서 연구를 시작하면서 타웁이 던진 질문은 이러했다. 이것이 뇌에 어떤 영향을 미쳤을까?

타웁의 팀은 전자식電磁式 뇌촬영기(뇌의 미세한 자장을 감지하여 지도를 그리듯이 뇌 활동을 세밀하게 그려내는 기계)를 이용하여 뇌의 어느 부위가 어느 손가락을 관장하는지를 파악했다. 구체적으로 연구자들은 실험 참가자들의 손가락을 만져서 각각의 접촉에 뇌의 어느 부위가 반응하는지를 관찰했다.[23] 그리고 연주자들이 보통 사람들에 비해 왼손을 관장하는 뇌의 부분이 크다는 사실을 발견했다. 특히 엄지를 제외한 네 손가락을 통제하는 뇌의 부분이 보통은 손바닥을 관장하는 뇌의 일부까지 차지하고 있었다. 나아가 연주자가 연주를 시작한 시점이 이를수록 넓게 확장되어 있었다. 이에 비해 오른손 손가락을 통제하는 뇌의 부분에서는 연주자와 보통 사람들 사이에 크기 차이를 발견하지 못했다.

이런 결과가 의미하는 바는 명확했다. 오랜 세월에 걸친 현악기 연습으로 인해 왼 손가락을 관장하는 뇌의 부분이 서서히 확장되었고, 결과적으로 이 손가락들을 다루는 남다른 능력을 갖게 된 것이다.

이 연구 결과가 발표된 이후 20년 동안 다른 연구자들은 이에 대해 부연하고, 연주 훈련이 뇌의 구조와 기능에 영향을 미치는 다양한 방식을 설명해왔다. 예를 들어 (운동 통제에서 중요한 역할을 하는 뇌의 부분인) 소뇌의 크기가 연주자들이 보통 사람보다 크고, 연주자들 사이에서도 훈련 시간이 많을수록 더 컸다.[24] 또한 뇌의 여러 부위 피질에 있는 (뉴런을 함유하고 있는 뇌 조직인) 회백질의 양도 연주자들이 보통 사람에 비해 많았다. (촉각과 다른 감각들을 관장하는) 체성감각體性感覺 영역, (손을 통해 들어오는 감각을 관장하는) 상두정엽, (운동을 계획하고 공간에서 행동으로 옮기는 일을 담당하는) 전운동피질 등도 마찬가지였다.[25]

뇌의 어느 부위에 정확히 어떤 일이 일어났는지에 대한 상세한 내용은 신경과학 공부를 전문적으로 하지 않은 사람이라면 누구에게든 이해하기 벅차게 느껴질 수 있다. 하지만 큰 그림만 보면 메시지는 명확하다. 악기 연주 훈련은 결과적으로 연주 능력을 키우는 다양한 방법으로 뇌의 구조와 기능을 변화시킨다. 달리 말해 가장 효과적인 연습은 단순히 연주 방법을 익히게 하는 데 그치지 않고 연주하는 '능력' 자체를 향상시킨다. 그런 연습을 통해 우리는 연주할 때 사용하는 뇌의 부분들을 변화시키고 있으며, 어떤 의미에서 자신만의 음악적 '재능'을 키우고 있다.

음악 이외의 영역에서는 이런 유의 연구가 음악에서만큼 많이 이루어지지 않았지만, 모든 영역에서 연구 결과는 같다. 장기간의 훈련은 개발하는 특정 기술과 관련된 뇌의 부위에 변화를 가져온다는 것이다.

수학 능력처럼 순수하게 지적인 기술에 초점을 맞추어 진행된 연구들도 있다. 예를 들어 수학자의 뇌는 수학자가 아닌 사람들에 비해 아래마루소엽(하두정소엽)의 회백질 양이 상당히 많았다.[26] 아래마루소엽은 수학 계산과 수학의 여러 분야에서 중요한 공간 속의 물체를 시각화하는 작업과 관련되어 있다. 공교롭게도 이 부위는 알베르트 아인슈타인Albert Einstein의 뇌를 조사했던 신경과학자들의 관심을 끌었던 부분이기도 하다. 당시 신경과학자들은 아인슈타인의 아래마루소엽이 평균보다 상당히 크며, 모양 역시 아주 특이하다는 것을 발견했다. 때문에 이들은 아인슈타인의 아래마루소엽이 추상적인 수학적 사고 능력에 중요한 역할을 했으리라고 추측했다.[27] 아인슈타인 같은 사람은 일반인보다 발달된 아래마루소엽을 타고나며, 따라서 수학적 사고에 대한 '선천적인 능력'을 가지고 있는 것일까? 아마 많은 사람들이 그렇게 생각할 것이다. 그러나 수학자와 비수학자의 해당 뇌 부위를 비교해보고, 연구자들은 수학자로서 수학적 작업을 해온 기간이 길수록 우측 아래마루소엽의 회백질이 많다는 사실을 발견했다. 이는 해당 부위의 크기 증가가 장기간의 수학적 사고의 산물이지, 처음부터 타고나는 것이 아님을 의미한다.[28]

악기 연주처럼 정신적 요소와 육체적 요소를 모두 지닌 기술을 조사한 연구들도 많다. 최근의 한 연구에서는 글라이더 조종사와 아닌 사람들의 뇌를 비교 분석했다. 그 결과 글라이더 조종사가 일반인에 비해 복부 전운동피질, 전방대상피질, 보조안구 영역 등을 포함한 뇌의 몇몇 부위에 회백질이 많다는 것이 발견되었다.[29] 이들 부위는 글라이더를 날리면서 사용하는 조종간을 제어하는 법을 배우고, 날면서 얻는 시각 신호와 글라이더의 방향을 말해주는 신체 평형 신호를 비교하고, 눈의 움직임을 통제하는 등의 활동과 연관이 있어 보인다.

심지어 수영이나 기계체조처럼 순전히 '육체적인 기술'이라고 생각되는 경우에도 뇌는 중요한 역할을 한다. 신체 움직임에 대한 세심한 통제가 필요하기 때문이다. 연구 결과 이런 연습이 뇌의 변화를 야기하는 것으로 나타났다. 예를 들어 다이빙 선수는 뇌의 특정 세 영역에서 피질 두께가 일반인들에 비해 두꺼웠는데, 모두 신체 움직임을 시각화하고 통제하는 역할을 하는 부위였다.[30] 피질 두께는 특정 뇌 부위의 회백질 양을 측정하는 수단이므로, 다이빙 연습으로 이들 세 부위의 회백질 양이 많아진 것으로 추정할 수 있다.

어떤 기술이냐에 따라서 구체적이고 세부적인 사항은 달라지지만 전반적인 패턴은 모두 같다. 규칙적인 훈련이 그로 인해 도전을 받은 뇌 부위에 변화를 야기한다는 것이다. 뇌는 도전에 필요한 기능을 수행하는 능력을 키우는 방향으로 스스로를 재설계함으로써 도전에 적응한다. 이것이 훈련이 뇌에 미치는 영향에 관한 연구에서 취해야 하는 가장 중요한 기본 메시지다. 그러나 이외에도 주목할 만한 몇 가지 정보가 있다.

첫째, 훈련이 뇌에 미치는 영향은 나이에 따라 여러 면에서 다를 수 있다. 가장 중요한 것은 어린 사람, 즉 어린이와 청소년의 뇌일수록 어른의 뇌에 비해 적응력이 뛰어나서, 어릴수록 훈련이 미치는 영향이 클 수 있다는 점이다. 어린 뇌일수록 개발 가능성이 풍부하고 다양하기 때문에, 어린 나이부터 훈련하는 것은 사실상 향후 발전 방향을 결정해 중요한 변화를 일으킬 수 있다. 이것이 소위 말하는 '구부러진 어린 가지 효과'_bent-twig effect이다. 만약 어린 가지 하나를 살짝 굽혀서 정상적인 성장 방향에서 떨어뜨려놓으면, 당장은 크게 티가 나지 않지만 자란 뒤 가지의 최종 위치에는 크나큰 변화를 야기하게 된다. 그러나 이미 자란 나뭇가지에 그런 작업을 했을 때의 효과는 훨씬 적다.

이런 효과의 한 예를 들어보자. 성인 피아노 연주자들은 보통 사람들에 비해 뇌의 특정 부위에 백질이 많은데, 이런 차이는 전적으로 유년기의 연습량에 기인한다.[31] 이른 나이에 피아노를 시작할수록 어른이 되어 백질을 많이 가지게 된다. 즉 성인이 되어서도 피아노를 연주하는 법을 배울 수는 있지만, 유년기에 배우는 경우에 생성되는 백질량의 증가 같은 결과가 나오지는 않을 것이다. 아직까지는 이런 백질량의 증가가 현실적으로 어떤 의미를 지니는지에 대해서는 명백히 밝혀진 바가 없다. 일반적으로 백질이 많으면 신경 신호의 전달 속도가 빨라진다. 따라서 유년기에 이루어진 피아노 연습은 성인이 되어 연습한 경우에 따라가기 힘든 신경과 관련된 이점을 만들어주지 않나 싶다.

훈련이 뇌에 미치는 영향과 관련하여 주목할 만한 두 번째 정보는 장기간의 훈련을 통해 뇌의 특정 부위를 발전시키는 데는 대가가 따를 수 있다는 점이다. 많은 경우 어떤 기술이나 능력을 비범한 수준으로 발전시킨 사람들은 다른 영역에서는 오히려 뒤처지는 모습을 보인다. 런던의 택시 운전사에 대한 맥과이어의 연구가 좋은 예다.[32] 1차 검사를 마치고 4년 뒤에 맥과이어는 시험 응시생들이 과정을 마치고 택시 운전사 자격을 취득했든 중도에 포기했든, 두 가지 방식으로 실험 참가자들의 기억력을 검사했다. 한 가지는 런던의 여러 지형지물의 위치를 알고 있는지를 알아보는 것으로, 여기서는 자격을 취득한 실험 참가자들이 그렇지 않은 참가자에 비해 월등히 나은 점수를 기록했다. 두 번째 검사는 30분이 지난 뒤에 복잡한 도형을 기억하는 공간 기억 표준검사였다. 여기서는 자격을 취득한 택시 운전사들이 택시 운전사 훈련을 아예 받지 않은 참가자 그룹에 비해서 훨씬 낮은 점수를 기록했다. 이와 대조적으로 준비는 했지만 시험에 떨어진 훈련생들은 훈련을 받은 적이 없는 이들과 같은 점수를 기록했다. 4년 전 검사를 시작했을 때는 이들 세 그룹이 이런 기억력 검사에서 비슷한 점수를 얻었다. 따라서 이 차이를 설명할 유일한 방법은 자격증을 취득한 운전사들이 도로 기억 능력을 증진시키느라 다른 종류의 기억력을 감퇴시키는 무언가를 했다는 말이 된다. 정확히 무엇이 이런 결과를 초래했는지는 확실히 알 수 없지만, 강도 높은 훈련으로 인해 자격 취득자들의 뇌에서 점점 많은 부분이 택시 운전 자격과 관련한 기억 작업에 쓰이게 되고, 다른 기억을 담당하는 회백질이 적어졌을 수 있다.

마지막으로 훈련으로 야기된 지적 능력과 신체 변화에는 유지가 필요하다. 훈련을 그만두면 사라지기 시작하기 때문이다. 무중력 상태에서 여러 달을 보낸 우주비행사들은 지구에 돌아오면 잘 걷지 못한다.[33] 뼈가 부러지거나 인대가 파열되어 훈련을 중단했던 운동선수는 팔다리의 체력과 지구력의 많은 부분을 상실해 운동을 하지 못한다. 한 달 정도 침대에 누워 있어야 하는 실험에 자원했던 운동선수들에게서도 같은 현상이 나타났다.[34] 그동안 키웠던 체력은 떨어진다. 속도도 줄어든다. 지구력도 약해진다.

이와 비슷한 현상은 뇌에도 해당된다. 맥과이어는 은퇴한 런던의 택시 운전사들을 연구하고 나서 후위 해마의 회백질이 현역 택시 운전사들보다 적은 것을 발견했다(그렇다 해도 택시 운전을 해본 적이 없는 실험 참가자들보다는 여전히 많은 양이었다).[35] 매일 사용하던 길 찾기 기억 능력을 사용하지 않았기 때문에 그런 작업의 결과였던 뇌의 변화가 사라지기 시작한 것이다.

잠재력도 개발할 수 있다

우리가 뇌와 몸의 적응력을 앞서와 같은 방식으로 이해하게 되면, 인간의 잠재력에 대해 전적으로 다른 관점에서 생각하게 된다. 결과적으로는 학습에 대한 접근 방법도 완전히 달라진다.

이렇게 생각해보자. 사람들 대부분은 육체적으로 특별히 힘들지 않은, 말하자면 육체적 도전이 많지 않은 삶을 산다. 주로는 책상 앞에 앉아 있고, 돌아다닌다 해도 그리 많이 하지는 않는다. 달리거나 점프를 하지도 않고, 무거운 물체를 들어 올리거나 물건을 멀리 던지지도 않으며, 균형 감각과 협응력이 필요한 동작을 하지도 않는다. 결과적으로 이들은 낮은 수준의 신체 능력에 안주하게 된다. 하루하루 생활하는 데는 충분하지만, 어쩌면 주말에 걷기나 자전거 타기, 골프 등을 즐길 정도는 되지만, 강도 높은 훈련을 받는 운동선수가 지닌 신체 능력에는 한참 못 미치는 수준이다. 이들 '평범한' 사람들은 5분 안에 1.6킬로미터, 1시간 안에 16킬로미터를 달리지 못한다. 야구공을 90미터씩 던지지도 못하고, 골프공을 270미터씩 치지도 못한다. 이들은 공중 3회전을 하며 하이보드(수면 위 3미터 높이의 다이빙대—옮긴이)를 내려오지도 못하고, 피겨 스케이팅의 트리플 악셀을 하지도 못하고, 마루운동의 뒤로 공중돌기 3회를 하지도 못한다. 이런 것들에는 대다수의 사람들이 기꺼이 감수하고자 하는 정도보다 훨씬 강도 높은 장시간의 연습이 필요하기 때문이다. 그러나 인간의 몸은 워낙 적응력이 뛰어나고 반응력이 좋기 때문에 이 역시 '발전시킬 수 있는' 능력이기도 하다(중요한 것은 바로 이것이다). 사람들 대부분이 이런 비범한 육체 능력을 가지고 있지 않은 이유는 그럴 능력이 없어서가 아니라, 항상성이라는 편안한 틀 안에서 사는 데 만족하고 거기서 벗어나기 위해 필요한 노력을 들이지 않기 때문이다.

우리가 하는 모든 정신 활동에도 같은 논리가 적용된다. 보고서 작성부터 운전까지, 학생들을 가르치는 일부터 조직을 운영하는 일까지, 부동산 중개부터 뇌 수술에 이르기까지 마찬가지다. 우리는 일상생활을 그럭저럭 해나갈 정도로는 노력하지만, 무엇이든 일단 그런 단계에 도달하면 그 정도면 충분하다고 여겨지는 수준 이상으로 해내려고 스스로를 채찍질하는 경우가 아주 드물다. 런던의 택시 운전사 지망생이나 바이올린을 배우는 학생들처럼 우리는 회백질이나 백질을 새로 만들어낼 것을, 어느 부위 전체의 신경조직망을 새롭게 설계할 것을 뇌에게 거의 요구하지 않는다. 대개는 그것으로 '오케이'다. 실제로도 '충분하다 싶은' 정도면 보통은 충분하다. 그러나 '그런 선택권이 우리에게도 존재한다'는 사실을 기억하는 것은 무척 중요하다. 무언가를 지금보다 훨씬 잘하려고 한다면 그것이 가능하다는 사실을 기억하라.

학습에 대한 접근 방식에 있어서 전통적인 방식과 '목적의식 있는 연습' 또는 '의식적인 연습' 간의 핵심적인 차이는 바로 여기에 있다. 전통적인 방법은 항상성에 도전하게끔 설계되어 있지 않다. 또한 의식적이든 무의식적이든, 학습은 개인의 타고난 잠재력을 실현하는 것이며, 컴포트 존을 벗어날 만큼 강도를 높이지 않고도 특정 기술이나 능력을 발전시킬 수 있다고 전제한다. 이런 관점에서 보면 우리가 연습을 통해 하고 있는(사실상 할 수 있는) 일은 이미 정해진 자신의 잠재력에 도달하는 것이 전부다.

그러나 '의식적인 연습'에서 우리의 목표는 자신의 잠재력에 도달하는 것이 아니라 잠재력을 개발하고 만들어내 이전에는 불가능하던 것들을 가능하게 만드는 것이 된다. 그러려면 항상성에 도전하고(각자의 컴포트 존에서 벗어나고), 우리의 뇌나 몸이 새로운 상황에 적응하도록 압박하고 강제할 필요가 있다. 일단 이렇게 하면, 학습이 더 이상 유전으로 정해진 타고난 운명을 실현하는 수단에 머물지 않는다. 이제는 스스로의 운명을 통제하고, 원하는 방향으로 자신의 잠재력을 만들어가는 적극적인 수단이 되는 것이다.

이쯤 되면 다음으로 던져야 할 질문은 정해져 있다. 항상성에 도전하고 잠재력을 개발할 가장 좋은 방법은 무엇인가? 앞으로 이에 대한 답에 많은 지면을 할애할 예정이다. 그러나 그 전에 이번 장에서 대강 얼버무리고 넘어간 문제 하나를 처리해야 한다. 뇌와 관련하여 정확히 무엇을 개발하고 발전시키기 위해 노력해야 하는가? 어떻게 해야 신체 능력을 향상시킬 수 있는지는 답이 명확하다. 근섬유의 양을 늘리고 크기를 키우려면 체력을 키우면 된다. 근육의 에너지 비축량, 폐활량, 심장의 펌프질 능력, 순환계의 능력 등을 향상시키려면 지구력을 기르면 된다. 그러나 연주자, 수학자, 택시 운전사, 외과 의사 등이 되는 훈련을 하는 동안 뇌에서 구체적으로 어떤 변화를 만들어내야 하는 걸까? 놀랍게도 이 모든 영역에 공통적으로 존재하는 변화와 관련된 요소가 한 가지 있다. 이를 이해하는 것이 정신적 요소가 포함된 영역에서 비범한 능력을 발달시킬 방법을 아는 데 핵심 열쇠가 된다. 가만히 생각해보면 인간의 거의 모든 활동이 정신적 요소가 포함된 영역에 해당된다. 그러므로 여기서 말하는 변화의 공통 요소를 이해하는 것이 얼마나 중요한지는 아무리 강조해도 지나치지 않을 것이다. 다음 장에서 이에 대해 살펴보도록 하자.

제3장

심적 표상 이해하기

_의욕보다 중요한 연습의 '방법'

1924년 4월 27일 오후 2시가 되기 직전, 뉴욕시 앨러맥 호텔의 넓은 방 안. 러시아 체스 그랜드마스터 알렉산드르 알레힌Алекса́ндр Алекса́ндрович Алеёхин은 방 앞쪽에 놓인 편안한 가죽 소파에 앉아 뉴욕 최고의 체스 기사 26명과 겨룰 준비를 하고 있었다.[1] 도전자 26명은 알레힌의 뒤에 놓인 2개의 긴 탁자에 앉아 있었다. 각각의 도전자 앞에는 알레힌과의 경기에서 사용될 체스판이 놓여 있었다. 알레힌은 경기 내내 26개나 되는 체스판 중 어느 것도 볼 수 없었다. 도전자가 말을 움직이면, 전달자가 체스판 번호와 말의 움직임을 큰 소리로 외쳐 알레힌에게 알렸다. 도전자의 수에 맞서 알레힌이 자신의 수를 부르면, 전달자가 알레힌 대신 해당 체스판의 말을 움직였다.

체스판이 26개면 개별 말의 개수는 832개, 말들이 이동하는 칸의 수는 1,664개나 된다. 그런데도 알레힌은 메모를 하거나 그 밖의 기억을 돕는 어떤 수단도 사용하지 않고 동시에 26개의 게임을 진행하면서, 말을 이동하는 데 망설이거나 실수하지 않았다. 이날 경기는 식사를 위한 짧은 휴식 시간을 포함해 12시간 이상 지속됐다. 새벽 2시가 조금 지난 시각에 마지막 게임이 끝났을 때 알레힌의 성적은 16승, 5패, 5무승부였다.

선수 중 한쪽, 때로는 양쪽 모두가 체스판을 보지 못하는 상태로 기억에 의지해 경기를 해야 하는 이런 체스 게임을 '눈가림 체스'blindfold chess라고 부른다(실제로 눈을 가리는 것은 아니지만).[2] 체스 고수들은 이런 눈가림 체스를 1,000년도 더 전부터 해왔는데, 고수가 실력이 떨어지는 상대와 경기를 하면서 스스로 불리한 조건을 안고 가는 방법이기도 하지만 주로 실력을 과시하는 방법으로 활용되었다. 과거 체스 마스터들 중에는 2명, 3명, 또는 4명의 상대와 동시에 눈가림 체스를 둔 경우도 있었다. 그렇지만 몇몇 그랜드마스터가 12명 또는 그 이상의 상대와 동시에 경기를 하면서 눈가림 체스에 진지하게 달려든 것은 19세기 말에 들어서다. 2011년 독일의 마크 랑Marc Lang이 46명과 동시에 게임을 진행한 것이 현재까지의 최고 기록이다. 당시 랑은 25승, 2패, 19무승부를 기록했다.

그렇지만 가장 인상적인 눈가림 체스 경기라고 하면 지금까지도 다들 1924년 알레힌의 뉴욕 경기를 꼽는다. 당시 알레힌과 겨뤘던 도전자들의 실력과 그런 힘든 대결에서 알레힌이 거둔 높은 승률 때문이다.

눈가림 체스는 '목적의식 있는 연습'을 통해 수행능력을 얼마나 끌어올릴 수 있는지를 보여주는 가장 극적인 사례 중 하나다. 눈가림 체스를 조금만 배워보면, 그런 연습을 통해 일어나는 신경의 변화를 분명하게 알 수 있다.

체스 마스터의 미스터리한 초능력?

알레힌은 어린 나이에 눈가림 체스에 관심을 가지기 시작했고 열두 살에 최초의 눈가림 체스 경기를 했지만, 평생 그가 해온 훈련의 절대량은 눈가림 체스가 아니라 일반 체스에 있었다.

1892년에 태어난 알레힌은 일곱 살 때부터 체스를 두기 시작했다.[3] 열 살 무렵에는 우편을 주고받으며 며칠에 한 수씩 두는 우편 체스를 두었다. 그는 매일 많은 시간을 말의 배치를 상세히 분석하면서 보냈는데, 학교에 있을 때도 예외가 아니었다. 체스판을 교실로 가져갈 수는 없었기에 알레힌은 연구 중인 말의 배치를 종잇조각에 그려서 수업 시간에 이리저리 궁리하곤 했다. 한번은 알레힌이 수학 시간에 갑자기 만면에 미소를 지으며 벌떡 일어섰다. "그래, 문제를 풀었니?" 선생님이 학생들에게 내준 문제를 언급하며 물었다. 그러자 알레힌이 득의양양한 목소리로 대답했다. "네! 나이트를 주고, 비숍을 움직이면, ……백이 이기는 거죠!"[4]

알레힌은 우편 체스 게임을 시작할 무렵과 비슷한 시기에 눈가림 체스에도 흥미를 가지기 시작했다.[5] 1902년 모스크바에서 진행된 미국 체스 챔피언 해리 넬슨 필스베리Harry Nelson Pillsbury의 눈가림 체스 시범 경기로 관심을 갖게 된 것이다. 당시 필스베리는 22개의 게임을 동시에 진행하여 분야 세계 기록을 세웠다. 알레힌이 나중에 말한 바에 따르면, 당시 필스베리의 대결자 중 한 사람이 알레힌의 형인 알렉세이였다. 현재 우리가 가지고 있는 당시 경기 기록을 보면 알렉세이가 실제로 참여했다는 증거는 없다. 여하튼 그때의 경기가 어린 알레힌에게 깊은 인상을 남겼고, 2년 뒤에 알레힌은 직접 눈가림 체스를 해보기 시작했다. 그는 나중에 이는 체스판 없이 교실에 앉아 말의 배치에 대해 생각하던 습관의 자연스러운 결과물이었다고 쓴 적이 있다. 처음에 그는 말의 배치를 대강 그려두고 보면서 가장 좋은 수를 생각해냈지만, 계속하다 보니 그림이 없어도 똑같이 말의 위치를 연구할 수 있게 되었다. 체스판 전체를 기억 속에 담아두고 다양한 진행 방향을 시도해보면서 머릿속에서 말들을 이리저리 움직일 수가 있게 된 것이다.

시간이 흐르면서 알레힌은 체스판을 보지 않고 게임 전체를 할 수 있는 경지에 도달했고, 나이가 들어가면서 필스베리처럼 다수의 눈가림 체스 게임을 동시에 진행하기 시작했다. 열여섯 살이 되자 그는 넷에서 다섯의 눈가림 체스 게임을 동시에 할 수 있게 되었지만, 그 일을 계속하지 않고 일반 게임 실력을 향상시키는 데 집중하기로 했다. 이즈음 그는 자신이 열심히 하면 세계 최고의 체스 기사 반열에 오를 수 있으리라는 확신을 갖게 되었다. 자신의 체스 실력에 항상 자신감이 충만했던 그가 체스의 작은 '부분'에 불과한 눈가림 체스에 머물 이유가 없었다. 그의 목표는 당대 '세계 최고'의 체스 기사, 즉 세계 체스 챔피언이 되는 것이었다.

이후 알레힌이 목표를 향해 순조롭게 나아가던 도중에 제1차 세계대전이 발발했고, 이 사건은 그의 체스 기사 생활에 뜻하지 않은 방해가 되었다. 이것이 계기가 되어 그는 눈가림 체스에 다시 관심을 갖게 되었다. 알레힌을 비롯한 많은 체스 마스터들이 베를린에서 열리는 중요한 체스 대회에 출전하고 있던 1914년 8월 초, 독일이 러시아와 프랑스를 상대로 전쟁을 선포했다. 이때 많은 외국인 체스 기사가 독일에 억류되었고, 알레힌도 다른 러시아 기사들과 함께 옥에 갇히는 신세가 되었다. 체스판도 없이 말이다. 억류에서 풀려나 러시아로 돌아갈 때까지 한 달이 넘는 기간 동안 체스 마스터들은 눈가림 체스 게임을 하면서 시간을 보냈다.

러시아로 돌아간 후 알레힌은 적십자 부대 소속으로 오스트리아 전선에서 복무했다. 그리고 1916년 척추에 심각한 부상을 입고 오스트리아 군의 포로가 되었다. 부상을 치료하는 몇 달 동안 그는 병원 침대에 묶여 있었다. 이번에도 체스 말고는 즐길 거리가 없었다. 그는 여러 명의 현지 체스 기사들을 불러 체스를 두었다. 이때 주로 눈가림 체스를 했는데, 아무래도 실력이 떨어지는 상대를 배려해 스스로 핸디캡을 안고 게임을 했던 것이 아닌가 싶다. 러시아에 돌아가자 그는 다시 눈가림 체스를 잊어버렸고, 1921년 파리로 이주할 때까지 그런 상태가 지속되었다.

이즈음 알레힌은 세계 체스 챔피언이 되기 위해 적극적으로 노력하고 있었지만, 그럼에도 당장의 생계를 해결할 수단은 필요했다. 선택의 폭은 넓지 않았다. 그중 하나는 체스 시범 경기였고, 그는 동시에 여러 명을 상대로 한 눈가림 체스를 시작했다. 파리에서 열린 최초의 시범 경기에서 알레힌은 12명을 상대했는데, 이전에 해봤던 것보다 3~4명이 많았다. 캐나다 몬트리올에 있던 1923년 말, 알레힌은 눈가림 체스 게임 북미 기록을 깨기로 마음먹었다. 당시 북미 기록은 20게임을 동시에 한 필스베리가 보유하고 있었다. 알레힌은 동시에 21게임을 했고, 결과는 좋았다. 그는 내친김에 세계 기록에 도전하기로 했는데, 당시 세계 기록은 동시 25게임이었다. 그것이 26명과 대결한 앨러맥 호텔 체스 시범 경기로 이어졌던 것이다. 이후에도 그는 두 차례 더 세계 기록을 세웠다. 1925년에 28게임, 1933년에 32게임이었다. 그렇지만 그는 항상 눈가림 체스는 체스라는 게임 그리고 물론 자신에게 대중의 관심을 끌어모으는 하나의 수단에 불과하다고 주장했다.[6] 또한 눈가림 체스 실력은 그가 특별한 노력을 기울여 개발한 결과물이 아니라 일반 체스를 마스터하기 위해서, 세계 최고의 체스 마스터가 되기 위해 치열하게 노력하는 과정에서 나온 부수적인 것이었다.

1927년, 알레힌은 마침내 호세 라울 카파블랑카Jose Raul Capablanca를 이기고 세계 챔피언이 되어 고대하던 목적을 달성했다. 그는 1935년까지 세계 챔피언 자리를 지켰고, 잠시 잃었다가 다시 1937년부터 1946년까지 지켰다. 여러 순위에서 알레힌은 역사상 가장 위대한 10대 체스 기사 중 한 사람으로 꼽힌다. 그러나 역사상 최고의 눈가림 체스 기사를 꼽을 때는 보통 알레힌의 이름이 목록의 맨 위에 온다. 그것이 그가 중점을 두었던 분야가 아니었음에도 불구하고 말이다.

눈가림 체스의 역사를 살펴보면 눈가림 체스를 시도한 기사들 대부분이 알레힌과 같았다. 그들은 체스 마스터가 되려고 노력하는 과정에서 별도의 노력을 거의 또는 전혀 들이지 않고 눈가림 체스를 능숙하게 하게 된 것이다.

얼핏 보면 그렇게 많은 그랜드마스터가 눈가림 체스 실력을 키운 방식에 주목할 만한 요소 따위는 없어 보인다. 그저 의미 없는 부산물로, 체스 역사에 첨가될 흥미로운 각주에 불과한 것이다. 그러나 면밀히 들여다보면, 그랜드마스터와 눈가림 체스 사이의 이런 연관성이 사실은 체스 고수와 초보자를 가르고, 체스 말의 위치를 분석하고 가장 좋은 수를 찾아내는 고수들의 놀라운 능력을 가능하게 해주는 특유의 심적 표상mental representations을 가리키는 중요한 단서임을 알 수 있다. 나아가 이런 유의 고도로 발달한 심적 표상이 모든 분야의 전문가에게서 나타나며, 그들의 비범한 능력을 이해하는 핵심 열쇠라는 사실도 알 수 있다.

그러나 심적 표상을 본격적으로 살펴보기 전에 잠시 샛길로 빠져서, 체스판에 놓인 말들의 위치와 배치를 신기할 정도로 정확히 기억하는 체스 전문가들의 놀라운 능력을 상세히 살펴보자.

1970년대 초반부터 연구자들은 체스 그랜드마스터들이 체스판에 놓인 말의 위치를 정확하게 기억하는 방법이 무엇인지 밝히려는 연구를 진행했다. 초기의 몇몇 연구는 내 스승인 허버트 사이먼Herbert Simon이 빌 체이스와 함께 진행한 것들이다. (나중에 빌 체이스는 스티브 팰룬의 숫자 기억 연구에서 공동 연구자로 나와 호흡을 맞추게 된다.)

체스 그랜드마스터들이 게임이 진행 중인 체스판을 불과 몇 초 동안 흘끗 보고 말의 위치를 대부분 정확히 기억하며, 승패를 가를 핵심이 되는 부분은 거의 완벽하게 재현할 수 있다는 것은 이미 널리 알려진 사실이었다.[7] 단기기억의 한계 역시 마찬가지였는데, 그랜드마스터들의 이런 능력은 여기에 도전하는 것처럼 보였다. 이에 비해 체스를 막 시작한 사람은 몇몇 말의 위치만 기억할 뿐, 말의 배치를 그대로 재현한다는 것은 생각도 못했다.

연구에 앞서 허버트와 빌은 간단한 질문을 던졌다. 체스 전문가들은 개별 말의 위치를 기억하는 것인가, 아니면 개별 말이 일부가 되는 전체 그림, 즉 패턴을 기억하는 것인가? 이에 대한 답을 찾기 위해 두 사람은 간단하지만 효과적인 실험을 했다.[8] 전국을 무대로 활동하는 체스 기사 (즉 체스 마스터), 중간 정도 수준의 체스 기사, 체스 초보자를 각각 1명씩 뽑아 두 가지 유형의 체스판을 보여주고 기억하게 하는 실험이었다. 첫 번째 유형은 실제 게임이 이루어졌던 체스판으로 말들이 일정한 패턴으로 배열되어 있었고, 두 번째 유형은 말들을 아무렇게나 뒤섞어놓은 체스판, 말하자면 체스 규칙으로 보았을 때 말이 되지 않는 체스판이었다.

체스 말이 12개에서 24개까지 게임 중간 혹은 말미의 패턴으로 배열되어 있는 체스판을 5초 동안 들여다본 뒤에 마스터는 말의 위치를 대략 3분의 2 정도 기억했고, 초보자는 불과 4개, 중급자는 그 중간 정도의 개수를 기억했다. 말들이 무작위로 배열된 체스판을 보여주자 초보자의 확률은 다소 떨어졌다. 2개만 제대로 기억한 것이다. 이거야 놀랄 일이 아니다. 그러나 놀라웠던 것은 무작위로 늘어놓은 말들의 위치를 기억하는 데서는 중급자와 체스 마스터 모두 초보자보다 크게 나을 것이 없었다는 점이다. 이들 역시 2~3개만 제대로 기억했다. 경험 많은 기사의 우위가 사라져버린 것이다. 더 많은 체스 기사들을 대상으로 한 최근의 연구들에서도 같은 결과가 나왔다.[9]

언어 기억에서도 이와 아주 흡사한 형태가 나타난다.[10] 무작위로 보이는 단어들을 있는 그대로 기억해보라고 하고, "있어서 냄새가 앞에 것이 자기 땅콩을 그는 힘든 아니었다 고소한 억누르기가 여간 허기 먹고 여자가 솔솔 있는" 식으로 말하면, 보통 사람은 앞의 여섯 단어만 기억한다. 그러나 같은 단어지만 의미가 명확한 문장으로 만들어서 "자기 앞에 있는 여자가 고소한 냄새가 솔솔 나는 땅콩을 먹고 있어서 그는 허기를 억누르기가 여간 힘든 것이 아니었다."라고 말해주면, 일부 성인은 모든 단어를 완벽한 순서로 기억하고, 대다수는 완벽하지는 않더라도 문장 대부분을 기억한다. 차이가 뭘까? 두 번째 배열은 의미가 있어서 기존의 '심적 표상'을 이용하여 단어들을 이해할 수 있다는 점이다. 이 단어들은 무작위로 나열되어 있지 않다. 무언가를 의미하며, 의미가 기억을 돕는다. 마찬가지로 체스 마스터들도 어떤 체스판 위에 놓인 개별 말의 위치 하나하나를 기억하기 위해 놀라운 기억력을 개발하는 것이 아니다. 오히려 그들의 기억은 전체 맥락에 의존하는 경향이 크며, 정상적인 게임에서 등장하는 패턴을 외우는 것일 뿐이다.

체스판에서 의미 있는 패턴을 인식하고 암기하는 능력은 체스 기사가 실력을 키우는 방식에서 나온다. 이런 능력을 진지하게 키우고 싶은 사람이라면 누구에게든 핵심 방법은 하나다. 체스 마스터들의 경기를 연구하면서 무수히 많은 시간을 보내는 것이다. 어떤 배치를 깊이 분석한 후에 다음 수를 예측하고, 예측이 틀리면 돌아가서 놓친 것이 무엇인지 파악한다. 실제 연구를 보면 그저 다른 사람과 체스 게임을 하면서 보낸 시간의 양이 아니라 이런 유의 '분석'을 하면서 보낸 시간의 양이 체스 기사의 능력을 말해주는 유일한 핵심 변수다. 그랜드마스터 수준에 도달하려면 일반적으로 이런 식의 연습을 10년 정도 해야 한다.

이처럼 여러 해에 걸친 연습 덕분에 체스 기사는 체스 말의 패턴을 (개별 위치뿐만 아니라 말들 사이의 상호작용까지) 한눈에 인식할 수가 있다. 오랜 친구처럼 익숙하기 때문이다. 빌 체이스와 허버트 사이먼은 이런 패턴을 '덩어리'라고 불렀는데, 여기서 중요한 것은 이것이 단기기억이 아니라 장기기억에 저장된다는 것이다.

허버트는 체스 기사가 마스터가 되기까지 머릿속에 이런 덩어리를 족히 5만 개는 축적하리라고 추정했다.[11] 그러므로 어떤 체스판의 배열을 살피는 마스터는 또 다른 패턴들 안에서 다른 덩어리들과 상호작용하고 있는 덩어리 묶음을 보고 있는 것이다. 연구에 따르면, 이런 덩어리들은 위계적으로 조직되어 있는데, 여러 개의 덩어리 묶음이 다시 상위 패턴으로 구분되는 식이다.[12] 기업이나 기타 대규모 기관의 조직 구조와 유사하다고 보면 무방하다. 개인이 모여 팀을 구성하고, 팀이 모여 부서를 구성하고, 부서가 모여 본부를 구성하고…… 위계의 위로 올라갈수록 추상적이 되고, 실제 행위가 일어나는 하위 수준과는 멀어진다(체스에서는 각각의 체스 말이 여기에 해당할 것이다).

이처럼 그랜드마스터들이 체스 말의 위치와 배치 정보를 처리하고 이해하는 방식이 심적 표상의 사례다. 그랜드마스터들은 이런 방식으로 체스판을 '보는데', 이는 초보자들의 방식과 상당히 다르다.

머릿속에서 체스 말의 배치를 살펴볼 때 무엇을 보느냐고 물으면 그랜드마스터들은 체스판 위에 놓인 실제 체스 말들을 머릿속으로 그려본다는 등의 이야기를 하지 않는다. 그들이 순간적으로 본 것을 사진을 찍듯 정확하게 기억하는 소위 '사진 기억'photographic memory에 의존한다면 이런 식의 이야기가 나왔어야 마땅하지만 그렇지 않다. 사진기억은 굳이 말하자면 '하위 수준'의 표상일 것이다. 대신 그랜드마스터들의 묘사는 사진 기억처럼 명확하기는커녕 훨씬 흐릿하고 모호하며, 여기에는 '전선'이니 '세력'이니 하는 추상적인 단어들도 섞여 있다.[13] 핵심은 이런 표상들이 체스 기사가 개별 말이 어느 칸에 있는지를 단순히 기억하는 것보다 훨씬 효율적으로 체스판 위 말의 배치를 해독할 수 있게 해준다는 점이다. 이런 효율적인 해독이야말로 체스판을 쓱 훑어보기만 해도 대부분의 말의 위치를 기억하는 마스터의 능력, 특히 눈가림 체스 능력의 기저를 이룬다.

이런 표상들이 지니는 다른 두 가지 특징 역시 주목할 필요가 있다. 우리가 심적 표상이라는 주제를 더욱 넓게 탐구하는 내내 반복해서 등장할 내용이기 때문이다.

첫째, 이런 심적 표상들은 말의 배치를 해독하는 단순한 방법 이상이다. 이것들은 체스 마스터가 진행 중인 게임을 흘끗 보고 어느 쪽이 유리한지, 게임이 어떤 방향으로 전개될지, 하나든 복수든 현재 상황에서 좋은 수는 무엇인지 등을 즉시 파악하게 해준다. 이는 심적 표상에 말의 배치와 말들 사이의 상호작용뿐만 아니라 양편 말 배치의 강점과 약점, 그런 배치에서 효과적일 수 있는 움직임 등을 두루 포함하고 있기 때문이다. 말의 배치를 보자마자 초보자나 중급자보다 훨씬 유리한 수를 생각해내는 능력은 그랜드마스터를 초보자나 중급자와 확실하게 구분 짓는 중요한 부분이다.

체스 마스터들의 심적 표상에서 주목할 두 번째 특징은 그것이 전반적인 패턴의 관점에서 말의 배치를 분석하는 것은 물론이고(상대가 자기보다 실력이 못한 사람일 때는 그 정도면 충분하다.) 각개의 말에 초점을 맞추고 머릿속에서 체스판 여기저기로 옮겨보면서 그런 움직임이 패턴에 어떤 변화를 줄지까지 볼 수 있게 해준다는 점이다. 덕분에 마스터는 재빨리 훑어보면서도 (상대의 응수까지 포함하여) 가능한 여러 가지 수를 아주 상세하게 보고, 승률이 가장 높은 수를 찾아낼 수 있다. 요컨대 이런 심적 표상 덕분에 체스 마스터들은 초보자는 보지 못하는 숲을 볼 수 있는 한편으로 필요할 때는 나무에 초점을 맞출 수도 있다.

어쨌거나 절대적인 시간은 필요하다

심적 표상은 체스 마스터에게만 해당되는 개념이 아니다. 우리는 모두 끊임없이 이것을 활용한다. 심적 표상이란 사물, 관념, 정보, 이외에 구체적이든 추상적이든 뇌가 생각하고 있는 대상에 상응하는 심적 구조물이다. 간단한 예는 시각 이미지다. 예를 들어 '모나리자'라고 하면, 많은 사람이 즉시 머릿속에서 해당 그림의 이미지를 '본다'. 이때 머릿속에 떠오른 이미지가 모나리자에 대한 사람들의 심적 표상이다. 어떤 사람의 심적 표상은 다른 사람보다 상세하고 정확하다. 예를 들어 배경, 모나리자가 앉아 있는 장소, 머리 모양, 눈썹 등을 상세하게 말할 수 있는 사람이 있는가 하면 그렇지 못한 사람도 있다.

이보다 조금 복잡한 심적 표상의 사례는 단어다. 예를 들면 '개'를 생각해보자. 어떤 사람이 개라는 단어를 들어본 적도 없고, 개 비슷한 무엇도 본 적이 없다고 가정해보자. 네발 달린 짐승이라고는 전혀 없고 새와 물고기, 곤충만 있는 (무인도처럼) 고립된 지역에서 자랐을 수도 있다. 누군가가 그에게 처음으로 '개'라는 개념을 소개해도, '개'라는 단어는 고립된 하나의 정보에 불과할 뿐 사실 그에게 큰 의미가 없다. 굳이 설명하자면 이는 다음과 같은 정보 묶음에 붙은 일종의 라벨일 뿐이다. 털로 덮여 있고, 다리가 넷이고, 육식을 하고, 무리 지어 다니고, 작은 것은 강아지라고 불리며, 길들일 수가 있다 등이다. 그러나 개 주변에서 시간을 보내는 동안 그는 서서히 이런 정보를 이해하게 되고, 관련된 모든 정보가 '개'라는 단어가 표상하는 총체적 개념으로 통합된다. 이제 그는 '개'라는 단어를 들으면, 개에 관한 세부 정보를 기억해내기 위해 기억 장치를 뒤질 필요가 없다. 모든 정보에 즉각적으로 접근이 가능하다. '개'를 자신의 어휘 목록에 추가했을 뿐만 아니라 심적 표상에도 추가해놓았기 때문이다.

우리가 수행능력을 키우려고 연습하는 어떤 활동에서든, 각자가 활용할 수 있는 더욱 효과적인 심적 표상을 만들어내고 발달시키려는 노력이

'의식적인 연습'의 많은 부분을 차지한다. 스티브 팰룬이 길게 나열된 숫자들을 기억하는 능력을 키우는 훈련을 하고 있을 때, 그는 숫자를 기억하기 쉽게 머릿속에서 부호화하는 방법을 점점 정교하게 개발했다. 즉 심적 표상을 만들어낸 것이다. 런던의 택시 운전사 지망생들이 런던 시내 어느 지점에서 어느 지점으로든 가장 효율적으로 이동하는 길을 찾는 방법을 공부하는 동안 그들이 사용한 방법은 점점 더 정교한 머릿속 도시 지도를 만드는 것이었다. 역시 심적 표상을 만들어낸 것이었다.

훈련 중인 기술이 주로 육체와 관련된 것이라 해도 연습의 효율을 결정하는 핵심 요인은 역시 적절한 심적 표상을 개발하는 것이다. 새로운 기술을 연마 중인 다이빙 선수를 생각해보자. 선수는 다이빙이 어떤 모습이어야 하는가, 더욱 중요하게는 몸의 위치와 움직임이 어떤 느낌이어야 하는가에 대한 명확한 마음속 이미지를 형성하는 데 연습의 많은 부분을 할애하게 된다. 물론 '의식적인 연습'은 몸 자체에도 물리적인 변화를 야기할 것이다(다이빙 선수의 경우 특히 다리, 복근, 등, 어깨가 발달한다). 그러나 몸의 움직임을 올바르게 만들어내고 통제하는 데 필요한 심적 표상 없이는 이런 물리적인 변화가 일어나도 쓸모가 없다.

이런 심적 표상과 관련하여 중요한 사실은 '영역에 특화된', 즉 개발 중인 기술에만 유효하다는 특성이 있다는 점이다. 이는 숫자 기억 실험에 참가했던 스티브 팰룬에게서 볼 수 있다. 스티브가 숫자를 기억하기 위해 고안한 심적 표상은 문자를 기억하는 능력을 향상시키는 데는 전혀 도움이 되지 않았다. 마찬가지로 흘끗 보고도 체스판 위 전체 말의 배치를 기억하는 체스 기사의 심적 표상은 일반적인 시공간 지각력과 관련된 검사에서 고득점을 얻는 것과는 무관하다.[14] 같은 이치로 다이빙 선수의 심적 표상은 야구 선수에게는 쓸모가 없을 것이다.

심적 표상의 이런 특성은 전문가 수준의 수행능력을 개발하는 일과 관련하여 중요한 함의를 갖는다. 즉 어느 영역에서나 통하는 일반적인 기량을 향상시키는 그런 방법은 없다는 것이다. 말하자면 우리는 일반적인 기억력 훈련이 아니라 나열된 숫자, 단어 묶음, 사람 얼굴 등을 외우는 기억력을 개발하는 훈련을 한다. 그냥 운동선수가 되기 위해 훈련하는 것이 아니라 기계체조 선수, 단거리 육상 선수, 마라톤 선수, 수영 선수, 야구 선수가 되는 훈련을 한다. 마찬가지로 그냥 의사가 되기 위해서가 아니라 진단 전문가, 병리학자, 신경외과 의사가 되는 훈련을 한다. 물론 일부지만 전반적인 기억력이 좋은 사람, 다수의 운동에 능한 운동선수, 종합적인 기술을 가진 의사가 되는 사람도 분명 있다. 그러나 이들도 여러 영역에서 훈련을 하고 그에 맞는 심적 표상들을 발달시킴으로써 그렇게 된 것이지, 어느 영역에서나 통하는 '만능 심적 표상' 같은 것은 존재하지 않는다.

이처럼 심적 표상은 분야에 따라 세부적인 내용이 완전히 달라지기 때문에 지나치게 두루뭉술하거나 모호하다는 인상을 주지 않으면서 전체를 포괄하는 명확한 정의를 내리기가 쉽지 않다. 그러나 본질적으로 심적 표상은 장기기억에 저장되어 있으며, 일반적인 상황이 아니라 특정 유형의 상황에서 신속하고 효율적으로 반응하기 위해 활용하는, 우리 머릿속에 이미 존재하는 (사실, 이미지, 규칙, 관계 등의) 정보 패턴이다. 모든 심적 표상의 공통점은 인간이 지닌 단기기억의 한계에도 불구하고 다량의 정보를 신속하게 처리할 수 있게 해준다는 것이다. 그러므로 심적 표상을 단기기억으로 인해 정보 처리 과정에서 직면하는 일반적인 제한과 한계를 피할 수 있도록 고안된 개념 구조라고 정의할 수도 있다.

지금까지 살펴본 가장 좋은 예는 스티브 팰룬의 숫자 기억 능력이다. 단기기억에만 의지했다면 7개나 8개의 숫자까지만 기억이 가능했을 텐데 스티브는 82개까지 기억해냈다. 그가 그렇게 할 수 있었던 것은 불러주는 숫자를 한 번에 셋이나 넷씩 묶어 장기기억에서 의미가 있는 기억으로 부호화하고, 이런 기억을 다시 어느 숫자 묶음 뒤에 어느 묶음이 있는지를 기억할 수 있게 해주는 회수 구조와 연결시켰기 때문이다. 이런 모든 것을 위해서는 심적 표상이 필요했다. 머릿속에 담아둔 셋이나 넷으로 이루어진 숫자 묶음에 관한 심적 표상뿐 아니라 회수 구조에 관한 심적 표상 역시 필요했다. 회수 구조에 관한 심적 표상으로 스티브는 숫자 묶음이 가지 끝에 하나하나 얹혀 있는 나무 같은 것을 머릿속에 그렸다.

그러나 나열된 목록을 암기하는 일은 단기기억이 우리 생활에서 어떻게 작동하는지를 보여주는 가장 단순한 예에 불과하다. 우리는 생활 속에서 끊임없이 다량의 정보를 동시에 보관하고 처리해야 한다. 문장 속 단어들의 의미, 체스판 위에 늘어선 말들의 배치, 운전 중에 일어날 법한 다양한 요인들을 고려해야 한다. 운전 중에 고려해야 하는 요인들을 예로 들어보자. 자기 차의 속도와 가속도, 다른 차들의 위치와 속도, 도로 상황과 시야, 액셀을 밟을 때와 브레이크를 밟을 때, 페달에 가하는 힘, 운전대를 움직이는 속도 등 수없이 많다. 이렇듯 비교적 복잡하다 싶은 활동이라면 무엇이든 단기기억이 허용하는 것보다 많은 정보를 머릿속에 담아두어야 한다. 따라서 우리는 항상 의식하지 못하는 사이에 이런저런 심적 표상을 만들어 활용하고 있다. 사실 심적 표상이 없으면 우리는 걸을 수도 없고(조정해야 하는 근육의 움직임이 너무 많아 단기기억만으로는 조정이 불가능하다), 말을 할 수도 없으며(역시 단기기억만으로 감당하기에는 조정해야 하는 근육의 움직임이 너무 많은 데다 단어의 의미까지 이해되지 않기 때문이다), 결과적으로 어떤 식의 인간적인 생활도 영위할 수가 없다.

따라서 모든 사람이 심적 표상을 가지고 있고, 이를 활용하고 있다. 그러므로 전문가를 다른 사람들과 구분 짓는 것은 심적 표상의 유무가 아니라 그들이 갖고 있는 심적 표상의 양과 질이다. 오랜 세월에 걸친 연습을 통해 전문가는 각자의 분야에서 마주칠 가능성이 있는 다양한 상황에 대비한 아주 복잡하고 정교한 심적 표상을 발전시킨다. 예를 들어 게임 도중 등장할 수 있는 실로 다양한 형태의 체스 말의 배치에 대한 심적 표상 같은 것을 말이다. 이런 심적 표상 덕분에 전문가는 특정 상황에서 남들보다 빠르고 정확한 결정을 내리고, 상황에 한층 신속하고 효과적으로 대응할 수가 있다. 그러므로 심적 표상은 초보와 전문가 사이의 수행능력 차이를 결정하는 더없이 중요한 요인이다.

프로 야구 선수가 시속 145킬로미터도 넘는 속도로 자기를 향해 날아오는 공들을 어떻게 일관되게 맞출 수 있는지를 생각해보자. 그런 기술을 습득하는 데 오랜 세월을 보내지 않은 사람에게는 불가능한 일이다. 타자들은 그야말로 순식간에 스윙을 할지 말지, 한다면 어떻게 해야 할지를 결정해야 한다. 그렇다고 이들이 일반인보다 시력이 좋은 것도 아니고, 반사 신경이 빠른 것도 아니다.[15] 그들이 가진 강점은 오랜 시간 투수가 던지는 공을 쳐보면서, 정확히 말하자면 투수가 던지는 공을 보고 나름대로 예측하여 반응해본 다음, 그에 대해 즉각적인 피드백을 얻으면서 발전시킨 일련의 심적 표상이다. 이런 심적 표상 덕분에 타자들은 어떤 종류의 공이 날아오고 있는지, 자기 앞에 왔을 때는 어디에 있을 가능성이 높은지를 신속하게 파악할 수가 있다. 투수가 팔을 돌리는 동작과 함께 공이 투수의 손을 떠나는 순간 타자들은 (의식적인 계산을 전혀 하지 않고도) 날아오는 공이 직구인지, 슬라이더인지, 커브볼인지, 대략 어디를 향하고 있는지를 상세하게 파악할 수 있다. 사실 타자들은 오랜 연습을 통해 투구를 해석하는 법을 터득해왔기 때문에 실제로 공을 보지 않고도 방망이를 휘두를지 말지, 어디로 휘두를지를 결정할 수 있다. 반면 투구에 문외한인 일반인은 결정을 내리기도 전에 공이 포수의 글러브로 들어가버리는 난감한 상황에 처한다.

우리가 제2장의 말미에서 던진 질문에 대한 핵심 답안은 여기에 있다. '의식적인 연습'으로 뇌에서 정확히 무엇이 바뀌는가? 바로 심적 표상이다. 전문가와 비전문가를 구분 짓는 핵심은, 전문가는 다년간의 연습으로 뇌의 신경조직망이 바뀌어 고도로 전문화된 심적 표상을 만들 수 있고, 이런 심적 표상 덕분에 놀라운 기억력, 패턴 인식 능력, 문제 해결 능력, 이외에 각자의 전문 분야에서 최고가 되기 위해 필요한 고도의 능력을 발휘할 수 있다는 점이다.

이런 심적 표상이 정확히 무엇이고, 어떻게 작동하는지를 이해하는 가장 좋은 방법은 당연히 '심적 표상이라는 개념에 관한 좋은 심적 표상'을 개발하는 것이다. 이를 위한 가장 좋은 방법은 앞에서 말한 '개'에 관한 심적 표상을 개발하는 것과 다르지 않다. 알아갈 '시간'을 갖는 것이다. 곁에 두고 털을 쓰다듬고, 작은 머리를 토닥거리고, 재주 부리는 모습을 지켜보며 개에 관한 심적 표상을 만든 것처럼, 약간의 시간을 들여 익숙해지는 것이 최선의 방법이다.

패턴 인식과 반응

거의 모든 영역에서 전문가가 보여주는 특징은, 심적 표상을 충분히 발전시키지 못한 사람에게는 아무런 규칙이 없는 것처럼 보이거나 뭐가 뭔지 혼란스러울 뿐인 조합 안에서 패턴을 인식하는 능력이 있다는 것이다. 즉 모든 사람이 나무만 보고 있을 때 전문가는 숲을 본다.

이런 차이는 아마도 단체 경기에서 가장 두드러질 것이다. 축구를 예로 들어보자. 축구에 문외한인 사람이 축구 경기를 보면, 공이 가까이 있을 때마다 몇몇 선수가 공을 향해 몰려든다는 빤한 사실 말고는 어떤 패턴을 찾기 힘들다. 때문에 팀마다 11명의 선수가 아무런 패턴 없이 이리저리 움직이는 모습이 정신없이 혼란스러울 뿐이다. 그러나 축구 경기를 알고 좋아하는 사람, 특히 축구를 잘하는 사람에게는 이런 모습이 전혀 혼란스럽지 않다. 그들에게는 그것이 선수들이 공과 다른 선수들의 움직임에 반응하여 움직이면서 만들어내는, 참으로 미묘하면서도 끊임없이 변하는 패턴이다. 훌륭한 선수는 미묘하게 변하는 패턴을 거의 즉각적으로 인식하고 반응한다. 그리고 상대 팀의 약점이나 틈새가 드러나는 순간 기회를 놓치지 않고 파고든다.

이런 현상을 연구하기 위해 나는 동료 폴 워드Paul Ward, 마크 윌리엄스Mark Williams와 함께 축구 선수들이 축구 경기 장면을 보고 이후 상황을 얼마나 정확하게 예측하는지를 조사했다.[16] 선수들에게 실제 축구 경기 동영상을 보여주고는 어떤 선수가 막 공을 받은 시점에 갑자기 멈추고 다음 상황을 예측해보도록 하는 방법이었다. 공을 받은 선수가 계속 공을 가지고 있을까, 아니면 골을 시도할까, 아니면 다른 선수에게 패스할까? 연구 결과, 실력이 좋은 선수일수록 공을 받은 선수의 다음 행동을 판단하는 능력이 뛰어났다. 더불어 우리는 경기장 안의 선수들이 어느 위치에 있었고, 어떤 방향으로 움직이고 있었는지에 대한 선수들의 기억력도 테스트했다. 우리는 선수들에게 영상을 멈추기 직전 마지막 장면에 대해 생각나는 것을 가능한 많이 이야기해보게 했다. 이번에도 실력이 좋은 선수가 실력이 떨어지는 선수보다 좋은 결과를 내놓았다.

우리는 실력이 좋은 선수의 뛰어난 상황 예측 능력이, 가능성 높은 결과들을 그려보고 재빨리 검토한 다음 좋은 결과로 이어질 행동을 도출하는 능력으로 이어진다는 결론을 내렸다. 요컨대 잘하는 선수일수록 경기장 안에서 선수들의 행동 패턴을 해석하는 능력이 발달되어 있었다. 그런 능력 덕분에 어떤 선수들의 움직임과 상호작용이 가장 중요한지를 파악할 수 있고, 이를 토대로 자신이 어디로 움직여야 할지, 언제, 누구에게 공을 패스해야 할지 등에 대해 보다 현명한 결정을 내릴 수 있는 것이다.

미식축구에서도 상황은 다르지 않다. 경기장 내의 상황에 대한 심적 표상을 발달시켜야 하는 사람이 주로 쿼터백이라는 점만 다를 뿐이다. 일반적으로 실력이 좋은 쿼터백일수록 시청각실에서 자기 팀과 상대 팀의 플레이를 보고 분석하면서 보내는 시간이 많은 이유가 여기에 있다. 최고의 쿼터백들은 경기 중에 경기장 안의 모든 상황을 파악하고, 경기가 끝난 다음에는 경기의 많은 부분을 기억해내고 양쪽 팀 선수들의 움직임까지 상세하게 설명할 수가 있다. 더욱 중요한 것은 이런 효율적인 심적 표상 덕분에 쿼터백이 올바른 판단을 신속하게 내릴 수 있다는 점이다. 공을 어느 방향으로, 누구에게, 언제 패스할지 등을 말이다. 0.1초 빠르게 올바른 결정을 내릴 수 있느냐 없느냐가 결정적인 순간의 패스 성공 여부, 나아가 경기의 승패를 가른다.

실내 암벽 등반을 관찰한 독일 학자들이 발표한 2014년의 연구는 심적 표상에 대해 또 다른 중요한 사실을 말해준다.[17] 실외 암벽 등반 훈련을 모방해 실전에 도움이 되도록 설계된 실내 암벽 등반에서 등반자는 여러 개의 핸드홀드handhold(손으로 잡을 수 있는 손잡이 ─ 옮긴이)를 이용해 수직 벽을 타고 올라가야 한다. 핸드홀드의 종류에 따라 오픈 그립open grip, 포켓 그립pocket grip, 사이드웨이스 풀sideways pull, 크림프 그립crimp grip 등 잡는 방법도 다르고, 그립에 따라 등반하는 사람이 손과 손가락을 어떻게 두느냐도 달라져야 한다. 핸드홀드에 맞지 않는 그립을 사용했을 경우 십중팔구 떨어지게 된다.

표준심리학 연구 기법을 활용하여 연구자들은 암벽 등반가들이 여러 가지 핸드홀드를 바라보는 동안 뇌에 어떤 변화가 일어나는지 조사했다. 연구자들에 따르면, 노련한 암벽 등반가들은 초보자와 달리 필요한 그립의 유형에 따라서 자동으로 핸드홀드를 식별했다. 여러 가지 핸드홀드에 대한 심적 표상 안에서, 예를 들면 크림프 그립이 필요한 모든 핸드홀드가 하나의 그룹으로 묶이고, 포켓 그립을 필요로 하는 핸드홀드와는 구별되는 식이었다. 이런 분류는 무의식적으로 이루어졌다. 마치 우리가 푸들과 몰티즈를 보고 (굳이 속으로 '둘 다 개로군.' 하고 생각하지 않아도) 즉각적으로 둘이 같은 범주에 속한다는 것을 알듯이 말이다.

다시 말해 경험 많은 암벽 등반가들은 자신이 보는 핸드홀드 각각에 어떤 그립이 필요한지를 의식적으로 생각하지 않아도 알 수 있게 해주는 심적 표상을 발전시켰다. 나아가 연구자들은 경험 많은 암벽 등반가가 특정 핸드홀드를 보는 순간, 뇌가 손으로 신호를 보내 그에 상응하는 그립을 준비하게 한다는 것도 밝혔다. 여기에도 역시 의식적인 생각이 작용하지 않았다. 반면에 경험이 적은 암벽 등반가는 각각의 핸드홀드에 맞는 그립을 의식적으로 찾아내야 했다. 이처럼 심적 표상을 이용하여 기계적으로 핸드홀드를 분석하고 맞는 그립을 찾는 능력 덕분에 경험 많은 암벽 등반가들은 경험이 적은 사람에 비해 추락 위험은 줄이고 속도는 높이면서 암벽 등반을 즐길 수 있다. 여기서도 역시 심적 표상이 발달할수록 수행능력이 좋아졌다.

나에게는 어려운 내용이 다른 사람에게는 쉬운 이유

방금 살펴본 전문가들이 심적 표상에서 얻는 핵심 이점은 정보 처리를 도와주는 방식에 있다. 말하자면 심적 표상은 정보를 이해하고, 해석하고, 기억에 저장하고, 조직하고, 분석하고, 그것을 활용해 올바른 결정을 내리도록 도와준다. 다른 모든 전문가들에게도 마찬가지다. 그리고 우리들 대부분은 스스로가 알든 모르든 무언가에 전문가들이다.

예를 들면 지금 이 글을 읽는 독자 대부분이 읽기 '전문가'이며, 그런 수준에 도달하기 위해 어느 정도의 심적 표상을 발전시켜야 했다. 이는 문자와 소리 사이의 대응 관계를 학습하는 데서 시작된다. 이런 수준에서 '읽기'란 각각의 단어를 문자 하나하나를 따라가며 소리 내어 발음하는 문제다. 연습을 통해서 여러분은 단어 전체를 자체로 인식하기 시작한다. 'C-A-T'가 간단하게 'cat'이 되는 것이다. 해당 단어 안의 문자 패턴을 암호화하고, 이를 단어의 발음 및 '야옹' 하며 울고, 개와 사이가 안 좋을 때가 많은, 털로 덮인 작은 동물이라는 개념과 연결시켜주는 심적 표상 덕분이다. 단어들의 심적 표상과 더불어 여러분은 읽기에서 중요한 여러 가지 심적 표상들을 발전시켰다. 문장의 시작과 끝을 인식하는 법을 배워서 나열된 단어를 개별적인 의미를 지니는 덩어리로 나눌 수 있게 되며, 문장의 끝이라는 신호처럼 보이는 표시 중에 몇몇은 그렇지 않을 때가 많다는 것도 배우게 된다(Mr., Ms., Dr., 등). 또한 이전에 본 적이 없는 단어의 의미를 추론하고, 철자가 틀리거나 잘못 사용되거나 빠진 단어가 있는 경우에도 문맥을 활용해 의미를 이해하게 해주는 다양한 패턴을 자기 것으로 만든다. 그리하여 지금 여러분이 무언가를 읽을 때는 이런 모든 과정이 무의식적으로 진행되는데, 그 이면에서는 눈에 띄지는 않지만 더없이 중요한 심적 표상들이 바삐 돌아가고 있다.

이 글을 읽는 거의 모든 독자가 종이 위의 기호를 단어와 문장에 일치하게 온전하게 인식할 수 있다는 의미에서 읽기 전문가지만, 일부는 여기에 담긴 정보를 이해하고 완전히 소화하는 데 보통 이상으로 뛰어난 능력을 보이는 전문가일 것이다. 이번에도 이런 차이는 여러분의 심적 표상이 단기기억의 한계를 극복하고 읽은 내용을 기억할 수 있게끔 얼마나 잘 도와주느냐와 연관이 있다.

이유를 알고 싶다면, 일단의 실험 참가자에게 미식축구나 야구 경기 같은 다소 전문적인 내용을 다룬 신문 기사를 읽게 하고, 얼마나 기억하고 있는지 테스트해보면 된다. 어떤 결과가 나올까? 실험 참가자의 전반적인 '언어 능력'이 검사 결과를 좌우하리라고 생각하는 이들이 많겠지만, 이는 틀린 생각이다(전반적인 언어 능력은 지능지수와 밀접하게 연관되어 있기도 하다). 연구 결과를 보면 미식축구나 야구 경기 관련 기사에 대한 개인의 이해력을 결정하는 핵심 요인은 해당 운동에 대한 '기존의 이해도'였다.[18]

이유는 지극히 간단하다. 해당 스포츠에 대해서 잘 모르면, 기사를 통해 읽는 세부 내용이 모두 본질적으로 무관한 사실들의 묶음이 된다. 이런 내용을 기억하기란 무작위로 나열된 단어들을 기억하는 것만큼 어렵다. 그러나 해당 스포츠를 알고 있는 사람은 이미 내용을 이해할 심적 구조를 세워놓은 셈이고, 기사를 통해 얻는 정보를 정리하여 기존에 흡수한 관련 자료와 결합시킬 수가 있다. 새로운 정보가 기존 정보의 일부가 되어 어려움 없이 신속하게 장기기억으로 이동하며, 덕분에 운동 경기에 익숙하지 않을 때보다 기사에서 훨씬 많은 정보를 기억할 수 있게 된다.

어떤 주제를 깊이 연구할수록 그에 대한 심적 표상이 세밀해지고, 새로운 정보를 이해하고 온전히 자기 것으로 소화하기가 쉬워진다. 따라서 체스 전문가는 대부분의 사람들에게는 영문 모를 기호(1. e4 e5 2. Nf3 Nc6 3. Bb5 a6 등)에 불과한 체스 기보상의 연속적인 움직임을 해석할 수 있고, 이를 통해 전체 게임을 이해할 수 있다. 마찬가지로 전문 연주자는 새로운 곡의 악보만 보고도 연주를 했을 때 어떤 느낌일지 충분히 알 수 있다. 지금 이 책을 읽는 것도 마찬가지다. '의식적인 연습' 개념이나 학습 심리학이라는 보다 넓은 영역에 이미 친숙한 독자라면 다른 독자에 비해 여기에 나오는 정보를 이해하고 흡수하기가 한결 쉽게 느껴질 것이다. 어느 쪽이든, 지금 이 책을 읽고 내가 이야기하는 주제를 생각하는 일 자체가 독자 여러분이 새로운 심적 표상을 창조하도록 도울 것이며, 그렇게 만들어진 심적 표상이 다시 향후 이런 주제에 관해 읽고 배우는 작업을 한결 수월하게 해줄 것이다.

의사처럼 생각하라

《뉴욕 타임스》에는 가끔 의사 겸 작가인 리사 샌더스Lisa Sanders의 〈의
사처럼 생각하라〉Think Like a Doctor라는 칼럼이 실린다. 매회 샌더스는 의학
미스터리, 즉 임상의들을 당황시켰던 알쏭달쏭한 실제 사례를 소개한다
(몇 해 전까지 미국에서 인기리에 방영되었던 의학 드라마 《하우스》House M.D의
신문 버전쯤으로 생각하면 어떨까 싶다). 샌더스는 칼럼에서 독자가 스스로
문제를 풀어볼 충분한 정보를 제공한다. 독자들이 의학 지식, 증상을 보
고 진단하는 능력 같은 다른 모든 필요한 도구를 가지고 있는 듯 말이다.
그리고 답을 보내라고 한다. 다음 칼럼에서 샌더스는 정답을 공개하고,
진짜 의사들이 어떻게 그런 답에 도달하게 되었는지 설명한 다음, 정답을
맞힌 독자가 몇 명인지 알려준다. 샌더스의 칼럼에는 항상 수백 명의 독
자들이 답을 보내온다. 정답을 맞힌 사람은 몇 되지 않지만 말이다.

샌더스의 칼럼에서 내가 가장 흥미를 느낀 부분은 의학 미스터리나
해답이 아니라 거기에서 소개하는 진단 과정에 대한 통찰이다. 특히 복잡
한 환자의 사례를 놓고 진단을 내리는 의사는 환자의 상태에 대한 다량의
사실 정보를 받아 온전히 이해한 다음, 관련 의학 지식과 결합하여 결론
을 내려야 한다. 이런 의사는 적어도 세 가지 다른 작업을 해야 한다. 환
자와 관련된 사실을 완전히 이해하고, 관련 의학 지식을 생각해내고, 사
실과 의학 지식을 활용하여 가능성 있는 진단들을 찾아낸 다음 올바른 것

을 선택하는 것이다. 이런 모든 과정에서 의사의 심적 표상이 정교할수록 진단 과정은 빨라지고 효율적이 된다. 그리고 때로는 영원히 끝나지 않을 것 같던 진단 과정이 종결되기도 한다.

진단 과정에서 심적 표상이 구체적으로 어떻게 작용하는지를 보기 위해 샌더스의 칼럼에 등장한 사례를 빌리고자 한다. 답을 보낸 독자는 200명이 넘었지만 아주 소수만이 정답을 맞힌 사례다.[19] 서른아홉 살의 남성 경찰관이 주치의를 찾아와서 귀에 통증이 심하다고 호소했다. 그는 칼로 귀를 후비는 것 같다고 말했다. 그리고 자신의 오른쪽 동공이 왼쪽 동공보다 작다는 이야기도 했다. 또한 전에 한 번 귀통증을 앓은 적이 있는데, 당시 응급진료센터를 방문해서 감염이라는 진단을 받고 항생제를 처방받은 적이 있었다. 이틀 뒤에 상태가 호전되자 잊고 있었지만 두 달이 지나 재발했고, 이번에는 항생제가 듣지 않았다. 의사는 단순한 축농증이 아닐까 생각했지만 동공 문제 때문에 환자를 안과 의사에게 보냈다. 안과 의사도 진단을 내리지 못하고 환자를 또 다른 전문의에게 보냈다. 신경안과 전문의였던 세 번째 의사는 보자마자 작은 동공이 특정 증후군의 징후임을 인식했지만, 이외에는 건강한 남자에게서 그런 증후군을 유발한 원인이 무엇인지, 그리고 이 모든 것이 어떻게 심한 귀통증과 연관되는지는 알지 못했다. 그래서 의사는 여러 가지 질문을 던졌다. 어디가 안 좋다고 느끼신 적 있습니까? 저리거나 따끔거리지는 않습니까? 최근에 역기를 들어 올리는 근력 운동을 했습니까? 환자가 몇 달 동안 근력 운동을 했었다고 대답하자 의사는 한 가지를 더 물었다. 역기를 들어 올린 뒤에 머리나 목에 심각한 통증을 느낀 적이 있습니까? 그랬다. 남자는 2주 전에 운동을 하고 나서 심한 두통을 느낀 적이 있었다. 의사는 마침내 상황을 알 수 있었다.

　얼핏 보면 미스터리를 푸는 필수 단계가 어떤 증후군이 한쪽 동공이 다른 동공보다 작아지게 하는지를 파악하는 것이 아닐까 싶은데, 이것은 사실 상당히 간단하다. 어느 시점엔가 해당 증후군에 대해서 학습을 해두었다가 기억해낼 수 있어야 한다. 이것은 '호르너 증후군'Horner Syndrome이라고 하는데, 눈 뒤쪽의 신경이 손상되어 생긴다. 이런 신경 손상은 동공 확장 기능에 영향을 미치고, 눈꺼풀의 움직임에도 영향을 주어 눈을 제대로 감거나 뜨지 못하게 하는 경우도 종종 있다. 실제로 전문의가 자세히 살펴보니 이 환자 역시 눈꺼풀이 완전히 올라가지 않는 상태였다. 몇몇 독자가 호르너 증후군임을 맞췄지만, 이것이 어떻게 귀의 통증과 연결되는지는 설명하지 못했다.

　여러 가지 단서를 종합하여 짜 맞추는 이런 과제에서는 전문가인 의사들의 심적 표상이 중요한 역할을 한다. 복잡한 징후를 보이는 환자를 진단하는 의사는 어떤 것이 유의미하고, 어떤 것이 판단을 흐리는 눈속임인지를 미리 알지 못한 채로 다량의 정보를 받아들여야 한다. (단기기억의 한계가 허락하지 않을 것이므로) 이런 모든 정보를 연관성 없이 마구잡이로 온전히 소화하는 것은 불가능하다. 그러므로 관련 의학 지식을 배경으로 이해해야만 한다. 그렇지만 어떤 것이 유의미할까? 진단이 내려지기 전까지는 다양한 임상 정보가 무엇을 의미하는지, 어떤 질병과 관련되어 있는지를 파악하기란 쉽지 않다.

　아직 진단의학에 대한 심적 표상이 제대로 발달하지 못한 의대생들은 환자의 징후들을 본인에게 익숙한 특정 질병과 연결시키고 재빨리 결론으로 비약하는 경향이 있다. 그들은 복수의 가능성을 생각해내지 못한다.

정식 의사라고 해도 경험이 많지 않은 경우에는 같은 실수를 저지르는 일이 많다. 그러므로 경찰관이 귀에 통증을 호소하면서 응급의료센터를 찾아갔을 때, 그곳 의사는 일종의 감염으로 간주하고(사실 대부분의 경우 맞는 답이기도 하다.) 환자의 한쪽 동공 기능에 문제가 있다는, 증상과 무관해 보이는 사실은 신경을 쓰지 않았다.

의대생들과 달리 진단 전문 의사들은 아주 정교한 심적 표상을 발달시키기 때문에 다양한 사실을 한꺼번에 고려할 수 있다. 그들은 얼핏 보아서는 밀접한 관련이 없어 보이는 사실까지도 고려한다. 이것이 고도로 발달한 심적 표상의 중요한 이점이다. 훨씬 많은 정보를 한꺼번에 소화하고 고려할 수 있는 것이다. 진단 전문가에 대한 연구 결과를 보면, 이들은 징후와 다른 관련 정보들을 고립된 정보가 아니라 더 큰 패턴의 일부로 보는 경향이 있다. 그랜드마스터들이 무작위로 배치된 체스 말이 아니라 전체 패턴을 보는 것과 흡사하다.

패턴을 인식하는 심적 표상 덕분에 체스 마스터들이 신속하게 여러 가지 가능한 수를 생각해내고 가장 좋은 수에 집중할 수 있는 것처럼, 경험 많은 진단 전문 의사들 역시 심적 표상 덕분에 여러 가지 가능성 있는 진단을 내놓고 이들을 분석하여 가장 가능성이 높은 것을 선택할 수가 있다.[20] 물론 여러 후보 가운데 어떤 것도 맞지 않는다는 결론을 내리고, 후보들 하나하나를 샅샅이 훑어보는 과정에서 다른 가능성을 발견할 수도 있다. 다수의 가능성 있는 진단을 내놓고 각각을 꼼꼼히 검토하는 능력이 전문가 수준의 진단의와 그렇지 않은 사람을 구분시키는 핵심 요소다.

《뉴욕 타임스》에 실린 의학 미스터리를 푸는 데는 정확이 이런 접근법이 필요하다. 먼저 환자가 호르너 증후군과 칼로 쑤시듯 날카로운 귀통증을 동시에 가지게 되는 가능성 있는 이유들을 도출해내고, 이어서 각각의 가능성을 분석하여 정답을 찾아낸다. 뇌졸중도 후보 가운데 하나였지만, 환자의 과거를 보면 뇌졸중을 앓았을 수도 있음을 말해주는 어떤 흔적도 없었다. 대상포진 역시 두 가지 징후를 야기할 수 있지만, 물집이나 발진 같은 대상포진의 일반적인 징후가 전혀 없었다. 세 번째 후보는 경동맥 내벽 파열이었다. 경동맥은 호르너 증후군의 영향을 받는 신경 바로 옆을 흐르고, 또한 귀 근처를 지나간다. 경동맥에 미세한 파열이 생기면 피가 내벽을 뚫고 새어 나와서 외벽을 부풀게 하고, 이로 인해 안면 신경을 압박한다. 그리고 드문 경우지만 귀로 가는 신경을 압박할 수가 있다. 이런 생각을 하면서 전문의는 환자에게 역기를 들어 올리는 운동을 한 다음 두통을 느낀 적이 있느냐고 물었던 것이다. 역기를 들어 올리는 근력 운동을 하다가 경동맥이 찢어질 수가 있고, 그런 파열이 흔히 머리나 목의 통증과 연관된다고 알려져 있기 때문이다. 환자가 그렇다고 대답하자 전문의는 경동맥 파열일 가능성이 높다고 결론을 내렸다. MRI 촬영을 통해 진단이 옳다는 것이 확인되자 의사는 혈전이 형성되는 것을 막기 위해 혈액 희석제 처방을 내리고, 혈관이 아무는 몇 달 동안 격한 운동은 삼가라고 주의를 주었다.

성공적인 진단을 위해서는 필요한 의학 지식을 가지고 있는 것만이 아니라 그런 지식을 적절히 정리하여 언제든 활용할 수 있게 하는 것도 중요하다. 그래야 보유한 지식을 효율적으로 활용하여 가능성 있는 여러 진단을 생각하고, 그중 가장 가능성이 높은 것에 집중할 수 있다. 우수한 정보 정리 능력은 전문가 연구에서 반복적으로 언급되는 주제이기도 하다.

보험 판매처럼 어찌 보면 평범해 보이는 일도 마찬가지다. 최근 어느 연구에서는 보험 설계사 150명의 각종 보험 상품(생명, 주택, 자동차, 상업 보험 등)에 대한 지식을 조사했다.[21] 당연하게도 실적(판매량)이 좋은 보험 설계사는 그렇지 못한 설계사에 비해 여러 보험 상품에 대해서 많이 알고 있었다. 그러나 더욱 중요하게도, 연구자들은 실적이 좋은 보험 설계사들은 그렇지 못한 설계사에 비해 훨씬 복잡하고 통합적인 '지식 구조'(우리가 말하는 심적 표상)를 가지고 있다는 사실을 발견했다. 특히 실적이 좋은 설계사일수록 "만약…… 그러면……." 식의 지식 연결 구조를 고도로 발달시킨 것으로 드러났다. "만약 이런 것들이 어느 고객에게 해당되면, 그때는 이렇게 말하거나 저렇게 한다." 식이다. 최고의 설계사들은 이처럼 보험 지식이 잘 정리되어 있기 때문에, 특정 상황에서 어떻게 해야 할지를 한층 신속하고 정확하게 판단할 수 있었으며, 덕분에 훨씬 유능한 설계사가 될 수 있었다.

심적 표상 수정하기

경험 많은 암벽 등반가는 등반을 시작하기 전에 암벽 전체를 살펴보고 선택한 경로를 따라 핸드홀드에서 핸드홀더로 손을 옮기며 이동하는 자신의 모습을 머릿속에 그려본다.[22] 착수 전에 진행될 등반에 대해 상세한 심적 표상을 만들어내는 이런 능력은 경험이 있어야만 가능한 것이다.

일반적으로 심적 표상은 다양한 영역에서 계획을 수립할 때 활용될 수 있으며, 심적 표상이 발달할수록 더욱 효율적인 계획이 수립된다.

예를 들어 외과 전문의는 환자의 몸에 칼을 대기 전에 수술 전체를 머릿속에서 그려본다.[23] 그들은 MRI 촬영, CT 촬영, 기타 이미지들을 이용하여 환자의 체내를 들여다보고, 문제가 될 것으로 보이는 지점을 찾아내고, 어떻게 공략할지 계획을 세운다. 수술에 대한 심적 표상을 발전시키는 것은 외과 의사가 하는 일 중 가장 힘들고도 중요한 작업이다. 보통 경험이 많을수록 더욱 정교하고 효과적인 심적 표상을 만들어낸다. 이것은 수술의 지침이 될 뿐 아니라 수술 도중 예상치 못한 위험 상황이 일어났을 때 경고를 보내는 역할도 한다. 실제 수술이 심적 표상에서 벗어났을 경우, 의사는 속도를 늦추고 다른 가능성들을 재고하며, 필요할 경우 달라진 정보에 맞춰 새로운 계획을 세운다.

실생활에서 암벽 등반을 하거나 수술을 하는 사람은 비교적 적을 것이다. 그러나 글을 쓰는 것은 거의 모든 사람이 한다. 그리고 글쓰기 과정은 심적 표상이 계획을 수립하는 데 어떻게 활용될 수 있는지를 보여주는 더없이 좋은 예다. 나도 이 책을 작업하면서 지난 몇 년 동안 이 분야에 상당히 익숙해졌고, 독자 여러분도 대부분 최근에 사적인 편지든, 업무상 메모든, 블로그 포스팅이든, 저서든 어떤 글이든 쓴 적이 있을 것이다.

사람이 글을 쓸 때 활용하는 심적 표상에 대해서는 상당한 연구가 이루어져 있다. 그런 연구들을 살펴보면, 전문 작가들이 사용하는 방법과 초보자들이 사용하는 방법에는 상당한 차이가 있다. 예를 들어 에세이를 쓸 때 어떤 전략을 쓰느냐는 질문을 받은 초등학교 6학년 학생의 대답을 생각해보자.[24]

굉장히 많은 아이디어들이 생각나기 때문에 머릿속의 아이디어가 바닥날 때까지 적어 내려갑니다. 그리고 아이디어를 더 생각해보려고 노력합니다. 에세이에 적을 만한 아이디어가 더 이상 떠오르지 않을 때까지요. 그리고 글을 마칩니다.

비단 6학년 학생뿐만 아니라 글쓰기를 업으로 하지 않는 많은 사람들이 이런 방법을 사용한다. 이런 글쓰기의 심적 표상은 단순하고 직접적이다. 어떤 주제가 있고, 글을 쓰는 사람이 해당 주제에 대해 갖고 있는 여러 가지 생각이 있다. 이런 생각은 때로는 연관성과 중요도에 따라서, 때로는 범주나 다른 패턴으로 느슨하게 정리되어 있다. 그보다 살짝 정교한 심적 표상에는 시작 부분에 주제를 소개하는 일종의 서론과 끝부분에 결론이 포함되기도 하지만, 그것이 전부다. 글쓰기에 대한 이런 접근법을 '지식 말하기'knowledge telling [25]라고 부르는데, 머릿속에 떠오르는 것을 독자에게 말하는 것에 불과하기 때문이다.

우리 책에서 말하는 '전문가' 수준의 작가는 상당히 다른 방법으로 글을 쓴다. 나와 공동 작가가 이 책을 함께 집필한 과정을 생각해보겠다. 처음에 우리는 책이 어떤 일을 해주기를 바라는지부터 생각해야 했다. 독자들이 전문성에 대해 무엇을 배웠으면 하는가? 어떤 개념과 생각을 중요하게 소개할까? 독자가 가지고 있던 훈련과 잠재력에 대한 생각이 이 책을 읽음으로써 어떻게 바뀌어야 할까? 이런 질문에 답하는 과정에서 우리는 책에 대한 최초의, 개략적인 심적 표상을 가지게 되었다. 말하자면 우리가 책을 집필하는 목표이자 책을 통해 이루고자 하는 바람에 대한 심적 표상이었다. 물론 책과 관련된 작업을 계속하면서 최초의 이미지에서 많은 변화와 진전이 있었지만 시작은 그랬다.

다음으로 우리는 책을 통해 이루고자 하는 목표를 어떻게 달성할지에 대해서 개략적으로 그려보았다. 일반적인 화제로 무엇을 포함시켜야 할까? 당연히 '의식적인 연습'이 무엇인지에 대해서는 설명해야 했다. 그럼 이를 어떻게 설명할 것인가? 글쎄, 먼저 사람들이 흔히 훈련하고 연습하는 방법이 무엇인지, 그런 방법의 한계가 무엇인지 설명해야 하고, 이어서 '목적의식 있는 연습'을 설명하는 식으로 진행해야 할 것이다. 그 단계에서 우리는 책과 관련된 우리의 목표를 달성하기 위해 활용할 수 있는 다양한 방법을 머릿속에 그려보면서 이리저리 저울질해보고, 어떤 것이 가장 좋을지를 고민했다.

이런저런 선택을 하고 결정을 내리는 과정에서 우리는 모든 목표를 충족시킨다고 생각되는 무언가를 갖게 될 때까지 책에 대한 심적 표상을 서서히 갈고 다듬었다. 이 단계에서 우리의 심적 표상을 그려볼 가장 간단한 방법은 중학교 국어 수업 시간에 배운 개요 작성 방법을 생각해보는 것이었다. 우리는 각 장의 개요를 준비했다. 특정 주제에 초점을 맞추면서, 해당 주제와 관련된 다양한 측면을 포함하는 내용이었다. 그러나 우리가 책에 대해 그동안 만들어냈던 심적 표상은 간단한 개요보다 훨씬 양도 많고 복잡했다. 예를 들면 우리는 각각의 장이 존재하는 이유, 이를 통해 우리가 달성하고자 하는 목표를 분명하게 인지하고 있었다. 또한 (왜 A라는 주제가 B라는 주제 뒤에 나와야 하는가 같은) 전체적인 책의 구조와 논법, 여러 장들 사이의 상호연관성에 대해서도 명확한 생각을 가지고 있었다.

이런 과정에서 우리는 '의식적인 연습'을 개념화할 방법을 거듭 세심하게 고민하지 않을 수 없었다. 처음에 우리는 당연히 '의식적인 연습'에 대한 명확한 개념과 설명 방법이라고 생각하는 것에서 시작했다. 하지만 이것을 일반인이 이해하기 쉽도록 간단하게 설명하는 일은 생각만큼 쉽지 않았다. 이로 인해 우리는 개념을 설명하고, 주장이 옳다는 것을 보여줄 '최선의 방법'이 무엇일지 재고하게 되었다.

예를 들어 우리의 저작권 대리인인 엘리스 체니_{Elyse Cheney}에게 최초의 제안서를 보여주었을 때 그녀와 동료들은 '의식적인 연습'이 무엇인지 명확하게 이해하지 못했다. 특히 이것이 더 효과적이라는 점을 제외하고, 이 연습 형태와 다른 연습 형태를 구분해주는 차이가 무엇인지 이해하지 못했다. 이는 그들의 잘못이 아니다. 우리가 생각만큼 알기 쉽게 개념을 설명하지 못했다는 표시였다. '의식적인 연습'을 어떻게 설명할지에 대해서 재고하지 않을 수 없는 상황이었다. 기본적으로 우리 자신이 이 개념을 어떻게 생각하는지, 사람들이 이것을 어떻게 생각하기를 바라는지에 대한, 이전보다 나은 새로운 심적 표상을 만들어내지 않을 수 없었다. 머지않아 심적 표상의 역할이 '의식적인 연습'을 어떻게 설명할 것인지를 결정하는 핵심 열쇠라는 생각이 들기 시작했다.

처음에 우리는 심적 표상이 '의식적인 연습'과 관련하여 독자에게 소개하고 싶은 많은 것들 가운데 하나일 뿐이라고 생각했다. 그러나 이제 우리는 그것을 책의 핵심 요소 중 하나, 어쩌면 가장 중요한 요소로 간주하게 되었다. '의식적인 연습'의 핵심 목적은 효과적인 심적 표상을 개발하는 것이며, (뒤에서 간략히 다루겠지만) 심적 표상은 다시 '의식적인 연습'에서 핵심 역할을 한다. 이 연습에 대한 반응으로 우리 뇌에서 일어나는 핵심 변화는 한층 발전된 심적 표상을 만들어내는 것이며, 발전된 심적 표상은 다시 수행능력을 향상시킨다는 새로운 가능성을 열어준다. 요컨대 우리는 심적 표상에 대한 설명을 이 책의 주춧돌로 생각하게 되었고, 그에 대한 제대로 된 설명 없이는 책의 나머지 부분이 제대로 설 수 없다고 생각하게 되었다.

이상의 설명처럼 책의 집필과 주제에 대한 개념화 사이에 주거니 받거니 하는 꾸준한 상호작용이 있었고, 우리의 메시지를 독자에게 더욱 명확하게 전달할 방법을 찾는 과정에서 우리 스스로가 '의식적인 연습'을 이전과 다른, 새로운 방식으로 생각하게 되었다. 연구자들은 이런 글쓰기를 '지식 말하기'와 대비하여 '지식 변형하기'knowledge transforming라고 부른다. 글쓰기 과정에서 작가가 처음에 가지고 있던 지식이 변하기도 하고, 없던 것이 더해지기도 하기 때문이다.

이는 전문가들이 심적 표상을 활용하여 어떻게 자신의 수행능력을 향상시키는지를 보여주는 좋은 사례다. 전문가들은 자신의 수행능력을 추적 관찰하고 평가하며, 필요한 경우 더욱 효과적으로 만들기 위해 자신의 심적 표상을 수정하기도 한다. 심적 표상이 효과적일수록 수행능력도 향상된다. 우리는 그동안 책에 대한 특정 심적 표상을 발전시켜왔는데, 그로 인한 결과(최초의 제안서에 나온 설명)가 기대만큼 좋지 않았다. 그래서 우리는 사람들에게서 받은 피드백을 활용하여 그것을 수정했다. 그리고 바뀐 심적 표상이 다시 우리가 '의식적인 연습'에 대한 훨씬 나은 설명을 할 수 있게끔 이끌었다.

이 책을 집필하는 내내 이런 과정이 계속되었다. 고정된 상태가 아니라 부단히 발전하고 있기는 했지만, 우리가 갖고 있는 책에 대한 심적 표상이 전반적인 집필 과정을 이끌었고, 글에 대한 결정에 영향을 미쳤다. 작업이 진척되면서 개념이 아니라 원고의 부분 부분을 평가하는 작업도

했다. 원고 평가 과정에서도 문제점이 나타나면 우리는 이를 바로잡을 수 있도록 심적 표상을 수정했다.

당연히 이 책에 대한 심적 표상은 개인의 편지나 블로그 포스팅을 위한 심적 표상보다 훨씬 규모도 크고 복잡하다. 그러나 일반적인 패턴은 동일하다. 글을 잘 쓰려면 작업을 이끌어줄 심적 표상을 미리 만들고, 이후에 작업을 모니터 하고 평가하면서 필요한 경우 기꺼이 수정하라.

전문가는 어떻게 심적 표상을 사용하는가

심적 표상은 단순히 어떤 기술을 학습한 결과물만은 아니다. 우리의 학습 자체를 도울 수도 있다. 이를 뒷받침하는 가장 좋은 증거는 악기 연주 영역에서 나온다. 몇몇 연구자가 최고 수준의 연주자와 그렇지 못한 연주자 사이의 차이를 고찰했는데, 중요한 차이점 가운데 하나는 최고의 연주자들이 만들어내는 심적 표상의 질에 있었다.[26] 새로운 곡을 연습하기 시작할 때 초급이나 중급 연주자들은 보통 곡이 어떻게 연주되어야 하는지에 대한 명확한 생각이 부족한 반면, 상급 연주자들은 자신의 연습에 지침이 되고 궁극적으로 연주 전체를 이끌, 곡에 대한 매우 상세한 심적 표상을 가지고 있다. 특히 이들은 이런 심적 표상을 스스로 피드백을 제공하는 용도로 사용하며, 덕분에 곡을 제대로 연주하는 단계에 얼마나 가까이 왔는지, 지금보다 나아지려면 무엇을 다르게 해야 하는지를 파악할 수 있다. 이에 반해 초급자나 중급자의 곡에 대한 심적 표상은 세밀하지 못하고 엉성하다. 그렇게 엉성한 심적 표상으로는 완전히 음을 틀리는 것 같은 실수는 혼자서도 식별할 수 있을지 모르지만, 그보다 미묘한 실수와 약점들을 그때그때 찾아내기는 힘들며 교사의 피드백에 의지할 수밖에 없다.

심지어 음악을 배우기 시작한 지 얼마 안 되는 어린 학생들 사이에서도 곡에 대한 심적 표상의 질 차이가 연습의 효율성에 영향을 미치는 것으로 보인다.

약 15년 전에 오스트레일리아의 심리학자 개리 맥퍼슨Gary McPherson과 제임스 렌윅James Renwick은 플루트, 트럼펫, 코넷, 클라리넷, 색소폰 등 다양한 악기를 배우는 7세에서 9세까지의 어린이들을 연구했다. 이 연구에는 아이들이 집에서 연습하는 모습을 촬영한 다음 분석함으로써 연습 효과를 높이는 행동과 반대로 연습 효과를 저하시키는 행동을 파악하는 것도 포함되어 있었다.[27]

특히 연구자들은 첫 번째 연습과 두 번째 연습에서 학생들이 몇 회나 실수를 저지르는지 세어 이를 척도로 얼마나 효과적으로 연습하고 있는지를 판단했다. 1차와 2차 사이에 실수가 줄어든 정도, 즉 연주 실력 향상 정도에서 학생들은 큰 폭의 차이를 보였다. 학생들 중 코넷을 배우기 시작한 첫해였던 여자아이가 가장 많은 실수를 했다. 여자아이는 1차 연습 시간에 곡을 연주할 때마다 분당 평균 열한 번을 틀렸다. 2차 연습에서도 아이는 여전히 같은 실수를 70퍼센트나 저질렀다(열 번의 실수 중 세 번만을 알아차리고 바로잡았다는 의미다). 이와 달리 1년차 가운데 가장 잘했던 학생은 색소폰을 배우는 남자아이였는데, 1차 연습 시간에 분당 1.4회의 실수밖에 하지 않았다. 그리고 2차 연습에서 학생은 같은 실수를 1차 때의 20퍼센트로 줄였다(열 번의 실수 중 여덟 번을 고친 것이다). 이런 교정 비율의 차이는 색소폰을 연주하는 학생이 처음부터 실수가 워낙 적어 개선의 여지가 많지 않았다는 점에서 더욱 인상적이다.

　모든 학생이 연습에 임하는 태도가 좋고, 실력 향상에 대한 의지도 강해서 맥퍼슨과 렌윅은 학생들 사이에서 나타나는 이런 차이가 주로 자신의 실수를 얼마나 잘 포착하는지에서 기인했을 가능성이 높다는 결론을 내렸다. 다시 말해 학생들의 곡에 대한 심적 표상이 얼마나 효과적인지가 차이를 만들어냈다고 여겼다. 색소폰을 연주했던 학생은 곡에 대한 명확한 심적 표상을 가지고 있었다. 따라서 자신의 실수를 대부분 알아차리고, 기억해두었다가 수정했다. 반면에 코넷을 연주했던 학생은 자신이 연주하는 곡에 대해 색소폰을 연주한 학생만큼 발달된 심적 표상이 없는 것 같았다. 연구자들은 두 학생의 차이가 잘하고 싶은 의욕이나 노력의 차이가 아니었다고 말한다. 코넷을 연주했던 학생은 색소폰을 연주했던 학생이 연주 실력을 향상시키는 데 활용했던 것만큼 효과적인 도구가 없었을 뿐이다.

　맥퍼슨과 렌윅은 이 연구에서는 심적 표상의 정확한 속성을 이해하려는 시도는 하지 않았다. 그러나 다른 연구에 따르면 심적 표상은 구체적으로 대여섯 가지 형태를 취한다. 그중 하나가 청각적인 심적 표상으로, 어떤 곡이 어떤 소리로 들려야 하는지를 명확하게 생각하고 있는 상태다. 수준에 상관없이 악기를 연주하는 사람이라면 누구나 이런 심적 표상을 연습과 연주의 지침으로 이용한다. 그리고 실력이 좋은 연주자일수록 훨씬 상세한 심적 표상을 가지고 있다. 여기에는 음의 고저와 장단은 물론이고, 음량, 강약, 음조, 비브라토, 트레몰로, (다른 사람이 연주하는 다른 악기의 음을 포함한) 다른 음과의 화음 관계 등이 모두 포함된다. 훌륭한 연주자는 이처럼 다양한 소리의 질을 인식할 뿐만 아니라, 자신의 악기로 그런 소리를 내는 방법도 안다. 이는 곡에 대한 자신만의 심적 표상이 있어야 가능한 이해 수준이며, 이것은 다시 소리 자체의 심적 표상과 밀접하게 연결되어 있다.

맥퍼슨과 렌윅이 연구한 학생들도 정도의 차이는 있지만 악보에 표시된 음과 그에 맞는 운지법fingering(악기를 연주할 때 손가락을 쓰는 방법—옮긴이)을 연결시켜주는 심적 표상을 발달시켰을 것이다. 그러므로 색소폰을 연주하던 학생은 우연히 음과 맞지 않는 위치에 손가락을 놓았을 경우, 색소폰의 소리가 다른 것뿐만 아니라 손가락이 '벗어났다'는 느낌 때문에도 이를 알아차렸을 것이다. 다시 말하자면 손가락의 위치가 그에 대한 자신의 심적 표상과 맞지 않기 때문인 것이다.

맥퍼슨과 렌윅의 연구는 개인을 심층적으로 관찰했다는 장점이 있는 반면(연구 결과를 보고 나면 코넷을 연주하는 여학생과 색소폰을 연주하는 남학생을 거의 아는 것 같은 착각이 들 정도다.), 한 학교에 다니는 소수의 아이들만을 관찰했다는 약점도 가지고 있다. 다행히 악기를 배우는 학생 3,000명을 대상으로 영국에서 진행된 연구가 이들의 연구 결과를 뒷받침하고 있다. 이들은 종합대학 수준의 음악학교 입시를 준비하는 학생들로, 실력은 초보자 수준부터 전문가까지 다양했다.[28]

연구에 따르면 성적이 좋은 학생일수록 자신이 언제 실수를 하는지, 특히 집중적으로 노력해야 하는 어려운 부분이 어디인지를 파악하는 능력이 뛰어났다. 이는 이들이 연주하고 있는 음악 자체와 자신의 연주에 대해 고도로 발달된 심적 표상을 가지고 있다는 의미가 된다. 그렇기 때문에 자신이 연습 도중에 저지르는 실수를 날카롭게 포착할 수 있는 것이다. 게다가 실력이 좋은 학생일수록 연습 방법도 효과적이었다. 이는 이들이 자신의 심적 표상을, 실수를 찾아 시정하는 데뿐만 아니라 곡의 난이도나 특성에 맞는 적절한 연습 기법을 찾는 데도 활용한다는 의미가 된다.

악기 연주뿐만 아니라 어떤 영역에서든 기량과 심적 표상의 관계는 일종의 선순환을 그린다. 기량이 발전할수록 심적 표상도 발달하고, 심적 표상이 좋아지면 더욱 효과적인 방법으로 연습하면서 기량을 발전시킬 수가 있다.

전문가가 심적 표상을 어떻게 사용하는지는 미국 코네티컷 대학교의 심리학자 로저 채핀Roger Chaffin과 세계적인 피아노 연주자 가브리엘라 임레Gabriela Imreh의 장기간에 걸친 공동 작업 결과를 통해 한층 상세하게 볼 수 있다. 두 사람은 오랫동안 어떤 곡을 학습하고, 연습하고, 연주하는 동안 임레의 머릿속에서 어떤 일이 일어나는지를 알아보는 작업을 했다.[29]

임레와 채핀의 작업에는 스티브 팰룬이 숫자 암기를 위한 심적 표상을 발달시키는 과정을 지켜본 내 경험을 떠올리게 하는 구석이 많았다. 채핀은 임레가 새로운 곡을 배우는 동안 그녀를 관찰하고, 그녀가 곡을 앞으로 어떻게 연주할지를 결정하는 동안 생각 과정을 소리 내어 말하게 했다. 동시에 임레가 연습하는 모습을 촬영하여, 그녀가 주어진 과제에 어떻게 접근하는지를 파악하는 추가 정보로 활용했다.

채핀은 임레가 한 번도 연주해본 적 없던 요한 세바스티안 바흐의 〈이탈리아 협주곡〉 3악장을 30시간 이상 연습하는 모습을 지켜보았다. 처음 악보를 눈으로 보면서 임레가 제일 먼저 한 일은 채핀이 '예술적 이미지' artistic image라고 부르는 것을 만들어내는 작업이었다. 말하자면 실제 연주를 할 때 곡이 어떻게 들려야 하는지에 대한 심적 표상이다. 이때 임레는 곡을 완전히 처음 접한 것은 아니었다(연주는 처음이지만 예전에 많이 들었던 곡이었다). 그렇지만 악보를 눈으로만 보고 곡에 대한 이미지를 만들어 낼 수 있다는 것은 피아노 연주에 대한 그녀의 심적 표상이 그만큼 발달되어 있다는 의미다. 대다수 사람들은 악보에서 음표를 비롯한 음악 기호를 보지만 임레는 머릿속에서 음악을 듣는다.

이때부터 임레가 주로 하는 일은 자신의 '예술적 이미지'에 맞게 곡을 연주할 방법을 찾는 것이다. 그녀는 곡 전체를 충분히 연습하고 정확히 어떤 운지법을 쓸지 결정하는 것에서 시작한다. 일반적인 경우라면 피아노 연주자가 특정 음에 맞춰 배우는 표준 운지법을 쓰겠지만, 어떤 악절이 특정 방식으로 들리기를 바라기 때문에 표준에서 벗어나야 하는 부분도 있다. 임레는 여러 가지를 시도해보고 하나를 결정한 다음 악보에 표시를 했다. 또한 채핀이 '표현 전환 지점'이라고 부르는 부분들도 찾아서 표시했다. 예를 들어 연주가 가볍고 활기찬 분위기에서 신중하고 진지한 분위기로 바뀌는 지점 같은 것이다. 이어서 그녀는 신호를 보낸다는 의미로 흔히 '큐'$_{cue}$라고 하는 부분들을 찾는다. 전환 지점 전의 짧은 악절이나 기술적으로 어려운 악절로, 그런 부분이 다가오면 마음의 준비를 하도록 일러주는 일종의 신호 역할을 하는 것이다. 이외에도 곡에 자신만의 미묘한 해석을 곁들이고 싶은 여러 부분들을 찾아 표시한다.

곡이라는 전체 지도에 이런 모든 요소들을 집어넣음으로써 임레는 숲과 나무 모두를 제대로 처리할 수 있게 된다. 그녀는 곡이 전체적으로 어떤 모습이어야 하는지에 대한 이미지를 만들어내는 한편으로, 연주를 하면서 각별히 주의가 필요한 세부적인 부분들에 대해서도 명확한 이미지를 만들려고 한다. 이때 임레의 심적 표상은 그녀 스스로가 생각하는 바람직한 곡의 모습과 자신이 찾아낸, 그렇게 만들 구체적인 방법을 연결해주는 역할을 한다. 다른 피아노 연주자의 심적 표상도 구체적인 부분에서는 임레의 방식과는 다르겠지만, 전반적인 접근 방법 자체는 매우 흡사할 것이다.

또한 심적 표상 덕분에 임레는 어떤 곡을 익히는 클래식 피아노 연주자라면 누구나 직면하는 근본적인 딜레마를 해결할 수 있다.[30] 연주자가 거의 기계적으로 연주가 이루어질 정도로 충분하게 곡을 연습하고 외우는 작업은 더없이 중요하다. 말하자면 연주자의 의식적인 지시가 거의 또는 전혀 없이도 양 손가락이 알아서 맞는 음을 찾아 연주할 정도가 되어야 한다. 이런 경지가 되면 무대에 오른 연주자는 관객 앞에서 흥분하거나 불안을 느껴도 실수 없이 완벽하게 연주를 마무리할 수 있다. 그러나 한편으로 연주자가 관객과 소통하고 교감하려면 연주에 어느 정도의 즉흥성spontaneity이 있어야 한다. 기계적인 완벽한 연주만으로는 부족하다는 의미다. 임레는 곡에 대한 머릿속 지도를 활용해 이를 해낸다. 그녀는 자신의 손가락이 충분히 연습된 움직임을 그대로 따라가게 하면서 곡의 많은 부분을 항상 연습했던 대로 연주한다. 그러나 이처럼 기계적으로 연주하는 동안에도 그녀는 항상 자신이 곡의 어느 지점에 있는지를 인식하고 있다. 일종의 랜드마크 역할을 하는 여러 지점들을 찾아내 구분해두었기 때문이다. 이런 지점 가운데 일부는, 예를 들면 운지법을 바꿀 때가 다가온다는 신호를 보내는, '연주를 위한 랜드마크'인 반면, 채핀이 '표현용 랜드마크'expressive landmark라고 부르는 것도 있다. 특정 감정을 담아내기 위해 연주에 변화를 주는 그런 지점들이다. 구체적으로 어떤 감정이 될지는 그

순간 무대에서 임레가 느끼는 감정과 관객의 반응에 따라서 다를 것이다. 이런 랜드마크 덕분에 임레는 실제 관객 앞에서 복잡한 곡을 연주하는 데 따르는 만만찮은 압박 속에서도 나름의 즉흥성을 발휘할 수 있다.

신체 활동도 결국은 정신과 연결된다

지금까지 여러 연구를 통해 살펴본 것처럼 악기 연주자들은 심적 표상에 의지해 각자의 전문 분야에서 필요한 신체 능력과 정신 능력을 발전시킨다. 한편 심적 표상은 우리가 거의 100퍼센트 신체 활동이라고 여기는 그런 활동에도 반드시 필요하다. 사실 어느 분야의 전문가라고 하면 누구든 해당 분야에 한해서는 성적이 좋은 지식인이라고 간주되어야 마땅하다. 이는 심사위원들이 인체의 자세와 동작을 '예술 표현'이라는 관점에서 평가하는 거의 모든 영역에 해당한다. 기계체조, 다이빙, 피겨 스케이팅, 무용 등을 생각해보라. 이들 영역에서 활동하는 선수라면 누구든 자기 몸을 어떻게 움직여서 수행 동작이 예술적으로 보이게 만들 것인지에 대한 명확한 심적 표상을 발달시켜야 한다. 그러나 예술성이 명시적으로 평가의 대상이 되지 않는 영역에서도 몸을 효율적으로 움직이는 훈련은 여전히 중요하다. 수영 선수들은 앞으로 밀어내는 추력은 극대화하고 공기에 의해 뒤로 끌리는 항력은 최소화하게끔 수영 동작을 수행하는 법을 배운다. 육상 선수는 속도와 지구력은 극대화하면서 에너지 소모는 최소화하는 방식으로 달리는 법을 배운다. 장대높이뛰기 선수, 테니스 선수, 격투기 선수, 골프 선수, 야구 타자, 농구 3점 슈터, 역도 선수, 사격

선수, 활강 스키 선수 등 모든 운동선수에게 동작을 취할 때의 올바른 몸의 형태와 자세는 좋은 성적을 내기 위한 핵심 요소이며, 최고의 심적 표상을 가진 선수가 그렇지 않은 선수에 비해 유리할 수밖에 없다.

기술과 심적 표상 사이에 선순환은 이들 영역에서도 예외가 아니다. 기술 연마가 심적 표상을 발달시키고, 심적 표상이 기술 연마를 돕는다. 여기에도 닭이 먼저냐 달걀이 먼저냐 하는 딜레마가 어느 정도는 존재한다. 피겨 스케이팅을 예로 들어보자. 공중에서 2회전 반을 도는 더블 악셀 점프를 실제로 해보기 전에는 그것이 어떤 느낌인지 명확한 심적 표상을 갖기가 어렵다. 마찬가지로 명확한 심적 표상 없이 확실한 더블 악셀 점프를 뛰기도 어렵다. 자기모순 같지만 사실 그렇지 않다. 선수는 단번에 더블 악셀에 성공하는 것이 아니라 오랜 연습과 시행착오 속에서 조금씩 발전하여 더블 악셀 점프를 뛸 수 있게 되며, 그런 과정에서 각각의 단계에 맞는 심적 표상을 만들어가기 때문이다.

이는 한 단씩 만들면서 올라가는 계단과 같다. 한 계단 올라갈 때마다 다음 단을 만들 수 있는 위치에 서게 되는 것이다. 그리고 다음 단을 만들어 올라가면, 그다음 단을 만들 위치에 서게 된다. 개인은 기존의 심적 표상 덕분에 특정 수준의 수행능력을 갖게 되고, 스스로 이를 모니터 하고 평가할 수가 있다. 새로운 기술을 개발하거나 기존의 기술을 날카롭게 다듬도록 스스로를 채찍질하는 동안, 우리는 자신의 심적 표상을 발전시키고 한층 날카롭게 다듬게 되며, 이것이 다시 수행능력을 향상시켜 이전에는 하지 못했던 것을 할 수 있게 만든다.

황금 기준

_최고의 훈련 방법을 찾아서

     '목적의식 있는 연습'에서 빠진 것이 무엇일까? 단순히 집중해서 개인의 컴포트 존에서 벗어나도록 채찍질하는 정도를 넘어서려면 무엇이 필요할까? 지금부터 이에 대해 이야기해보도록 하자.

    제1장에서 살펴본 것처럼 '목적의식 있는 연습'은 실천하는 사람에 따라서 아주 다른 결과를 낸다. 스티브 팰룬은 불러주는 숫자를 82개까지 외울 수 있었지만, 르네는 스티브 못지않게 열심히 했어도 20개를 넘어서지 못했다. 이런 차이는 두 사람이 기억력을 향상시키기 위해 사용한 세부적인 훈련 방식이 달랐기 때문이다.

    스티브가 수십 개나 되는 숫자를 외울 수 있다는 것을 증명한 이후에 수십 명의 기억력 대회 참가자들이 그를 넘어서는 숫자 기억력을 발전시켰다. 국제 기억력 대회를 주관하는 세계기억력경기협회에 따르면[1] 300개 이상의 숫자를 외우는 사람이 현재 최소 5명이며, 적어도 100개까지 외우는 사람은 수십 명에 달한다. 2015년 11월 현재, 기억력 대회 세계 기록은 몽골의 초그바드라흐 사이칸바야르Tsogbadrahk Saikhanbayar가 보유하고 있는데, 그는 2015 타이완오픈 성인기억력대회에서 432개의 숫자를 외웠다. 이는 스티브가 세운 기록의 5배가 넘는 수다. 르네와 스티브의 차이와 마찬가지로 스티브의 수행능력과 신세대 기억력 달인들이 보여주는 능력의 핵심 차이 역시 세부적인 훈련 내용에 있다.

사실 훈련의 차이에서 야기되는 결과의 차이는 보편적인 현상이다. 어떤 영역에서든 보다 효과적인 훈련 방법이 있고 그렇지 않은 방법이 있다. 이번 장에서는 가장 효과적인 훈련 방법을 살펴볼 예정이다. 바로 '의식적인 연습'이다. 이것은 어떤 기술을 학습하는 사람이라면 누구라도 욕심내야 마땅한 황금 기준, 즉 이상적인 훈련 방법이다.

아마추어와 프로의 결정적 차이

대중음악 그룹의 연주, 십자말풀이, 포크댄스 같은 활동에서는 보편적으로 따르는 표준 훈련 방법이랄 것이 없다. 때문에 어떤 방법을 써도 대충대충 하는 것처럼 보이고 결과 또한 예측하기 어렵다. 반면에 클래식 연주, 수학, 발레 같은 활동은 광범위하게 인정되는 고도로 발달된 훈련 방법의 혜택을 풍부하게 누리고 있다. 근면한 태도로 정해진 훈련 방법을 준수한다면, 거의 예외 없이 분야 전문가가 될 수 있다. 내가 오랫동안 전문성과 전문가라는 주제를 연구해온 분야도 바로 이 두 번째 범주에 속한다.

이런 분야들에는 몇 가지 공통된 특징이 있다. 첫째, 수행능력을 측정할 (체스 경기에서 승패나 경주 결과 같은) 객관적인 방법, 아니면 적어도 (전문 심사위원의 평가 같은) 준객관적인 방법이 항상 있다. 생각해보면 당연한 이야기다. 어느 정도 수준이 좋은 실력인지에 대한 합의가 없고, 따라서 어떤 변화를 주어야 실력이 향상되는지를 파악할 방법이 없다면, 효과적인 훈련 방법을 발달시키기가 무척 어려웠을 것이다. 아니 불가능했을 것이다. 실력이나 성과 향상의 개념 자체가 모호한데 이를 달성할 구체적인 방법을 어떻게 발전시킬 수 있겠는가? 둘째, 이런 분야는 경쟁이 치열해서 부지런히 연습하고 기술을 향상시키려는 열의가 뜨거울 수밖에 없다. 셋째, 수십 년, 때로는 수백 년에 걸쳐 발달된 기술이 있는, 확실히 자리가 잡힌 분야들이다. 넷째, 교사 역할을 하면서 해당 분야의 꾸준한 기술 향상을 가능하게 하는, 고도로 정교한 훈련 기법을 개발해온 인적 자산을 보유하고 있다. 기술 향상과 훈련 기법 개발은 앞서거니 뒤서거니 나란히 진행된다. 새로운 훈련 기법 개발이 새로운 수준의 성취로 이어지고, 새로운 수준의 성취가 훈련 기법의 혁신을 불러오는 식이다(여기서도 역시 선순환이 일어난다). 이들 분야에서 기술과 훈련 기법의 공동 발전은 (적어도 지금까지는) 시행착오를 거쳐 이루어졌다. 분야 종사자들이 다양한 개선 방법을 실험하고, 효과가 있는 것은 유지하고 없는 것은 폐기하면서 진행되어온 것이다.

이런 원칙을 악기 연주 훈련만큼 철저하게 지켜온 분야도 없다. 특히 바이올린과 피아노 분야가 그렇다. 연주는 경쟁이 치열한 분야이면서 필요한 기술과 훈련 기법이 수백 년에 걸쳐 꾸준히 개발되고 있는 분야이기도 하다. 게다가 적어도 바이올린과 피아노는 세계 최고 수준의 실력자들과 어깨를 나란히 하려면 일반적으로 20년 이상의 꾸준한 연습이 필요한 영역이기도 하다.

요컨대 연주는 전문가의 수행능력을 이해하고 싶은 사람이라면 누구라도 당연히 연구하게 되는 분야 중 하나일 수밖에 없다(사실상 최고의 분야가 아닐까 싶다). 또한 공교롭게 내가 기억 분야 전문성에 관한 연구를 마친 뒤에 오랫동안 연구했던 분야이기도 하다.

1987년 가을, 나는 독일 막스 플랑크 인간발달 연구소에서 일하게 되었다. 스티브 팰룬과의 기억력 연구를 마친 뒤에 나는 여러 손님의 상세한 주문 내용을 메모 없이 기억하는 웨이터[2], 새로운 작품을 시작할 때마다 다량의 대사를 외워야 하는 연극배우[3] 같은 비범한 기억력을 보이는 다른 사례들을 계속 연구했다. 각각의 사례에서 나는 이들이 기억력을 향상시키기 위해서 발전시킨 심적 표상을 연구했지만, 모두 중요한 한계가 한 가지 있었다. 이들은 정식 훈련을 받은 것이 아니라 일을 하다 보니 방법을 터득한, 말하자면 '아마추어'들이었다. 엄격한 정식 훈련을 통해야만 비범한 수준에 도달하게 되는 분야에는 무엇이 있을까? 막스 플랑크 연구소에 자리를 얻어 베를린으로 갔을 때 나는 바로 그런 분야를 가까이서 관찰하고 연구할 생각지 못한 기회를 얻었다. 악기 연주 분야였다.

막스 플랑크 연구소에서 멀지 않은 곳에 위치한 베를린 예술 종합 대학교Universitat der Kunste Berlin 덕분이었다. 미술대학, 건축대학, 미디어·디자인대학, 음악·공연예술대학, 이상 4개의 단과대학으로 이루어진 베를린 예술 종합 대학교에는 3,600명의 학생이 재학 중이었으며, 그중에서도 음악대학은 특히 수업 내용과 학생 수준 모두에서 높은 평가를 받고 있었다. 20세기 지휘의 거장으로 꼽히는 오토 클렘페러Otto Klemperer와 브루노 발터Bruno Walter, 《서푼짜리 오페라》, 특히 이 작품의 유명한 노래 〈칼잡이 마키의 발라드〉Die Moritat von Mackie Messer로 널리 알려진 작곡가 쿠르트 바일Kurt Weill 등이 이곳 졸업생이다. 해마다 이곳 음악대학은 졸업 후에 독일(나아가 세계)의 엘리트 음악가로 우뚝 서는 피아노 연주자, 바이올린 연주자, 작곡가, 지휘자, 이외 다양한 음악 분야 전문가를 배출하고 있다.

막스 플랑크 연구소에서 나는 연구소 소속 대학원생 랄프 크람페Ralf Krampe와 박사 학위를 취득한 후에 연구원으로 있던 클레멘스 테슈-뢰머Clemens Tesch-Römer를 공동 연구자로 선발하여 음악 분야 기량에 관한 연구 조사 계획을 세웠다.[4] 원래 계획은 음악을 배우는 학생들의 동기부여 요인에 초점을 맞추는 것이었다. 특히 나는 동기부여가 학생들의 연습량과 관련이 있는지, 그리하여 학생들의 성취 정도를 적어도 부분적으로라도 설명해줄지 궁금했다.

우리는 연구 범위를 이곳 음악대학에서 공부하는 바이올린 전공자로 한정하기로 했다. 이곳은 세계적인 수준의 바이올린 연주자를 배출하기로 유명했고, 따라서 현재 이곳에서 바이올린을 배우는 학생들 가운데 다수가 10~20년 뒤에는 세계 최고 수준의 바이올린 연주자 반열에 오를 가능성이 높았기 때문이다. 물론 이곳 학생들 모두가 그렇게 실력이 좋은 것은 아니었다. 학교에는 괜찮은 실력, 우수한 실력, 탁월한 실력을 갖춘 학생이 고루 있었고, 덕분에 우리는 여러 학생의 동기부여와 실력 수준을 비교해볼 기회를 가질 수 있었다.

우선 우리는 음악대학 교수들에게 직업적인 바이올린 연주자보다 한 등급 위에 있는, 세계적인 바이올린 독주자가 될 잠재력을 가진 학생들을 알려달라고 했다. 말하자면 미래의 슈퍼스타이면서 현재는 동급생들을 공연히 주눅 들게 하는 그런 학생들 말이다. 교수들은 14명을 지목했다. 그들 중 3명은 독일어가 유창하지 않아서 면담이 어려웠고, 1명은 임신 중이어서 평소대로 연습을 하지 못했다. 그러고 나니 10명의 '최우수' 학생들이 남았다. 여성이 7명, 남성이 3명이었다. 교수들은 또한 우수하지만 슈퍼스타가 될 만큼은 아닌 학생들도 알려주었다. 우리는 그들 중에서도 앞의 '최우수' 학생 집단과 나이와 성별을 맞춰 10명을 골랐다. 이들은 '우수' 학생들이었다. 마지막으로 우리는 음악교육과에서 앞의 두 그룹과 나이와 성별을 맞춰서 10명을 골라 '양호' 그룹으로 명명했다. 이들은 향후에 바이올린 연주자보다는 음악 교사가 될 가능성이 높은 학생들로, 우리 같은 비전공자와 비교해서는 확실히 숙련된 연주자지만, 앞의 두 집단에 비하면 실력이 많이 떨어졌다. 실제로 일선 음악 교사 중 많은 사람들이 독주자 과정에 지원했지만 들어가지 못하고 음악 교사 과정을 이수한 이들이다. 이렇게 하여 수행능력, 즉 바이올린 연주 실력 면에서 수준 차이에 따라 '최우수', '우수', '양호' 세 집단이 구성되었다.[5]

우리는 또한 세계적인 교향악단인 베를린 필하모닉 오케스트라와 베를린 라디오 심포니 오케스트라에서 활동하는 중년의 바이올린 연주자 10명을 선발했다. 음악대학 교수들은 최우수로 분류된 학생들이 훗날 이들 오케스트라 또는 독일에 있는 다른 비슷한 수준의 합주단에서 연주할 가능성이 높다고 말했다. 그러므로 오케스트라에서 활동 중인 바이올린 연주자는 학생들의 미래를 보여주는 역할을 했다. 이들을 통해 당시 최우수 학생들이 2~30년 뒤에 어떤 모습일지를 엿볼 수 있었다.

우리의 연구 목표는 진정 탁월한 실력을 가진 바이올린 전공 학생과 그저 잘하는 학생의 차이가 어디에서 기인하는지를 밝히는 것이었다. 전통적인 관점에서는 이처럼 최고 수준에 도달한 개인들 간의 차이는 주로 선천적인 재능에서 기인한다고 주장한다. 그러므로 연습의 종류와 양의 차이(본질적으로 동기부여의 차이)는 이런 수준에서는 중요하지 않다는 것이다. 우리 연구진은 이런 전통적인 관점이 틀리지 않았는지 살펴보는 중이었다.

왜 하필 바이올린이었을까

전문 연주자들의 연주를 듣는 정도로만 바이올린을 접한 사람이 연주의 난이도를 논하기는 (그리하여 훌륭한 바이올린 연주자가 실제로 얼마나 대단한 기술을 가지고 있는지를 설명하기는) 여간 어려운 일이 아니다. 바이올린은 임자를 제대로 만나면 더없이 아름다운 소리를 내는 악기지만, 엉뚱한 사람의 손에 들어가면 꼬리 밟힌 고양이가 지르는 괴성을 듣는 편이 차라리 나을 수도 있다. 바이올린에서 음 하나를 만족할 만하게 내는 데도 정말 많은 연습이 필요하다(여기서 만족할 만한 소리란 귀에 거슬리는 끽끽, 꽥꽥, 삐삐 소리가 아니고, 반음이 높거나 낮지도 않으며, 악기의 음색을 제대로 담은 소리를 말한다). 그리고 이것은 길고도 힘든 여정의 첫걸음일 뿐이다.

바이올린 연주의 어려움은 지판指板(기타나 바이올린 같은 현악기에서 손가락으로 현을 눌러 음을 짚는 부분—옮긴이)에 프렛fret이 없다는 사실에서 시작된다. 프렛은 기타 지판에 현과 직각 방향으로 일정한 간격을 두고 박혀 있는 돌출된 금속 줄로, 음을 나누는 경계선 역할을 한다. 조율만

잘되어 있다면, 반음 높거나 낮은 음이 아닌 정확한 음을 낼 수 있게 해준다. 바이올린에는 이런 프렛이 없기 때문에 바이올린 연주자들은 원하는 음을 내기 위해 손가락으로 지판의 정확한 지점을 짚어야 한다. 손가락의 위치가 정확한 지점에서 1.5밀리미터만 벗어나도 음이 반음 높아지거나 낮아진다. 손가락이 정확한 지점을 많이 벗어나면 결과적으로 원했던 음과는 전혀 다른 음이 나오게 된다. 지판 위의 모든 음이 똑같은 정확성을 요구한다. 때문에 바이올린 연주자들은 음계 연습에 수많은 시간을 들인다. 같은 현에서 위나 아래로 움직이든, 현에서 현으로 움직이든, 왼 손가락을 정확히 음에서 음으로 옮기는 연습이다. 일단 지판의 정확한 위치에 손가락을 놓는 일이 편안해지면 비브라토에서 시작하여 복잡 미묘한 운지법, 즉 손가락을 쓰는 법을 마스터해야 한다. 예를 들면 비브라토는 손가락 끝을 현의 위아래로 (미끄러지듯 움직이지 않고) 흔드는 것이다. 그러면 음이 떨리는 효과가 있다. 운지법을 마스터하는 데는 실로 많은 시간의 연습이 필요하다.

첩첩산중이라고 해야 할까? 운지법은 사실 쉬운 부분이다. 활을 제대로 사용하는 것은 전혀 다른 수준의 난이도를 자랑한다. 하나의 현 위에서 활을 당기는 동안, 활의 말털이 현을 붙잡고 살짝 당겼다가 살짝 풀어주고 다시 잡았다가 살짝 풀어주는 과정이 현이 떨리는 빈도에 따라서 1초에 수백 번 혹은 수천 번이나 반복된다. 활의 당기고 풀어주는 동작에 반응하여 현이 움직이는 특정 방식이 독특한 소리로 나타난다. 바이올린 연주자들은 현을 누르는 활의 압력을 달리함으로써 음향의 크기를 조절한다. 하지만 이때 압력은 특정 범위 안에 있어야 한다. 압력이 지나치게 크면 끼익 끼익 하는 끔찍한 소음이 되어버리고, 반면에 너무 작으면

(과했을 때만큼 귀에 거슬리지는 않지만) 만족할 만한 소리라고 말하기 힘든 상황이 되어버린다. 이것도 모자라 상황을 더욱 복잡하게 만드는 요인이 있으니, 만족할 만한 소리가 나오는 압력의 범위가 활이 놓인 현의 위치에 따라서 달라진다는 것이다. 활이 브리지에 가까울수록 최적의 소리를 내는 소위 '스위트 스폿' 안에 있으려면 강한 힘이 필요하다.

바이올린 연주자는 소리에 변화를 주기 위해서 현 위에서 활을 움직이는 다양한 방법을 배워야 한다. 활을 부드럽게 당기고, 일시적으로 멈추고, 톱질하듯 앞으로 빠르게 움직이고, 현을 들어 올렸다가 원위치로 되돌렸다가, 현에서 활을 통통 튕겨주는 방법 등이다. 도합 12가지가 넘는 운궁법運弓法, 즉 활을 다루는 기법이 있다. 예를 들어 스피카토spiccato는 활이 현 위를 오가면서 현에서 튀어 오르게 하는 기법으로, 짧은 스타카토 음을 계속해서 만들어낸다. 그런가 하면 소티예sautillé는 고속 스피카토 기법이라 할 수 있다. 이외에도 쥬테jeté, 콜레collé, 데타세détaché, 마르텔레martelé, 레가토legato, 루레louré 등 기법마다 구별되는 고유의 소리가 있다. 물론 이런 운궁법은 손가락으로 현을 누르는 왼손의 움직임과 밀접한 협력하에 진행되어야 한다.

이 모든 것은 1~2년의 연습으로 익숙해지는 기술이 아니다. 실제로 우리가 연구했던 모든 학생이 바이올린을 배우기 시작한 지 10년이 훌쩍 넘었고, 요즘 어린아이들이 흔히 하는 일반적인 훈련 패턴을 따랐다. 그리고 연주를 시작한 평균 연령은 8세였다. 즉 보통 일주일에 한 번 교사를 방문해 지도를 받으면서 아주 이른 시기부터 체계적이고 집중적인 교육을 받았다. 매주 수업에서 교사는 학생의 현재 연주 수준을 평가한 다음, 당장 개선이 필요한 두어 가지 목표를 정한다. 그리고 의지가 있는 학생에게는 다음 수업 전까지 일주일 동안 혼자 연습해서 달성할 수 있는 연습 목표를 지시한다.

학생 대다수가 매주 교사와 보내는 시간은 동일하므로(매주 1시간), 학생별 연습량의 주된 차이는 혼자 하는 연습에 얼마나 많은 시간을 투자하느냐에 있다. 베를린 음악학교에 들어온 학생들처럼 진지하게 임하는 학생들 같은 경우 10세나 11세 때 일주일에 15시간을 집중 연습을 하며 보낸 일도 드물지 않다. 집중 연습 시간에 학생들은 지도 교사가 특정 기법을 익히는 데 맞춰서 설계한 연습 프로그램을 따랐다. 바이올린 연주를 취미 이상으로 생각하는 진지한 학생들은 보통 나이를 먹을수록 주당 연습 시간을 늘린다.

축구나 수학 같은 다른 영역의 훈련과 바이올린 훈련이 차이를 보이는 지점은 교수 방법의 많은 부분은 물론이고, 연주자에게 요구되는 기술도 상당히 표준화되어 있다는 점이다. 바이올린을 잡는 방법, 비브라토를 구사하는 동안 손을 움직이는 방법, 스피카토 도중 활을 움직이는 방법 등 세세한 부분까지도 바람직한 혹은 '최선의' 방법이 정해져 있는데, 이는 오랜 역사와 관련이 깊다. 대부분의 바이올린 연주 기법이 짧게는 수십 년에서 길게는 수백 년의 역사를 가지다 보니 작은 부분까지 집중해서 탐구할 기회가 있었던 것이다. 이처럼 다양한 기법을 모두 능숙하게 해내기는 쉽지 않을 것이다. 그러나 학생이 당장 능숙하게 하지는 못해도 확실한 정답을 알고 있다는 사실, 다시 말해 정확히 무엇을 어떻게 해야 하는지를 분명하게 알고 있다는 사실도 중요한 의미가 있다.

이런 모든 상황을 종합해보면 우리 연구와 관련하여 다음과 같은 결론을 내릴 수 있다. 베를린 예술 대학교 바이올린 전공 학생들은 우리 연구진에게 전문가 수준의 수행능력을 개발하는 데 있어 동기부여가 하는 역할이 무엇인지, 괜찮은 실력을 가진 사람과 분야 최고를 가르는 차이가 무엇인지를 테스트할 거의 완벽한 환경과 기회를 제공한다는 것이다.

양호 vs. 우수 vs. 최우수

이런 차이점을 찾기 위해서 우리는 연구에 참여한 30명의 바이올린 전공 학생들을 상대로 바이올린 학습 및 연습과 관련하여 아주 상세한 내용까지 인터뷰를 했다. 우리는 학생들에게 악기를 언제 배우기 시작했는지, 선생님은 누구였는지, 나이별로 일주일에 혼자 연습하는 데 얼마나 많은 시간을 투자했는지, 어떤 대회에서 입상을 했는지 등 그동안 거쳐 온 과정을 물었다. 또한 음악과 관련한 여러 활동이 실력을 향상시키는 데 얼마나 중요했던 것 같은지도 물었다. 여기에는 혼자 하는 연습, 단체로 하는 연습, 재미로 혼자 하는 연주, 재미 삼아 단체로 하는 연주, 독주, 합주, 교습받기, 교습해주기, 음악 듣기, 음악 이론 공부하기 등의 활동이 포함되었다. 그리고 이런 활동들에 얼마나 많은 노력이 드는지와 그 활동에서 얼마나 즐거움을 느꼈는지를 묻고는, 지난주에 이런 활동 각각에 얼마나 시간을 들였는지 어림 계산해보라고 했다. 또한 학생들이 오랜 기간 동안 연습에 얼마만큼의 시간을 투자했는지에 관심이 있었던 우리는 마지막으로 바이올린을 시작한 후 매년 일주일에 평균 몇 시간을 혼자 연습했는지 어림해보게 했다.

그리고 우리는 앞으로 일주일 동안 학생들에게 시간을 어떻게 썼는지를 상세히 기록하게 했다. 학생들은 일지에 수면, 식사, 수업, 공부, 혼자 연습하기, 같이 연습하기, 연주하기 등 자신이 한 일을 15분 단위로 기록했다. 이제 우리 연구진은 실험에 참가한 학생들의 과거 연습 이력뿐만 아니라 현재 학생들이 시간을 어떻게 쓰는지에 대해서도 상세한 그림을 그릴 수 있게 되었다.[6]

학생들은 세 그룹 모두 대부분의 질문에 비슷한 답을 내놓았다. 예를 들면 거의 모두가 실력 향상에 가장 중요한 요인은 혼자 하는 연습이며, 다른 사람과의 연습, 교습, 연주(특히 솔로 연주), 음악 듣기, 음악 이론 공부 순으로 중요하다는 데 동의했다. 또한 많은 학생이 충분한 수면이 실력 향상에 매우 중요했다는 이야기도 했다. 워낙 강도 높은 연습을 하기 때문에 충분한 야간 수면을 통해 에너지를 재충전할 필요가 있었던 것이다(낮잠을 자는 경우도 많았다).

가장 의미 있는 발견 가운데 하나는 학생들이 실력 향상에 중요하다고 인식했던 대부분의 활동을 힘은 많이 들고 그다지 재미는 없다고 생각했다는 점이다. 예외는 음악 듣기와 수면뿐이었다. 최고 수준의 학생부터 음악 교사 지망생까지 모두 같은 의견이었다. 말하자면 실력을 키우는 일은 힘들었고, 그것을 위해 하는 활동도 즐겁지 않았다는 것이다. 요컨대 연습이 마냥 좋아서 별다른 동기부여가 필요하지 않았던 학생은 없었다. 학생들은 연습이 즐거워서가 아니라 실력을 향상시키기 위해 반드시 해야 한다고 생각했기 때문에 100퍼센트 집중하여 강도 높은 연습을 했다.

다른 중요한 결과는 세 그룹 사이의 주된 차이점이 한 가지뿐이라는 점이다. 그것은 바로 학생들이 혼자 하는 연습에 바친 총 시간이었다.

바이올린을 배우기 시작한 후 혼자 연습한 시간이 일주일에 얼마나 되는지 학생들의 추정치를 사용하여 우리는 학생들이 18세까지 혼자 연습한 총 시간을 계산했다. 18세를 기준으로 한 것은 보통 학생들이 그 나이에 음악학교에 들어왔기 때문이다. 기억이 항상 믿음직한 것은 아니지만 음악학교에 진학할 만큼 열심히 했던 학생들이기에 이 추정치는 상대적으로 신빙성이 있었다. 이런 학생들의 경우 주간 일정에서 매일 연습 시간을 일정하게 정해놓는 것이 일반적이기 때문이다(보통 악기를 배우기 시작한 아주 초기부터 이런 식으로 한다). 따라서 우리 연구진은 학생들이 나이에 따라 얼마나 연습했는지를 추정한 수치가 비교적 정확할 것이라고 생각했다.[7]

우리는 평균적으로 최우수 학생들이 우수 학생들보다 상당히 많은 시간을 연습했고, 이 두 그룹 학생들이 음악교육과에서 공부하는 학생들보다 혼자 연습한 시간이 훨씬 많았다는 것을 확인했다. 구체적으로 보면, 음악교육을 공부하는 학생들은 18세가 되기까지 바이올린 연습에 평균 3,420시간을 투자했고, 우수 그룹 학생들은 평균 5,301시간, 최우수 그룹 학생들은 평균 7,410시간을 투자했다. (이들 그룹 가운데 실력이 가장 못한 학생들조차도 재미로 바이올린을 연주했던 사람들보다는 훨씬 많은, 수천 시간을 연습에 투자했다는 점에서) 해이하고 태만한 사람은 없었지만 이상의 결과는 연습량에 분명하게 차이가 있음을 보여준다.

이상의 자료를 상세히 분석하는 과정에서 우리는 이들 세 그룹 사이에 연습 시간이 가장 크게 차이 나는 시기가 10세부터 18세까지, 즉 10대 시기임을 알았다. 어린 학생들이 음악 훈련을 계속하기가 특히 만만치 않은 시기다. 공부, 쇼핑, 친구, 파티 등 시간을 빼앗아가는 유혹과 관심거리가 한둘이 아니기 때문이다. 결론적으로 이처럼 시간을 내기 힘든 시기에 빡빡한 연습 일정을 유지하거나 심지어 늘린 10대들이 음악학교에서 선두 그룹이 되었다고 볼 수 있었다.

베를린 필하모닉 오케스트라와 베를린 라디오 심포니 오케스트라에서 활동 중인 중년의 바이올린 연주자들에 대해서도 연습 시간을 추정하게 해보니, 이들이 18세 이전에 연습에 쏟은 시간(약 7,336시간)은 최우수 그룹의 학생들이 말한 시간과 거의 일치했다.

우리 연구에는 포함시키지 않았지만 이들 그룹의 바이올린 연주 실력에 영향을 미칠 수 있는 (그리고 '실제로' 영향을 미쳤을) 요인들은 연습량 외에도 많이 있었다. 예를 들어 운이 좋아서 뛰어난 선생님과 훈련을 했던 학생은 그저 그런 선생님과 훈련한 학생보다 빠르게 발전했을 것이다.

그러나 연구에서 분명하게 눈에 띄었던 점은 두 가지다. 첫째, 탁월한 바이올린 연주자가 되려면 수천 시간의 연습이 필요하다. 시간을 단축시켜주는 지름길 같은 것도 없었고, 비교적 적은 연습량만으로 전문가 수준에 도달한 '천재'도 없었다. 둘째, 탁월한 재능을 지닌 연주자들 사이에서도(이들 모두가 독일 최고의 음악학교에 입학했으니 그렇게 말할 수 있을 것이다.) 기술 연마에 상당히 많은 시간을 들인 사람이 연습 시간이 적은 사람보다 평균적으로 성적이 좋았다.

바이올린 전공 학생들에게서 확인한 것과 같은 패턴은 다른 영역에서도 볼 수 있다. 이런 패턴을 정확하게 보려면 크게 두 가지 조건이 필요하다. 첫째, 개인이 어떤 기술을 습득하고 발전시키는 데 들인 총 연습 시간에 대한 신빙성 있는 추정치가 확보되어야 한다(이런 수치를 확보하는 일이 항상 쉽지는 않다). 둘째, 분야에서 누가 양호한 수준이고, 우수, 최우수 수준인지 어느 정도 객관성을 가지고 구별할 수 있어야 한다(이 역시 항상 쉽지만은 않다). 이런 두 가지가 가능한 경우라면, 일반적으로 최우수로 분류되는 실력자는 '목적의식 있는 연습'에 가장 많은 시간을 투자한 사람이라는 패턴을 확인할 수 있다.

불과 몇 년 전에 나는 동료 칼라 허친슨Carla Hutchinson, 나탈리 삭스-에릭슨Natalie Sachs-Ericsson(나탈리는 내 아내이기도 하다)과 함께 실력을 향상시키는 데 연습이 어느 정도의 역할을 하는지 보기 위해서 발레 무용수들을 연구했다.[8] 당시 작업에 함께했던 무용수들은 러시아 볼쇼이 발레단, 멕시코 국립 발레단, 보스턴 발레단, 할렘 무용단, 클리블랜드 발레단 소속이었다. 우리는 설문지를 주고 훈련을 시작한 시기, 그동안 주당 훈련에 투자한 시간을 물었다(이들의 훈련은 주로 강사의 지도하에 연습실에서 진행되었다). 리허설과 공연 시간은 제외했다. 현재 무용수의 실력은 어떤 발레단 소속인지와 발레단 내에서의 지위, 즉 수석 무용수인지, 솔로 무용수인지, 군무 무용수일 뿐인지를 가지고 판단했다. 무용수들의 평균 연령은 26세였지만 가장 어린 무용수가 18세였으므로 비교의 편의를 위해 17세까지 누적 연습량과 18세 때의 실력 수준을 보았다.

총 연습 시간도 그렇고 무용수의 능력에 대한 판단도 그렇고 상당히 엉성한 수치를 가지고 작업을 했음에도, 무용수들이 말하는 연습량과 발레계 내에서 무용수의 위치 사이에는 비교적 강한 관련성이 있었다. 말하자면 연습 시간이 많은 무용수가 더 높은 자리에 있었다. 적어도 그들이 속한 발레단과 발레단 내에서의 지위에 따르면 그랬다. 특정 수준의 실력에 도달하는 데 필요한 연습 시간은 무용수의 출신 국가에 상관없이 비슷했다.

바이올린 연주자와 마찬가지로 발레 무용수 개인의 궁극적인 실력 수준을 결정하는 유일하게 의미 있는 요인은 그들이 연습에 들인 총 시간이었다. 이들이 20세까지 연습에 투자한 총 시간을 계산해보니 평균 1만 시간 이상이었다. 그러나 평균보다 연습 시간이 훨씬 많은 무용수가 있는가 하면 훨씬 적은 무용수도 있었는데, 연습 시간의 차이가 양호, 우수, 최우수 구분과 일치하는 모습을 보였다. 여기서도 우리 연구진은 다른 사람들만큼 또는 다른 사람보다 많이 연습하지 않고도 상급 수준에 도달하게 해주는 선천적 재능을 가지고 태어난 사람이 있다는 증거는 보지 못했다. 우리 연구뿐만 아니라 발레 무용수를 대상으로 한 다른 연구들도 마찬가지다.

지금까지 다양한 분야에서 진행된 여러 연구 결과를 보면, 엄청난 시간을 투자하지 않고 비범한 능력을 개발한 사람은 없다는 결론을 내려도 무방하리라고 본다. 진지한 과학자치고 이런 결론에 의문을 제기하는 사람은 내가 아는 한 없다. 어떤 분야를 연구해도 (음악, 무용, 운동, 체스 같은 게임, 이외에 객관적인 실력 측정이 가능한 어떤 분야든) 최상위 실력자들은 능력을 개발하기 위해 엄청난 양의 시간을 바쳤다. 예를 들어 세계 최고 수준의 체스 기사들을 연구한 결과에 따르면, 10년 이상 강도 높은 학습을 하지 않고 그랜드마스터 수준에 이른 사람은 거의 없었다.[9] 1958년, 15세에 최연소 그랜드마스터가 된 인물이자 체스 역사상 가장 위대한 선수로 꼽히는 보비 피셔Bobby Fischer마저도 9년 동안 체스를 공부하고 연구한 뒤에야 그랜드마스터 수준에 도달했다. 피셔 이후 점점 어린 나이에 그랜드마스터가 되는 사람이 늘고 있는데, 이는 훈련 및 연습 기법이 발달해 어린 선수들이 이전보다 훨씬 빠른 속도로 실력을 향상시킬 수 있기 때문이다. 그래도 그랜드마스터가 되려면 여러 해에 걸친 지속적인 연습이 필요하다.[10]

'의식적인 연습'의 7가지 원칙

그동안 터득한 교훈과 기술이 세대에서 세대로 전해지면서 수십 년 또는 수백 년 동안 이어진 꾸준한 발전의 혜택을 누리고 있는 고도로 발달된 분야들을 보면 개인별 연습이 놀라울 정도로 획일적이다. 악기 연주, 발레, 피겨 스케이팅이나 기계체조 같은 운동 등 어느 분야든 훈련 방식은 매우 유사한 원칙들을 따르고 있다. 베를린 음악학교의 바이올린 전공 학생들을 연구하면서 나는 이런 유의 연습을 처음 접하게 되었다. 그리고 이것을 '의식적인 연습'이라고 명명하고, 이후 다른 여러 분야에서 이를 연구해왔다. 바이올린 전공 학생 사례연구 결과를 발표하면서 나와 동료들은 '의식적인 연습'을 다음과 같이 설명했다.

우리는 우선 악기 연주와 운동 같은 영역에서는 시간이 흐르면서 전체적인 실력이 크게 향상되며, 누군가가 이전보다 좋고 복잡한 기술을 익혀서 실력을 발전시키면, 교사와 코치들은 새로 개발된 기술을 가르칠 다양한 방법을 개발하게 된다는 점을 지적했다. 실력 향상은 보통 교수법의 발전과 병행하여 진행되며, 오늘날 이런 분야에서 전문가가 되고자 하는 사람이라면 누구든 교사의 도움을 받아야 한다. 항상 곁에 있는 전임 교사를 둘 정도로 여유 있는 사람은 드물기 때문에 일반적인 연습 패턴은 일주일에 한 번이나 두어 번의 교습을 받고, 교사가 다음 시간까지 학생이 해올 연습 과제를 내주는 것으로 구성된다. 이런 과제는 일반적으로 현재 학생의 능력을 염두에 두고 계획적으로 부과되며, 현재의 기량을 살짝 넘어서는 정도로 학생을 밀어붙이는 것이 목적이다. 나와 동료들은 바로 이런 식으로 진행되는 연습을 '의식적인 연습'이라고 정의했다.[11]

요컨대 우리는 '의식적인 연습'은 '목적의식 있는 연습'과는 두 가지 면에서 크게 다르다고 지적했다. 첫째, '의식적인 연습'이 가능하려면 이미 상당히 발달되어 있는 분야여야 한다. 즉 최고 실력자들이 새로 시작한 사람들보다 확연히 구분되는 실력을 갖춘 그런 분야를 말한다. 당연히 악기 연주, 발레를 비롯한 여러 무용 분야, 체스, 각종 개인 운동 및 단체 운동, 특히 기계체조, 피겨 스케이팅, 다이빙처럼 개인 점수를 가지고 겨루는 운동 등이 대표적이다. '의식적인 연습'에 맞지 않은 영역은 무엇일까? 직접적인 경쟁이 거의 또는 전혀 없는 영역이라면 어떤 것이든 해당된다. 예를 들어 정원 가꾸기 같은 취미 활동이 있다. 관리자, 교사, 전기 기술자, 엔지니어, 상담사 등 오늘날 직장에서 하는 여러 업무도 마찬가지다. 이들 영역에서는 '의식적인 연습'의 핵심인 축적된 지식 같은 것을 찾기 어려운데, 이유는 간단하다. 우수한 수행능력이나 성과에 대한 객관적인 기준이 존재하지 않기 때문이다.

둘째, '의식적인 연습'에는 학생의 실력 향상에 도움이 되도록 설계된 연습 과제를 제시할 수 있는 교사가 필요하다. 물론 그런 교사가 존재하려면, 먼저 다른 사람에게도 통할 연습 방법으로 특정 수준의 실력에 도달한 개인들이 있어야 한다.

이런 정의를 통해 우리는 개인이 실력 향상을 목표로 스스로를 부지런히 채찍질하는 '목적의식 있는 연습'과 목적의식이 있으면서 동시에 '충분한 정보에 근거한' 연습 사이에 분명한 선을 그었다. 특히 '의식적인 연습'은 최고 실력자들의 기술과 이들이 탁월한 실력을 갖기 위해 무엇을 했는지에 대한 이해에서 나오는 지식에 토대를 두고 그것에 따라서 진행되는 연습이다. 말하자면 '목표 지점과 도달 방법을 알고 있는 목적의식 있는 연습'이라고 할 수 있다.

요약하자면 '의식적인 연습'은 다음과 같은 특징을 가지고 있다.

첫째, 다른 사람들이 이미 방법을 알고 있고, 그것을 위한 효과적인 훈련 기법이 수립되어 있는 기술을 연마하는 방법이다. 전문가의 능력은 물론 이런 능력을 개발할 방법도 잘 알고 있는 교사나 코치가 프로그램을 설계하고 실행 과정을 감독한다.

둘째, 개인의 컴포트 존을 벗어난 지점에서 진행되며, 배우는 사람은 자신의 현재 능력을 살짝 넘어서는 작업을 지속적으로 시도해야 한다. 말하자면 개인의 최대치에 가까운 노력이 요구되는 것인데, 최대치에 가까운 노력을 하기란 일반적으로 즐겁지는 않은 일이다.

셋째, 명확하고 구체적인 목표를 가지고 진행된다. 목표로 하는 최종 수행능력 전체가 아니라 특정 부분을 향상시키는 것을 염두에 두고 진행될 때도 많다. 다시 말해 다소 모호한, 전반적인 향상을 목표로 하지 않는다. 일단 전반적인 목표가 설정되면, 교사나 코치가 단계적인 작은 변화들을 달성할 훈련 계획을 세운다(물론 작은 변화들이 모여서 큰 변화가 되고 결과적으로 최종 목표를 달성하게 된다). 이렇게 작고 구체적인 부분을 목표로 하여 훈련하는 경우, 학생이 훈련의 성과를 쉽게 가시적으로 확인할 수 있다는 장점이 있다.

넷째, 신중하고 계획적이다. 즉 개인이 온전히 집중하고 '의식적'으로 행동할 것을 요구한다. 단순히 교사나 코치의 지시를 따르는 것만으로는 충분하지 않다. 학생은 연습의 구체적인 목표에 집중해서 연습에 적응하고 연습을 통제할 수 있어야 한다.

다섯째, 피드백과 피드백에 따른 행동 변경을 수반한다. 훈련 초기에는 많은 피드백이 교사나 코치에게서 나온다. 교사나 코치가 진행 과정을 모니터 하고, 문제점을 지적하고, 해결 방법을 제시한다. 시간이 흐르고 경험이 쌓이면서 학생이 스스로를 모니터 하고, 실수를 발견하고, 그에 맞춰 수정해간다. 이렇게 스스로를 모니터 하고 개선점을 찾으려면 효과적인 심적 표상이 있어야 한다.

여섯째, 효과적인 심적 표상을 만들어내는 한편으로 거기에 의존한다. 수행능력 향상은 심적 표상의 발전과 밀접히 관련되어 함께 이루어진다. 개인의 수행능력이 향상되면, 표상이 한층 상세해지고 효과적이 되며, 다시 이로 인해 수행능력이 한층 향상된다. 심적 표상은 또한 개인이 연습과 실전 모두에서 스스로를 모니터 할 수 있게 해준다. 심적 표상 덕분에 개인은 올바른 수행 방법을 알 수 있고, 거기서 벗어나는 순간 이를 파악하고 바로잡을 수 있다.

일곱째, 기존에 습득한 기술의 특정 부분을 집중적으로 개선함으로써 이를 한층 발전시키거나 수정하는 과정이 수반된다. 시간이 흐르면서 이런 단계적인 발전이 결국에는 전문가 수준의 수행능력으로 이어진다. 기존의 기술을 토대로 새로운 기술을 학습하는 이런 방식 때문에 교사나 코치가 초보자에게 정확한 기본 기술을 가르쳐주는 것이 중요하다. 상급 수준에 올라가서 기본 기술을 다시 배워야 하는 불상사가 일어나지 않게 하기 위해서다.

'의식적인 연습'은 모든 분야에 적용된다

앞서 정의한 대로 '의식적인 연습'은 매우 전문화된 형태의 연습이다. 이를 위해서는 아주 구체적인 기술 향상을 목적으로 고안된 연습 기법을 정해주는 교사나 코치가 필요하다. 교사나 코치는 이런 기술들을 가르칠 가장 좋은 방법에 대한 정보를 담고 있는, 고도로 발달된 교수법에서 적절한 연습 방법을 도출해야 한다. 또한 분야 자체가 학습 가능한 고도로 발달된 기술들을 가지고 있어야 한다. 이런 모든 조건에 해당되어 엄격한 의미에서 '의식적인 연습'을 적용할 수 있는 영역은 상대적으로 많지 않다 (악기 연주, 체스, 발레, 기계체조, 이외에 누가 봐도 이들 분야와 유사하다 싶은 분야들이다).

그러나 걱정할 필요는 없다. 여러분이 몸담고 있는 분야가 엄격한 의미에서 '의식적인 연습'이 불가능한 영역이라 해도, 해당 영역에서 가능한 가장 효과적인 연습 방법을 개발하기 위한, 일종의 지침 또는 안내서로 이 원칙들을 활용할 수 있다.

간단한 예로 나열된 숫자를 외우는 문제로 다시 돌아가보자. 스티브가 기억하는 숫자의 개수를 늘리려고 노력하던 무렵, 당연히 그는 '의식적인 연습'을 활용하지는 않았다. 당시에는 40개나 50개를 외우는 사람은 아무도 없었고, 15개 이상을 외우는 소수의 전문 기억술사가 있을 뿐이었다.[12] 당연히 알려진 훈련 방법도 없었고, 가르쳐줄 교사도 없었다. 스티브는 시행착오를 거쳐서 방법을 찾아내야 했다.

지금은 수백 명이 넘는 사람들이 기억력 대회에 참가하기 위해 무작위로 제시되는 숫자를 기억하는 훈련을 하고 있다. 일부는 300개가 넘는 숫자를 기억한다. 어떻게 하는 것일까? 아주 엄격한 의미에서 '의식적인 연습'을 통해서는 아니다. 내가 아는 한 숫자 암기법을 가르쳐주는 강사 같은 것은 없다.

그러나 지금은 스티브 팰룬이 연습하던 시절과는 상황이 많이 다르다. 지금은 긴 숫자열을 외우기 위해 기억력을 훈련하는, 널리 알려진 기법들이 있다. 주로 스티브가 개발한 기억 방법을 변형한 것들이다. 즉 숫자를 둘, 셋 또는 넷씩 묶어서 기억하고, 이런 숫자 묶음들을 나중에 순서대로 기억해낼 수 있는 회수 구조에 따라서 정리하는 방법에 토대를 두고 있다.

후이 교수와 함께 세계 최고의 숫자 기억력을 가진 인물 중 한 사람인 중국의 왕펑王峰을 연구하던 시기, 나는 이런 기법을 활용하는 모습을 직접 보았다.[13] 2011년 세계기억력선수권대회에서 왕펑은 초당 1개꼴로 불러주는 숫자 300개를 암기함으로써 당시 세계 기록을 세웠다. 후이 교수의 조교가 왕펑이 기억을 부호화하는 방법을 검사했는데, 스티브의 방법과 기본 발상은 비슷하지만 세부적으로는 많이 달랐고, 훨씬 세심하게 설계되어 있었다. 스티브를 가까이서 지켜본 내게는 이런 유사점과 차이점이 분명하게 보였다. 왕펑의 방법 역시 앞에서 언급한 널리 알려진 기법들에 토대를 두고 있었다.

왕펑은 00부터 99까지 100개의 두 자리 숫자들을 기억하기 쉬운 이미지들과 연결시키는 데서 시작했다. 다음으로 자신이 머릿속에서 아주 확실한 순서로 방문할 수 있는 물리적인 위치 '지도'를 만들었다. 이런 지도는 고대 그리스 시대 이후 사람들이 다량의 정보를 기억하기 위해 활용해온 '기억 궁전'memory palace의 현대판이라고 보면 된다.[14] 숫자들을 들으면 왕펑은 숫자 4개를 2개의 이미지로 부호화한다. 처음 두 수가 하나의 이미지, 다음 두 수가 다른 하나의 이미지가 되는 식이다. 예를 들어 한번은 6389라는 네 숫자를 바나나(63)와 원숭이(89)로 부호화하고 머릿속 단지 안에 넣어두었다. 이미지를 기억하기 위해서 왕펑은 "단지 안에 바나나가 있고, 원숭이가 바나나를 쪼개고 있다."라고 속으로 생각한다. 숫자를 모두 들은 다음 그는 머릿속 지도 안의 경로를 따라다니면서 어떤 이미지가 어느 위치에 있는지를 기억해내고, 다시 이들 이미지를 상응하는 숫자로 풀이하는 식으로 숫자들을 기억해낸다. 과거 스티브가 그랬던 것처럼 왕펑은 제시되는 숫자와 자신의 장기기억에 이미 들어 있는 항목 사이에 연결을 만들어내면서 장기기억을 활용하고 있으며, 이런 방법으로 단기기억의 한계를 한참 넘어섰다.[15] 왕펑의 방법이 스티브와 다른 점이 있다면 훨씬 정교하고 효과적이라는 점이다.

오늘날 기억력 대회에 참가하는 선수는 이전 선수들의 경험을 통해 배울 수가 있다. 그들은 가장 잘하는 사람들을 찾아내 그 방법을 파악하고, 같은 능력을 키울 훈련 방법을 만들어낸다(가장 많은 숫자를 외우는 사람이 가장 잘하는 사람이므로 누구를 찾아야 할지는 금방 알 수 있다). 연습을 어떻게 할지 프로그램을 짜주는 교사는 없지만, 이전의 전문가들이 책이나 인터뷰를 통해 한 조언을 활용할 수 있다. 또한 기억력 전문가가 같은 기술을 습득하려는 사람을 돕는 일도 많다. 이처럼 숫자 기억 훈련은 아주 엄격한 의미에서 '의식적인 연습'은 아니지만, (최고의 선배들에게 배운) 검증된 훈련 방법이라는 핵심 요소는 포함하고 있다.

그러므로 무엇을 하든 수행능력을 향상시킬 기본적인 청사진은 이렇다. 가능한 '의식적인 연습'에 가까이 가라. '의식적인 연습'이 가능한 영역에 있다면 '의식적인 연습'을 선택하라. 그렇지 않은 영역이라면 '의식

적인 연습' 원칙을 가능한 많이 적용하고 활용하라. 현실에서는 '목적의
식 있는 연습'에 다음과 같은 몇 가지 단계를 더한 형태일 때가 많다. 우
선 전문가를 찾아내고, 어떻게 그런 능력을 갖추게 된 것인지를 파악하고,
자신도 그렇게 되게 해줄 훈련 방법을 도출하는 것이다.

전문가를 파악하는 가장 이상적인 방법은 최고와 나머지를 구분 짓는
객관적인 척도를 활용하는 것이다. 개인 운동이나 게임처럼 직접적인 경
쟁이 수반되는 영역은 전문가를 파악하기가 비교적 쉽다. 공연 예술 분
야에서도 최고 실력자를 찾기는 그리 어렵지 않다. 주관적인 판단에 많
이 의존하기는 하지만, 널리 인정되는 실력에 대한 기준과 전문가에 대한
분명한 기대치가 존재하기 때문이다(운동선수나 연주자가 집단의 일원일 때
는 상황이 좀 더 어려워지는 것이 사실이다. 그러나 집단에서도 누가 최고에 속
하고, 중급, 하급에 속하는지에 대해서는 명확한 기준이 있을 때가 많다). 그러
나 이외의 영역에서는 진정한 전문가를 찾는 것이 상당히 어려울 수 있다.
예를 들어 최고의 의사, 최고의 조종사, 최고의 교사를 어떻게 찾아낼까?
최고의 관리자, 최고의 건축가, 최고의 광고 책임자라고 하면 의미부터가
모호하다.

규칙에 따라 겨루는 직접적인 경쟁, 실력을 평가할 명확한 객관적인
척도(점수나 시간 등)가 없는 영역에서 최고의 실력자를 찾으려면 무엇보
다 염두에 두어야 할 것이 하나 있다. 주관적인 평가는 본질적으로 각종
편견에 취약하다는 사실이다. 연구 결과들을 보면, 타인의 전반적인 능력
이나 전문성을 평가할 경우, 사람들은 교육, 경험, 인지도, 연령, 심지어
친밀도, 외모 등의 요인에 영향을 받는다. 앞서도 말한 것처럼 경험이 많
은 의사가 경험이 적은 의사보다 나을 것이라고 생각한다든가, 학위가 한

두 개 있는 사람보다 여러 개 있는 사람이 더 유능하리라고 생각하는 것이 대표적인 사례다. 심지어 대다수 분야보다 객관성이 보장된다고 생각되는 악기 연주 평가에서도 심사위원들이 연주자의 명성, 성별, 외모 같은 무관한 요인에 영향을 받을 수 있다는 사실이 밝혀졌다.[16]

많은 분야에서 '전문가'라고 널리 인정되는 사람들이 객관적인 기준으로 판단하면 사실 전문가가 아니다. 이런 현상의 예로 내가 자주 드는 사례 중 하나가 와인 '전문가'다. 일반적으로 와인 '전문가'라고 하면, 고도로 발달한 미각을 통해 일반인에게는 분명하지 않은 와인들 사이의 미묘한 차이와 분위기를 감지할 수 있으리라고 생각한다. 그러나 연구 결과를 보면 와인 전문가들의 능력이 많이 과장되었음을 알 수 있다. 개별 와인에 부여하는 등급이 전문가별로 차이가 많이 난다는 것은 널리 알려진 사실이다. 그런데 2008년 《와인 경제학 잡지》Journal of Wine Economics에 실린 기사를 보면, 와인 전문가들끼리 일치된 평가를 내리느냐는 차치하고 자기 스스로도 같은 와인에 대한 평가에 일관성이 없는 것으로 나타났다.

캘리포니아에서 소형 와인 양조장을 운영하고 있는 로버트 호지슨Robert Hodgson은 캘리포니아 주 축제에서 열리는 연례와인품평회 심사위원장에게 연락을 해서 한 가지 실험을 제안했다.[17] 매년 열리는 캘리포니아 와인품평회에는 수천 가지 와인이 출품되는데, 심사위원 한 명이 앞에 놓인 30가지 와인을 동시에 시음하면서 점수를 매기는 방식이다. 어떤 와인인지는 알 수 없기에 심사위원은 평판 같은 다른 요인에 영향을 받지는 않는다. 호지슨은 이렇게 늘어놓은 30가지 와인 속에 같은 와인을 세 잔 놓는 방법을 제안했다. 심사위원들은 같은 와인에 같은 등급을 매길까, 아니면 다른 등급을 매길까?

심사위원장의 동의하에 호지슨은 2005년부터 2008년까지 연달아 4년 동안 이 실험을 진행했다. 결과적으로 세 번의 동일한 와인 시음에서 비슷하게 등급을 매긴 심사위원은 매우 드물었다. 일반적으로 같은 심사위원이 동일한 와인에 ±4점 정도 다른 점수를 주었다. 즉 같은 와인에 한 번은 91점을 주고, 한 번 87점, 한 번은 83점을 주는 식이다. 이는 상당한 점수 차이다. 91점짜리 와인이면 고가에 팔리는 좋은 와인이고, 83점이면 그저 그런 와인이다. 일부 심사위원은 세 번의 시음에서 한 번은 금메달감이라고 했다가 두 번째는 동메달 정도밖에 안 된다고 하거나 전혀 메달감이 아니라는 식으로 낮은 점수를 주기도 했다. 그렇다면 특정 해에 다른 심사위원보다 일관성 있는 점수를 내놓은 심사위원이 다른 해에도 그럴까? 호지스가 4년간 비교해본 결과 그런 일관성도 유지되지 않았다.

여러 연구 결과를 보면 많은 분야에서 소위 '전문가'가 그만그만하다는 평가를 받는 이들보다 확실히 나은 실력을 보여주지 못하며, 해당 분야의 훈련을 전혀 받지 않은 문외한보다 나을 것이 없는 경우도 적지 않다. 영향력이 컸던 저서 《사상누각: 신화 위에 세워진 심리학과 심리치료》House of Cards: Psychology and Psychotherapy Built on Myth에서 심리학자 로빈 도스Robyn Dawes는 자격을 갖춘 정신과 의사와 심리학자가 실제 심리 치료에서 최소한의 훈련만 받은 비전문가보다 낮지 않다는 연구 결과를 이야기한다.[18] 마찬가지로 주식을 고르는 금융 전문가의 실적이 초보자나 우연한 확률보다 거의 또는 전혀 나을 것이 없다는 것도 여러 연구에서 드러났다.[19] 또한 앞서도 지적한 것처럼 일반 진료 의사의 경우, 수십 년 경험을 가진 의사들이 객관적인 척도로 판단했을 때 몇 년 경력밖에 없는 젊은 의사보다 못한 경우가 종종 있다. 주된 이유는 젊은 의사일수록 최근에 의대를 다녔기 때문에 최신 훈련을 받았으며, 배운 것을 기억하고 있을 확률이 높다는 것이다. 일반적인 예상과 달리 여러 분야의 의사와 간호사들을 보면, 경험이 실력 향상으로 이어지지 않는다.[20]

여기서 배워야 할 교훈은 확실하다. 전문가를 찾을 때 주의하라. 이상적인 것은 사람의 능력을 비교할 객관적인 척도를 찾는 것이다. 그런 것이 존재하지 않으면 가능한 비슷한 것을 찾아라. 예를 들어 (시나리오 작가나 프로그래머처럼) 개인의 실력이나 생산물을 직접 볼 수 있는 영역에서는 동료의 평가가 좋은 출발점이 된다. 물론 이런 평가에는 무의식적인 편견이 영향을 미칠 수 있다는 점도 염두에 두어야 한다. 그러나 의사, 심리치료사, 교사를 포함한 많은 전문직 종사자들이 주로 혼자 일하며, 같은 분야의 다른 종사자들은 그들이 실제로 환자나 학생과 관련된 일을 어떻게 처리하는지, 그 결과는 어떤지를 거의 알지 못한다. 이런 경우 나름 효과 있는 경험 법칙은 같은 분야의 여러 전문직 종사자와 밀접하게 일하는 사람들을 찾는 것이다. 예를 들면 여러 수술 팀에서 일해봐서 외과 의사들의 수행능력을 비교하고 누가 최고인지 알 수 있는 간호사 같은 사람이 대표적이다. 다른 방법은 전문직 종사자들이 어려운 상황이 닥쳤을 때 도움을 청하는 사람이 누구인지 찾는 것이다. 분야 종사자들과 만나 그들이 생각하는 분야 최고 실력자가 누구인지 이야기를 나누라. 물론 그 사람이 구체적으로 어떤 경험과 지식을 판단의 근거로 삼았는지 묻는 것도 잊지 말아야 한다.

자신이 몸담고 있는 직업처럼 이미 스스로에게 익숙한 분야에서는 좋은 수행능력의 특징이 무엇인지를 세심하게 따져보고, 그것을 측정할 방법을 생각해보려고 노력하는 것도 좋다. 그렇게 생각해낸 척도에 어느 정도 주관성이 있을 수밖에 없다 해도 말이다. 그리고 자신이 찾아낸 우월한 수행능력의 핵심이라고 생각되는 부분에서 가장 높은 점수를 얻은 사람을 찾아라. 이상적인 것은 일관되게 최고와 나머지를 구분 짓는 객관적이고 재현 가능한 척도를 찾는 것이다. 하지만 이상적인 척도를 찾기가 불가능하다면, 가능한 그에 가까운 척도를 찾아야 한다.

일단 어느 분야에서 전문가를 찾아냈다면, 다음 단계는 같은 분야에 있는 그보다 기량이 못한 사람들과의 차이점이 무엇이며, 그런 수준에 도달하는 데 도움이 되었던 훈련 방법은 무엇인지를 구체적으로 파악하는 것이다. 이 역시 항상 쉽지만은 않은 작업이다. 어떤 교사가 다른 교사보다 학생들의 성적을 더 잘 끌어올리는 이유는 무엇인가? 어느 영업사원이 다른 영업사원보다 일관되게 판매 실적이 좋은 이유는 무엇인가? 분야 전문가를 초빙해서 다양한 개인들의 수행능력을 살펴보고 장점과 개선점을 말해달라고 할 수도 있지만, 최고의 전문가와 나머지 사람들의 차이가 정확히 무엇인지는 전문가들 자신에게도 분명하지 않을 수 있다.

심적 표상이 하는 핵심 역할 역시 문제 중 하나다. 많은 분야에서 최고와 나머지를 가르는 결정적인 차이는 심적 표상의 질인데, 심적 표상은 본질적으로 직접 관찰하기가 불가능하다. 숫자 외우기를 다시 한 번 생각해보자. 스티브 팰룬이 82개째를 넘기지 못하는 상태를 반복하는 녹화 영상을 보고, 왕펑이 300개를 기억해서 술술 외우는 모습을 본 사람이라면 누구나 누가 더 잘하는지는 알지만, 왜 그런 차이가 나는지를 알 방법은 없다. 나는 이유를 안다. 2년간 스티브와 함께 작업하면서 그가 자신의 사고 과정에 대해서 말하는 내용을 취합해 그의 심적 표상에 관한 아이디어들을 테스트하는 실험을 고안했고, 동료 교수인 후이와 함께 왕펑을 연구할 때 같은 방법으로 테스트를 해볼 수 있었기 때문이다.[21] 6명의 기억력 전문가의 심적 표상을 연구했기 때문에 스티브와 왕펑 사이의 결정적인 차이를 인식하기가 내게는 상대적으로 쉬웠지만, 이는 일반적이라기보다는 예외적인 경우다. 심리학 연구자들 사이에서도 사람들의 수행능력 차이를 심적 표상과 연결 지어 이해하는 연구는 걸음마 단계에 불과하다. 더욱이 "분야 전문가들이 사용하는 심적 표상의 유형에는 이러이러한 것들이 있으며, 전문가들이 사용하는 심적 표상이 다른 심적 표상보다 효과적인 이유는 이러이러하다."라고 확실하게 말할 수 있는 분야는 거의 없다. 만약 심리학에 조예가 있다면 전문가와 이야기를 나누면서 그들이 어떤 과제에 접근하는 방법과 그런 방법을 쓰는 이유를 파악하려고 노력해볼 필요도 있다. 그러나 그런 방법을 써도 그들이 남들보다 월등한 수행능력을 갖게 된 이유에 대해서는 작은 부분밖에 밝히지 못할 가능성이 높다. 그들 스스로도 모르는 경우가 많기 때문이다. 이에 대해서는 제7장에서 좀 더 논의할 예정이다.

다행히 일부 사례에서 우리는 전문가를 전문가가 아닌 사람들과 구분 짓는 것이 무엇인지 파악하는 과정을 건너뛰고도 훈련 방법상의 차이점을 알 수 있다. 예를 들어 1920년대와 1930년대에 핀란드의 육상 선수 파보 누르미Paavo Nurmi는 1,500미터부터 20킬로미터까지 다양한 종목에서 무려 22개의 세계 기록을 세웠다. 몇 년 동안 파보 누르미는 그가 선택한 어떤 종목에서든 감히 넘볼 수조차 없는 무적의 선수였다. 다른 선수들은 모두 2위 자리를 놓고 경쟁했다. 그러나 머지않아 다른 육상 선수들이 누르미의 압도적 우위가 새로운 훈련 방법을 개발하는 데서 나온다는 것을 인식하게 되었다. 스톱워치를 이용해 페이스를 조절하고, 인터벌 트레이닝을 활용해 속도를 높이고, 1년짜리 훈련 프로그램에 따라 항상 훈련하는 등의 방법들이었다. 많은 선수들이 이런 방법을 채택하게 되면서 육상 분야 전체의 실력이 상승했다.

여기서 교훈. 일단 전문가를 찾아내면, 그가 다른 사람과 다르게 행하는 것이면서 우월한 수행능력의 이유로 보이는 것이 무엇인지를 파악하라. 전문가가 다른 사람들과 다르게 행하는 것 중 다수는 우월한 수행능력과는 무관할 가능성이 높지만 적어도 이것이 출발점이다.

이런 모든 작업에서 핵심은 '목적의식 있는 연습'에 정보를 가미해 더욱 효과적인 방향으로 이끌기 위함이라는 점을 명심하라. 어떤 것이 효과적이라고 생각되면 계속하라. 효과적이지 않으면 멈춰라. 분야 최고 실력자를 모방하는 방향으로 훈련을 잘 조절할수록, 훈련이 효과적일 가능성이 높아진다.

마지막으로 여건이 허락한다면 언제나 좋은 코치나 교사와 함께하는 것이 가장 좋은 방법이다. 100퍼센트까지는 아니라도 거의 그렇다고 보아야 한다. 유능한 교사는 성공적인 훈련 프로그램에 포함되어야 할 내용을 알고 있으며, 이를 개별 학생들에 맞춰 조정할 줄도 안다.

유능한 교사와 함께하는 것이 악기 연주나 발레 같은 영역에서는 특히 중요하다. 이런 영역에서는 전문가가 되기까지 보통 10년 이상이 걸리며, 어떤 기술을 성공적으로 수행하려면 이전에 필요한 다른 기술들을 마스터하지 않으면 안 되는 경우가 많다. 말하자면 단계적 훈련이 필수라는 것이다. 정통한 지도자는 학생이 올바른 기초를 쌓은 뒤에, 이를 토대로 서서히 필요한 기술들을 익히도록 돕는다. 예를 들어 피아노를 배우는 경우, 학생은 처음부터 올바른 손가락 위치를 익혀야 한다. 간단한 곡들은 손가락이 이상적인 위치에 있지 않아도 연주가 가능하지만, 복잡한 곡으로 갈수록 올바른 습관을 형성하는 것이 필수이기 때문이다. 경험이 많은 교사는 이런 부분을 잘 알고 있다. 그러나 아무리 의욕이 넘치는 학생이라도 혼자서 이런 것들을 파악하고 대비하기는 힘들다.

마지막으로 훌륭한 교사는 학생이 다른 방법으로는 얻기 힘든 귀중한 피드백을 제공한다. 효과적인 피드백은 학생이 제대로 했는지 틀렸는지를 가리는 정도에서 멈추지 않는다. 예를 들어 좋은 수학 교사는 학생이 제시한 정답만을 보지 않는다. 학생이 활용하는 심적 표상을 이해해서 정확히 어떻게 그런 답을 얻었는지까지 파악하고, 필요하다면 문제를 푸는 더욱 효과적인 방법을 제시한다.

'1만 시간의 법칙'을 둘러싼 오해

1993년, 나와 랄프 크람페, 클레멘스 테슈-뢰머는 베를린 음악학교의 바이올린 전공 학생들을 대상으로 한 연구를 발표했다. 그 연구는 전문가에 대한 학계 연구 보고서에서 중요한 자리를 차지하게 되었고, 지금까지 실로 많은 연구자들이 이에 대해 언급해왔다. 그러나 우리의 연구 결과가 학계 밖 일반 대중의 엄청난 관심을 끌게 된 것은 2008년 말콤 글래드웰Malcolm Gladwell이 《아웃라이어》라는[22] 저서를 펴내고 나서부터였다. 어떤 분야에서 최고 수준의 실력자가 되기 위해 무엇이 필요한지를 논하는 과정에서 그는 인상적인 구호를 하나 제시한다. 바로 '1만 시간의 법칙'이다. 이 법칙에 따르면 대부분 특정 분야에서 거장의 경지에 오르려면 1만 시간의 연습이 필요하다. 이것은 사실 1993년의 연구 보고서에서 우리가 최고 수준의 바이올린 연주자가 20세가 되기까지 혼자 하는 연습에 쏟은 평균 시간으로 제시한 숫자였다. 글래드웰이 직접 추산한 것을 보면 비틀스_Beatles는 1960년대 초반 독일 함부르크에서 라이브 공연을 하면서 대략 1만 시간을 연습했고, 빌 게이츠_Bill Gates 역시 대략 1만 시간 동안 프로그래밍을 한 뒤에 마이크로소프트를 설립하여 성장시킬 정도의 실력을 가질 수가 있었다. 글래드웰에 따르면, 일반적으로 이 법칙은 인간이 무언가를 성취하려고 노력하는 사실상 모든 분야에 적용된다고 한다. 말하자면 대략 1만 시간의 연습을 하지 않고는 어떤 분야에도 전문가가 되지 못한다는 것이다.

이런 법칙은 거부하기 힘든 호소력을 지니고 있다. 일단 기억하기 쉬웠다. 우리가 연구한 바이올린 연주자들이 20세가 되기까지 들인 연습 시간이 (예컨대) 11만 시간이었다면 훨씬 매력이 떨어졌을 것이다. 또한 이런 법칙은 간단명료한 인과관계를 찾고 싶어 하는 인간의 욕망을 충족시켜주었다. 무엇에든 무조건 1만 시간을 투자하라. 그러면 거장의 경지에 오를 것이다.

그러나 안타깝게도, 오늘날 많은 이들이 연습의 효과에 대해서 알고 있는 유일한 내용인 이 규칙은 몇 가지 점에서 오류가 있다(동시에 이 규칙은 아주 중요한 한 가지 점에서는 확실하게 옳다. 이에 대해서도 곧 다루도록 하겠다). 첫째, 1만 시간이라는 숫자에는 특별할 것도 신기할 것도 없다. 글래드웰은 최고 수준의 바이올린 전공 학생들이 18세까지 연습에 투자한 평균 시간을 쉽게 언급할 수도 있었다(대략 7,400시간이다). 그러나 그는 이들이 20세까지 투자한 총 연습 시간을 이야기하는 쪽을 택했는데, 이유는 어림수가 1만으로 깔끔하게 떨어지기 때문이다. 그리고 18세든 20세든, 이 학생들은 바이올린 거장과는 한참 거리가 멀다. 물론 이들은 분야 최고를 향해 나아가고 있는, 장래가 촉망되는 매우 실력 있는 학생들이 었지만, 내가 연구에 참여할 당시에는 아직 갈 길이 먼 상태였다. 국제 피아노 대회에서 입상을 하는 피아노 연주자들을 보면 30세 무렵인 경우가 많다. 그러므로 이들은 아마도 입상할 무렵에는 2만 시간 또는 2만 5,000시간 정도를 연습에 투자했을 것이다. 1만 시간은 거기로 가는 중간 단계에 불과하다.

또한 연습에 필요한 시간이 분야마다 다르다. 스티브 팰룬은 불과 200시간을 연습한 뒤에 숫자 암기에서 세계 최고의 자리에 올랐다. 요즘 이 분야 최고로 꼽히는 이들이 그런 수준에 도달하기 전에 정확히 얼마나 연습을 하는지는 잘 모르겠지만, 1만 시간보다는 한참 적을 것이다.

둘째, 최고의 바이올린 연주자가 20세까지 연습한 총량이라는 1만 시간이라는 숫자는 실험 참가자들의 평균일 뿐이다. 10명의 최고 수준 학생 중 절반은 사실 그때까지 누적 시간이 1만 시간이 되지 않았다. 글래드웰은 이를 잘못 알고 해당 그룹의 '모든' 바이올린 연주자의 누적 연습 시간이 1만 시간을 넘는다는 잘못된 주장을 했다.

셋째, 글래드웰은 우리 연구의 대상이자 음악가들이 실행했던 '의식적인 연습'과 '연습'이라고 부르자면 부를 수도 있을 다른 활동들을 구별하지 않았다. 예를 들면 그가 1만 시간 법칙의 핵심 사례로 들었던 것 가운데 하나는 1960년부터 1964년 사이 함부르크에서 있었던 비틀스의 살인적인 공연 일정이었다. 글래드웰에 따르면 비틀스는 해당 기간에 대략

1,200번의 공연을 했고, 매 공연은 8시간 정도 지속되었다. 이것을 계산하면 거의 1만 시간이 된다. 마크 루이슨Mark Lewisohn은[23] 2013년 비틀스 전기에서 이런 추정치에 의문을 제기하고, 폭넓은 분석 끝에 연주 시간으로 계산해서 정확한 총 시간은 대략 1,100시간이라고 말했다. 그러므로 비틀스는 1만 시간에 훨씬 미치지 못하는 연습량으로 세계적인 성공을 거둔 것이다. 하지만 여기서 더욱 중요한 것은 공연은 연습과 다르다는 것이다. 물론 비틀스는 함부르크에서 많은 시간 연주를 한 뒤에 밴드로서 거의 확실한 실력 향상을 보였다. 특히 당시 밤마다 같은 곡을 연주하는 편이었고, 덕분에 관객과 자신들 모두에게서 연주에 대한 피드백을 얻을 기회를 가졌으며, 이를 통해 실력을 향상시킬 방법을 찾았다. 그러나 그 순간 가능한 최고의 공연을 하는 것에 초점을 맞추고 관객 앞에서 한 1시간 연주는, 특정 약점들을 바로잡고 실력 향상을 이루기 위한 목적으로 설계된 목표 지향적인 집중 연습과는 다르다. 말하자면 비틀스의 실제 공연은 베를린 음악학교의 바이올린 전공 학생들이 실력을 향상시킨 핵심 방법과는 다르다는 의미다.

이와 밀접하게 관련된 문제로, 루이슨은 비틀스의 성공이 다른 사람의 곡을 얼마나 잘 부르고 연주했느냐가 아니라 그들의 작사와 작곡 실력 덕분이었다고 주장한다. 따라서 만약 우리가 비틀스의 성공을 연습이라는 측면에서 설명하려 한다면, 밴드 내에서 작사와 작곡을 주로 담당했던 존 레넌John Lennon과 폴 매카트니Paul McCartney가 그런 실력을 키우고 발전시키게 해준 활동을 밝혀내야 한다. 비틀스가 함부르크에서 공연을 하면서 보낸 모든 시간이 레넌과 매카트니가 실력을 향상시키는 데 도움이 되었다고 해도 영향은 크지 않았을 것이다. 그러므로 비틀스의 성공을 설명하려면 다른 부분을 보아야 한다.

특정 목표를 겨냥한 '의식적인 연습'과 일반적인 연습 사이의 이런 차이가 결정적인 이유는, 모든 연습이 우리가 음악을 배우는 학생이나 발레 무용수들에게서 보았던 실력 향상으로 이어지지는 않기 때문이다.[24] 일반적으로 말해서 특정 목표를 달성하기 위해 고안된 '의식적인 연습' 그리고 비슷한 유형의 연습은 수행능력의 특정 측면을 개선하고 향상시키려는 목적으로 특별히 준비된 (보통 혼자서 하는) 개인별 맞춤 훈련이다.[25]

1만 시간 법칙의 마지막 문제점은 글래드웰 자신이 이런 문제점을 지적했음에도 불구하고 많은 이들이 이를 '특정 분야에서 1만 시간만 보내면 누구나 전문가가 될 수 있다'는 약속으로 해석해버린다는 것이다. 그러나 우리가 수행한 베를린 음악학교의 바이올린 전공 학생 연구에는 이런 함의가 전혀 없다. 사람들이 생각하는 그런 결과를 보여주려 했다면 바이올린에 '의식적인 연습'으로 1만 시간을 쏟은, 무작위로 선발된 사람들을 관찰해 결과를 보았어야 했을 것이다. 그렇지만 우리 연구는 베를린 음악학교에 들어갈 정도로 실력이 좋은 학생들 가운데 최고 수준인 학생들이 평균적으로 우수 수준 학생들에 비해서 상당히 많은 시간을 혼자 하는 연습에 투자했고, 이 두 그룹 학생들이 음악 교사 지망생에 비해서 많은 시간을 혼자 하는 연습에 투자했다는 것을 보여주었을 뿐이다.

'누구든 특정 영역에서 체계적인 연습에 충분히 많은 시간을 투자하면 전문가가 될 수 있느냐'라는 질문은 여전히 해답이 없는 상태다. 다음 장에서 나는 이 문제에 대한 약간의 생각을 제공할 예정이다. 그러나 원래의 연구 어디에도 '그렇다'라는 내용은 없었다.

그러나 글래드웰이 분명하게 옳았던 부분이 하나 있는데, 이는 워낙 중요하기 때문에 다시 한 번 언급할 가치가 있다. 사람들이 전문가가 되기 위해 노력해온, 잘 다져진 역사가 있는 어떤 분야에서든 성공하려면, 오랜 시간에 걸친 엄청난 양의 노력이 투자되어야 한다는 것이다. 정확히 1만 시간은 아닐지 몰라도 많은 시간이 걸리는 것만은 사실이다.

우리가 확인한 분야는 체스와 바이올린이었지만, 연구들을 보면 여러 분야에서 비슷한 결과가 나타난다. 작가나 시인은 보통 10년 이상 집필 활동을 한 뒤에 자신의 대표작을 내며, 과학자가 최초의 연구를 발표하고 자신의 가장 중요한 연구를 발표하기까지는 일반적으로 10년 이상이 걸린다. 최초의 연구를 발표하기 전에 연구에 투자한 시간에 추가로 10년이 더해지는 것이다.[26] 심리학자 존 R. 헤이스John R. Hayes가 작곡가를 대상으로 진행한 연구에 따르면, 어떤 사람이 음악을 공부하기 시작해서 확실하게 탁월한 작품을 작곡하기까지 평균 20년이 걸리며 10년 이하인 경우는 결코 없었다.[27] 글래드웰의 1만 시간의 법칙은 인간의 노력이 필요한 많은 분야에서 세계 최고 수준의 실력자가 되려면 실로 오랜 기간의 연습이 필요하다는 근본 진리를 담고 있으며, 이를 아주 효과적이고 인상적인 방법으로 표현한 것이다. 이는 반가운 일이다.

한편 연주, 체스, 학문 연구 같은 경쟁이 치열한 분야에서 세계 최고 수준이 되려면 무엇이 필요한가를 강조하다 보면, 내가 바이올린 전공 학생 연구에서 그보다 중요한 교훈이라고 생각했던 것을 자칫 간과할 우려가 있다. 무언가를 정말로 잘하기 위해 1만 (또는 아무튼 많은) 시간이 필요하다고 말하면, 보통은 그 일이 만만치 않다는 데 초점을 두게 된다. 일부는 "이 일을 1만 시간 동안만 하면, 세계 최고가 되는 거야!"라고 생각하며 도전으로 받아들이고 의욕을 불태울지 모르지만, 다수는 너무 힘드

니까 그만두라는 포기 신호로 생각할 것이다. "정말 잘하려면 무려 1만 시간이 걸린다는 데 왜 내가 노력해야 하는 거지?" 스콧 애덤스Scott Adams 의 풍자 만화 《딜버트》에 등장하는 주인공의 개 독버트는 1만 시간의 법 칙에 대해 비꼬듯 다음과 같이 말한다. "같은 일을 1만 시간 동안 연습하 겠다는 자체가 정신이 온전하지 않다는 의미겠지."[28]

그러나 내가 전하려는 핵심 메시지는 전혀 다르다. 인간의 노력이 필 요한 거의 모든 영역에서 우리는 자신의 수행능력을 향상시킬 엄청난 능 력을 가지고 있다. '올바른 방법'으로 훈련하기만 한다면 말이다. 이것이 내가 생각하는 핵심 메시지다. 만약 우리가 무언가를 몇백 시간 연습한다 면 분명코 많은 진전을 이루게 될 것이다(스티브 팰룬의 200시간 연습이 어 떤 결과를 가져다주었는지를 생각해보라). 그러나 이것은 인간이 지닌 가능 성의 표면만 살짝 건드린 정도에 불과하다. 우리는 이후로도 계속 나아갈 수 있고, 지속적으로 나아질 수 있다. 얼마나 나아지고 실력을 키울 것인 지는 각자에게 달려 있다.

다음은 1만 시간의 법칙을 완전히 다른 관점에서 말한 것이다. "우리 가 세계 최고 수준의 바이올린 연주자, 체스 기사, 골프 선수가 되기 위 해 연습에 1만 시간 이상을 투자해야 하는 이유는 우리의 비교 대상 또는 경쟁자들이 연습에 1만 시간 이상을 투자하고 있기 때문이다." 인간의 수 행능력이 어디서 최고조에 달하는지는 의미가 없으며, 최고조에 달한 이 후에 추가로 연습해보아야 실력 향상으로 이어지지 않는다는 등의 이야 기도 의미가 없다. 분명한 것은 우리가 경쟁이 치열한 분야에서 세계 최 고 수준이 되려면, 같은 노력을 투자하기로 마음먹은 다른 사람들과 동등 해질 기회를 얻기 위해서라도 수천 시간을 열심히 집중하는 일에 투자해야 한다.

지금까지 우리가 특정 유형의 연습으로 달성이 가능한 실력 향상에 있어 한계를 발견하지 못했다는 사실을 생각해보는 것도 1만 시간의 법칙을 바라보는 또 다른 관점이 될 것이다. 훈련 기법이 발전하고 인간의 능력으로 달성 가능한 경지는 계속 갱신되고 있다. 인간의 노력을 요하는 모든 영역에 몸담고 있는 사람들은 실력을 향상시킬 방법, 과거에 가능하다고 생각했던 기대 수준을 한층 높일 방법을 끊임없이 모색하고 있으며, 이런 움직임이 멈추리라는 어떤 신호도 없다. 인간 잠재력의 지평은 세대가 바뀔 때마다 확장되고 있다.

제5장

직장에서 활용하는
'의식적인 연습'

_누구나 최고가 될 수 있다. 단, 올바른 접근일 때만

1968년 베트남 전쟁이 한창이던 때였다.[1] 미 해군과 공군의 전투기 조종사들은, 소련에서 훈련을 받고 러시아제 미그 전투기를 조종하는 북베트남 비행사들과 자주 교전을 벌였다. 미국 조종사들의 실적은 신통치 않았다. 과거 3년 동안 해군과 공군 조종사들은 공중전의 대략 3분의 2를 이겼고, 아군 전투기 1대를 잃을 때마다 북베트남 전투기 2대를 격추시켰다. 그러나 1968년 초반 5개월 동안 해군 조종사들은 1대를 잃고 1대를 격추시키는 수준으로 떨어졌다. 그 사이에 미 해군은 미그기 9대를 격추시켰지만 아군 전투기는 10대를 잃었다. 더구나 1968년 여름에는 단 1대의 미그기도 격추시키지 못한 채로 50발이나 되는 공대공 미사일을 허비했다. 해군 지도부는 뭔가 조치를 취하지 않으면 안 된다는 결정을 내렸다.

그 '뭔가'가 지금은 모르는 사람이 없을 정도로 유명한 탑건 학교Top Gun school의 설립이다. 현재 정식 명칭은 미 해군 전투기 전술 교육 프로그램 United States Navy Strike Fighter Tactics Instructor program으로, 출범 당시 명칭은 미 해군 무기 학교U.S Navy Fighter Weapons School였다. 설립 목적은 당연히 조종사들에게 보다 효율적으로 전투하는 방법을 가르쳐 공중전 성공률을 높이는 것이었다.

당시 해군에서 만들어낸 교육 프로그램은 '의식적인 연습'의 여러 요소를 가지고 있었다. 이 프로그램은 특히 수습 조종사들이 여러 상황에서 다양한 시도를 해보고, 자신의 수행능력에 대한 피드백을 얻고, 이어서 배운 것을 적용해볼 기회를 제공했다.

해군은 최고의 조종사들을 훈련 교관으로 선발했다. 교관들은 적군인 북베트남 조종사 역할을 맡아 훈련생들과 공중전을 벌였다. '홍군'Red Force 이라고 불리는 교관들은 미그기와 비슷한 전투기를 조종했고, 북베트남 조종사들이 배운 것과 동일한 소련의 전술을 사용했다. 말하자면 이들은 사실상 최고의 북베트남 전투기 조종사였다. 한 가지만 제외하고 말이다. 이들이 조종하는 비행기에는 미사일과 총알 대신 매번 교전을 기록할 카메라가 장착되어 있었다. 또한 공중전은 레이더에도 기록이 남았다.

탑건 학교 훈련생들은 교관들의 뒤를 이을 미래의 최정예 전투기 조종사들이었고, 통칭하여 '청군'Blue Force이라고 불렸다. 이들 역시 미사일이나 총알은 장착되지 않은 미 해군 전투기를 조종했다. 매일 그들은 전투기를 몰고 나가 홍군과 싸웠다. 그러면서 비행기의 성능 한계를 알아내고 원하는 결과를 얻기 위한 방법들을 배우고자 비행기와 자신을 한계 상황 직전까지 몰고 갔다. 이들은 여러 상황에서 다양한 전략을 시도하면서 상대의 행동에 대한 최선의 대응을 배워나갔다.

보통 공중전에서 승리하는 쪽은 미 해군 최고의 조종사들이었던 홍군이었다. 이런 교관들의 우위는 시간이 흐르면서 점점 강해졌다. 몇 주마다 완전히 새로운 훈련생들이 탑건 학교에 들어오는 반면 교관들은 몇 달씩 머물렀기 때문이다. 시간이 흐르면서 교관들은 점점 많은 공중전 경험을 축적하고, 훈련생들과의 교전에서 일어날 수 있는 거의 모든 것을 보았다고 해도 과언이 아닌 경지에 도달했다. 새로운 훈련생들이 올 때마다, 특히 처음 며칠의 공중전은 청군의 처참한 패배로 끝났다.

그렇지만 여기까지는 그래도 괜찮았다. 진정한 전투는 조종사들이 착륙한 뒤에 일어났기 때문이다.[2] 해군에서 '사후보고'after action report라고 부르는 절차였다. 사후보고 시간에 교관들은 그야말로 인정사정없이 훈련생들을 심문하면서 다그쳤다. 공중에 있는 동안 무엇을 보았는가? 어떤 조치를 취했는가? 왜 그런 조치를 취했는가? 무엇을 잘못했는가? 다른 방식으로 할 수는 없었을까? 그리고 필요할 때는 교전 중에 찍은 카메라 영상, 레이더 장치로 기록한 정보 등을 꺼내서 공중전을 치르는 도중에 정확히 어떤 일이 있었는지를 지적했다. 또한 보고 도중은 물론 보고가 끝난 후에 교관들은 훈련생에게 어떻게 다른 식으로 대응할 수 있을지, 무엇을 찾아야 할지, 여러 다른 상황에서 무엇을 생각해야 하는지 등에 대한 의견을 제시했다. 그리고 다음 날 교관과 훈련생은 다시 비행을 하고 사후보고를 하는 과정을 반복했다.

시간이 흐르면서 훈련생들은 스스로에게 이런 질문을 던지는 법을 배웠다. 교관에게 듣는 것보다 그 편이 편하기 때문이었다. 그리고 매일 비행하면서 교관들과 함께 사후보고 시간에 배운 내용을 복습했다. 훈련생들은 서서히 배운 것을 내면화하고, 많이 생각할 필요 없이 상황에 대응하게 되며, 홍군과의 공중전에서도 향상된 모습을 보였다. 교육이 끝날 즈음 훈련생들은 탑건 학교에 와본 적이 없는 조종사들보다 훨씬 많은 공중전 경험을 쌓게 되었다. 그리고 교육이 끝나면 각자 부대로 돌아가 비행중대 훈련 담당자가 되어 다른 조종사들에게 그동안 배운 것을 전수했다.

이런 훈련의 결과는 극적일 정도였다.[3] 1969년 미군은 폭격을 중단했고, 따라서 그해에는 공중전이 없었다. 그러나 이듬해인 1970년에는 전투기 간의 공중 전투를 포함하여 공중전이 재개되었다. 이후 3년에 걸쳐서, 즉 1970년부터 1973년까지 미 해군 조종사들은 아군 비행기 1대를 잃을 때마다 북베트남 전투기를 평균 12.5대 격추시켰다. 같은 기간에 공군 조종사들은 폭격 중단 이전과 마찬가지인, 대략 2대 1의 비율을 유지했다. 탑건 훈련의 성과를 확인하는 가장 확실한 방법은 '교전당 적기 격추 수' 통계가 아닐까 싶다. 전쟁 내내 미국 전투기들은 평균 5회 교전마다 한 번 꼴로 적기를 격추시켰다. 그러나 연중 전쟁이 계속된 마지막 해인 1972년에 해군 조종사들은 교전 때마다 평균 1.04대의 적기를 격추시켰다. 즉 평균적으로 보면, 해군 조종사들이 적과 대면할 때마다 적기 1대를 격추시켰다는 의미가 된다.

탑건 훈련의 극적인 성과를 보고 공군 역시 공중전에 대비하도록 설계된 훈련 프로그램을 도입했고, 해군과 공군 모두 베트남 전쟁이 끝난 뒤에도 이런 훈련을 계속했다. 제1차 걸프 전쟁 무렵 양군은 훈련 프로그램을 워낙 갈고닦아서 소속 조종사들은 세계 어느 나라 군대의 조종사보다 훨씬 뛰어난 실력을 갖추고 있었다. 제1차 걸프 전쟁 일곱 달 동안 미국 조종사들은 공중전에서 33대의 적기를 격추시켰고 아군 전투기 1대를 잃었다. 아마도 공중전 역사상 가장 좋은 실적이 아닐까 싶다.[4]

1968년에 해군이 직면했던 문제는 거의 모든 조직과 직업에 몸담고 있는 사람이 직면하는 익숙한 문제다. 이미 훈련을 받고 현장에서 실무를 하고 있는 사람들의 수행능력을 향상시킬 가장 좋은 방법은 무엇인가?

해군의 경우, 조종사 훈련이 자신들을 격추시키려 하는 적군 조종사들과 맞설 진정한 준비를 시켜주지 못한다는 것이었다. 다른 전쟁에서의 경험을 보면, 첫 번째 공중전에서 이긴 조종사는 두 번째에도 살아남을 확률이 훨씬 높았고, 싸워서 살아남은 공중전의 수가 많을수록 다음 공중전에서 이길 확률도 높아졌다. 실제로 어떤 조종사가 일단 공중전에서 스무 번 정도를 이기면, 이어지는 공중전에서 이길 확률이 거의 100퍼센트였다. 물론 문제는 이런 유의 실전 교육은 비용이 감당하기 힘들 만큼 높다는 것이었다. 해군은 격추시킨 적기 2대당 아군 전투기 1대를 잃는 상황이었고, 심지어 어느 시점에는 맞교환 같은 상황이 되기도 했다. 적기 1대를 격추시킬 때마다 아군기 1대를 잃는 식이었다. 그리고 전투기 1대가 격추당할 때마다 죽거나 사로잡힌 조종사가 1명, 여기에 2인승 전투기일 경우에는 무선도청 담당자 1명이 더 추가 발생했다.

부족한 실력의 대가가 죽음이나 포로수용소행이 되는 분야는 그리 많지 않은 반면, 실수의 대가가 용납하기 힘들 정도로 큰 분야는 많다. 예를 들어 의료 분야에서의 실수는 의사의 목숨은 위협하지 않지만 환자의 목숨은 위험에 처하게 할 수 있다. 또한 사업을 하는 상황에서는 실수 하나로 시간, 비용, 미래의 기회까지 통째로 날려버릴 수도 있다.

해군이 조종사들을 큰 위험에 빠뜨리지 않고 훈련시킬 성공적인 방법을 만들어낸 것은 칭찬할 만하다(물론 위험이 전혀 없었던 것은 아니다. 훈련 강도가 워낙 높은 데다 조종사의 비행 능력을 한계까지 밀어붙이는 바람에 때로 전투기가 추락해서 매우 드물게는 조종사가 사망하기도 했다. 그러나 조종사들이 실전 훈련에 의지했어야 하는 상황에 비하면 위험이 현저하게 줄었다). 탑건 프로그램은 조종사들이 다양한 시도를 해보고, 치명적인 결과 없이 실수도 저질러보고, 피드백을 받고, 개선 방법을 찾고, 다음 날 배운 것을 시험해볼 기회를 제공했다. 그리고 이 과정이 여러 차례 반복되었다.

교육 대상이 전투기 조종사든 외과 의사든 기업 경영자든, 효율적인 훈련 프로그램을 만들기는 결코 쉽지 않다. 탑건 프로그램의 역사를 보면 알 수 있듯이 해군은 주로 시행착오를 통해 이처럼 효율적인 프로그램을 만들어냈다.[5] 예를 들면 전투가 얼마나 현실적이어야 하는지를 둘러싸고 논쟁이 있었다. 일부는 조종사와 전투기에 가해지는 위험 강도를 줄이고 압박을 완화시켜야 한다고 했고, 일부는 실제 전투에서 가해지는 만큼이나 강하게 조종사들을 압박하고 부담을 주는 것이 중요하다고 주장했다. 다행히 후자의 주장이 결국 채택되었다. 현재 우리는 '의식적인 연습' 연구 덕분에, 탑건 프로그램 조종사들이 각자의 컴포트 존에서 벗어나도록 압박당했을 때 최대의 교육 효과를 볼 수 있었다는 사실을 알고 있다.

그동안 내 경험에 따르면, 전문가 연구에서 배운 교훈을 통해 오늘날 직장에서 수행능력을 향상시킬 수 있는 분야는 많고도 많다. 기본적으로 각 분야에 맞는 탑건 프로그램을 고안하는 것이다. 물론 글자 그대로 탑건 프로그램을 말하는 것은 물론 아니다. 전투기도, 여섯 번의 고난도 방향 전환도, 매버릭, 바이퍼, 아이스맨 같은 근사한 닉네임(영화 《탑건》에 등장하는 인물들이다.—옮긴이)도 없다.

내가 말하려는 것은 '의식적인 연습' 원칙을 따르면, 어떤 분야에서든 최고 수준의 실력자를 찾아내고 그보다 못한 사람들을 훈련시켜 최고 수준에 가깝게 끌어올릴 방법을 개발할 수 있다는 것이다. 또한 이렇게 함으로써 개인뿐 아니라 조직 전체 또는 직업 종사자 전체의 수행능력 수준을 끌어올리는 것도 가능하다.

일하면서 배우기

직장, 특히 기업에서 수행능력을 향상시키는 법을 조언하는 일로 먹고사는 사람들이 적지 않다. 그들은 스스로를 컨설턴트, 카운슬러, 코치 등으로 부르며, 책을 쓰고, 강연을 하고, 세미나를 진행한다. 이들은 치열한 세계에서 경쟁우위를 제공할 무언가에 목말라하는 고객들의 만족할 줄 모르는 욕망을 채워주는 존재들이다. 이들이 제시하는 방법들은 무수히 많지만, 성공 가능성이 가장 높은 방법들은 '의식적인 연습'과 가장 유사하다.[6]

오래전부터 나는 이런 일을 하는 사람 중에서 '의식적인 연습' 원칙을 이해하고, 회사 지도자를 대상으로 한 훈련 및 코칭 프로그램에 통합하려 애쓴 사람과 교류해오고 있다. 워싱턴 주 커클랜드 출신인 아트 터록Art Turock이다. 2008년, 아트가 처음 연락을 해왔을 때는 우리 논의의 많은 부분이 직장 내 리더십보다는 단거리 육상 경주에 집중되어 있었다. 아트는 전문가 수준의 육상 대회에 참가하고 있었고, 나는 육상 선수들의 연습 방법에 예전부터 관심이 많았다. 이런 관심을 가지게 된 부분적인 이유는 내가 일하는 플로리다 주립 대학교 출신인 위대한 육상 선수 월터 딕스Walter Dix 때문이었다. 그래서 우리 둘은 처음부터 통하는 부분이 많았다. 아트는 2006년 《포춘》에 실린 기사에서[7] 우연히 내 이름과 '의식적인 연습'에 대한 설명을 접했다고 했다. 우리가 이야기를 나누는 동안 아트는 그것이 경영과 달리기 모두에서 똑같이 효과적으로 적용될 수 있다는 생각에 적잖이 매료되었다.

처음 연락한 후 아트는 '의식적인 연습'이라는 개념과 그에 따른 사고 방식을 완전히 받아들였다.[8] 그는 이제 사람들에게 새로운 기술을 익히고 능력을 키우려면 자신의 컴포트 존에서 나와야 한다고 말하고, 피드백의 중요성을 강조한다. 또한 그는 (오랫동안 제너럴 일렉트릭 사의 회장 겸 CEO로 재직해온 잭 웰치Jack Welch 같은) 세계 최고 기업가들의 특성을 연구하여 다른 기업가들이 최고 수준의 실력자가 되려면 어떤 종류의 리더십 기술, 판매 기술, 자기관리 기술을 길러야 하는지를 파악한다.

아트가 고객에게 전하는 메시지는 사고방식에서 시작된다. 조직에서 수행능력을 향상시키는 첫 번째 단계는 구성원들이 평상시와 다름없는 안이한 태도를 버려야만 발전이 가능하다는 사실을 인식하는 것이다. 그렇게 하려면 사람들 사이에 만연한 잘못된 통념 세 가지를 인식하고 거부해야 한다.

첫째는 인간의 능력이 유전적으로 규정된 특성에 의해 제한된다는 오랜 믿음이다. 이런 믿음은 "나는 못 해." 또는 "나는 아니야."가 들어가는 온갖 문장들에서 드러난다. "나는 그렇게 창의적인 사람이 아니야.", "나는 사람을 관리하는 일은 못 해.", "나는 숫자에 강한 사람이 아니야.", "나는 이보다 더 잘하진 못해." 그러나 지금까지 살펴본 것처럼 올바른 연습을 한다면, 거의 모든 사람이 자신이 선택하고 집중하는 어떤 영역에서든 실력을 향상시킬 수 있다. 말하자면 우리는 자신의 잠재력을 만들어낼 수 있다.

아트는 고객에게 이를 각인시키기 위해 나름 재치 있는 방법을 사용했다. 회사 지도자들과 이야기를 나누다가 누군가가 "나는 못 해.", "나는 아니야." 식의 태도를 드러내는 말을 하면, 그는 심판에게 항의를 하는 미국프로미식축구연맹NFL 코치처럼 붉은 깃발을 던진다. 부정적인 생각을 표출하는 사람에게 그것을 재고하고 수정해야 한다는 신호를 보내는 것이다. 회의실에 갑자기 등장한 빨간 깃발은 분위기를 가볍게 하는 작용도 하지만, 사고방식이 중요하다는 사실을 잊지 말아야 한다는 사실을 새삼 각인시키는 기능도 한다.

두 번째 잘못된 통념은 어떤 것을 충분히 열심히 하면 반드시 실력이 나아질 것이라는 생각이다. 지금쯤은 여러분도 이런 어리석은 생각에서 많이 벗어났을 것이다. 같은 일을 정확히 같은 방법으로 반복하는 것은 실력을 향상시키는 처방이 아니다. 정체와 점진적인 쇠퇴로 가는 길일 뿐이다.

세 번째는 노력만 있으면 실력이 향상된다는 생각이다. "충분히 열심히 하면 나아질 것이다.", "지금보다 나은 관리자가 되려면 더욱 열심히 노력하라.", "지금보다 판매 실적을 올리고 싶다면 더욱 열심히 노력하라.", "팀워크를 향상시키고 싶다면 더욱 열심히 노력하라." 그러나 사실은 그렇지 않다. 관리, 판매, 팀워크 등은 모두 전문적인 기술이며, 특정 기술을 향상시키는 데 맞추어 특별히 고안된 연습 방법을 사용하지 않으면 열심히 노력해도 크게 나아지지 않는다.

'의식적인 연습'에 입각한 사고방식은 전혀 다른 관점을 제공한다. 누구든 발전할 수 있지만, 올바른 접근이 필요하다. 연습을 하는 데 발전이 없다면 타고난 재능이 부족해서가 아니다. 올바른 방법으로 연습하고 있지 않기 때문이다. 일단 이것을 이해하면 이제 실력 향상과 발전은 무엇이 '올바른 방법'인지를 알아내는 문제가 된다.

(훈련과 자기 개발 분야에 종사하는 다른 많은 동료들처럼) 당연히 이것이 아트 터록이 하고자 했던 일이다. 다만 그가 제공하는 많은 조언이 '의식적인 연습' 원칙에 뿌리를 두고 있다는 점에서 차이가 있을 뿐이다. 그런 관점에서 아트가 제안하는 방법 중 하나는 '실제 업무를 하면서 배우기'라고 불리는 것이다.

우선 이 방법은 회사원들이 너무 바빠서 기술을 연마할 시간이 거의 없다는 사실을 인정한다. 이들은 전문 피아노 연주자나 운동선수와는 전적으로 다른 상황에 놓여 있다. 전문 연주자나 운동 선수는 매일 연습에 거의 모든 시간을 투자할 수 있기 때문이다. 그러므로 아트는 일상 업무가 '목적의식 있는 연습' 또는 '의식적인 연습'의 기회가 되는 방법을 궁리하기 시작했다.

예를 들어 전형적인 업무 회의를 생각해보자. 한 사람이 앞에 나와서 파워포인트 자료로 프레젠테이션을 하는 동안 관리자와 동료들은 어두운 자리에 앉아서 졸지 않으려고 안간힘을 쓴다. 회사에서 프레젠테이션은 일상 업무 기능을 하는데, 아트는 이런 프레젠테이션이 회의실에 있는 누구에게든 도움이 되는 연습 시간으로서 기능하게끔 재설계하는 일이 가능하다고 주장한다. 예를 들면 다음과 같이 진행될 수 있다. 발표자는 해당 프레젠테이션에서 집중하고 싶은 특정 기술(흥미로운 스토리 말하기, 파워포인트 슬라이드에 너무 의지하지 않고 즉흥적으로 말하기 등)을 하나 선택한 다음, 프레젠테이션을 하는 동안 이를 향상시키기 위해 노력한다. 그동안 청중은 프레젠테이션 진행에 대해 메모를 한 다음 끝난 뒤에 피드백을 주는 연습을 한다. 이런 회의가 한 번으로 끝난다면, 발표자는 유용한 조언을 얻을지 모르지만 그로 인해 얼마나 달라질지는 알 수 없다. 일회성 연습으로 이루어지는 발전은 무엇이 되었든 효과가 미미할 가능성이 높기 때문이다. 그러나 만약 모든 회의에서 이런 연습을 하도록 회사에서 규칙으로 정한다면 직원들은 여러 기술이 서서히 발전하는 것을 볼 수 있을 것이다.

아트는 《포춘》 선정 500대 기업부터 지방 중소기업까지 다양한 규모의 회사들에서 이런 과정을 도입하여 정착하는 일을 돕고 있다. 특히 블루 버니라는 아이스크림 회사[9]의 사례가 인상적이다. 이곳은 아트의 방법을 채택하여 자체 아이디어를 추가하기까지 했다. 회사의 지역 영업 담당자들은 회사 주요 고객(식료품 체인점과 슈퍼마켓)을 정기적으로 방문해 영업 활동을 펼치고, 1년에 대여섯 번 회사 영업부장들과 만나서 향후 방문 판매 전략에 대해 이야기를 나눈다. 보통 이런 자리는 판매 현황 업데이트의 성격이 짙었지만, 회사는 여기에 연습 요소를 첨가할 방법을 찾아냈다. 고객 방문이라는 특수성을 감안하여 회의를 일종의 역할극으로 진행하게끔 한 것이다. 지역 영업 담당자가 주요 고객의 구매 담당자 역할을 하는 동료에게 프레젠테이션을 진행하는 식이다. 프레젠테이션을 마치고 지역 영업 담당자는 회의에 참석한 관리자들에게 피드백을 받는다. 참석자들은 어떤 부분이 좋았고, 어떤 부분에서 변화나 개선이 필요한지를 이야기해준다. 다음 날 영업 담당자는 다시 프레젠테이션을 하고 이번에도 역시 피드백을 받는다. 2회에 걸친 프레젠테이션은 모두 녹화되어 담당자는 자기 모습을 얼마든지 보고 검토할 수가 있다. 담당자가 고객에게 실제 프레젠테이션을 할 무렵에는 한층 향상되고 다듬어진 형태의 프레젠테이션을 할 수 있게 된다. 회의를 겸한 연습 과정이 없었다면 절대 불가능했을 수준으로 말이다.

'실제 업무를 하면서 배우기'의 장점은 연습하는 버릇, 연습에 대해 생각하는 버릇을 들이게 한다는 점이다. 일단 규칙적인 연습의 중요성을 이해하면 그리고 이를 활용했을 때 얼마나 실력이 향상되는지를 경험하면, 사람들은 일하는 내내 업무가 연습으로 전환될 수 있는 기회를 찾는다. 결국 연습은 업무의 자연스러운 일부가 된다. 의도한 효과를 제대로 낸다면 이로 인한 최종 결과는 일반적인 태도와는 전혀 다른 사고방식이 된다. 일반적인 태도란 평일은 일을 하는 날이고, 연습은 컨설턴트가 와서 훈련 프로그램을 진행하는 때처럼 특별한 경우에만 하는 것이라는 태도일 것이다. 이런 연습 중심의 사고방식은 전문가의 사고방식과 매우 흡사하다. 전문가들은 끊임없이 연습을 하고 기술을 연마할 방법을 모색한다.

수행능력을 향상시킬 효과적인 방법을 찾는 직장에 몸담고 있는 누구에게든 내가 하는 기본적인 조언은 '의식적인 연습' 원칙을 따르는 연습 방법을 찾으라는 것이다. 자신의 컴포트 존 밖으로 나와서 쉽지 않은 일을 시도하도록 사람들을 압박하고 밀어붙이는가? 현재 상태와 개선점에 대해서 즉각적인 피드백을 제공하는가? 그런 연습 방법을 개발한 이들이 해당 분야 최고 실력자를 파악했으며, 이들을 다른 사람과 구분시키는 차이가 무엇인지 밝혀냈는가? 해당 연습이 분야 전문가들이 가지고 있는 특별한 기술을 개발하는 데 적합하게 고안되었는가? 이런 모든 질문에 대한 대답이 "그렇다."고 해서 어떤 방법이 효과적이라고 100퍼센트 보장할 수는 없지만, 그럴 가능성을 한층 높여줄 것만은 확실하다.

즉각적인 피드백의 힘

'의식적인 연습' 원칙을 적용하려는 사람이라면 누구라도 다음의 핵심 난관 중 하나를 마주치게 될 것이다. 바로 최고의 실력자들이 '정확히 무엇을 해서' 다른 사람들과 구분되는 뛰어난 수행능력을 갖추게 되었는지를 파악하는 일이다. 대중의 인기를 끌면서 크게 성공을 거둔 어느 책의 표현을 빌리자면 "성공하는 사람들의 습관은 무엇인가?"이다. 기업에서든 다른 어느 곳에서든 이는 분명하게 답하기 어려운 질문이다.

다행히 여러 상황에서 활용이 가능한, 이런 질문을 피해갈 방법이 있다. 이름을 붙이자면 '탑건 방식 접근법' 정도가 좋지 않을까 싶다. 탑건 프로젝트 초기에는 누구도 최고의 조종사가 정확히 무엇을 남들과 다르게 해서 그렇게 되었는지를 밝히려 하지 않았다. 실제 공중전에서 직면하기 쉬운 상황을 모방한 공중전을 통해 조종사들이 실전에 상존하는 추락이나 격추 위험 없이 다량의 피드백을 받으면서 반복적으로 기술을 연습할 수 있는 프로그램을 시작했을 뿐이다. 사실 이런 접근법은 다른 많은 분야에서도 훈련 프로그램으로 활용하기에 상당히 좋다.

유방암 검사용 엑스선 사진을 해석하는 작업을 생각해보자. 어떤 여성이 해마다 하는 유방암 검사용 엑스선 촬영을 하고, 촬영 사진을 방사선과 의사에게 보낸다. 방사선과 의사는 받은 사진을 꼼꼼히 검사하여 추가 검사가 필요한, 이상한 부분이 있는지를 판단해야 한다. 검사를 하러 오는 여성들 대부분이 유방암 증상이 없이 오기 때문에, 엑스선 사진은 모두 방사선과 의사에게 보내진다. 연구 결과에 따르면 베트남 전쟁 초기 미 해군 조종사들과 마찬가지로 방사선과 의사들도 실력이 들쭉날쭉하다. 몇몇은 이런 판별 작업을 다른 이들보다 월등하게 잘 해낸다.[10] 예를 들어 테스트를 해보면, 일부는 다른 일부보다 양성 병변과 악성 병변을 구별하는 일에서 훨씬 높은 정확성을 보인다.

　여기서 방사선과 의사들이 직면하는 핵심 문제는 자신이 내린 진단에 대해 효과적인 피드백을 받기가 어렵다는 점이다. 이런 어려움은 시간이 흐를수록 누적되어 의사들의 실력을 향상시키는 데 상당한 걸림돌로 작용한다. 피드백을 받기가 쉽지 않은 이유는 여러 가지가 있다. 일단 1,000건의 유방암 검사용 엑스선 사진 가운데 4건에서 8건 정도만 병변이 발견된다. 방사선과 의사가 암일지 모르는 무언가를 발견하면 이런 결과는 다시 환자의 주치의에게로 전달되어 조직검사 등이 진행된다. 그리고 방사선과 의사는 조직검사 결과를 거의 통보받지 못한다. 또한 해당 환자가 유방암 검사용 엑스선 촬영 이후 1년 이내에 유방암이 발병했는지 여부를 통보받는 경우는 더더구나 드물다. 만약 그런 통보를 받는다면 방사선과 의사는 그때 찍은 엑스선 사진을 재검토하고, 자신이 유방암 초기 신호를 놓치지는 않았는지 확인할 기회를 가질 수 있을 것이다.

　실력 향상으로 연결되는 피드백 중심의 연습 기회가 적은 상태에서 방사선과 의사가 연습량을 늘린다고 해서 반드시 실력이 나아지지는 않는다. 2004년, 50만 건의 유방암 검사용 엑스선 사진과 124명의 미국 방사선과 의사를 분석한 결과에 따르면[11] 연차나 매년 진단하는 유방암 검사용 엑스선 사진 개수 같은, 방사선과 의사 개인의 어떤 배경이나 환경 요인도 진단의 정확성과는 연관이 없는 것으로 나타났다. 연구 보고서 작성자들은 124명의 방사선과 의사 사이에 나타나는 실력 차이는 독자적인 연습을 시작하기 전에 받았던 초기 교육 때문이 아닐까 추정했다.

의대를 졸업하고 인턴 과정을 마친 뒤에 예비 방사선과 의사들은 4년 간의 전공의 교육 과정을 이수한다. 이때 이들은 경험 있는 방사선과 의사와 함께 일하면서 기술을 익힌다. 선배 의사는 그들에게 무엇을 찾아야 하는지, 어떻게 환자의 엑스선 사진을 판독해야 하는지를 가르쳐준다. 일종의 감독관 역할을 하는 선배 의사는 예비 의사들의 판독 내용을 보고, 진단과 이상 부위 판별이 자신들의 전문적인 의견과 일치하는지를 말해준다. 물론 선배 의사의 견해가 옳은지 그른지를 즉시 확인할 방법은 없다. 경험이 많은 방사선과 의사들도 1,000건을 판독하면 1건 정도의 암을 놓치고, 불필요한 조직검사를 요청하는 일도 드물지 않다.[12]

미 의과대학협회 2003년 연례회의 기조연설문에서[13] 나는 유방암 검사용 엑스선 사진을 보다 효율적으로 판독하기 위해서 탑건 프로그램 같은 방법으로 방사선과 의사들을 훈련하는 방안을 제안했다. 내가 보기에 핵심 문제는 방사선과 의사들이 정확한 피드백을 받으면서 자신이 판독한 내용을 반복적으로 연습할 기회를 갖지 못한다는 것이었다. 그래서 나는 다음과 같은 내용을 제안했다. "오래전에 찍은 환자들의 유방 엑스선 사진의 디지털 자료실을 만드는 것에서 시작해야 한다.", "최종 결과를 알려주는 환자에 대한 정보 역시 함께 수집되어야 한다.", "실제로 환자의 암 병변이 발현되었는지 여부, 발현되었을 경우 시간에 따른 암의 진행 경과 등을 말해주는 정보가 함께 있어야 한다." 이렇게 하면 기본적으로 답이 있는 다수의 시험문제를 확보하는 셈이 된다. 암이 나타났을까, 나타나지 않았을까? 일부 사진은 암에 걸린 적이 없는 여성들의 것인 반면, 나머지는 의사가 사진을 보고 정확하게 암 진단을 내렸던 여성들의 것일 터이다. 심지어 여기에는 암이 발현되었지만 처음에 의사가 발견하지 못하고 놓친 사진들도 포함되어 있을 것이다. 사진을 재분석하는 과정에서 암이 발현되었다는 신호가 발견된다면 말이다. 암 병변이 있었지만 의사가 놓친 이런 사진이 훈련용으로는 가장 가치가 높을 것이다. 예를 들어 누가 봐도 건강한 유방 또는 누가 봐도 분명히 종양이 있는 유방 엑스선 사진을 다량 확보하는 것은 그리 가치가 없을 것이다. 가장 좋은 것은 양성이든 악성이든 비정상적인 모습이어서 방사선과 의사들에게 고민거리를 던지는 그런 사진이다.

일단 자료가 축적되면 훈련 도구로 바꾸기는 쉽다. 간단한 프로그램 하나면 방사선과 의사들이 엑스선 사진을 보고, 진단하고, 피드백까지 받게 할 수 있다. 만약 의사가 틀린 답을 내놓으면 프로그램에서 비슷한 특징을 보이는 다른 사진들을 보여주어 그의 약점을 보완할 추가 연습을 하게 만드는 방법도 있다. 이는 악기를 배우는 학생이 특정 유형의 운지법을 어려워하면 지도 교사가 해당 부분을 개선하고 향상시키기 위한 연습 과제를 내주는 것과 이론상으로 차이가 없다. 요컨대 이것이 '의식적인 연습'이 된다.

오스트레일리아에서 내가 제안했던 것과 아주 흡사한 디지털 자료실이 만들어졌다는 보도는 무척이나 반가웠다.[14] 방사선과 의사들이 자료실에서 불러온 다양한 유방 엑스선 사진들을 가지고 자신의 실력을 시험해 볼 수 있는 그런 시스템이라고 했다. 2015년에 발표된 연구에 따르면, 해당 자료실에서 방사선과 의사들이 자신의 실력을 시험해보자, 그 결과가 그들이 실제 훈련에서 얼마나 정확하게 판별하는지를 예측해주었다고 한다.[15] 다음 단계는 자료실을 활용한 훈련에서 얻은 실력 향상이 실제 진료에서 정확한 진단으로 이어지는지를 증명하는 것일 터이다.

비슷한 형태의 자료실로 소아과 발목 엑스선 사진을 독자적으로 모은 곳이 있다. 2011년 뉴욕 시 모건 스탠리 어린이 병원에 근무하는 일단의 의사들은 어린이에게 일어날 가능성이 있는 234건의 발목 부상 자료를 모은 연구를 발표했다.[16] 각각의 사례에는 여러 장의 엑스선 촬영 사진과 환자의 이력과 증상을 간단하게 요약한 정보가 포함되었다. 의사들은 이 자료를 활용하여 방사선과 레지던트들을 훈련시켰다. 레지던트에게 엑스선 사진과 환자에 대한 세부 내용을 보여주고 진단을 하게 만드는 방식이었다. 환자의 상태가 정상인지 비정상인지 분류하고, 비정상이라면 구체적으로 어떤 이상인지를 진단하도록 했다. 그러고는 즉시 경험 있는 방사선과 의사에게서 진단에 대한 피드백을 받게 했다. 즉 레지던트의 진단에서 옳은 점과 잘못된 점, 놓친 점을 설명해준 것이다.

이런 연습과 피드백은 레지던트들의 진단 능력을 극적으로 향상시켰다. 처음에 레지던트들은 자신의 기존 지식에 의존하면서 주먹구구식으로 진단을 내렸고, 정확도가 높지 않았다. 하지만 20회 정도 연습을 하고 나자 피드백의 효과가 나타나기 시작했고, 진단의 정확도가 꾸준히 증가하기 시작했다. 이는 234건의 사례를 훑어보는 내내 계속되었다. 여러 정황으로 미루어 자료만 있다면 추가로 수백 장을 보는 동안에도 꾸준히 실력이 향상될 것으로 추정되었다.

요컨대 스승을 통해서든 세심하게 설계된 컴퓨터 프로그램을 통해서든, 즉시 피드백을 받는 이런 유의 훈련은 실력을 향상시키는 놀랍도록 효과적인 방법이 될 수 있다. 나는 신입 방사선과 의사가 특히 어려워하는 문제들을 파악하고 이에 중점을 둔 훈련 프로그램을 만든다면, 이런 엑스선 사진 판독 훈련이 훨씬 효과적이 되리라고 생각한다. 그리고 본질적으로 정확한 진단에서 심적 표상이 하는 역할을 파악하고, 이를 훈련 프로그램에 적용하려는 노력이 가미되어야 한다.

내가 스티브 팰룬을 연구하면서 활용했던 생각 말하기 같은 방법을 활용하여 방사선과 의사들의 우수한 실력 밑바탕에 있는 심리 과정을 살펴보는 연구도 진행되었다. 결과를 보면 실제로 최고 실력을 갖춘 방사선과 의사들은 다른 의사들보다 정확한 심적 표상을 발전시켜온 것이 분명해 보인다.[17] 실력이 떨어지는 방사선과 의사들이 힘들어 하는 환자와 종양의 유형까지는 어느 정도 밝혀져 있다.[18] 그러나 안타깝게도 전문가 수준의 방사선과 의사와 그렇지 못한 의사가 판단을 내리는 방법에 어떤 차이가 있는지는 충분히 밝혀지지 않아서, 당장에 실력이 떨어지는 의사들의 약점을 보완해줄 심적 표상에 관한 훈련 프로그램을 개발하기에는 무리가 있다.

그러나 복강경 수술 사례에서는 심적 표상을 개발하는 훈련이 정확히 어떤 효과를 내는지 어느 정도 밝혀져 있다. 이 분야의 실력 있는 의사들이 수술 도중에 사용하는 심적 표상에 대해서는 훨씬 많은 연구가 진행되었기 때문이다. 샌프란시스코 소재 캘리포니아 대학교의 외과 의사 로렌스 웨이Lawrence Way가 이끄는 연구진은 환자의 담낭(쓸개)을 제거하는 복강경 수술 도중, 환자의 담관(쓸개관)에 특정 유형의 상처를 입히는 원인이 무엇인지 알아보는 연구를 수행했다. 거의 모든 사례에서[19] 이런 부상은 연구진이 '시지각적 착각'visual perceptual illusion이라고 부르는 현상 때문에 생겼다. 즉 수술하는 의사가 특정 신체 부위를 다른 부위로 착각하는 것이다. 이런 착각 때문에 의사는 원래 목표로 했던 부분, 예를 들면 담낭관(쓸개주머니관) 대신 담관을 자르게 된다. 이런 착각이 워낙 강력해서 뭔가 이상하다는 것을 감지하고도 수술을 중단하고 문제가 있는지 확인할 생각을 하지 않고 계속하는 경우가 빈번하게 일어난다. 복강경 수술 성공 사례를 연구한 다른 연구진은 전문성을 갖춘 외과 의사들이 신체 부위를 한층 명확하게 보는 방법들을 개발한다는 것을 알아냈다.[20] 예를 들어 수술에 사용되는 카메라로 내부를 정확히 보기 위해 일부 조직을 한쪽으로 치우는 식이다.

앞서 소개한 연구 결과를 종합하면, 상황에 맞는 계획적인 연습을 통해서 얼마든지 복강경 수술 성공률을 높일 수 있다는 결론이 나온다. 최고의 복강경 수술 의사들이 제대로 하고 있는 것이 무엇인지 알고, 그렇지 못한 의사들이 흔히 저지르는 실수를 알면, 외과 의사의 심적 표상을 개발하기 위해 수술실 밖에서 할 수 있는 훈련 프로그램을 설계하는 일이 가능해진다. 한 가지 방법은 실제 수술 동영상을 활용하는 것이다. 영상을 보여주다가 특정 판단이 필요한 시점에서 멈춘 다음 "이제 어떻게 할 건가?" 또는 "여기서 무엇을 찾아야 할까?" 등을 묻는 식이다. 이에 대해 훈련에 참여한 의사는 화면에서 어디를 잘라야 하는지를 보여주거나 담관의 윤곽을 그려 보일 수도 있고, 확실하게 보기 위해서 일부 조직을 한쪽으로 치우자고 답을 낼 수도 있다. 그러면 이런 답에 대한 즉각적인 피드백이 돌아온다. 오답인 경우 훈련자는 피드백을 통해 잘못된 생각을 바로잡는다. 그러고 나서 다음 사례로 넘어가고, 제대로 맞히면 그보다 어려운 사례로 넘어갈 것이다.

이런 방법을 사용하여 효과적인 심적 표상을 만들어내기까지 의사들은 문제를 유발하는 수술의 다양한 측면에 초점을 맞춘 훈련을 수십 또는 수백 번 해볼 수 있다.

일반적으로 이런 탑건 프로그램 방식은 실수가 현실의 결과로 이어지는 실제 업무가 아닌 상태에서 무언가를 반복 연습함으로써 효과를 볼 수 있는 다양한 분야에 적용이 가능하다. 조종사, 외과 의사를 비롯해 위험성이 높은 직업 종사자들을 훈련시키는 데 시뮬레이터, 즉 모의실험 장치를 많이 사용하는 이유가 바로 여기에 있다. 사실 유방 엑스선 촬영 자료를 모아 방사선과 의사를 훈련시키는 것도 일종의 모의실험이다. 나아가 실로 다양한 분야에서 이런 방법을 활용할 수 있다. 예를 들면 세무사가 특정 영역의 전문 기술을 연마하도록 돕거나 정보 분석가가 해외 상황 분석 능력을 기르도록 돕는 일종의 사례연구 자료실을 만드는 것도 생각해볼 수 있다.

심지어 자체 모의실험 장치 등을 이미 활용하여 훈련하는 영역에서도 '의식적인 연습' 원칙들을 분명하게 반영함으로써 효과를 크게 증대시킬 수 있다. 앞서 언급한 것처럼 각종 수술 영역에서 이미 이런 방식이 사용되고 있다. 이런 장치를 설계할 때 각 분야에서 활동하는 실력 있는 외과 의사들의 심적 표상에 대해 알려진 내용이나 거기서 배울 내용을 반영한다면 수행능력을 향상시키는 데 훨씬 효과적일 것이다. 어떤 실수가 가장 흔히 일어나고 가장 위험한지 파악한 다음, 실수가 일어나는 상황에 초점을 맞춘 모의실험 장치를 설계함으로써 훈련을 한층 효과적으로 만들 수도 있다. 예를 들어 수술 도중 모종의 방해가 발생해 수술이 임시로 중단

되는 일이 드물지 않다. 만약 어떤 사람이 수혈 전에 혈액형을 확인하려는 순간 이런 일이 발생하면[21] 방해 상황이 끝나고 수술이 재개되었을 때 잊지 말고 확인하는 것이 무엇보다 중요하다. 수술 의사와 팀의 다른 구성원들이 이런 상황에 대처하는 경험을 키우도록 모의실험 장치 관리자는 결정적인 순간에 방해 요인이 발생하도록 설계할 수도 있다. 이런 유의 모의실험 장치를 활용한 연습 방법은 실제로 무궁무진하다.

▌아는 것과 할 수 있는 것을 구분하라

목표가 적기를 격추하는 것이든 유방 엑스선 사진을 판독하는 것이든, 탑건식 훈련법은 암묵적으로 '행동'doing을 강조한다. 어떤 일을 하려면 어느 정도의 지식이 필요하다는 사실이야 충분히 이해하고도 남지만, 핵심은 무엇을 아느냐가 아니라 무엇을 할 수 있느냐이다.

지식knowledge과 기술skill의 이런 구분이야말로 전문성에 대한 전통적인 접근법과 '의식적인 연습'식 접근법을 나누는 핵심 차이다. 전통적인 접근법에서는 초점이 대부분 '지식'에 있다.

궁극적인 결과가 (특정 유형의 수학 문제를 풀거나 훌륭한 에세이를 쓰는 등) 무언가를 할 수 있게 되는 것일 때도, 전통적인 접근법에서는 무엇이 실력을 향상시키는 올바른 방법인지 관련 정보를 제공한 다음, 그것을 실제 활동에 적용하는 일은 주로 배우는 사람에게 맡긴다. 그러나 이와 달리 '의식적인 연습'은 실제 수행능력과 이를 향상시킬 방법에만 초점을 맞춘다.

카네기 멜런 대학교에서 기억력 실험의 세 번째 참가자인 다리오 도나텔리는 시작하기 전에 실험 선배인 스티브 팰룬과 실험에 관한 충분한 이야기를 나눴다. 당시 스티브는 자신이 숫자를 82개까지 외우려고 정확히 무엇을 했는지 이야기해주었다. 실제로 다리오와 스티브는 친구였고 서로 꾸준히 만나는 사이였으므로, 스티브는 숫자 묶음을 외울 연상기호를 만드는 방법, 기억 속에서 묶음들을 배치하고 정리하는 방법 등에 대해 이런저런 아이디어와 지침들을 종종 주었다. 말하자면 다리오는 숫자를 기억할 방법에 대해서 엄청난 양의 '지식'을 가지고 있었지만, 그래도 '기술'을 개발해야 했다. 다리오는 스티브가 겪었던 것과 동일한 시행착오를 겪으며 방법을 생각할 필요가 없었고, 적어도 초반에는 스티브보다 빠르게 숫자 기억력을 향상시킬 수 있었다. 하지만 다리오의 기억력을 개발하는 과정은 여전히 길고도 느렸다. 스티브가 알려준 지식은 분명 도움이 되었다. 하지만 다리오가 기술을 개발할 보다 효과적인 연습 방법을 생각해내는 정도까지만 도움이 되었다.

전문 직종에서든 기업에서든 사람들을 훈련시키고 교육하는 방법을 보면, 기술을 희생하면서 지식에 초점을 두는 경향이 있다. 그 이유는 주로 오랜 전통과 편의성에 있다. 대규모 인원을 상대로 연습을 통해 기술을 개발할 환경을 조성해주는 것보다는 지식을 알려주는 편이 훨씬 쉽기 때문이다.

의학 교육을 생각해보자. 의사 지망생들이 대학을 졸업할 무렵이면 초등학교 때부터 15년 이상을 학교에서 교육을 받으며 보낸 셈이 된다. 그러나 이처럼 장기간에 걸친 교육은 대부분 지식 제공에 초점을 두고 있으며, 의사로서 현장에서 필요한 기술에 직접적으로 적용되는 교육은 거의 또는 전혀 없다. 실제로 의사 지망생들은 4년제 대학을 졸업한 후 의학 전문 대학원medical school에 들어가서야 의학 교육을 받기 시작한다. 더구나 의학 전문 대학원이라는 중요한 단계에 도달한 이후에도 교과 학습에 2년을 보낸 다음에야 임상 실무를 시작하고, 그제서야 마침내 의학 기술을 익히고 발전시키기 시작한다. 의사 지망생들이 외과, 소아과, 방사선과, 소화기내과 등의 전공을 정해서 거기에 필요한 기술을 개발하기 시작하는 것은 주로 의과 대학원을 졸업한 다음이다. 그리고 경험 많은 의사들의 지도 밑에서 인턴으로, 레지던트로 일을 하는 이 시기에 와서야 드디어 전공에 필요한 진단 및 전문 기술의 많은 부분을 배운다.

인턴과 레지던트 기간 이후 일부 의사들은 펠로십, 즉 전임의 과정에 지원하여 한층 심화된 전공 훈련을 받지만 공식 지도를 받는 훈련은 레지던트 시기에 끝난다. 새내기 의사들이 이 단계에 도달하면 어엿한 의사로 일을 할 수 있게 된다. 환자를 효과적으로 치료하는 데 필요한 모든 기술을 습득했으리라는 가정하에 말이다.

이 모든 것이 어딘지 모르게 익숙하지 않은가? 이상의 과정은 내가 제1장에서 개인이 테니스를 배우는 방법을 설명하면서 묘사했던 패턴과 아주 흡사하다. 테니스 강습을 받고, 그럭저럭 괜찮게 게임을 할 정도의 기술을 개발한 다음에는 학습의 초기 특징인 강도 높은 훈련을 그만둔다. 이미 지적한 것처럼 사람들 대부분은 계속 테니스를 치면서 '연습' 시간을 쌓아가고 있으니 틀림없이 실력이 늘 것이라고 가정하지만 사실은 다르다. 보통 단순히 게임을 하는 것으로는 실력이 크게 늘지 않으며, 오히려 떨어지기도 한다.

2005년, 하버드 의학 대학원 연구진은 시간의 흐름에 따라 의사들이 제공하는 의료의 질이 어떻게 달라지는지를 살펴본 연구들을 광범위하게 검토한 결과를 발표했다.[22] 이를 보면 의사와 취미로 테니스를 배우는 사람 사이에 이런 유사성이 보인다. 다년간의 실무가 의사의 실력을 향상시킨다면 시간이 흐르고 경험이 쌓임에 따라서 제공하는 의료의 질이 높아져야 한다. 그러나 사실은 정반대였다. 해당 보고서에 포함된 60건의 연구 가운데 거의 모두에서 의사들의 수행능력은 시간이 흐르면서 나빠지거나 기껏해야 예전 상태 그대로 정체되어 있었다. 적절한 의료 서비스 제공이라는 측면에서 나이가 많은 의사가 경험이 훨씬 적은 의사에 비해 환자에 대한 아는 것이 적었고 처치도 서툴렀다. 따라서 연구진은 이것 때문에 나이 많은 의사의 환자가 예후가 좋지 않을 가능성이 높다는 결론을 내렸다. 60건의 연구 가운데 2건만이 의사가 경험이 쌓이면서 실력이 나아진다는 결과를 내놓았다. 1만 명 이상의 임상의를 상대로 의사결정의 정확성을 조사한 또 다른 연구는[23] 실무 경험이 많다는 사실이 의사 결정에 미미하게밖에 도움이 되지 않는다는 결론을 내렸다.

이런 현상은 간호사들에게도 해당된다. 여러 연구 결과에 따르면 환자를 보살피는 측면에서 아주 경험이 풍부한 간호사가[24] 평균적으로 간호학교를 졸업한 지 얼마 되지 않은 2~3년 차 간호사보다 나은 서비스를 제공하지 못했다.

나이가 많고 경험이 많은 의료 서비스 제공자의 수행능력이 나이도 어리고 경험도 적은 동료보다 나을 것이 없는 (심지어 때로는 못한) 이유가 무엇인지는 현재로서는 추정만 가능할 뿐이다. 당연히 젊은 의사와 간호사들은 학교에서 최신 지식을 배우고 훈련을 받았을 것이며, 평생교육을 통해 효과적으로 최신 정보를 업데이트하지 않는다면 나이가 들수록 기술이 시대에 뒤처질 수밖에 없다. 한 가지는 분명하다. 의사와 간호사 모두 경험만으로 우리가 말하는 분야 최고의 수준, 즉 전문성을 얻지는 못한다는 것이다. 여기에는 거의 예외가 없다.

물론 의사들은 실력을 향상시키기 위해 열심히 노력한다. 분야 최신 사고와 기법으로 스스로를 업데이트하기 위해 각종 회의, 토론회, 워크숍, 단기 강좌 등에 꾸준히 참석한다. 이 책을 집필하면서 나는 "의학 관련 회의 목록을 빠짐없이 집대성한 웹사이트"라고 홍보하는 닥터스리뷰닷컴doctorsreview.com이라는 웹사이트를 살펴보았다. 회의 검색 페이지에서 임의의 분야(심장학)를 선택하고, 시점도 아무것(2015년 8월)이나 선택하고, 해당 기간에 해당 주제에 관해 열리는 모든 회의 목록을 검색했다. 검색 결과 전체 휴스턴에서 열리는 심혈관계 전임의 훈련소부터 플로리다 세인트피터즈버그에서 열리는 초음파유도 혈관 접근, 캘리포니아 새크라멘토에서 열리는 전기생리학 관련 회의까지 21개의 목록이 나왔다. 전공 분야 하나에 대해 열리는 한 달치가 그만큼이었다. 해당 웹사이트는 전체 회의 수가 2,500개가 넘는다고 장담하고 있었다.

이는 의사들이 기술이 녹슬지 않게 하려는 노력을 게을리하지 않는다는 의미다. 하지만 안타까운 것은 그렇게 해봐야 소용이 없다는 것이다. 몇몇 연구자가 개업 의사들을 위한 평생의료교육Continuing Medical Education의 이점을 조사하는 연구를 진행했는데, 결론은 완전히 쓸모가 없다고 할 수도 없지만, 크게 도움이 되지도 않는다는 것이었다. 그러나 나는 그동안 의료 분야의 문제점을 찾고 바로잡을 방법을 모색하는 일에 놀라울 정도로 적극적인 의사들을 많이 보았다(의료계로서는 자랑스러운 일이 아닐까 한다). 내가 의사를 비롯한 의료계 종사자들과 그토록 많은 시간을 작업하게 된 것은 이렇게 적극적인 의사들이 많았던 이유가 크다. 그렇다고 의료 분야 훈련이 다른 분야에 비해 효율성이 떨어지기 때문에 이렇게 적극적인 것이 아니냐고 생각해서는 곤란하다. 의료 분야 종사자들이 현재의 문제점을 개선하고 더욱 발전할 방법을 찾으려는 의욕이 워낙 크기 때문이다.

토론토 대학교의 의사이자 교육과학자인 데이브 데이비스Dave Davis가 발표한 몇몇 조사 결과는 의사를 대상으로 한 평생직업교육의 효과를 살펴본 가장 흥미진진한 결과물로 꼽힌다. 특히 영향력이 컸던 한 연구에서 데이비스와 동료들은[25] 아주 광범위한 '교육 활동'을 조사했다. 이들이 말하는 교육 활동에는 강의, 토론회, 각종 회의, 강좌, 심포지엄, 회진 참여 등 의사의 지식을 늘리고 수행능력을 향상시키기 위한 거의 모든 활동이 망라된다. 조사 결과 데이비스는 가장 효과적인 교육 활동은 역할극, 집단토론, 사례 해결, 실전 훈련 등 쌍방향 요소를 지닌 것이라고 결론 내렸다. 이런 활동은 전체적인 폭은 그렇게 크지 않았지만 실제로 의사의 수행능력을 향상시킬 뿐만 아니라 치료 결과 역시 호전시켰다. 대조적으로 가장 효과가 떨어지는 활동은 '설교형' 교육이었다. 즉 기본적으로 강의식으로 진행되는 교육을 말한다. 안타깝게도 이런 활동이 평생의료교육에서 가장 일반적인 형태로, 압도적으로 많은 양을 차지하고 있다. 데이비스는 이처럼 소극적으로 강의를 듣는 활동은 의사의 수행능력에도, 환자의 치료 결과에도 유의미한 영향을 전혀 미치지 못한다는 결론을 내렸다.

데이비스의 연구에서는 1999년 이전에 발표된 평생의료교육에 대한 연구들이 검토되었다. 10년 뒤에 노르웨이의 연구자 루이세 포르세트

룬드Louise Forsetlund가 이끄는 연구진은 그 사이에 발표된 평생의료교육에 관한 49건의 새로운 연구 결과를 검토해 데이비스의 작업을 업데이트했다.[26] 이들의 결론도 데이비스와 비슷했다. 평생의료교육은 의사들의 수행능력을 향상시킬 수 있지만 효과는 미미하고, 치료 결과에 미치는 영향은 더더구나 미미했다. 게다가 그나마 영향이 있는 것은 약간이라도 쌍방향 요소가 포함된 교육 방식이었다. 강의, 세미나 등은 의사들의 실력 향상에 거의 또는 전혀 도움이 되지 않았다. 마지막으로 연구진은 어떤 형태의 평생의료교육도 '복잡한 행동'을 개선하는 데는 전혀 도움이 되지 않는다고 지적했다. 즉 다양한 단계를 거치거나 다양한 요인을 고려해야 하는 그런 행동들에는 말이다. 달리 말하자면 평생의료교육이 효과가 있는 경우는 의사들이 하는 가장 기본적인 행동을 바꾸는 데만 국한됐다.

'의식적인 연습'의 관점에서 보면 무엇이 문제인지 명확히 보인다. 강좌나 단기 교육 과정에서는 피드백을 거의 또는 전혀 제공받지 못한다. 새로운 것을 시도하고, 실수를 저지르고, 이를 바로잡고, 서서히 새로운 기술을 발전시킬 기회 역시 거의 또는 전혀 주어지지 않는다. 이는 마치 아마추어 테니스 선수가 테니스 잡지에 실린 기사를 읽고, 이따금 유튜브 영상을 보면서 실력을 키우려고 노력하는 것과 같다. 그들은 무언가를 배우고 있다고 생각할지 모르지만 테니스 경기를 하는 데는 크게 도움이 되지 않는다. 나아가 요즘 유행하는 온라인을 이용한 쌍방향 평생의료교육에서 의사와 간호사가 일상 업무에서 마주치는 복잡한 상황을 재현하기란 이만저만 어려운 것이 아니다.

일단 훈련 과정을 마치고 나면 의료계를 비롯한 여러 전문직들은 독자적으로 일을 하게 된다. 이들에게는 테니스 코치 같은 역할을 해줄 사람이 전혀 없다. 함께 작업하면서 그들의 약점을 파악하고, 이를 바로잡을 훈련 처방을 내놓고, 훈련을 감독하고, 심지어 이끌어줄 그런 사람이 전혀 없다. 일반적으로 말해서 대부분의 전문 직종이 그렇듯이 의료 분야는 현업에서 뛰는 구성원들의 훈련과 발전을 지원하는 강한 전통이 없다. 의료계 종사자들은 스스로 효과적인 연습 방법을 찾아내고, 이를 적용하여 수행능력을 향상시킬 수 있다고 보기 때문이다. 말하자면 의학 교육 전반을 관통하는 암묵적인 가정은, 의학 대학원이나 의학 잡지, 또는 세미나와 평생의료교육 과정들을 통해서 의사들에게 필요한 지식을 제공하면 그것으로 충분하다는 것이다.

의료계에는, 유래를 찾자면 20세기 외과 수술 분야의 개척자로 꼽히는 미국의 윌리엄 홀스테드William Halsted까지 거슬러 올라가는, 수술에 관련된 속담이 하나 있다. "보고, 하고, 가르쳐라."[27] 외과 수련의가 새로운 수술을 배우는 경우, 다른 사람이 수술하는 모습을 한 번 보는 것이면 충분하며, 보고 나면, 스스로 방법을 깨우쳐서 직접 환자를 상대로 수술할 수 있다는 것이다. 기술보다 지식이라는 믿음의 극치를 보여주는 직업이 아닐 수 없다.

그러나 이런 믿음은 1980년대와 1990년대에 복강경 수술(즉 키홀 수술)이 보급되면서 심각한 도전을 받게 된다. 복강경 수술에서는 실제 수술하는 부위와 상당히 떨어져 있을 수도 있는 몸의 작은 구멍을 통해 삽입된 장치를 이용하여 수술이 진행된다. 이런 수술은 전통적인 수술 기법과는 근본적으로 다른 기법들을 요구했다. 그러나 경험이 많은 외과 의사는 별도의 훈련 없이도 비교적 빠르게 새로운 기법을 터득할 수 있어야 한다는 것이 일반적인 가정이었다. 무엇보다 그들은 이런 수술에 필요한 지식을 모두 갖추고 있었다. 그러나 의학 분야 연구자들이 전통적인 수술에 많은 경험을 가지고 있는 외과 의사의 학습곡선과 외과 수련의의 학습곡선을 비교해보니, 얼마나 빨리 복강경 수술을 마스터하여 합병증을 줄이는지에서 두 집단 사이에 전혀 차이가 없었다.[28]

말하자면 수련의에 비해 전통적인 수술에 대한 지식과 경험이 풍부하다는 사실이 복강경 수술 기술을 익히는 데는 전혀 이점이 되지 못했다. 복강경 수술 기술은 전통적인 수술 실력과는 별개로 새롭게 익히고 발전시켜야 하는 기술임이 밝혀진 것이다. 이런 연구들 때문에 오늘날 복강경 수술을 하려는 외과 의사들은 최고 실력을 갖춘 복강경 수술 의사의 감독을 받으며 훈련을 하고 테스트를 거친다.

교육 과정에서 전통적으로 기술보다 지식을 강조해온 분야는 의료 관련 직종만은 아니다. 역시 전문직 종사자를 길러내는 법과 대학원, 경영 대학원 같은 여러 전문 대학원도 상황은 마찬가지다. 전문 대학원에서 기술보다 지식에 초점을 두는 이유는 지식을 가르치고, 이를 측정하는 시험을 내는 것이 훨씬 쉽기 때문이다. 지식이 갖춰져 있다면 기술은 비교적 쉽게 숙달할 수 있다는 것이 일반적인 생각이기도 하다. 이렇다 보니 대학을 졸업하고 직장에 들어간 사회 초년생이 일에 필요한 기술을 익히는 데만 적지 않은 시간을 들여야 하는 상황이 빈번히 발생한다. 결과적으로 이들 직종도 기술을 갈고닦도록 실무자들을 지원함에 있어 의료계보다 나을 것이 없다(아니, 많은 경우 의료계보다는 못하다). 의료 분야와 마찬가지로 실무 경험을 축적하기만 하면 수행능력이 향상된다고들 가정하는 것이다.

워낙 이런 상황이 만연해 있기 때문에 일단 올바른 질문을 찾으면 정답에 절반은 가까워진 셈이다. 전문직이든 일반 직장에서든 수행능력 향상을 말할 때 우리가 던져야 할 올바른 질문은 "관련 지식을 어떻게 가르칠 것인가?"가 아니라 "관련 기술을 어떻게 향상시킬 것인가?"이다.

▌ 훈련에 접근하는 새로운 방법

탑건 프로그램과 아트 터록의 작업에서 본 것처럼, 전문직에서든 일반 직장에서든 기술을 향상시키기 위해 '의식적인 연습' 원칙들을 즉시 활용할 방법이 많이 있다. 그러나 내 생각에 장기적으로 가장 좋은 방법은 현재 많은 영역에서 표준이 되어 있는 '지식 중심 접근법'을 보완하거나 완전히 대체할 '기술 중심 훈련 프로그램'을 개발하는 것이다. 궁극적으로 가장 중요한 것은 "무엇을 아는가?"가 아니라 "무엇을 할 수 있는가?"이기 때문이다. 훈련은 지식보다 행동에 집중해야 하며, 특히 모든 사람이 분야 최고 전문가 수준에 가까워지게끔 기술을 익히는 데 집중해야 한다는 생각에 동의할 때 이런 전략 수립이 가능하다.

2003년 이후 나는 의료계 종사자들과 작업하면서 '의식적인 연습'이 의사들이 매일 활용하는 기술을 갈고닦는 데 얼마나 도움이 되는지를 보여주었다. 이 연습 방식을 활용한 방법으로 바꾸는 것은 패러다임의 전환을 의미하며, 의사의 실력은 물론 궁극적으로 환자의 건강에 더없이 도움이 된다. 이와 관련하여 아주 중요한 의미를 지니는 연구에서[29] 존 버크마이어ᴊᴏʜɴ Birkmeyer와 동료들은 미시간 주에서 비만 수술을 하는 외과 의사들에게 각자 병원에서 시행한 복강경 위장우회 수술의 대표적인 사례를 보여주는 녹화 영상을 제출해달라고 요청했다. 이어서 연구자들은 받은 영상을 익명으로 하여 전문가들에게 보여주고 의사의 기술을 평가해달라고 요청했다. 예상대로 의사의 기술 등급에 따라 환자의 치료 결과에 많은 차이가 있었다. 기술이 좋다는 평가를 받은 의사에게 수술을 받은 환자는 합병증을 앓거나 사망에 이르는 확률이 낮았다. 이는 기술적으로 미숙한 의사의 실력을 향상시키면 환자들이 엄청나게 혜택을 볼 수 있다는 의미가 된다. 이런 연구 결과를 토대로 고도로 숙련된 외과 의사들이 기술적으로 미숙한 외과 의사들을 감독하면서 실력이 향상되게끔 돕는 프로젝트가 탄생했다.

이제 나는 '의식적인 연습'이 궁극적으로 환자의 치료 실적을 개선시키는 보다 효율적인 훈련 방법을 개발하는 데 어떻게 적용될 수 있는지 개괄적으로 설명할 것이다.

첫 번째 단계는 누가 해당 분야에서 전문가 수준의 의사인지를 어느 정도 확실하게 밝히는 것이다. 수행능력이 다른 의사보다 확실하게 나은 의사를 어떻게 찾아낼까? 제4장에서도 말한 것처럼 이것이 항상 쉬운 일은 아니다. 그러나 상당한 객관성을 가지고 해낼 방법들이 있다.

의료 행위에서 가장 중요한 것은 역시 환자의 건강이다. 때문에 우리가 진정으로 찾고자 하는 자료는 의사의 행위와 확실하게 연관되는 환자의 치료 결과이다. 의료 행위란 여러 단계를 거치면서 복수의 사람이 관여하는 복잡한 과정이고, 특정 개인의 공헌과 명백하게 연결시킬 수 있는 측정 결과가 비교적 적기 때문에 이는 여간 까다로운 작업이 아니다. 그렇지만 전문가 수준의 의사를 어떻게 찾아낼지를 보여주는 적어도 두 가지 좋은 예가 있다.[30]

2007년, 뉴욕 시 메모리얼 슬론 케터링 암센터의 앤드루 비커스Andrew Vickers가 이끄는 연구진은[31] 수술을 통해 전립선을 제거한 전립선암 환자 약 8,000명을 조사한 결과를 발표했다. 1987년부터 2003년 사이에 네 곳의 의료센터에서 72명의 의사가 시술한 수술이었다. 수술 목적은 전립선 전체와 주변 조직에 있는 암세포를 완전히 제거하는 것이다. 복잡한 수술로 세심한 주의와 기술이 필요하며, 제대로 되지 않으면 암이 재발할 가능성이 높다. 따라서 수술 후 재발 방지율이 최고 수준의 외과 의사와 나머지를 가르는 객관적인 척도를 제공한다.

다음은 비커스와 동료들의 연구 결과이다. 해당 수술 경험이 많은 의사와 비교적 수술 경험이 적은 의사 사이에는 중요한 기술상의 차이가 있었다. 전립선 절제술 경험이 10회에 불과한 의사가 5년 이내 암 재발률이 17.9퍼센트였던 반면, 250회의 수술 경험이 있는 의사는 재발률이 10.7 퍼센트에 불과했다. 달리 말하자면 경험이 적은 미숙한 의사에게 수술을 받는 경우, 경험이 많은 노련한 의사에게 수술을 받았을 때보다 5년 이내 암 재발률이 거의 2배나 높아진다는 의미다. 후속 연구에서[32] 비커스는 경험 많은 의사의 재발률을 조사했다. 의사의 수술 횟수가 1,500회에서 2,000회에 이르는 시점까지 재발률은 꾸준히 감소했다. 그쯤 되면 의사는 전립선 밖으로 암이 전이되지 않은 상대적으로 간단한 환자의 경우 수술 후 5년 이내 재발 방지에서 사실상 완치 수준에 도달했다. 암이 전립선 밖으로까지 전이된 복잡한 환자의 경우에는 재발되지 않은 확률이 70 퍼센트였다. 그러나 2,000회를 넘어선 이후부터는 경험이 많다고 해서 재발하지 않은 확률이 높아지지 않았다.

결론부에서 비커스는 고도로 숙련된 외과 의사들이 무엇을 다르게 하고 있는지를 밝힐 기회까지는 갖지 못했다고 말했다. 그러나 수백, 수천 회의 수술 경험이 의사들에게 치료 결과에 엄청난 차이를 가져오는 특정한 기술을 발전시키게 해주는 것만은 확실해 보였다. 수술 경험 증가가 기술적인 숙련도 증가로 이어졌으므로, 그런 과정에서 자신의 기술을 바로잡고 갈고닦음으로써 점점 발전하게 해주는 일종의 피드백이 있었음이 분명하다는 지적도 주목할 가치가 있다.

수술은 혈관 파열, 조직 손상 같은 여러 문제점이 즉각적으로 드러나기 때문에 의사가 최소한 일부 실수에 대해서는 즉각적인 피드백을 얻을 수 있다. 이런 점에서 외과 수술은 의료 분야 내에서도 다른 여러 영역과는 차이가 있다. 수술 후에는 회복실에서 환자의 상태를 꼼꼼하게 확인한다. 때로 이 단계에서 출혈이나 다른 문제가 발생해 환자가 이를 바로잡는 수술을 받아야 할 때도 있다. 이런 재수술 역시 의사가 피할 수 있었던 문제들에 대해 피드백을 얻게 해준다. 암 병변을 제거하는 수술일 경우, 암세포가 모두 성공적으로 제거되었는지는 제거된 암 조직을 연구실에서 분석하는 과정에서 확인할 수 있다. 원칙적으로 제거된 조직에는 모두 주변의 건강한 세포가 포함되어 있어야 한다. 이처럼 '깨끗한 가장자리' 제거에 성공하지 못했다면, 이 역시 훗날 비슷한 수술을 시행하는 경우 의사가 참조할 또 하나의 피드백이 된다. 심장 수술에서는 수술 성공 여부를 평가하기 위해 그리고 성공적이지 않을 경우 무엇이 잘못되었는지를 밝히기 위해 치료한 심장을 테스트해볼 수가 있다. 의료 분야 다른 대부분의 직종과 달리 외과 의사가 경험이 쌓일수록 실력이 향상되는 이유는 아마도 이처럼 피드백이 다양하게 제공되기 때문일 것이다.[33]

경험과 실력의 상관관계라는 외과 의사들에게 적용되는 특수한 상황 때문에도 '의식적인 연습'에 근거한 수술 기술 향상 프로그램은 특히 가치가 있다. 앞서의 연구를 비롯해 유사한 연구들을 보면, 외과 의사가 전문가라고 간주할 수 있는 수준에 도달하기 위해서는 다년간 여러 차례의 수술 경험이 필요하다는 사실은 분명하다. 이런 상황에서 만약 외과 의사가 전문가 수준에 도달하는 데 필요한 시간을 절반으로 줄여주는 훈련 프로그램이 개발된다면, 환자들에게 미치는 영향은 엄청날 것이다.

비커스가 외과 의사에게서 관찰한 것과 비슷한 발전 패턴이 유방 엑스선 사진을 판독하는 방사선과 의사에게서도 나타났다.[34] 방사선과 의사들도 임상 실무를 한 첫 3년 동안 판독 능력이 상당히 향상되었으며, 유방암이 걸리지 않은 여성에게 추가 검사를 요청하는 오독률이 점점 줄었다. 그러나 3년이 지난 이후에는 이런 발전이 급격히 둔화되었다. 흥미롭게도 초기 3년간의 이런 실력 향상은 방사선과 전임의 과정을 거치지 않은 임상의들에게서만 나타났다. 전임의 과정을 거친 의사들은 이들과 같은 학습곡선을 그리지 않고, 임상 실무에 돌입해 몇 달 지나면 비전임 방사선과 의사가 3년 정도 걸려서 도달한 것과 같은 기술 수준에 도달했다.

전임의 과정에서 받은 훈련 덕분에 이들이 일반적으로 필요한 기간보다 훨씬 짧은 기간에 전문가 수준에 도달할 수 있었다면, 전임의 과정 없이도 잘 설계된 훈련 프로그램이 있다면 같은 성과를 낼 수 있으리라는 가정이 충분히 일리가 있다.

일단 동료보다 꾸준하게 나은 실적을 올리는 사람들을 찾아내면, 다음 단계는 그런 우월한 수행능력의 기저에 무엇이 있는지를 밝히는 것이다. 이 단계에서는 보통 제1장에서 설명한, 내가 스티브 팰룬과 기억력 향상 실험을 하면서 사용했던 접근법을 변형한 방법이 많이 쓰인다. 일종의 사후 보고를 받는 방식으로, 어떤 과제를 수행할 때 무슨 생각을 했는지를 이야기하게 하는 것이다. 그리고 관찰을 통해 어떤 과제가 쉽고 어떤 것이 어려운지를 파악한 다음 결론을 도출한다. 최고 실력자와 나머지를 가르는 기준이 무엇인지 이해하기 위해 의사의 심리 과정을 연구했던 연구자들은 이 모든 방법을 활용했다.

이런 방법을 활용한 좋은 예로, 8명의 외과 의사에게 복강경 수술 전과 도중, 끝난 후의 심리 과정을 물은 최근의 연구가 있다.[35] 복강경 수술은 작은 절개 부위를 통해 수술 도구를 삽입하여 수술 대상 부위까지 가져가서 진행된다. 따라서 엄청난 사전 준비는 물론이고, 수술이 시작되고 나서 어떤 상황이 벌어지든 유연하게 대처하는 적응 능력이 필수다. 연구의 주된 목표는 수술 내내 의사가 내리는 결정들을 파악하고, 그 결정을 내리는 방법을 이해하는 것이었다. 연구진은 우선 의사가 수술 도중 흔히 내려야 하는 결정들을 선별했다. 어느 조직을 절제할 것인가, 복강경 수술에서 개복 수술로 전환할 것인가, 원래 수술 계획을 포기하고 즉석에서 대안을 찾아야 할 것인가 등을 말이다.

연구의 세부 내용은 복강경 수술 의사와 그들을 교육시키는 사람들에게나 흥미가 있을 전문적인 내용이다. 그러나 한 가지 결과는 훨씬 많은 사람들이 관심을 가질 만한 내용이다. 이러한 수술들 중에 흔히 생각하는 기본 패턴을 따라서 수행하면 되는 간단하고 수월한 수술은 비교적 적었다. 반대로 대부분의 수술은 예기치 않은 방향으로 흐르거나 장애물을 만나서 의사가 상황을 심사숙고하고 결정을 내리지 않을 수 없게 했다. 연구자들이 말한 것처럼 "전문가 수준의 외과 의사도[36] 수술 도중 자신의 방법을 심각하게 재고하고 다른 도구를 선택하거나 환자의 자세를 바꾼다는 식으로 대안을 생각해봐야 하는 상황에 직면하곤 했다."

이처럼 예상치 못한 상황을 인식하고 신속하게 다양한 가능성을 고려한 다음, 최선의 결정을 내리는 이런 능력은 의학 분야뿐만 아니라 많은 영역에서 중요하다. 예를 들면 미 육군은 장교들에게 소위 '적응적 사고'adaptive thinking를 가르칠 최고의 방법을 찾기 위해 상당한 시간과 노력을 투자했다. 장교 가운데서도 특히 중위, 대위, 소령, 대령 등이 대상이었는데, 이들은 현장에서 병사들을 이끌면서 불의의 공격이나 기타 예측하지 못한 사건에 대응하여 최선의 행동 방침을 즉시 결정해야 하는 상황에 놓일 가능성이 크다. 미 육군에서는 하급 장교들에게도 이런 유의 적응적 사고를 가르치기 위해서 '의식적인 연습' 기법을 활용하여 '사령관처럼 생각하기 훈련 프로그램'Think Like a Commander Training Program을 개발하기도 했다.[37]

최고 수준 의사들의 심리 과정을 연구한 결과를 보면, 이들은 사전에 수술 계획을 세우지만 도중에 수술 상황을 계속 살피고, 필요하다면 방향을 바꿀 마음의 준비가 되어 있다. 이는 의사 스스로가 어려운 수술이 되리라고 예견했던 수술 과정을 관찰한 캐나다 연구진이 발표한 최근 연구에서도 분명하게 드러난다.[38] 수술이 끝난 뒤에 연구진이 수술 도중 심리 과정에 대해 물어본 결과, 의사들이 문제를 감지하는 주된 방법은 수술 전 계획에서 자신들이 마음속으로 그려본 방식과 실제 수술에서 일치하지 않는 무언가를 발견하는 것이었다. 이런 불일치를 감지하면 의사들은 가능한 다른 방법들을 생각해내고, 어떤 것이 가장 효과적일지를 결정한다.

이런 결과는 경험 많은 의사들의 수행 방법과 관련하여 중요한 사실을 말해준다. 이들은 수술을 계획하고, 집도하고, 도중에 모니터를 하면서 사용하는 효과적인 심적 표상을 오랫동안 개발해왔고, 덕분에 무언가가 잘못되면 이를 감지하고, 맞춰서 조정할 수 있다는 것이다.

결국 어떻게 해야 우수한 외과 의사가 되는지를 이해하고 싶다면, 그들의 심적 표상이 어떤 모습인지 알아야 한다. 심리학자들은 그동안 심적 표상을 연구할 다양한 방법들을 개발해왔다.

사람들이 업무를 하면서 지침으로 활용하는 심적 표상을 살펴보는 일반적인 방법은 과제를 수행하는 도중에 중지시키고, 불을 끈 다음, 현재 상황을 설명해보라고 하는 것이다. 즉 지금까지 상황은 어떻고, 앞으로 어떻게 될지에 대해 말하게 하는 것이다(제3장에서 축구 선수들을 대상으로 이런 연구 방법을 사용한 사례를 살펴보았다). 당연히 이런 방법은 수술실에 있는 외과 의사에게는 맞지 않는다. 그러나 수술처럼 잠재적인 위험이 따르는 상황에 놓인 사람들의 심적 표상을 조사할 다른 방법들이 존재한다. 예를 들어 비행 훈련이나 특정 유형의 수술처럼 모의실험 장치를 활용할 수 있는 경우에는 도중에 중지시키고 질문을 던지는 것이 실제로 가능하다.[39] 실제 수술에서는 수술 전과 후에 의사에게 수술이 어떻게 진행되리라고 상상했는지, 수술 도중 심리 과정은 어떠했는지에 대해 물어볼 수도 있다. 이런 경우 면담 내용과 수술 도중 의사의 행동을 관찰한 내용을 결합하는 것이 최선이다. 수술 성공률이 높은 이유와 관련된 심적 표상의 특징을 파악하는 것이 목적이기 때문이다.

소수의 연구진이 상당히 월등한 실력을 갖춘 현업 의사들을 찾아내어 그들의 심리 과정을 조사하기 시작한 것은 주로 21세기가 시작된 이후이다. 그러나 세계 최고 의사들이 지닌 우월한 능력의 토대가 심적 표상의 질이라는 점은 이미 분명하게 밝혀졌다. 그러므로 '의식적인 연습'을 의료 분야에 적용하는 경우에도, 의사들이 훈련을 통해 한층 발전된 심적 표상을 개발하도록 돕는 데 주안점을 두어야 한다. 이는 의료 분야뿐만 아니라 다른 대부분의 직종에서도 마찬가지다.

제6장

일상생활에서 활용하는
'의식적인 연습'

_스스로의 잠재력을 창조하라

2010년, 나는 오리건 주 포틀랜드의 댄 맥러
플린Dan McLaughlin이라는 남자에게서 이메일을 한 통 받았다. 댄은 제프 콜
빈Geoff Colvin의 저서 《재능은 어떻게 단련되는가》를 비롯하여 여러 곳에서
'의식적인 연습'과 관련된 내 연구 결과를 접하고[1] 프로 골프 선수가 되는
데 이를 활용해보고 싶다고 했다.[2]

이것이 얼마나 대담한 계획인지 이해하려면 댄에 대해서 조금 알 필
요가 있다. 댄은 고등학교나 대학에서 골프 선수로 활동한 적이 없다. 사
실 골프를 제대로 쳐본 적도 없었다. 친구들과 몇 번 골프 연습장에 간 적
은 있지만 18홀 골프를 제대로 쳐본 적은 평생 한 번도 없었다. 뿐만 아
니라 나이 서른까지 어떤 분야의 운동선수로도 활동해본 적이 없었다.

그러나 댄은 계획이 있었고 진지했다. 그는 상업용 사진을 찍는 사진 작가 일도 그만두고 향후 6년 정도는 골프를 배울 생각이었다. 말콤 글래드웰의 《아웃라이어》를 읽고 '1만 시간의 법칙'을 액면 그대로 받아들인 댄은 '의식적인 연습'에 1만 시간을 들이면 미국프로골프협회, 즉 PGA 선수로 투어에 합류할 만큼 실력 있는 골프 선수가 될 수 있으리라고 믿었다. 투어에서 뛰려면 먼저 PGA 투어 예선 대회 참가 자격을 얻고, 예선 대회에서 좋은 성적을 내어 PGA 투어카드를 받아야 한다. 투어카드를 받으면 PGA 골프대회에 선수로 참가할 수가 있다.[3]

스스로 '댄 계획'Dan Plan이라고 명명한 프로젝트를 시작하고 1년 반이 흐른 뒤에 댄은 《골프》Golf와 인터뷰를 했다.[4] 기자가 왜 이런 일을 하고 있느냐고 묻자, 그는 정말로 좋아하기 때문이라고 대답했다. 그리고 특정한 사람들만이 특정 분야에서 성공할 수 있다는 그런 태도를 자신은 인정하지 않는다고 말했다. 논리적이고 '수학에 능한' 사람만이 수학을 잘할 수 있다는, 음악적 재능을 가진 사람만이 어떤 악기를 정말로 잘 연주할 수 있다는 그런 사고에 반대한다고 말이다. 이런 사고는 그렇지 않았으면 아주 즐겁게 했을, 어쩌면 남보다 잘할 수도 있었을 무언가를 지레 포기하고 그것을 정당화하는 구실을 제공할 뿐이며, 자신은 그런 어리석은 함정에 빠지고 싶지 않다고 했다. "그것이 지금까지 해본 어떤 것과도 완전히 다른 무언가를 시도해보자는 생각이 들게 했습니다. 기꺼이 시간을 투자하면 무엇이든 가능하다는 것을 증명하고 싶었습니다."

나는 댄의 이런 말도 당연히 마음에 들었지만, '의식적인 연습'이 체스 그랜드마스터, 올림픽 선수, 세계적인 수준의 연주가가 되려고 훈련을 시작하는 어린아이들만을 위한 것이 아니라는 그의 깨달음이 더욱 마음에 들었다. 또한 이 연습 방법은 강도 높은 훈련 프로그램을 개발할 여유가 있는 미 육군 같은 대규모 조직 구성원을 위한 것만도 아니다. 꿈을 꾸는 모든 사람을 위한 것이다. 그림을 그리는 법을, 컴퓨터 코드를 쓰는 법을, 저글링하는 법을, 색소폰 부는 법을, '위대한 소설'을 쓰는 법을 배우고자 하는 모든 사람을 위한 것이다. 포커 게임 실력, 소프트볼 실력, 판매 기술, 노래 실력 등을 향상시키고 싶어 하는 모든 사람을 위한 것이다. 그리고 삶의 주도권을 쥐고 스스로의 잠재력을 창조하고자 하는 사람, 지금 이 상태가 최선이며 이보다 나아질 수 없다는 생각 따위는 믿고 싶지 않은 모든 사람을 위한 것이다.

그리고 이번 장은 이런 사람들을 위한 장이다.

최고의 선생을 찾아라

댄처럼 이메일을 주고받는 사람들 중에 내가 특히 좋아하는 또 다른 사람은 페르 홀름뢰브Per Holmlöv라는 스웨덴 남성이다. 페르는 예순아홉 살의 나이에 가라테 수업을 받기 시작했다. 여든 살까지 검은 띠를 따기로 확실한 목표도 세웠다. 그는 대략 3년 정도 훈련을 받은 뒤에 내게 편지를 보냈다. 진척이 너무 느린 것 같다면서 보다 효율적으로 훈련할 방법에 대해 조언을 부탁해온 것이었다.

평생 운동을 많이 해온 페르지만 무술을 익힌 것은 이때가 처음이었다. 페르는 일주일에 5~6시간씩 가라테 연습을 하고, 숲에서 조깅을 하거나 헬스장을 가는 등 다른 운동을 하는 데도 일주일에 10시간 정도를 할애했다. 여기에 무엇을 더 할 수 있을까?

페르의 이야기를 듣고 몇몇 사람들이 보이는 자연스러운 반응은 이럴 것이다. "글쎄요. 당연히 그렇게 진척이 빠르진 않겠지요. 일흔두 살이니까요!" 하지만 그렇지 않다. 물론 페르가 스물네 살만큼, 혹은 쉰네 살만큼 빠르게 실력을 키울 수는 없겠지만, 지금보다 빨리 발전할 수 있다는 데는 의심의 여지가 없었다. 그래서 나는 약간 조언을 해주었다. 상대가 스물네 살이나 쉰네 살이라도 똑같이 말했을 내용이었다.

대부분의 가라테 연습은 교실에서 교사 한 사람이 동작 시범을 보이면 학생들이 따라 하는 식으로 진행된다. 가끔 누군가가 동작을 틀리게 하면 교사가 살짝 일대일 지도를 해주기도 한다. 그러나 그런 피드백은 드물다.

페르는 그런 수업을 듣고 있었고, 따라서 나는 그의 실력에 맞게 조언해줄 수 있는 코치에게서 개인 교습을 받을 것을 제안했다.

개인 교습 비용이 만만치 않기 때문에 단체 교습이나 유튜브 동영상, 책 등을 통해서 뭔가를 배우려는 사람들이 제법 있다. 실제로 그런 방법이 어느 정도는 효과가 있는 것도 사실이다. 그러나 교실이나 유튜브 동영상에서 아무리 여러 차례 시범 동작을 보아도 미묘한 부분을 놓치거나 잘못 이해하는 일이 생긴다(때로는 미묘한 부분이 아니라 확연하게 틀리기도 한다). 심지어 자신의 약점과 문제점을 알고 있어도 바로잡을 좋은 방법을 찾지 못할 때도 있다.

무엇보다도 이것은 심적 표상의 문제다. 제3장에서 이야기한 대로 '의식적인 연습'의 주요 목표 중 하나는 자신의 수행능력을 이끌어줄 효과적인 심적 표상을 개발하는 것이다. 가라테 동작을 연습하든, 피아노 소나타를 연주하든, 수술을 하든 마찬가지다. 혼자서 연습을 하면 스스로를 모니터하고 자신의 심적 표상을 활용하여 무엇이 잘못되었는지를 파악해야 한다. 이것이 불가능한 일은 아니다. 그러나 학생을 세심하게 지켜보면서 피드백을 제공하는 노련한 교사와 함께하는 것보다는 훨씬 어렵고 효과도 떨어진다. 학습 과정 초반에는 혼자 하는 것이 특히 어려울 수밖에 없는데, 자신의 심적 표상이 여전히 불확실하고 부정확한 시기이기 때문이다. 일단 견고한 심적 표상의 기초를 세우고 나면, 그로부터 더욱 효과적인 새로운 표상을 스스로 만들어낼 수가 있다.

누구보다 의욕이 넘치고 똑똑한 학생이라도 가장 좋은 학습 방법을 알고 있고, 다양한 기술을 수행하는 적절한 방법을 이해할 뿐 아니라 직접 보여줄 수 있고, 유용한 피드백을 제공하고, 학생의 특정한 약점을 극복할 맞춤형 연습 프로그램을 짜줄 수 있는 사람의 감독 아래서 배우는 경우가 혼자 습득할 때보다 빠르게 발전한다. 그러므로 성공을 위해서 할 수 있는 가장 중요한 것 가운데 하나는 좋은 교사를 찾아서 함께하는 것이다.

좋은 교사를 어떻게 찾을까? 교사를 찾는 과정에도 시행착오가 수반될 가능성이 크지만, 성공 확률을 높일 방법이 몇 가지 있다. 첫째, 반드시 세계 최고 수준일 필요는 없지만 적어도 해당 분야에 숙달한 사람이어야 한다. 일반적으로 교사는 자기 자신 또는 과거의 제자가 달성한 수준까지만 학생을 이끌어줄 수 있다. 여러분이 그야말로 왕초보라면 상당히 숙달된 교사면 누구라도 충분하다. 하지만 몇 년 동안 연습을 해온 사람이라면 한층 수준 높은 교사가 필요하다.

좋은 교사란 해당 분야를 가르치는 일에 어느 정도 기술과 경험이 있어야 한다. 특정 분야에서 숙달한 실력자라도 가르치는 법을 전혀 모르기 때문에 교사로서는 빵점인 경우가 적지 않다. 자신이 잘한다고 해서 항상 다른 사람에게 잘하는 법을 가르칠 수 있는 것은 아니다. 교사에게 가르친 경험을 묻고, 가능하다면 과거나 현재의 제자들을 찾아 이야기도 나눠보라. 제자들이 얼마나 잘하는가? 교사가 그들의 기술 향상에 얼마나 기여를 했는가? 제자들이 교사를 높이 평가하는가? 이야기를 나누기에 가장 좋은 제자는 지금 여러분과 같은 수준일 때 그 교사와 훈련을 시작한 사람이다. 그런 제자의 경험이 여러분 자신이 교사에게서 얻게 될 경험과 가장 가까울 것이기 때문이다. 이상적으로 말하자면 연령과 관련 경험이 비슷한 학생을 찾는 것이 좋다. 어떤 교사가 어린이나 청소년에게는 더없이 훌륭한 교사일지 모르지만, 몇십 세 위인 연장자를 가르쳐본 경험은 별로 없어서 그런 학생 앞에서는 어떻게 해야 할지 몰라 헤맬 수도 있다.

교사의 평판을 알아볼 때는 주관적인 판단이 가지는 단점을 염두에 두어야 한다. 온라인 순위 사이트는 이런 약점에 특히나 취약하다. 이런 사이트의 순위라는 것이 교사의 교육이 얼마나 효과가 있는지보다는 외모가 얼마나 잘생겼는지, 수업을 얼마나 재미있게 하는지 등을 반영하는 경우가 많기 때문이다. 교사를 평가한 글을 읽을 때는 수업이 얼마나 재미있는지 같은 부분은 건너뛰고, 학생들이 경험한 실력 향상이나 장애를 극복한 일 같은 구체적인 설명을 찾아보라.

괜찮아 보이는 후보가 있을 경우 연습 시간에 대해서 질문하는 것이 특히 중요하다. 일주일 동안 교사와 아무리 많은 수업을 한다고 해도, 여러분의 노력 대부분은 교사가 내준 과제를 하면서 혼자 하는 연습으로 채워진다. 가능한 많은 부분을 이끌어주는 교사가 좋다. 무엇을 연습할지를 말해주는 것뿐만 아니라, 구체적으로 어떤 부분에 주의를 기울일지, 어떤 실수를 하고 있는지, 잘해냈을 때 그것을 어떻게 알아볼지 등을 두루 말해주는 그런 교사가 좋다. 더불어 잊지 말아야 할 것이 있다. 교사가 해줄 수 있는 가장 중요한 일 중 하나는 학생이 자신만의 심적 표상을 개발하여 자신의 수행능력을 직접 모니터 하고 바로잡을 수 있게 해주는 것이다.

'댄 계획'을 세운 댄 맥러플린은 극단적이기는 하지만 실력 향상에 교사를 활용하는 좋은 사례를 제공한다. 댄은 '의식적인 연습'에 대한 설명을 읽고 거기서 말하는 많은 가르침을 받아들였기에 시작 단계부터 개인지도의 중요성을 이해하고 있었다. 심지어 시작하기도 전에 이미 골프 코치, 체력 및 컨디션 조절 코치, 영양사, 이렇게 세 사람을 선발해두었다.

이후 댄의 경험은 교습과 관련한 마지막 교훈을 보여준다. 자신이 변화함에 따라서 교사를 바꿔야 할 수도 있다. 몇 년 동안 댄은 처음의 골프 코치와 함께 실력을 키웠지만 어느 시점이 되자 더 이상 실력이 나아지지 않았다. 댄은 그 코치가 가르쳐줄 수 있는 모든 것을 소화했기에 다음 단계의 코치를 찾아보기로 했다.[5] 실력이 신속하게 또는 전혀 늘지 않는 상태가 되면 새로운 교사를 찾는 일을 두려워하지 마라. 무엇보다 중요한 것은 계속해서 앞으로 나아가는 것이다.

시늉하지 말고 몰입하라

다시 예순아홉에 가라테를 배우는 페르의 이야기로 돌아가보자. 페르의 사례에서 올바른 형태의 개인 지도를 통해 얻게 되는 이점이자 '의식적인 연습'의 또 다른 필수 요소를 확인할 수 있다. 바로 '몰두'다. 나는 가라테 단체 수업이 페르가 온전히 집중하고 몰두하지 못하게 하는 것은 아닌가 생각했다. 단체 수업에서는 교사가 전면에 부각되고 학생들은 집단으로 따라 하기 때문에, 자기 수행능력의 특정 측면을 개선한다는 구체적인 목표를 가지고 연습한다기보다는 그냥 "시늉을 한다."는 태도가 되기 쉽다. 오른발 차기 10회, 왼발 차기 10회. 막고 차기 복합동작 오른쪽으로 10회, 왼쪽으로 10회. 이런 동작들을 기계적으로 따라 하는 상태가 되면, 정신은 어느새 먼 산을 헤매고 머지않아 연습에서 얻는 이득 역시 허공으로 사라져버리고 만다.

이야기는 다시 우리가 제1장에서 이야기했던 기본 원칙으로 돌아간다. '목적의식 있는 연습'에 몰두하는 것의 중요성이다. 실력 향상에 대한 명확한 계획 없이 무심하게 반복하는 것은 의미가 없다. 체스 실력을 향상시키고 싶다면 체스 게임을 하는 것만으로는 안 된다. 그랜드마스터들의 게임을 혼자 연구함으로써 가능하다. 다트 실력을 향상시키고 싶다면, 친구와 술집에 가서 게임을 한다고 되는 것이 아니다. 시간을 내서 혼자 다트 던지는 동작을 꼼꼼히 재현해보는 작업을 해야 실력이 향상된다. 한번 한 번 던질 때마다 세심한 주의를 기울이고 집중해야 한다. 다트판 위에 목표 지점을 바꿔가면서 체계적인 연습을 해서 언제든 원하는 지점에 던질 수 있도록 해야 한다.[6] 볼링 실력을 키우고 싶을 때도[7] 매주 목요일에 모여 볼링 게임을 하는 동호회 같은 것은 크게 도움이 되지 않는다. 혼자 볼링장에서 연습하는 시간을 가져야 한다. 핀을 일부러 까다롭게 배치해놓고 볼링공을 정확히 원하는 지점으로 굴릴 수 있도록 조절 능력을 키우는 것이 가장 이상적인 연습일 것이다.

정신이 산만하거나 편안하게 즐긴다는 마음으로는 실력을 향상시키기 힘들다는 것을 명심해야 한다.

10여 년 전에 스웨덴의 연구진이[8] 노래교실 수업 도중과 이후에 두 집단의 사람들을 연구했다. 실험 참가자의 절반은 직업 가수였고, 나머지 절반은 아마추어였다. 양쪽 집단 모두 최소 6개월 동안 수업을 받았다. 연구진은 심전도, 혈액 샘플 채취, 얼굴 표정 같은 육안 관찰 등 다양한 측면에서 실험 참가자들을 측정했다. 그리고 수업이 끝난 후 학생들이 수업 도중에 어떤 심리 과정을 겪었는지 파악하기 위해 준비한 여러 가지 질문을 던졌다. 아마추어와 직업 가수의 구분 없이 모든 참가자가 수업 전보다 후에 심리적으로 편안하고 힘이 나는 것을 느꼈지만, 수업이 끝나고 마냥 행복하다고 답한 이들은 아마추어들뿐이었다. 말하자면 노래교실 수업을 듣고 아마추어들은 행복감을 느꼈지만 직업 가수는 아니었다. 이런 차이는 양쪽 집단이 수업에 임하는 자세에서 기인한다. 아마추어에게 노래교실 수업은 자신의 에너지를 발산하고, 노래를 부르면서 근심 걱정을 날려버리고, 노래하는 순수한 기쁨을 맛보는 시간이었다. 반면에 프로 가수에게 노래교실 수업은 발성법, 호흡 조절 같은 부분에 집중해서 자신의 실력을 향상시켜야 하는 시간이었다. 말하자면 기쁨을 맛보는 시간이 아니라 집중을 해야 하는 시간이었다.

바로 이것이 어떤 종류의 연습에서든 최대의 효과를 끌어내는 핵심 열쇠다. 개인이나 단체 수업부터 혼자 하는 연습, 심지어 게임이나 대회 참여까지 어떤 종류가 되었든 마찬가지다. 무엇을 하든 집중해야 한다.

플로리다 주립 대학교에서 나와 같이 작업했던 대학원생 콜 암스트롱 Cole Armstrong은 박사 논문에서 이런 유의 집중력을 기르는 고등학생 골프 선수들을 연구했다.[9] 콜이 연구한 학생들은 2학년 어느 시점에 단순히 반복하는 연습이 아니라 '목적의식 있는 연습'에 몰두하는 것이 어떤 의미인지 이해하기 시작했다. 논문에서 콜은 연습에 접근하는 자신의 태도가 언제, 어떻게 변화했는지 설명하는 한 고등학생 골프 선수의 말을 인용했다.[10]

> 2학년 때였는데 정확히 언제였는지도 기억하고 있습니다. 코치님이 연습장에 있는 제게 와서 물으셨습니다. "저스틴, 지금 뭐 하고 있니?" 공을 치고 있던 참이라 저는 "대회에 나가려고 연습하고 있습니다." 하고 대답했습니다. 그러자 코치님이 말씀하셨습니다. "아니. 그게 아니야. 내가 쭉 지켜보고 있었는데 너는 그냥 공을 치고 있었어. 정해진 순서대로도 하지 않고 말이야." 그래서 코치님과 대화를 좀 나눴습니다. 그때부터 정해진 순서와 방법에 따라서 연습을 하기 시작했습니다. 말하자면 진정한 연습이란 것을 하게 된 셈이지요. 그저 공을 치거나 퍼트를 하는 것이 아니라 구체적인 목표를 가지고 그에 맞춰 의식적으로 동작을 하는 그런 연습 말입니다.

이런 식으로 의식적으로 자신의 기술을 개발하고 다듬으면서 몰두하는 법을 배우는 것은 연습 효과를 향상시키는 가장 효과적인 방법 중 하나다.

미국의 수영 선수 나탈리 코플린Natalie Coughlin도 이런 유의 깨달음의 순간이 있었다는 이야기를 한 적이 있다.[11] 코플린은 12개의 올림픽 메달을 땄는데, 이는 여성 수영 선수가 딴 올림픽 메달로는 최다 기록으로, 타이

기록을 가진 선수가 2명 더 있다. 코플린은 항상 매우 뛰어난 수영 선수였지만, 연습 내내 집중하는 법을 배운 이후에야 위대한 선수가 될 수 있었다. 수영 선수로 활동하던 초기 대부분의 기간에 코플린은 풀을 왕복하는 반복 연습 시간을 공상에 빠져 아무 생각 없이 보내곤 했다. 이는 수영 선수뿐만 아니라 육상 선수도 마찬가지다. 이외에도 매주 많은 시간을 체력 증강에 필요한 장거리 연습에 투자하는, 지구력이 필요한 운동을 하는 어떤 선수에게나 흔한 일이기도 하다. 팔을 젓고, 젓고, 젓고, 또 젓고 그렇게 몇 시간을 반복하다가 연습을 마치는 것이다. 지루한 나머지 생각이 풀 밖의 먼 곳을 헤매면서 머리가 멍해지지 않을 수 없는 환경이다. 코플린도 그랬다.

그러나 버클리 캘리포니아 대학교에서 선수로 활동하던 어느 시점에 코플린은 자신이 그동안 충분히 효과적으로 활용할 수 있는, 풀 왕복 연습 시간을 낭비하고 있었다는 것을 깨달았다. 생각 없이 멍하니 있지 않고, 동작 하나하나가 가능한 완벽에 가까워지도록 신경을 쓰면서 기술에 집중할 수 있었는데 말이다. 특히 자신의 동작에 대한 심적 표상을 갈고 닦는 일에 열중할 수도 있었다. 그녀는 '완벽한' 스트로크를 했을 때 신체의 느낌이 정확히 어떤지를 파악했다. 일단 완벽한 스트로크가 어떤 느낌인지 분명하게 알게 되자, (피곤하거나 턴할 위치가 가까워져서) 그런 이상적인 상태에서 벗어나면 금방 알아차릴 수 있었고, 일탈을 최소화하고 스트로크를 가능한 이상적인 상태로 유지할 방법을 찾았다.

그때 이후로 코플린은 현재 하는 일에 최대한 몰두하게 되었고, 풀을 왕복하는 연습 시간을 자세를 정확하게 가다듬는 시간으로 활용했다. 이런 태도로 연습에 매진하자 비로소 확실하게 실력이 향상되는 것을 확인할 수 있었고, 자세에 집중하여 훈련할수록 대회 성적도 좋아졌다. 이런 방법이 코플린에게만 효과가 있는 것은 아니다. 대니얼 챔블리스Daniel Chambliss는 올림픽 수영 선수들을 광범위하게 연구한 뒤에[12] 탁월한 수영 실력의 핵심 열쇠는 작은 동작 하나하나에 세심한 주의를 기울이는 것이라는 결론을 내렸다. "동작 하나하나를 정확하게 하고, 반복하는 것이 중요하다. 작은 부분도 놓치지 않고 완벽하게 수행하는 버릇이 몸에 완전히 밸 때까지 해야 한다."[13]

이것이 연습에서 최대의 효과를 보는 비결이다. 연습의 많은 부분이 머리를 쓸 필요가 없는 반복 동작으로 구성된 것처럼 보이는 보디빌딩이나 장거리 달리기 같은 운동에서도 동작 하나하나를 올바로 수행하도록 집중하면 실력 향상에 훨씬 효과적이다. 장거리 달리기 선수를 연구한 연구자들은[14] 아마추어 선수들은 공상을 하거나 즐거운 무언가를 생각하면서 달리는 동안의 긴장과 고통을 잊으려 하는 경향이 있는 반면, 엘리트 장거리 육상 선수들은 신체의 반응에 주의를 기울이는 상태를 유지하면서 최적의 페이스를 찾아내고, 자기 조절을 통해 달리는 내내 그 상태를 유지하도록 한다는 사실을 밝혀냈다. 보디빌딩이나 역도를 하면서 현재 능력의 최대치로 역기를 들어 올리려고 하는 경우, 역기를 들기 전부터 마음의 각오를 하고, 들어 올리는 동안에는 전적으로 집중해야 한다. 무엇을 하든 자기 능력의 한계치까지 동원해야 한다면 온전한 집중력과 노력을 요구하는 법이다. 당연히 지적 활동, 악기 연주, 미술 등 체력과 지구력이 크게 중요하지 않은 분야일수록 집중하지 않고 연습하는 것은 아무 의미가 없다.

그러나 집중력을 유지하는 일은 다년간 훈련을 해온 전문가에게도 힘든 일이다. 제4장에서 지적한 것처럼 베를린 음악학교의 바이올린 전공 학생들은 연습이 너무 지루해서 오전과 오후 연습 사이에 낮잠을 자는 일도 많았다. 이제 막 연습에 집중하는 법을 배우는 사람에게는 몇 시간씩 집중하기란 쉬운 일이 아니다. 그러므로 훨씬 짧은 시간으로 시작해서 서서히 집중하는 시간을 늘릴 필요가 있다.

이와 관련하여 내가 페르 홀름뢰브에게 해준 충고는 '의식적인 연습'에 착수한 누구에게든 적용될 수 있다. 나는 집중하고 몰두하는 것이 무엇보다 중요하므로 보다 분명한 목표를 가지고 짧은 시간 동안 훈련하는 것이 새로운 기술을 한층 빠르게 익히는 최선의 방법이라고 말했다. 70퍼센트의 집중력으로 장시간 연습하는 것보다 100퍼센트의 집중력으로 단시간 연습하는 편이 낫다. 더 이상 효과적으로 집중하기 힘들다는 느낌이 들면 연습을 끝내라. 또한 충분한 수면을 취해 최고의 집중력을 가지고 훈련할 수 있도록 해야 한다.

페르는 내 조언을 받아들였다. 가라테 사범에게 개인 지도를 받기로 했고, 이전보다 높은 집중력으로 이전보다 짧은 시간 수업을 받았다. 그리고 7시간에서 8시간 정도 야간 수면을 취하고 점심 시간 이후에는 낮잠을 잤다. 페르는 녹색 띠 시험에 통과했고, 다음 목표는 파란색 띠다. 일흔 살의 나이에 페르는 검은 띠를 절반 정도 딴 상태다. 그리고 부상만 없다면 여든 살이 되기 전에 목표에 도달할 것으로 확신하고 있다.

집중하고, 고치고, 반복하라

나는 앞에서 벤저민 프랭클린의 이야기를 했다. 무수히 많은 시간을 할애해 체스 연습을 했지만 결코 진정하게 실력이 향상되지 못한 안타까운 사례로 말이다. 이는 '어떻게 연습하면 안 되는가'를 보여주는 좋은 예였다. 실력이 향상되길 바란다면 집중해서 실천하는 단계적 계획 없이 같은 행동을 단순 반복하는 것이야말로 절대 해서는 안 되는 연습법이다. 그러나 프랭클린은 체스 이외의 많은 분야에서 왕성한 활동을 했던 인물이다. 과학자, 발명가, 외교관, 출판인 그리고 200년도 더 흐른 지금까지 여전히 대중의 사랑을 받는 작가이기도 하다. 그러므로 프랭클린이 체스보다 훨씬 성공적으로 해냈던 영역 하나를 똑같은 비중을 두고 고찰해보자.

자서전 서두에서[15] 프랭클린은 청년 시절에 글쓰기 실력을 키우려고 어떻게 노력했는지 이야기한다. 스스로 평가하기로 그가 어린 시절에 교육으로 키운 자신의 글쓰기 실력은 일반 작가들보다 크게 나을 것이 없었다. 이후 그는 우연찮게 영국 잡지 《스펙테이터》The Spectator를 접하고 거기에 실린 기사의 질에 깊은 인상을 받았다. 그는 그만큼 글을 잘 써야겠다고 결심했다. 그러나 방법을 가르쳐줄 교사가 없었다. 이런 상황에서 어떤 방법이 있을까? 그는 《스펙테이터》의 작가들만큼 글을 쓰는 것을 목표로 하고 독학으로 글쓰기 공부를 시작했다. 그리고 독창적이고 효과적인 일련의 방법들을 생각해냈다.

먼저 프랭클린은 정확한 어구들을 잊어버린 상태에서 자신이 특정 기사에 나온 문장을 얼마나 가깝게 재현할 수 있는지를 보기 시작했다. 그래서 훌륭하다고 생각되는 글을 몇 개 골라서 각 문장의 내용에 대한 짤막한 설명을 적었다. 해당 문장이 어떤 내용이었는지를 상기시켜주는 정도였다. 그리고 며칠 뒤에 기록해둔 내용을 보고 기사를 재현하는 노력을 했다. 프랭클린의 목표는 기사 내용을 단어 하나하나까지 똑같이 만들어내는 것이 아니라, 원래 기사의 세부 내용을 포함하면서 그만큼 잘 써진 자신만의 글을 창조하는 것이었다. 작업을 끝낸 다음에는 원래의 글로 돌아가서 두 글을 비교해보며 필요한 경우 자기 글을 수정하기도 했다. 이런 작업은 생각을 명확하고 설득력 있게 표현하는 글쓰기 실력을 키워주었다.

이런 연습에서 프랭클린이 발견한 가장 큰 문제는 자신이 구사하는 어휘가 《스펙테이터》의 작가들만큼 넓고 풍부하지 못하다는 것이었다. 단어 자체를 모르는 것은 아니었다. 하지만 글을 쓸 때 자유자재로 활용할 수준은 되지 못했다. 이런 문제를 바로잡기 위해서 프랭클린은 처음의 방법을 살짝 변형한 연습 방법을 생각해냈다. 그는 시를 쓰면 평소에는 생각나지 않을 다양한 단어들이 떠오를 수밖에 없으리라고 생각했다. 시를 쓰려면 운율을 맞춰야 하기 때문이다. 그래서 《스펙테이터》에서 몇 개의 기사를 골라 시로 바꾸는 작업을 했다. 그리고 원래의 단어가 기억에서 사라질 만큼 오랜 시간이 흐른 뒤에 이번에는 운문을 산문으로 다시 바꿔 썼다. 이런 연습을 통해서 프랭클린은 딱 맞는 단어를 찾아내는 습관을 들였고, 기억에서 재빨리 불러올 수 있는 단어의 수를 증가시켰다.

마지막으로 프랭클린은 글의 전체적인 구조와 논리를 다듬는 작업을 했다. 역시 《스펙테이터》의 기사들을 가지고 작업을 했는데, 문장 각각을 생각나게 하는 힌트들을 여러 장의 종이에 나눠 적은 다음, 뒤죽박죽 섞어서 완전히 무질서하게 만들었다. 그리고 원래 기사의 문장 표현은 물론이고 순서조차도 완전히 잊어버릴 때까지 기다린 다음 다시 한 번 기사를 재현하는 작업을 했다. 프랭클린은 하나의 기사에서 나온, 뒤죽박죽 섞인 힌트들을 가장 논리적이라고 생각되는 순서로 정리한 다음, 그것을 보며 문장을 쓰고 결과를 원래의 기사와 비교했다. 이런 연습을 하면서 그는 한 편의 글에서 어떤 식으로 사고를 전개할 것인지에 대해 세심하게 생각하지 않을 수 없었다. 원래의 작가 수준으로 생각을 정리하지 못한 대목이 나오면 그는 글을 고치고 실수를 통해 배우려고 노력했다. 프랭클린은 자서전에서 특유의 겸손한 말투로 이런 연습이 바라던 효과가 있었는지를 어떻게 확인했는지 회상했다. "때로 나는 대단치 않은 사소한 부분에서 운이 좋아 체계나 단어 사용 등이 좋아졌다는 생각을 하며 기쁨을 느꼈다. 덕분에 어쩌면 내가 장차 그럭저럭 괜찮은 영어 작가가 될지 모른다는 생각을 하며 힘을 얻었다. 내가 너무나 갈망하는 그런 상태가."

물론 프랭클린은 겸손해도 너무 겸손하게 말한 것이다. 프랭클린은 《가난한 리처드의 달력》으로 초기 미국의 가장 존경받는 작가의 반열에 올랐고, 그의 자서전은 미국 문학의 고전이 되었다. 프랭클린은 실력을 키우고 싶지만 방법을 알려줄 교사가 없다는, 많은 사람이 때때로 직면하는 문제 하나를 해결했다. 교사를 구할 경제적 여유가 없을 수도 있고, 아니면 원하는 내용을 가르쳐줄 사람을 구하기가 어려울 수도 있다. 전문가가 없는, 아니면 적어도 교사가 없는 분야에서 실력을 기르고 싶을 수도 있다. 이유가 무엇이든 그런 상황에서도 '의식적인 연습'의 일부 원칙을 활용하면 실력을 향상시킬 수 있다. 프랭클린은 이런 원칙의 많은 부분을 직감으로 알아낸 것으로 보인다.

'목적의식 있는 연습' 또는 '의식적인 연습'의 대표적인 특징은 할 수 없는 (그래서 컴포트 존을 벗어나게 되는) 무언가를 시도하고, 반복해서 연습하되, 자신이 어떻게 하고 있는지, 부족한 부분은 어디인지, 어떻게 해야 잘할 수 있는지에 집중하면서 한다는 것이다. 업무, 학업, 취미 활동 같은 실생활에서는 이처럼 집중력을 발휘하면서 반복할 자연스러운 기회를 좀처럼 가지기 힘들기 때문에, 실력을 향상시키려면 스스로 그런 기회를 만들어내야 한다. 프랭클린은 글쓰기의 특정 부분에 집중하는 다양한 연습을 통해 스스로 기회를 만들어냈다. 훌륭한 교사나 코치 역할의 많은 부분이 제자에게 맞는 연습 프로그램을 개발하는 것이다. 특정 시기에 학생이 집중적으로 연마 중인 기술을 향상시키는 데 도움이 되도록 특별히 설계된 프로그램 말이다. 그러나 교사가 없다면 스스로 연습 프로그램을 생각해내야 한다.

다행히 우리는 쉽게 인터넷에 접속해 사람들이 관심을 가지는 대부분의 흔한 기술 그리고 흔치 않은 상당수의 기술에 필요한 훈련법을 찾을 수 있는 그런 시대에 살고 있다. 하키 퍽을 다루는 기술을 향상시키고 싶은가? 인터넷에 있다. 글쓰기 실력을 키우고 싶은가? 인터넷에 있다. 루빅큐브(작은 정육면체 27개로 이루어진 큰 정육면체 여섯 면의 색깔을 맞추는 큐브—옮긴이)를 엄청 빠르게 맞추는 방법을 알고 싶은가? 인터넷을 검색하라. 물론 인터넷에 나오는 조언을 무턱대고 따르기보다는 신중해야 한다(인터넷은 품질관리 기법을 제외하고는 거의 모든 정보를 제공한다. 그러나 품질관리는 자기 몫이다). 그러나 좋은 아디이어와 조언을 골라 시험해보면서 자신에게 가장 잘 맞는 것을 고르면 된다.

그렇다고 인터넷에 모든 것이 있다고 생각하면 곤란하다. 또한 인터넷에 있는 내용이 여러분이 하려는 것과 정확히 맞지 않거나 실용적이지 않을 수도 있다. 타인과의 상호작용을 수반하는 활동은 연습이 가장 어려운 기술에 속한다. 집에 앉아 루빅큐브를 점점 빠르게 돌리거나 골프 연습장에 가서 우드로 공을 치는 연습을 하기는 쉽다. 그러나 익히려는 기술이 누군가와 함께하거나 관객이 필요한 일이라면 어떨까? 그런 기술을 연습할 효율적인 방법을 만들어내려면 상당한 창의성이 필요하다.

플로리다 주립 대학교에서 영어를 배우려는 외국인을 대상으로 하는 ESL English as a second language 지도를 맡고 있는 교수가 내게 한 학생에 대한 이야기를 들려주었다. 학생은 마트에 가서 여러 쇼핑객들을 붙잡고 같은 질문을 던진다고 했다. 이때 그녀는 비슷한 대답을 반복해서 듣게 되는데, 이런 반복적인 청취 덕분에 원어민이 빠른 속도로 하는 말을 이해하기가 한결 수월해진다. 만약 사람들에게 각기 다른 질문을 던졌다면 듣기 능력이 향상은 되겠지만 정도가 미미했을 것이다. 영어 실력을 높이고자 자막이 있는 영화 한 편을 반복해서 보는 학생들도 있다. 자막을 가리고 무슨 말인지 이해하려고 노력하고, 얼마나 이해했는지 확인하기 위해서 자막을 보면서 대조한다. 이렇게 같은 대화를 반복해서 듣는 방법으로 학생들은 여러 영화를 보기만 하는 경우보다 훨씬 빠르게 영어 이해 능력을 향상시켰다.

이 학생들이 단순히 같은 일을 반복한 것이 아니라는 점에 주목하라. 이들은 매번 틀린 부분에 주의를 기울이고 바로잡으려고 노력했다. 이것이 바로 '목적의식 있는 연습'이다. 아무 생각 없이 같은 일을 반복하는 것은 그다지 도움이 되지 않는다. 반복의 목적은 약점을 찾고 이를 개선하는 데 집중하는 것이다. 효과적인 방법을 찾을 때까지 다양한 시도를 해보면서 말이다.

개인이 직접 고안한 똑똑한 연습법으로 내가 특히 좋아하는 사례가 하나 있다. 리우데자네이루 서커스 학교의 학생이 들려준 것이다. 그는 서커스 진행자가 되는 교육을 받는 중이었는데, 서커스 도중 관객들이 흥미를 유지하게 만들 방법이 항상 고민이었다. 서커스 진행자는 기본적으로 다음에 이어질 서커스 공연을 관객에게 소개하는 역할을 하지만 다음 공연이 지체되는 등 공연과 공연 사이에 틈이 생길 경우 어떻게든 그 사이를 채울 준비가 되어 있어야 한다. 그러나 실제 관객 앞에서 이런 기술을 연습할 기회가 없다 보니 그는 한 가지 아이디어를 생각해냈다. 퇴근 시간에 리우데자네이루 시내로 가서 러시아워에 집으로 가는 사람들과 대화를 나누기 시작한 것이다. 대부분이 귀가를 서두르는 상황이었기 때문에 붙잡아두려면 그만큼 관심을 끌고 흥미를 유발할 수 있어야 했다. 이런 과정에서 그는 목소리와 몸짓을 이용해 사람들의 관심을 집중시키고, 길지만 지나친 길이는 아닌 침묵을 적절히 활용해 극적인 긴장을 만들어내는 등의 방법을 익히게 되었다.

그러나 내게 가장 인상 깊었던 것은 '학생이 얼마나 신중하게 계획된 자세 즉 의식적인 자세로 연습에 임했는가'였다. 그는 시계를 지니고 다니면서 자신이 한 대화들마다 정확히 얼마의 시간 동안 진행되었는지를 확인했다. 그는 매일 2시간씩 이런 연습을 하면서 어떤 방법이 가장 효과적이고, 어떤 것이 그다지 효과가 없는지를 꼼꼼히 기록했다.

코미디언들도 비슷한 연습을 한다. 대부분의 코미디언이 관객 앞에서 공연하는 '스탠드업 코미디' 클럽에서 시간을 보내는 이유가 바로 여기에 있다. 그들은 스탠드업 코미디를 통해서 자신의 코미디 소재와 전달

능력을 시험할 기회를 갖고, 관객으로부터 즉각적인 피드백을 얻는다. 어떤 우스갯소리는 효과가 있고, 어떤 것은 그렇지 않다. 그것이 바로 피드백이다. 그들은 밤마다 공연을 하면서 소재를 갈고닦으며, 효과가 없는 것은 빼고 효과가 있는 것을 공을 들여 다듬는다. 심지어 이미 실력을 인정받은 유명 코미디언들도 종종 스탠드업 클럽에 와서 새로운 소재를 시험해보고, 발성을 비롯한 실력을 갈고닦는다.

교사 없이 어떤 기술을 효과적으로 연습하려면, 소위 '3F'를 명심하는 것이 좋다. 집중Focus, 피드백Feedback, 수정Fix it이다. 기술을 반복과 효과적인 분석이 가능한 구성 요소로 잘게 쪼갠 다음 자신의 약점을 파악하고 바로잡을 방법을 찾아라.

서커스 진행자, ESL 과정 학생, 벤저민 프랭클린은 이런 접근법을 현명하게 활용한 전형적인 사례들이다. 프랭클린의 방법은 또한 교사로부터 제공되는 정보가 거의 또는 전혀 없는 경우에 심적 표상을 개발할 더없이 좋은 본보기를 제공한다. 《스펙테이터》의 기사들을 분석하고 어떻게 해야 좋은 글이 되는지를 파악하는 과정에서 프랭클린은 자신의 글쓰기에서 지침으로 활용할 심적 표상을 창조하고 있었다(물론 프랭클린 스스로는 이런 생각을 하지 않았지만). 그러므로 그가 연습을 하면 할수록, 심적 표상이 고도로 발달하고, 결국 눈앞에 구체적인 본보기가 없이도 《스펙테이터》 수준의 글을 쓸 수 있게 되었다. 그는 이런 연습을 통해 좋은 글쓰기를 자기 것으로 내면화했다. 이를 달리 표현하면 좋은 글쓰기의 핵심 특징을 담은 심적 표상을 발전시켰다고 말할 수도 있다.

얄궂게도 프랭클린은 글쓰기에서는 너무나 잘했던 것을 체스에서는 제대로 하지 못했다. 글쓰기에서 그는 전문가의 작품을 연구하고 그것을 재현하는 방법을 활용했다. 충분히 재현하지 못했을 때는 다시 작품을 꼼꼼히 들여다보고 놓친 부분을 파악해서 다음에는 한층 나은 결과물을 만들어냈다. 그런데 체스를 하는 사람이 실력을 키우는 가장 효율적인 방법역시 이것이다. 그랜드마스터의 게임을 연구하고, 한 수 한 수 재현해보고, 그랜드마스터가 자신과 다른 수를 선택한 경우, 다시 말의 배치도를들여다보며 놓친 부분을 파악하는 것이다. 그러나 프랭클린은 체스에서는 이런 방법을 적용하지 못했다. 이유는 마스터들의 게임에 접근하기가쉽지 않았기 때문이다. 당시 체스 마스터들은 거의가 유럽에 있었고, 프랭클린이 연구할 만한 마스터 게임 모음집 같은 것도 없었다. 만약 프랭클린에게 마스터들의 게임을 연구할 방법이 있었다면, 당연히 당대 최고의 체스 기사 반열에 올랐을 것이다. 이미 같은 방법으로 모두가 인정하는 최고의 작가가 되지 않았는가!

비슷한 기법으로 많은 영역에서 효과적인 심적 표상을 개발할 수 있다. 음악 분야를 보면, 볼프강 아마데우스 모차르트의 아버지는 아들에게 당대 최고 작곡가들의 곡을 보고 모방하는 방법으로 작곡을 배우게 했다. 그것이 그의 교수법 전부는 아니었지만 일부였던 것은 분명하다. 미술에서도 예술가 지망생들은 오랫동안 대가의 그림이나 조각을 모방함으로써 기술을 키워나간다. 실제 몇몇 예술가는 벤저민 프랭클린이 글쓰기실력을 향상시키는 데 활용했던 것과 매우 흡사한 방법으로 모방 작업을했다.[16] 즉 대가의 작품 하나를 꼼꼼히 연구하고, 기억에 의지해 재현해보고, 작업이 끝나면 원본과 비교하면서 다른 점을 찾고, 바로잡는 식이다. 모방 실력이 워낙 뛰어나서 위작을 만들어 생계를 해결하는 예술가도 있지만, 보통은 그것이 이런 연습의 목적은 아니다. 기본적으로 예술가들은 남의 것처럼 보이는 작품을 거부한다. 모방을 통해서 전문성을 키워주는 기술과 심적 표상을 개발하고, 그런 전문성을 활용하여 자신만의 예술적 비전을 표현하고 전달하고 싶어 한다.

'심적 표상'이라는 용어는 '심적'이라는 단어에도 불구하고, 순수하게 '심적인' 분석만으로는 턱없이 모자라다. 효과적인 심적 표상을 만들어내는 유일한 방법은 전문가의 능력을 모방하려 노력하고, 실패하면 실패한 이유를 밝히고, 다시 시도하는 과정을 계속 반복하는 것이다. 그러므로 효과적인 심적 표상은 생각만이 아니라 '행동'과도 떼려야 뗄 수 없는 관계이며, 대가의 작품을 모방하는 것은 우리가 찾는 심적 표상을 만들어줄 연습의 연장선이다.

정체기에서 탈출하는 법

2005년, 조슈아 포어Joshua Foer라는 젊은 기자가 기억력 대회와 관련한 기사를 준비하면서 나를 인터뷰하고자 플로리다 주 탤러해시로 찾아왔다. 앞에서도 잠깐 소개했지만 기억력 대회는 누가 가장 많은 숫자를 기억하는지, 무작위로 늘어놓은 트럼프 카드를 가장 빨리 외우는지 같은 능력을 겨루는 대회다. 대화 도중에 조슈아는 자신도 직접 체험하기 위해 대회에 참가할 생각이며, 최정상급 기억력 대회 선수인 에드 쿡Ed Cooke 밑에서 훈련을 시작할 예정이라고 말했다. 대회에 참가한 다음 자신의 경험을 말할 책을 쓰겠다는 이야기도 어렴풋이 오갔다.

쿡과 훈련을 시작하기 전에 나와 대학원생들은 조슈아의 기억력을 폭

넓게 검사했다. 시작 시점의 기준이 되는 능력이 어떤지를 보기 위해서였다. 이후로 한동안 서로 연락이 뜸했다가 어느 날 조슈아가 전화를 해서 정체기가 시작되었다고 하소연했다. 아무리 연습해도 무작위로 늘어놓은 카드들의 순서를 암기하는 속도를 높이지 못하겠다는 것이었다.

내가 정체기를 통과하는 방법에 대해 조언을 해주었고, 조슈아는 다시 훈련을 시작했다. 이와 관련한 모든 이야기가 조슈아의 저서 《1년 만에 기억력 천재가 된 남자》에 자세히 나와 있다. 하지만 핵심만 말하자면 이렇다. 조슈아는 상당히 속도를 높였고, 결과적으로 2006년 미 기억력 선수권대회에서 우승했다.

조슈아가 마주쳤던 정체기는 어떤 훈련에서나 흔히 일어나는 일이다. 일반적으로 새로운 무언가를 배우기 시작한 초기에는 빠르게 (아니면 적어도 꾸준하게) 실력이 향상된다. 그리고 그런 흐름이 멈추면 자연스럽게 어찌해볼 도리가 없는 한계에 부딪혔다고 생각해버린다. 그래서 전진하려는 노력을 그만두고 정체기에 평생 정착한다. 모든 영역에서 사람들의 발전이 멈추는 주된 이유가 바로 이것이다.

스티브 팰룬과 작업을 하던 도중 나도 이런 문제에 직면했다. 스티브 역시 몇 주 동안 비슷한 개수에서 교착 상태에 빠져 있었고, 스스로 한계에 봉착한 것이 아닌가 생각했다. 스티브가 이미 다른 누구도 하지 못한 단계까지 도달했기 때문에 빌 체이스와 나도 기대치를 어디까지 잡아야할지 알 수 없었다. 스티브는 이미 인간으로서 가능한 한계점까지 도달한 것일까? 그가 넘지 못할 상한선에 도달했는지 아닌지 우리가 어떻게 알 수 있는가? 우리는 작은 실험을 해보기로 했다. 나는 숫자를 불러주는 속도를 살짝 늦췄다. 사소한 변화였지만 덕분에 스티브는 이전에는 처리하지 못했던 상당히 많은 숫자를 머릿속에 붙잡아둘 시간 여유를 가질 수 있었다. 이때의 경험으로 스티브는 문제가 숫자의 개수가 아니라 자신이 얼마나 빠르게 숫자들을 부호화하느냐임을 확신하게 되었다. 그는 부호화 속도를 높여 숫자들을 장기기억에 맡기는 데 드는 시간을 줄이면 자신의 수행능력이 향상되리라고 생각했다.

다른 정체기에서 스티브는 특정 길이의 숫자를 받으면, 여러 숫자 묶음 가운데 하나에서 숫자 2개를 계속 틀렸다. 그는 자신이 정확하게 기억해낼 수 있는 숫자 묶음의 개수가 한계에 도달한 것이 아닐까 우려했다. 그래서 빌과 나는 스티브에게 이전에 기억했던 최대 개수보다 10개 이상 많은 숫자를 불러주었다. 그는 자신이 이렇게 길어진 숫자 대부분을 외우는 것을 보고 스스로 깜짝 놀랐다. 특히 완벽하지는 않았지만 기억한 숫자의 총수로 보면 과거 어느 때보다 많았다. 이때의 경험으로 스티브에게 더 긴 숫자도 외우는 것이 가능하며, 문제는 기억력의 한계에 도달한 것이 아니라 전체에서 한두 묶음을 틀리는 것임을 깨닫게 되었다. 스티브는 숫자 묶음을 더욱 세심하게 부호화하여 장기기억에 두는 일에 집중하기 시작했고, 역시 그 정체기를 넘어섰다.

이 교훈은 정체기에 직면한 누구에게든 적용된다. 이를 넘어서는 최선의 방법은 자신의 뇌와 몸에 새로운 방식으로 도전의식을 북돋우는 것이다. 예를 들어 보디빌딩을 하는 사람이라면 지금 하는 연습법을 바꿔볼 수가 있다. 역기 무게나 반복하는 횟수를 늘리거나 줄일 수도 있고, 주간 프로그램에 변화를 줄 수도 있다. 실제로 많은 이들이 미리 패턴에 변화를 주어 애초에 정체 상태에 빠지지 않도록 한다. 몇 가지 운동을 섞어서 연습하는 소위 크로스 트레이닝cross training도 이런 원리에 근거를 두고 있다. 중간에 운동을 바꿈으로써 방심한 몸에 새로운 자극을 주는 것이다.

그러나 온갖 것을 다 해봐도 정체 상태를 빠져나가지 못하는 때도 있다. 조슈아가 카드 암기 실력이 나아지지 않는다면서 도와달라고 찾아왔을 때, 나는 스티브에게 효과적이었던 방법을 알려주고 그 이유에 대해 이야기를 나눴다.

당시 우리는 타자打字에 대해서도 이야기했다. 손가락 하나하나에 자판의 특정 키들을 할당하여 열 손가락을 모두 사용하는 전통적인 방법으로 타자를 연습하는 사람은 결국에는 어느 정도 편안한 속도에 도달한다. 분당 30이나 40단어 정도를 비교적 실수 없이 치는 정도인데, 이것이 그들의 정체기다.

타자를 가르치는 교사들은 이런 정체기를 통과할 검증된 방법을 알고 있다.[17] 타자를 치는 사람들 대부분이 집중한 상태에서 자신을 압박하는 것만으로 10~20퍼센트 속도가 빨라지는 효과를 볼 수 있다. 문제는 집중력이 떨어지는 순간 타자 속도가 정체기 상태로 돌아온다는 것이다. 이런 문제를 해결하기 위해서 교사들은 무조건 하루에 15분 내지 20분은 이렇게 빠른 속도로 타자를 치라고 한다.

이런 방법은 두 가지 효과가 있다. 첫째, 학생이 어려운 부분을 찾게 도와준다. 예를 들어 특정 알파벳이 연달아 나오는 경우 타자 속도가 떨어진다거나 하는 식으로 막히는 부분이 있게 마련이다. 일단 문제를 파악하면 그에 맞는 연습 방법을 생각해낼 수 있다. 예를 들어 'o'와 'l'이 자판에서 거의 수직으로 위아래에 위치하고 있어서 'ol'나 'lo'를 치는 것이 어렵다면, old, cold, roll, low, lot, lob, lox, follow, hollow 등 해당 조합을 포함한 단어들을 집중적으로 연습할 수도 있다. 물론 반복은 필수다.

둘째, 평소 자기 속도보다 빠르게 타자를 치면 뒤에 나올 단어를 어떻게든 미리 볼 수밖에 없다. 그래야 손가락을 어디에 놓을지 미리 생각할 수가 있기 때문이다. 즉 뒤에 나오는 네 문자가 모두 왼손 손가락으로 치는 글자라는 것을 알면, 오른손 손가락을 다섯 번째 문자에 맞는 위치에 미리 가져다 놓을 수 있다. 최고의 타자 실력을 갖춘 사람들을 상대로 시험한 결과를 보면, 빠른 속도가 타자 도중 다음에 나올 문자를 얼마나 미리 보느냐와 밀접하게 관련되어 있는 것으로 나타났다.

타자와 숫자 암기가 아주 특수한 기술이기는 하지만, 이들 영역에서 정체기를 극복하는 방법은 여러 분야에서 효과가 있는 일반적인 접근법을 말해준다. 어느 정도 복잡성을 띠는 기술은 그것이 무엇이든 간에 여러 요소로 구성되는데, 보통 사람들은 그것들 중 몇 가지만 다른 사람보다 잘한다. 그러므로 실력을 향상시키는 것이 어려워졌다면, 기술과 관련된 요소 모두가 문제가 아니라 한두 가지뿐이라는 점을 알아야 한다. 그렇다면 구체적으로 '어떤 요소인가'를 파악하는 일이 중요해진다.

이를 밝히기 위해서 자신을 평소보다 '약간' 힘들게 밀어붙일 방법을 찾아야 한다(평소보다 '많이' 힘들게 하는 것은 도움이 되지 않는다). 이렇게 하면 발목을 붙잡고 앞으로 나아가는 걸 방해하는 부분이 무엇인지를 밝히는 데 도움이 될 때가 많다. 테니스 선수라면 평소 상대하는 선수보다 실력이 좋은 사람과 경기를 해보라. 자신의 약점이 훨씬 명확해질 것이다. 회사 관리자라면 바빠지거나 혼란스러운 상황이 되었을 때 어떤 문제가 생기는지에 주의를 기울여라. 이때 발생하는 문제는 이례적인 현상이 아니라 늘 존재하지만 평소에는 크게 두드러지지 않았던 그런 약점일 수 있다.

이런 모든 것을 감안하여 나는 조슈아에게 제안했다. 카드 순서를 암기하는 속도를 높이고 싶다면, 평소보다 짧은 시간 안에 하는 연습을 해야 하며, 그런 다음 어디서 실수가 생기는지를 보아야 한다고 말이다. 암기 속도를 늦추는 요인이 정확히 무엇인지 파악하면, 문제를 일으키는 특정 부분의 속도를 높이는 맞춤형 연습법을 생각해낼 수 있다. 이처럼 문제가 되는 특정 부분을 개선하는 방법이, 전체를 외우는 데 드는 총시간을 줄이겠다면서 전반적인 실력이 향상되길 꾀하는 것보다 효과적이다.

정체기를 통과할 다른 방법이 효과가 없을 경우 시도해야 할 일은 다음과 같다. 첫째, 정확히 무엇이 발목을 붙잡는 난제인지 파악하라. 언제, 어떤 실수를 저지르는가? 컴포트 존에서 벗어날 만큼 자신을 밀어붙인 다음, 어디에 문제가 생기는지 보라. 그리고 발견된 특정 문제점을 개선하는 것을 목표로 한 연습 방법을 고안하라. 일단 문제가 무엇인지 파악하면, 스스로 문제를 해결하는 일이 가능할 수도 있고, 경험이 많은 코치나 교사에게 의견을 구해야 할 수도 있다. 어느 쪽이든 새로운 방법으로 연습을 하면서 상황에 변화가 있는지 세심하게 살펴라. 발전이 없다면 다른 대책이 필요할 수도 있다.

이런 방법의 효과는 하다 보면 하나는 효과가 있겠지 하고 생각하면서 이것저것 해보는 것이 아니라, 발전을 가로막고 있는 특정 문제를 해결하는 것을 목표로 한다는 데 있다. 의외로 경험이 많은 교사들 사이에서도 이런 방법은 널리 알려져 있지 않다. 너무 당연해 보이는 방법인 데다 실제로 정체기를 극복하는 데 놀라울 정도로 효과가 있는데 말이다.

지속 가능한 동기부여의 힘

2006년 여름, 274명의 중학생이 스크립스전국철자암기대회에 참석하기 위해 워싱턴 D.C.로 몰려들었다. 최종 우승의 영광은 20번째 라운드에서 '조상어', '공통 근원어', '공통 기본어' 등의 의미를 지닌 'ursprache'를 맞힌 케리 클로스Kerry Close에게 돌아갔다. 뉴저지 주 스프링레이크에서 온 열세 살짜리 학생이었다. 당시 나는 맞춤법 고수와 나머지를 구분시키는 차이를 파악하기 위해 지도하는 학생들과 함께 현장을 찾았다.[18]

우리는 참가자 각각에게 학습 방법을 묻는 상세한 질문지를 주었다. 질문지에는 참가자들의 성격을 평가하기 위해 마련한 항목들도 포함되어 있었다. 철자 암기 대회 참가자들은 대회를 준비하는 두 가지 기본적인 접근법을 가지고 있었다. 여러 목록과 사전에 나온 단어들을 혼자서 공부하는 시간을 가진 다음, 다른 사람이 목록에 나온 단어를 보면서 문제를 내주면 맞히는 것이었다. 설문 결과, 참가자들은 일반적으로 처음에는 물어봐달라고 해서 문제를 풀면서 보내는 시간이 많은 반면, 뒤로 갈수록 혼자 연습하는 시간에 더욱 의지하는 것으로 나타났다. 여러 참가자들이 대회에서 거둔 실력과 공부하는 과정을 비교해보니, 최고 수준의 참가자들은 '목적의식 있는 연습'에 투자한 시간이 다른 참가자들보다 상당히 많았다. 주로 가능한 많은 단어를 외우는 데 초점을 맞추고 혼자 연습하는 시간이었다. 최고 실력자들은 물론 문제를 풀며 보낸 시간도 많았지만, '목적의식 있는 연습'에 쏟은 시간의 양이 대회 성적과 훨씬 밀접한 관련이 있었다.

그러나 우리 연구진이 진정 관심이 있었던 것은 이 학생들이 그렇게 많은 시간을 철자를 외우며 보내도록 한 동기부여 요인이 무엇인가였다. 지역 대회에서 우승해 전국 대회에서 겨루는 학생들은 대회 몇 달 전부터 엄청난 시간을 연습에 투자했다(전국 대회에서 최고 수준에 들지 못한 학생들도 마찬가지였다). 이유가 무엇일까? 특히 최고 수준의 참가자들이 다른 참가자에 비해 훨씬 많은 시간을 연습에 투자하게 했던 동기부여 요인은 무엇이었을까?

어떤 사람들은 대부분의 시간을 철자 외우기 연습에 쏟았던 학생들이 그런 공부를 좋아하고, 거기서 얻는 즐거움이 커서 그렇게 한 것 같다고 말했다. 그러나 학생들이 설문에 답한 내용을 보면 전혀 다른 이야기가 나온다. 그들은 공부하는 것을 전혀 좋아하지 않았다. 최고 수준의 참가자를 포함해 누구도 공부 자체를 좋아하지 않았다. 학생들이 수천 단어를 혼자 공부하며 보낸 시간은 즐거워서가 아니었다. 그들은 다른 무언가를 하는 것을 훨씬 행복해했을 것이다. 가장 실력이 좋은 참가자들에게서 보이는 차이점은, 지루함에도 불구하고 그리고 훨씬 재미난 다른 활동의 유혹에도 불구하고 공부에 전념할 수 있는 우월한 능력이었다.

어떻게 계속할 것인가? 어쩌면 이것이 '목적의식 있는 연습'이나 '의식적인 연습'에 몰두하는 사람이라면 누구든 결국에는 마주치는 가장 중요한 질문이 아닐까 싶다.

새해 첫날이 지나고 헬스장을 가본 경험이 있는 사람이라면 누구나 알 듯이 시작은 쉽다. 건강해지고 몸매도 좋아지고 싶다, 기타를 배우고 싶다, 새로운 언어를 익히고 싶다 등 무언가를 결정하고 곧바로 뛰어든다. 흥분되고 신나는 일이다. 10킬로그램을 감량하거나 너바나의 명곡 〈스멜스 라이크 틴 스피리트〉Smells Like Teen Spirit를 기타로 연주하면 얼마나 좋을지 상상만 해도 기분이 좋아진다. 그러나 얼마쯤 시간이 흐르고 우리는 현실을 깨닫는다. 필요한 만큼 운동을 하거나 연습할 시간을 내기가 쉽지 않고, 그렇다 보니 헬스장을 가는 것을 건너뛰거나 수업에 빠지기 시작한다. 생각만큼 빠르게 성과가 나타나지도 않는다. 이제 재미도 없고 목표를 달성하려는 의지도 약해진다. 마침내 모두 그만두고 다시 시작하지 않는다. 바로 이런 '새해 결심 효과' 때문에 많은 헬스장이 1월에는 사람들로 붐비다가 7월에는 한산해진다. 온라인 벼룩시장에 "거의 새것이나 다름없다."는 중고 기타들이 그렇게 많이 올라오는 것도 이 때문이다.

그러므로 간단히 말하자면 문제는 이렇다. '목적의식 있는 연습'은 힘든 일이다. 우선은 계속하기가 어렵고, 설령 훈련을 계속한다고 해도(규칙적으로 헬스장에 가거나 매주 일정한 시간 기타 연습을 해도), 집중력을 유지하면서 열심히 하기가 어렵고, 그렇다 보니 스스로를 채찍질하여 밀고 나가지 못하게 되고, 결국에는 발전도 멈춘다. 이쯤에서 던져야 할 질문은 "이런 상황을 극복하기 위해 무엇을 할 수 있는가?"이다.

이 질문에 답하기에 앞서 우선 주목할 것은 힘은 들지만 계속하는 것이 분명 가능하다는 사실이다. 모든 세계적인 운동선수, 모든 프리마 발레리나, 연주회를 개최하는 모든 바이올린 연주자, 모든 체스 그랜드마스터가 그것이 가능하다는 살아 있는 증거다. 즉 사람은 매일, 매주 그리고 여러 해에 걸쳐 열심히 연습할 수가 있다. 이들 모두는 '새해 결심 효과'를 넘어설 방법을 찾아냈고, '의식적인 연습'을 자기 삶의 지속적인 일부로 만들었다. 어떻게 그렇게 했을까? 계속하기 위해 필요한 것이 무엇인지 최고 실력을 갖춘 전문가에게 어떤 부분을 배울 수 있을까?

일단 머릿속에서 치워버려야 할 것이 하나 있다. 오랫동안 강도 높은 훈련 일정을 지속한 사람들이 보통 사람들은 갖지 못한 남다른 의지력이나 '투지', '악착같은 끈기' 같은 드문 재능을 가지고 있다는 생각이 자연스러워 보인다는 점이다. 그러나 이런 생각은 오류다. 이에 대해서는 두 가지 매우 설득력 있는 이유가 있다.

첫째, 어떤 상황에서든 작용하는 일반적인 '의지력'이 존재한다는 과학적인 증거는 거의 없다. 예를 들어 전국철자암기대회를 위해 무수히 많은 시간을 공부하는 '의지력'을 가진 학생이 피아노나 체스, 야구 등을 연습할 때도 같은 정도의 '의지력'을 보여주리라는 증거 같은 것은 없다. 오히려 증거가 있다면, 의지력은 매우 상황 의존적인 자질임을 암시하는 증거가 있을 뿐이다. 일반적으로 같은 사람이라도 어떤 영역에서는 열심히 하기가 쉽고 어떤 영역에서는 어렵다고 느낀다. 케이티는 10년 동안 체스를 공부해서 그랜드마스터가 되었고, 칼은 6개월 만에 포기했다면, 케이티가 칼보다 의지력이 강하다는 의미일까? 내가 케이티는 체스를 시작하기 전에 피아노 연습을 1년 만에 그만둔 반면, 칼은 현재 세계적으로 유명한 피아노 연주자가 되었다고 말하면, 여러분의 대답이 바뀌지 않을까? 이런 상황 의존성은 유전적인 '의지력'이 매일 하는 연습을 몇 달, 몇 년, 몇십 년 동안 지속할 수 있는 개인의 능력을 설명해준다는 주장에 의문을 제기한다.

또한 '의지력'이라는 개념에는 이보다 큰, 두 번째 문제가 있다. 이는 선천적 재능이라는 잘못된 통념 전반과 관련된 문제이기도 하다(이에 대해서는 제8장에서 상세히 논의할 예정이다). 의지력과 선천적 재능은 모두 사람들이 사후事後에 어떤 사람에게 부여하는 속성이다. "제이슨은 믿기지 않을 정도로 훌륭한 테니스 선수다. 그러므로 제이슨은 이런 선천적 재능을 타고났음이 분명하다.", "재키는 오랫동안 매일 대여섯 시간씩 바이올린을 연습했다. 그러므로 재키는 놀라운 의지력을 가졌음이 분명하다." 과연 그럴까? 제이슨과 재키 어느 경우에도 사전事前에는 이런 판단을 내릴 수 없고, 마찬가지로 어느 경우에도 이런 소위 '타고난 자질'의 근간이 되는 유전자를 밝혀낸 사람이 없다. 체스 선수나 피아노 연주자로 성공하는 데 필요한 유전자의 존재를 뒷받침할 과학적인 증거가 없는 것처럼, 의지력을 결정하는 개별 유전자의 존재 역시 마찬가지다.

더구나 일단 무언가가 선천적이라고 가정하면, 그 무언가는 자동적으로 우리가 어떻게 할 수 없는 것이 되어버린다. 만약 우리가 타고난 음악적 재능이 없다면 좋은 음악가가 되는 일은 생각도 하지 말아야 한다. 만약 충분한 의지력이 없다면 노력이 많이 필요한 일은 애초에 선택하지 말아야 한다. "내가 연습을 지속하지 못한다는 사실은 충분한 의지력이 없음을 의미하고, 이것이 다시 내가 연습을 지속하지 못하는 이유를 설명해주지."라는 식의 이런 순환논법은 그야말로 백해무익하다. 오히려 사람들에게 무언가를 시도조차 하지 않는 편이 낫다는 확신을 심어준다는 점에서 악영향을 미친다.

내가 보기에는 의지력보다는 동기부여에 대해서 이야기하는 편이 훨씬 유익하다. 동기부여는 의지력과는 상당히 다르다. 우리 모두에게는 시기와 상황에 따라 (때로는 강하고 때로는 약한) 다양한 동기부여 요인들이 있다. 그렇다면 답해야 할 가장 중요한 질문은 "무엇이 동기부여를 형성하는 요인인가?"이다. 이런 질문을 함으로써 우리는 직원, 아이, 학생, 자기 자신의 의욕을 북돋울 동기부여에 관심을 집중할 수가 있다.

수행능력 향상과 체중 감량 사이에는 흥미로운 유사성이 있다. 과체중인 사람들은 보통 다이어트 프로그램을 시작하는 데는 크게 어려움이 없다. 그리고 보통은 어느 정도 체중을 감량한다. 그러나 거의 모든 사람이 결국에는 진전이 없는 상황에 직면하게 되고, 대부분은 그동안 빠졌던 살이 다시 찌면서 출발점으로 돌아가게 된다. 반면 장기적으로 체중 감량에 성공한 사람들은[19] 자기 삶을 성공적으로 재설계한 사람들이다. 체중 감량을 방해하는 온갖 위협에도 불구하고 계속 체중을 줄일 행동을 유지하게끔 해주는 새로운 습관을 만든 사람들인 것이다.

　장기적으로 '목적의식 있는 연습' 또는 '의식적인 연습'을 유지하는 사람들도 마찬가지다. 일반적으로 이들은 연습을 지속하는 데 도움이 되는 다양한 습관을 키운다. 경험으로 보면, 특정 영역에서 기술을 발전시키고자 하는 사람이라면 누구든 매일 1시간 이상을 완전히 집중해서 하는 연습에 투자해야 한다. 이처럼 꾸준하고 엄격한 훈련을 가능하게 하는 동기부여를 유지하는 데는 크게 두 부분이 있다. 계속할 이유와 그만둘 이유다. 개인이 하고 싶어서 시작했던 어떤 것을 그만둘 때는, 그만둘 이유가 결국에는 계속할 이유보다 커졌기 때문이다. 따라서 동기부여를 유지하는 방법은 두 가지다. 계속할 이유를 강화하거나 그만둘 이유를 약화시키는 것이다. 성공적인 동기부여 노력은 일반적으로 양쪽 모두를 포함한다.

　그만둘 이유를 약화시키는 방법은 여러 가지가 있다. 가장 효과적인 방법 중 하나는 온갖 의무와 방해로부터 자유로운, 연습을 위한 고정 시간을 따로 떼어두는 것이다. 최상의 상황일 때도 연습에 매진하도록 스스로를 채찍질하는 것은 쉬운 일이 아니다. 그러나 연습 시간에 다른 할 일이 있으면, 다른 일을 하려는 유혹, 그것을 하지 않으면 안 된다고 하면서 연습을 중단하는 일을 스스로 정당화시키려는 유혹이 끊이지 않는다. 이런 일이 자주 생기면 연습을 점점 줄이게 되고, 머지않아 훈련 프로그램 자체가 걷잡을 수 없는 죽음의 소용돌이 속에 빠지게 된다.

베를린에서 바이올린 전공 학생들을 연구할 때, 나는 학생들 대부분이 아침에 일어나자마자 연습하는 쪽을 선호한다는 것을 알게 되었다. 그들은 그 시간에는 다른 할 일이 없게 일정을 짜두었다. 말하자면 전적으로 연습을 위한 시간으로 떼어둔 것이다. 나아가 그때를 연습 시간이라고 못 박아두면 일종의 습관이자 의무 같은 기분이 들게 되고, 그럴수록 다른 무언가에 유혹을 받을 확률은 낮아진다. 최우수와 우수로 분류된 학생들은 양호로 분류된 학생들보다 주당 평균 5시간 정도를 더 잤는데, 주로는 오후 낮잠을 더 잤다. 양호, 우수, 최우수 상관없이 연구에 참가한 모든 학생이 매주 여가 활동에 비슷한 양의 시간을 썼지만, 여가에 얼마나 많은 시간을 썼는지를 추정할 때 최우수 학생들이 계산을 더 잘했다. 이는 이들이 시간을 더 계획적으로 쓰려고 노력했다는 의미가 된다. 계획을 잘 세우면 이런저런 이유로 연습 시간을 빼앗길 염려가 줄어, 애초 바람직하다고 생각했던 연습량을 채우기가 쉽다.

말하자면 무엇이 되었든 훈련을 방해할지 모르는 것들을 찾아내고, 그로 인한 영향을 최소화할 방법을 찾아라. 스마트폰 때문에 산만해지는 경향이 있다면 스마트폰을 꺼라. 끄고 아예 다른 방에 두는 것이 더욱 좋다. 아침형 인간이 아니어서 아침에 운동하는 것이 유독 힘들게 느껴진다면, 억지로 몸을 일으키지 않아도 되는 느지막한 시간으로 운동 시간을 옮겨라. 그동안 살펴본 바에 따르면 아침형 인간이 아닌 일부 사람들은 충분한 수면을 취하지 못하는 경향이 있었다. 이상적인 상황은 아침에

(잠을 깨우는 자명종 없이) 스스로 일어나고, 일어났을 때 개운함을 느껴야 한다. 그렇지 않다면 좀 더 일찍 잠자리에 들어야 할 것이다. 어떤 하나의 요인은 작은 차이밖에 만들지 못하지만, 여러 요인이 합쳐지면 많은 변화를 가져올 수 있다.

'목적의식 있는 연습' 또는 '의식적인 연습'이 효과적이 되려면, 자신의 컴포트 존에서 벗어나도록 스스로를 채찍질하고 집중력을 유지해야 한다. 이는 정신을 기진맥진하게 만드는 힘든 작업이다. 전문가들은 (얼핏 보면 동기부여와 무관해 보이지만 실은) 도움이 되는 두 가지를 한다. 첫째는 전반적인 신체 관리다. 즉 충분한 수면을 취하고 건강을 유지하는 것이다. 피곤하거나 아프면 집중력을 유지하기가 훨씬 힘들어지고, 당연히 태만해지기 쉽다. 제4장에서 말한 것처럼 베를린 음악학교의 바이올린 전공 학생들 모두가 매일 저녁 숙면을 취하는 데 신경을 썼고, 다수는 오전 연습이 끝나고 이른 오후에 낮잠을 자곤 했다. 둘째는 1회 연습 시간을 대략 1시간 정도로 정해둔다는 것이다. 보통 그보다 오랜 시간 강도 높은 집중력을 유지하기는 힘들다. 처음 시작하는 단계라면 집중력 유지 시간이 1시간보다 짧을 수도 있다. 1시간 이상 연습하고 싶다면, 일단 1시간을 하고 휴식을 취한 다음에 다시 하는 편이 좋다.

다행히 오랫동안 꾸준히 연습함에 따라서 점점 쉬워지는 것을 느끼게 된다. 몸도 정신도 연습에 길들여지는 것이다. 육상 선수를 비롯한 운동선수들은 운동과 관련된 통증에 익숙해진다. 그런데 흥미롭게도 연구 결과에 따르면, 운동선수들이 자신이 하는 운동과 관련된 특정한 통증에는 익숙해지는 반면, 일반적인 통증에는 그렇지 않다고 한다. 자신이 하는 운동과 관련되지 않은 통증에는 운동선수라도 그것에 대한 민감도가 일반인과 차이가 없다. 마찬가지로 악기 연주자를 비롯해 강도 높은 연습을 하는 누구든 시간이 흐르면서 연습 시간이 처음만큼 정신적으로 고통스럽지 않은 단계에 도달하게 된다. 연습이 완전히 즐거워지는 상황은 결코 오지 않지만, 결국에는 중립에 가까운 상태가 되며, 따라서 계속하는 것이 그렇게 어렵지 않게 된다.

지금까지는 그만두고 싶은 마음을 줄이는 방법들을 살펴보았다. 이제 계속하고 싶은 마음을 증가시킬 방법들을 살펴보도록 하자. 동기부여는 무엇이 되었든 지금 연습하고 있는 것을 더욱 잘하려는 욕망임이 분명하다. 그런 욕망이 없다면 왜 연습을 하고 있겠는가? 그러나 이런 욕망은 다양한 형태로 나타날 수 있다. 전적으로 내부에서 생겨나는 내인성 욕망일 수도 있다. 어떤 사람이 항상 종이접기를 잘하고 싶은 마음을 가지고 있다고 생각해보자. 스스로도 이유는 모르지만 항상 그런 욕망이 그의 내면에 있는 것이다. 때로는 이런 욕망이 더 큰 어떤 것의 일부일 때도 있다. 어떤 사람이 교향곡 감상을 좋아해서 진심으로 그것의 일부가 되고 싶다고, 말하자면 경이로운 소리를 만들어내고 내부자의 관점에서 이를 경험하는 오케스트라의 일원이 되고 싶다고 결심하지만, 클라리넷이나 색소폰, 그밖의 무엇이든 특정 악기를 연주하고 싶은 욕망이 최우선이 아닌 경우가 그렇다. 그런가 하면 외부 요인으로 인한 지극히 현실적인 목적 때문에 생기는 욕망도 있다. 어떤 사람이 사람들 앞에서 말하는 것을 싫어하는데, 그런 부족한 화술이 경력에 걸림돌이 된다는 것을 알고, 사람들 앞에서 말하는 법을 배워야겠다고 마음먹을 수도 있다. 이상의 모든 것이 동기부여의 원인이 될 수 있지만 이것이 전부는 아니다(아니 적어도 그래서는 안 된다).

전문가들을 연구한 결과에 따르면 한동안 연습을 해서 성과가 보이면, 기술 자체가 동기부여 요인이 될 수 있다. 자기가 하는 일에 자부심을 느끼고, 친구들의 칭찬에서 기쁨을 얻고, 스스로의 정체성도 바뀌게 된다. 스스로를 연설가, 피콜로 연주가, 종이접기 예술가로 간주하기 시작하는 것이다. 이런 새로운 정체성이 기술 향상에 바친 많은 연습에서 나온다는 것을 알면, 연습이 희생이라기보다는 투자에 가깝게 느껴지게 된다.

'의식적인 연습'에서 또 다른 핵심 동기부여 요인은 성공할 수 있다는 믿음이다. 그것이 싫어질 정도까지 스스로를 밀어붙이기 위해서는 실력이 나아질 수 있다고, 특히 전문가 수준으로 실력을 향상시키려는 사람은 자신이 분야 최고 수준에 오를 수 있다고 믿어야 한다. 이런 믿음의 힘은 워낙 강력해서 현실조차 발아래 둘 정도다. 스웨덴의 중거리 육상 선수 군데르 헤그Gunder Hägg는[20] 1940년대 초반 세계 기록을 15개나 깰 정도로 걸출한 실력을 자랑했다. 벌목꾼인 아버지와 스웨덴 북부 외딴곳에서 자란 군데르는 10대 초반 숲에서 달리는 것을 무척 좋아했다. 그러던 어느 날 아버지와 아들은 군데르가 얼마나 빨리 달리는지 알아보기로 했다. 그들은 1,500미터 정도 되는 길을 찾아냈고, 군데르가 달리는 동안 아버지는 알람시계를 가지고 시간을 쟀다. 군데르가 달리기를 마치자 아버지는 4분 50초에 끝냈다고 말해주었다. 이는 숲에서 1,500미터를 달린 것치고는 놀라운 기록이었다. 훗날 자서전에서 말한 것처럼 군데르는 그때의 기록에 고무되어 육상 선수로서 자신의 미래가 밝다고 믿게 되어 진지한 훈련을 시작했고, 실제로 세계 최고의 육상 선수 반열에 올랐다. 오랜 시간이 흐른 뒤에야 그의 아버지는 그날 군데르의 실제 기록이 5분 50초였다고 털어놓았다. 아버지는 아들이 달리기에 열정을 잃을까 봐 걱정도 되고,

열심히 하라고 격려도 하고 싶은 마음에 기록을 과장했다고 말했다.

심리학자 벤저민 블룸Benjamin Bloom은 다양한 분야에서 전문가들의 유년 시절을 연구하는 프로젝트를 이끌었다. 당시 연구 결과 가운데 하나는 유년 시절 이들의 부모가 아이들이 중도에 그만두지 않도록 다양한 전략을 활용했다는 것이었다. 특히 몇몇 전문가는 유년 시절에 아프거나 이런저런 이유로 다쳐서 상당 시간 연습을 하지 못한 시기가 있었다고 말했다. 연습을 재개했을 때는 실력이 이전 수준만큼도 되지 않았고, 아이는 자연히 의기소침해지고 그만두고 싶어 하게 되었다. 이때 부모들은 원한다면 그만두어도 좋지만 먼저 원래의 실력으로 돌아갈 정도까지는 연습을 하라고 말했다. 이런 방법은 효과가 있었다. 한동안 연습을 하니 원래의 실력으로 돌아갔고, 그쯤 되자 아이들은 퇴보와 시련이 일시적이며 계속 발전할 수 있다는 깨달음과 확신을 가지게 되었다.

믿음은 중요하다. 군데르의 아버지처럼 거짓말이라도 해서 믿음을 심어줄 사람이 없다 해도, 블룸이 연구했던 전문가들을 통해서 우리는 한 가지 확실한 교훈을 얻을 수 있다. 실력이 퇴보해서든 정체 상태에 빠져서든, 목표 달성에 대한 믿음이 흔들릴 때 바로 그만두지 마라. 퇴보했다면 원래의 실력으로 되돌리고, 정체 상태에 빠졌다면 거기에서 벗어나는 데까지는 해보라. 그런 다음에도 그만두고 싶은 마음이 여전하면 그만두기로 스스로와 약속해보라. 아마 그만두지 않을 가능성이 높다.

외부 요인에 의한 동기부여의 가장 강력한 형태 중 하나는 사회적인 동기부여다. 이는 여러 가지 형태를 띤다. 가장 단순하면서 직접적인 것은 타인의 칭찬과 감탄이다. 아주 어린아이들은 부모의 칭찬을 받고 싶어서 악기든 운동이든 연습할 동기를 부여받을 때가 많다. 반면에 나이가 조금 있는 아이들은 자신의 성취에 대한 긍정적인 피드백에서 동기를 부여받을 때가 많다. 충분히 오래 연습하여 어느 정도 수준에 이른 뒤에 ("이 아이는 화가다.", "이 아이는 피아노를 잘 친다.", "이 아이는 엄청 실력 좋은 농구 선수다." 등) 자신의 능력으로 알려지게 되면, 이런 인정이 계속할 수 있는 동기부여가 된다. 많은 10대 그리고 적지 않은 성인이 이성에게 더욱 매력적으로 보일 것이라는 믿음으로 악기나 운동을 배우기 시작한다. 이것 역시 중요한 사회적 동기부여다.

사회적 동기부여를 만들어내고 유지하는 가장 좋은 방법 가운데 하나는 자신을 격려하고 지지하는 한편 도전의식을 북돋우는 사람들을 주변에 두는 것이다. 베를린 음악학교의 바이올린 전공 학생들은 자기와 마찬가지로 음악을 전공하는 학생들과 대부분의 시간을 보냈을 뿐만 아니라, 데이트 상대도 음악을 전공하는 학생이거나 적어도 자신들의 음악에 대한 열정을 인정하고 연습에 우선순위를 두려는 마음을 이해하는 사람인 경우가 많았다.

그룹이나 팀으로 하는 활동이라면, 주변에 지지자들을 두고 동기부여를 받기가 어렵지 않다. 예를 들어 오케스트라 단원이라면, 동료들을 실망시키고 싶지 않은 마음이나 자신이 다루는 악기에서 최고 단원이 되기 위해 동료들과 경쟁하는 것이 동기부여가 될 수도 있다. 사람에 따라서 양쪽 모두가 동기부여가 될 수도 있다. 농구나 소프트볼 팀원이라면 선수권 대회에서 우승하기 위해 모두 한마음으로 실력을 향상시키는 데 최선을 다하겠지만, 한편으로 다른 팀원들과의 내부 경쟁에도 신경을 쓸 터이다. 그리고 이런 경쟁 역시 더욱 분발하게 되는 동기부여가 될 가능성이 높다.

그렇지만 아마도 여기서 가장 중요한 것은 함께하는 환경 자체일 것이다. '의식적인 연습'은 혼자서 하는 것도 가능하지만, 오케스트라, 농구팀, 체스 클럽 등의 다른 단원이나 회원처럼 같은 위치에 있는 동료들이 있다면 일종의 상설 지원 체제를 갖춘 셈이 된다. 이들은 힘든 연습에 쏟는 여러분의 노고를 이해하고, 훈련 비결을 공유하고, 여러분이 잘하면 인정해주고, 어려움을 겪으면 동정해준다. 그들도 여러분에게 의지하고, 여러분도 그들에게 의지할 수가 있다.

페르 홀름뢰브에게 70세가 넘은 나이에 가라테 검은 띠를 따려고 매주 적지 않은 시간을 연습하게 만드는 동기가 무엇인지 물은 적이 있다. 페르가 처음 가라테에 관심을 가진 것은 손자들이 훈련을 시작했을 때였다. 손자들이 훈련하는 동안 그 모습을 지켜보고 이야기를 나누는 일이 즐거웠던 것이다. 그러나 그가 이렇게 오래 훈련을 하도록 이끈 것은 동료 학생 및 교사와의 교류와 소통이었다. 가라테 훈련의 많은 부분이 둘씩 짝을 지어 진행되는데, 페르는 자신과 자신의 가라테 실력을 향상시키는 데 대단히 적극적으로 도움을 주는 훈련 상대를 만났다(페르보다 스물다섯 살 어린 여성으로, 그녀의 자녀들 역시 같은 학원에서 가라테를 배우고 있었다). 젊은 남성 학생들도 항상 그를 지지하는 분위기였고, 이런 동료들이 그가 포기하지 않고 계속 연습할 수 있는 가장 강한 동기가 되었다.

2015년 여름, 페르는 74세가 되었다. 가장 최근에 주고받은 연락을 통해 나는 페르와 아내가 산이 가까운 곳을 찾아 스웨덴의 오레로 이사했다는 소식을 들었다. 오레는 미국으로 치면 콜로라도의 애스펀 같은 지역으로, 스키 리조트로 유명하다. 페르는 가라테 파란 띠를 땄고, 갈색 띠 시험을 준비하고 있었다. 그러나 학원에서 다른 학생들과 훈련하는 것이 불가능하기 때문에 검은 띠 승급은 포기할 수밖에 없다는 결론을 내렸다. 그는 지금도 가라테 사범이 그를 위해 만들어준 훈련 과정에 따라서 매일 아침 훈련을 하는데, 사범이 만들어준 훈련 과정에는 사전 운동, 가라테 동작, 케틀 벨kettle bell(쇠로 만든 공에 손잡이를 붙인 기구—옮긴이) 운동, 명상 등이 포함되어 있다. 또한 등산도 규칙적으로 하고 있다. 그는 편지에서 자신의 인생 목표는 '지혜와 활력'이라고 말했다.

여기서 우리 이야기는 다시 벤저민 프랭클린으로 돌아가게 된다. 젊은 시절 프랭클린은 철학, 과학, 발명, 글쓰기, 미술 등 온갖 분야에 관심이 많았고, 이들 영역에서 자기 발전을 독려할 방법을 찾길 바랐다. 그래서 스물한 살에 프랭클린은 필라델피아에서 지적 관심이 가장 왕성한 사람 11명을 모아[21] 상호 발전을 독려하는 클럽을 만들었다. 클럽의 명칭은 비밀결사, 파벌 등의 의미를 지니는 '전토'Junto였다. 전토 회원들은 매주 금요일 밤에 만나서 서로가 다양한 지식을 추구할 수 있도록 독려했다. 모든 회원은 모임 때마다 도덕, 정치, 과학에 관한 흥미로운 토론 주제를 최소한 하나씩 준비해야 했다. 그리고 보통은 질문 형태로 제시되는 이런 주제를 "진실을 좇는 진지한 탐구정신을 가지고 싸우거나 이기려는 욕심 없이" 토론해야 했다. 토론이 열린 마음으로 협력하는 분위기에서 유지될 수 있도록, 전토의 규칙은 누구든 다른 회원을 반박하거나 자기 의견을 지나치게 강하게 표현하는 것을 엄격하게 금했다. 그리고 세 달에 한 번씩 모든 회원은 주제에 상관없이 에세이를 써서 다른 회원들 앞에서 읽어야 했고, 회원들은 이에 대해 토론을 벌였다.

클럽의 한 가지 목적은 회원들이 당대의 지적 쟁점에 관심을 가지도록 독려하는 것이었다. 클럽은 프랭클린이 필라델피아에서 가장 흥미로운 사람들과 주기적으로 만날 기회를 제공했을 뿐만 아니라, 당대에 쟁점이 되는 주제들을 한층 치열하게 탐구하고 고민하도록 스스로를 자극하는 동기부여가 되기도 했다. 매주 적어도 하나의 흥미로운 질문을 던져야 하고 다른 회원들의 질문에 대답도 해야 한다는 것을 알고 있었기에, 프랭클린은 이에 자극을 받아 당대의 과학, 정치, 철학 등에서 가장 시급한 문제이면서 지적인 도전 정신을 자극하는 문제를 더욱 심도 있게 조사하고 고민하게 되었다.

거의 모든 영역에서 이런 방법을 활용할 수 있다. 같은 것에 흥미가 있는 사람들을 모아 단체를 만들어라(아니면 기존의 단체에 들어가도 좋다). 그리고 구성원이 공유하는 목표와 끈끈한 동지애를 자신의 목표를 달성하기 위한 동기부여로 활용하라. 북 클럽부터 체스 클럽, 아마추어 공연 모임까지 수많은 사회단체가 만들어지고 운영되는 이면에는 바로 이런 생각이 자리 잡고 있다. 그런 단체에 가입하는 것(또는 필요한 경우 직접 만드는 것)은 성인이 동기부여를 유지하는 데 놀라울 정도로 효과적인 방법이 될 수 있다. 그러나 주의해야 할 것은 그룹 내의 다른 구성원도 비슷한 발전 목표를 가지고 있어야 한다는 것이다. 어떤 사람이 볼링 실력을 키우고 싶어서 볼링팀에 들어갔는데, 다른 구성원들은 만나서 즐거운 시간을 보내는 데만 관심이 있고 다른 팀과의 경기 승패에는 관심이 없다면 어떨까? 실력이 향상될 것을 기대하고 합류한 사람은 실망감을 느끼게 될 것이다. 당연히 이런 상황이 동기부여가 될 리 만무하다. 기타 연주를 직업으로 삼을 만큼 실력을 쌓고 싶은 기타 연주자라면 토요일 저녁마다 누군가의 차고에 모여 즉흥연주를 즐기는 그런 멤버로 구성된 밴드에 들어가면 안 된다(여하튼 프랭클린이 만든 클럽 명칭이었던 '전토'는 록밴드 이름으로도 더없이 좋은 명칭이 아닌가 하는 생각을 해본다).

물론 핵심을 보자면 '의식적인 연습'은 혼자 하는 외로운 과정이다. 생각이 같은 개인들로 모임을 구성해 지지와 도움, 격려를 받을 수 있기는 하지만 여전히 개인적인 발전의 많은 부분은 혼자 하는 연습에 의존하게 된다. 그렇다면 그렇게 집중을 요하는 연습을 계속하게 해주는 동기부여를 어떻게 유지해야 할까?

좋은 조언 중 하나는 발전하고 있다는 확실한 신호를 계속해서 볼 수 있는 일정을 준비해야 한다는 것이다. 항상 중요한 발전이 아니라도 좋다. 긴 여정을 달성하기 쉬운 작은 목표들로 나누고 한 번에 하나의 목표에 집중하라. 목표를 달성할 때마다 자기에게 작은 상을 주는 것도 생각해볼 수 있다. 피아노 교사들은 피아노를 배우는 어린 학생들이 달성해야 하는 장기적인 목표를 여러 작은 등급으로 나누어 가르친다. 그것이 가장 좋은 방법이기 때문이다. 이렇게 하면 학생은 새로운 등급에 도달할 때마다 성취감을 느끼고, 이는 학생의 동기부여에도 도움이 될 뿐만 아니라 도무지 발전이 없어 보여서 의욕을 상실하는 상황도 방지해준다. 등급이 자의적이라도 상관없다. 중요한 것은 교사가 끝이 없어 보이는 학습 분량을 일련의 명확한 단계로 나눠서 학생이 자신의 발전 모습을 한층 선명하게 보고, 계속할 용기를 얻게 만든다는 것이다.

'댄 플랜'을 세웠던 골프 선수 댄 맥러플린은 PGA 투어 합류라는 목표를 추구하는 과정에서 이와 아주 흡사한 방법을 활용했다. 우선 그는 자신의 목표를 일련의 작은 단계들로 쪼갰는데, 각각의 단계는 특정 기술을 연마하는 데 전념하도록 설계되었다. 그리고 단계마다 자신의 발전 상황을 모니터 할 방법들을 개발하여, 자신의 현재 상황, 도달 지점 등을 명확하게 알 수 있게 했다. 그가 정한 첫 번째 단계는 퍼팅하는 법을 배우는 것이었다. 몇 달 동안 그는 다른 골프채들은 제쳐두고 퍼터만 가지고 연습을 했다. 그리고 같은 시도를 반복하는 여러 가지 게임을 만들고, 게임 성적을 계속 기록했다. 예를 들어 초기의 한 게임에서 그는 홀에서 반경 1.8미터 거리에 간격이 동일한 여섯 지점을 표시했다. 그리고 여섯 지점에서 퍼터로 홀에 공을 집어넣는 연습을 했는데, 여섯 번씩 17회를 반복해서 도합 102번의 퍼팅 연습을 했다. 여섯 번을 한 세트로 하여 자신이 몇 번이나 공을 홀에 넣었는지 셌고, 스프레트시트 프로그램을 이용해 점수를 기록했다. 이런 방법으로 그는 퍼팅 연습이 진척되는 상황을 아주 구체적으로 확인할 수 있었다. 그리고 이를 통해 자신이 저지르는 실수와 노력이 필요한 부분을 파악하는 것은 물론이고 매주 얼마나 발전하고 있는지도 한눈에 볼 수 있었다.

이어서 댄은 처음에 피칭웨지, 이어서 아이언, 우드, 마지막으로 드라이버 식으로 다른 골프채 사용법을 하나하나 배웠다. 2011년 겨울에는 골프채 전체를 가지고 처음으로 18홀 플레이를 했다. 골프 연습을 시작한 지 1년 반이 넘은 시점이었다. 댄은 이즈음 자신의 발전 상황을 몇 가지 방식으로 기록하고 있었다. 두어 가지만 소개하자면, 우선 드라이브의 정확도를 측정하면서 티를 떠난 공이 페어웨이에 떨어지는 횟수, 오른쪽으로 벗어나는 횟수, 왼쪽으로 벗어나는 횟수를 기록했다. 그리고 그린에 올라간 다음에는 홀에 공을 넣는 평균 퍼트 수를 기록했다. 이런 수치들은 어떤 부분에, 어떤 종류의 노력이 필요한지 알게 해주었을 뿐만 아니라 골프 전문가를 향한 여정에서 어디까지 왔는지, 차로 치면 일종의 주행거리를 말해주는 역할도 했다.

골프에 익숙한 사람이라면 누구나 아는 것처럼 댄의 발전 정도를 말해주는 가장 중요한 지표는 핸디캡이다. 핸디캡을 계산하는 공식은 다소 복잡한데, 핵심만 말하자면 핸디캡은 컨디션이 좋은 경우에 댄이 게임을 얼마나 잘할지 예측해주는 지표와도 같다. 예를 들면 핸디캡이 10인 사람은 18홀 골프에서 10오버파를 치는 실력으로 간주된다. 따라서 수준이 다른 선수라도 핸디캡을 이용해 균형을 맞춰주면 어느 정도 동등한 위치에서 게임을 할 수 있다. 한편 핸디캡은 이전에 개인이 플레이 했던 20회 정도의 18홀 골프 경기에서 나온 성적을 토대로 하므로 계속 변할 수밖에 없다. 이런 핸디캡의 변화가 시간에 따른 선수의 실력 변화를 말해주는 또 다른 지표가 된다.

댄이 처음 자신의 핸디캡을 세고 기록한 시점은 2012년 10월이다. 당시 그의 핸디캡은 8.7이었는데, 골프를 불과 2년 친 사람치고는 아주 좋은 성적이다. 2014년 하반기에는 3과 4 사이를 오르내렸는데, 이는 정말로 인상적인 성적이다. 내가 지금 이 글을 쓰고 있는 2015년 하반기, 댄은 한동안 골프를 치지 못하게 했던 부상에서 회복되고 있는 중이다. 지금까지 그는 골프 연습에 6,000시간 이상을 투자했다. 1만 시간이라는 자신의 목표에 60퍼센트 이상 다가와 있는 상태인 것이다.

댄이 PGA 투어에서 활동한다는 목표를 달성할 수 있을지 우리는 아직 모른다. 그러나 그는 진정한 골프 경험이 없는 서른 살의 남자가 올바른 연습을 통해 스스로를 전문 골프 선수로 변모시켜가는 모습만은 분명하게 보여주고 있다.

나의 받은 메일함은 이런 이야기들로 가득 차 있다. '의식적인 연습'을 활용하여 노래 실력을 갈고닦은 덴마크의 어느 심리치료사는 덴마크 전역의 라디오 방송국을 통해 전파를 타고 있는 노래를 녹음까지 했다. 플로리다의 기계공학자는 '의식적인 연습'을 통해 그림을 배우기 시작했다. 그는 최초의 작품 사진을 내게 보내왔는데, 상당한 실력을 갖춘 작품이었다. 1만 시간을(다시 등장한 숫자!) 바치기로 결심했던 브라질의 공학자는 결국 종이접기 전문가가 되었다. 이외에도 사례는 많다. 내게 이런 메일을 보낸 사람들 모두가 공유하는 두 가지가 있다. 이들은 모두 꿈을 가지고 있었고, '의식적인 연습'에 대해 배운 뒤에 자신의 꿈을 이룰 방법이 존재한다는 것을 깨달았다.

이런 모든 이야기와 온갖 연구에서 우리가 배워야 할 가장 중요한 교훈은 꿈을 이루지 못할 이유가 없으니 꿈을 좇으라는 것이다. '의식적인 연습'은 그동안 여러분이 불가능하다고 확신하고 좇을 생각조차 하지 않았을지 모르는, 새로운 가능성의 세계로 가는 문을 열어줄 수 있다. 망설이지 말고 문을 열어젖혀라.

제7장

비범함으로 가는 로드맵

_그들은 어떻게 최고의 자리에 올랐는가

1960년대 말에 헝가리의 심리학자 라슬로 폴가르László Polgár와 아내 클라라Klara는 이후 25년이 걸릴 원대한 실험에 착수했다.[1] 라슬로는 이런저런 분야에서 천재로 간주되는 사람들 수백 명을 연구한 다음, 적절하게 양육되면 어떤 아이든 천재가 될 수 있다는 결론을 내렸다. 클라라에게 구애를 할 무렵, 라슬로는 자신이 세운 이론의 개요를 설명하고 자녀들을 대상으로 그 이론을 실험하는 데 협조해 줄 아내를 찾고 있다고 말했다. 우크라이나의 교사였던 클라라는 분명 아주 특별한 여인이었던 모양이다. 이런 특이한 구애를 마다하지 않고 결혼을 해서 미래의 자녀를 천재로 만들자는 라슬로의 제안에 동의까지 했으니 말이다.

라슬로는 자신의 훈련 프로그램이 영역에 상관없이 효과가 있으리라고 매우 확신하고 있었다. 그렇기 때문에 부부는 목표로 삼을 영역을 고르는 데 특별한 제한을 두지 않고 다양한 후보들을 논의했다. 언어도 그중 하나였다. 아이에게 얼마나 많은 언어를 가르칠 수 있을까? 수학도 또 다른 후보였다. 일류 수학자는 당시 동유럽에서 크게 존경받고 있었다. 공산주의 진영이 타락한 서구보다 우월하다는 것을 증명할 방법을 찾고 있었기 때문이다. 당시에는 일류 여성 수학자가 없었기 때문에 만약 라슬로 부부가 딸을 낳아 일류 수학자로 기르면, 라슬로의 주장이 한층 설득력을 얻는 부수적인 효과까지 거둘 수 있을 터였다. 그러나 부부는 세 번째 후보로 최종 결정을 내렸다.

"어떤 영역에서든 같은 결과가 가능했지요. 일찍 시작하고, 해당 주제에 충분한 시간과 애정을 쏟는다면 말입니다." 나중에 클라라는 신문 기자와의 인터뷰에서 이렇게 말했다. "그러나 우리는 체스를 선택했습니다. 체스는 아주 객관적이어서 성과를 측정하기가 쉬우니까요."

체스는 항상 '남성'을 위한 게임으로 생각되어왔다. 여성 체스 기사는 이류 시민처럼 홀대를 받아왔다. 여성을 남성과 경쟁시키는 것은 공평하지 못하다는 생각에서 따로 여성 경기와 선수권 대회가 있을 정도였다. 그때까지 여성 그랜드마스터는 1명도 없었다. 당시 체스를 두는 여성을 향한 일반적인 태도는 새뮤얼 존슨Samuel Johnson의 유명한 말과 흡사했다. "여자의 설교는 개가 뒷다리로 걷는 것과 같다. 잘 되지는 않는다. 그러나 아무튼 된다는 사실에 놀란다."

운도 따라주었는지 폴가르 부부는 3명의 자녀를 얻었고, 셋 모두 딸이었다. 라슬로의 주장을 입증하기에 더더욱 좋은 조건이었다.

첫째는 1969년 4월에 태어났고, 이름은 수전Zsuzsanna이었다. 이어서

1974년 11월에 소피아_Zsófia_가 태어났고, 주디트_Judit_는 1976년 7월에 태어났다. 폴가르 부부는 가능한 체스에 집중하는 시간을 많이 갖기 위해서 아이들을 집에서 교육했다. 부부의 실험이 엄청난 성공을 거두기까지는 그리 오랜 시간이 걸리지 않았다.

수전은 불과 네 살의 나이에 첫 경기에서 이겼고, 부다페스트 11세이하 여학생선수권대회에서 압도적인 성적으로 우승했다. 10승 무패, 무승부조차 없었다. 열다섯 살에 수전은 세계 최고 수준의 여성 체스 기사가되었고, 이어서 남성 선수들이 거치는 것과 똑같은 과정을 거쳐 그랜드마스터의 자리에 오른 최초의 여성이 되었다. (당시 그랜드마스터의 칭호를얻은 다른 두 여성은, 여성만 참가하는 세계선수권대회에서 우승한 뒤에 그 칭호를 받았다.) 이처럼 눈부신 성공을 거둔 수전이었지만, 그 집 딸들 중 최고는 아니었다.

둘째 소피아 역시 놀라운 체스 이력을 자랑한다. 아마도 하이라이트는 소피아가 불과 열네 살 때가 아닌가 싶다. 당시 그녀는 아주 높은 평가를 받는 남성 그랜드마스터 몇 명까지 참가한 로마대회에서 압도적인 성적으로 우승했다. 그녀는 아홉 경기 가운데 여덟 경기에서 이기고 아홉번째 경기에서 비김으로써, (해당 대회 게임만을 토대로 매기는 레이팅_rating_인) 단일 경기 체스 레이팅 2,735점을 얻었다.[2] 이는 남녀를 불문하고 가장 높은 경기 레이팅 가운데 하나였다. 1989년의 일이지만, 지금도 체스계 사람들은 당시 사건을 '로마 약탈'_the sack of Rome_이라고 부르며 심심찮게 이야기한다. 그러나 소피아는 전체 레이팅이 가장 높았을 때가 2,540점으로 그랜드마스터가 되는 기준 점수를 한참 넘긴 데다, 공인 대회에서 충분하고도 남는 실적을 거두었음에도 불구하고 끝내 그랜드마스터의 지위를 받지 못했다. 이는 분명 소피아의 체스 실력에 대한 공정한 평가라 기보다는 정치적인 결정이었다(다른 자매들도 마찬가지였지만 소피아는 남성 위주인 체스계 기득권 세력의 비위를 맞추려는 노력 따위는 하지 않았다). 소피아는 한때 세계 여성 체스 기사 랭킹에서 6위까지 올라갔다. 그럼에도 폴가르 자매들 사이에서만 보자면 소피아는 일종의 '의무 태만자'로 분류될 수 있다.

주디트는 라슬로 폴가르 실험의 최고 우량주였다. 그녀는 15세 5개월의 나이로 그랜드마스터가 되었다.[3] 당시로서는 남녀를 통틀어 최연소 그랜드마스터였다. 주디트는 2014년에 은퇴할 때까지 25년 동안 세계 여성 체스 기사 랭킹 1위 자리를 지켰다. 한때는 남녀를 통틀어 모든 체스 기사 가운데 8위에 올랐고, 2005년에는 세계체스선수권대회에서 경기한 최초의 (그리고 지금까지 유일한) 여성이 되었다.

폴가르 자매는 모두 확실한 전문가다. 그들 모두는 실력이 극도로 객관적으로 측정되는 영역에서 세계 최고의 지위에 올랐다. 체스에는 예술 점수 같은 것이 없다. 학력도 중요하지 않다. 이력서 따위를 쳐주지도 않는다. 그러므로 우리는 추호의 의심도 없이 이들 자매의 실력을 확인할 수 있고, 확인 결과 그들은 아주, 아주, 잘했다.

자녀를 특정 분야의 세계 최고로 만드는 작업에 그렇게까지 집중하는 부모는 드물 것이다. 그런 점에서 출신 배경은 평범하지 않지만 폴가르 자매는 전문가가 되는 조건에 대해서는 (다소 극단적이다 싶을 정도로) 분명한 본보기를 제공한다. 수전, 소피아, 주디트가 체스를 마스터한 과정은 기본적으로 모든 전문가가 비범한 수준에 이르기 위해 택하는 과정을 따르고 있다. 구체적으로 심리학자들은 전문가의 발전이 최초로 가벼운 관심을 가지는 단계부터 완전한 전문성을 갖추기까지 네 단계를 거친다는 것을 발견했다. 폴가르 자매에 대해 드러난 정보를 종합해보면 이들 역시 동일한 단계를 거쳤음을 알 수 있다. 유별난 아버지가 나서서 발전을 이끌다 보니 구체적인 형태는 살짝 다를지 모르지만 기본적으로는 다르지 않다.

이번 장에서 우리는 전문가가 되기 위해 필요한 조건을 심도 있게 살펴볼 것이다. 이미 설명한 것처럼 '의식적인 연습'과 관련된 대부분의 내용은 전문가와 그들이 비범한 능력을 키운 방법에서 나왔다. 그러나 이 책에서 지금까지 우리는 이런 모든 것이 전문가가 아닌 일반인에게 어떤 함의를 지니는지에 초점을 맞춰 이야기를 전개해왔다. 실력 향상을 위해 '의식적인 연습' 원칙을 활용할지도 모르지만, 현재 자기 분야에서 세계 최고의 반열에 오르지는 못한 그런 사람들에게 말이다. 이제 관심의 방향을 돌려서, 세계적인 수준의 음악가, 올림픽 운동선수, 노벨상을 수상한 과학자, 체스 그랜드마스터 등 세계 최고들을 살펴보도록 하자.

어떤 의미에서 이번 장은 '전문가 만들기 설명서'로 생각될 수도 있다. 원한다면 '탁월한 경지로 가는 로드맵'이라고 해도 무방할 것이다. 이번 장이 제2의 주디스 폴가르나 세레나 윌리엄스Serena Williams 탄생에 필요한 조건을 모두 말해주지는 않을 것이다. 그러나 이번 장을 마칠 즈음 독자 여러분은 만약 이런 길을 택한다면 적어도 자기가 어떤 길에 들어섰는지에 대해 이전보다 훨씬 분명한 생각을 가질 수 있을 것이다.

개괄하자면 이번 장은 인간의 적응력을 최대한 활용하고 인간 잠재력의 한계까지 도달하기 위해 필요한 조건들을 단계적으로 살펴보는 장이다. 일반적으로 이런 과정은 유년기 또는 청소년기 초기에 시작되어 전문가 수준에 도달할 때까지 10년 이상 계속된다. 그러나 거기서 끝이 아니다. 전문가의 중요한 특징은 분야 최고 대열에 합류한 뒤에도 계속 연습 방법을 개선하며 앞으로 나아가려는 노력을 게을리하지 않는다는 것이다. 그리고 바로 여기 인간 잠재력의 한계에서 우리는 새로운 길을 만드는 개척자를 보게 된다. 지금까지 누구도 하지 못한 경지에 다다른 사람, 우리 모두에게 그것이 불가능이 아니라 가능한 일이라고 보여주는 사람을.

놀이를 통한 가벼운 시작

잡지 인터뷰에서 수전 폴가르는 처음 체스에 흥미를 가지게 된 계기를 이야기했다.[4] "벽장에서 새로운 장난감을 찾다가 체스 세트를 처음 발견했습니다. 처음에는 재미난 말 모양에 매료되었지요. 나중에는 사람의 도전의식을 자극하는 게임의 논리에 매료되었지요."

수전의 부모가 딸이 태어나기 전부터 어떤 계획을 세웠는지 이미 알고 있는 우리로서는 어떻게 체스에 관심을 가지게 되었는지에 대한 수전의 기억과 부모의 계획을 비교해보는 것도 나름 흥미롭다. 라슬로와 클라라 부부가 수전을 최고 수준의 체스 기사로 키우겠다고 미리 결정한 상태였기 때문에 체스에 흥미를 유발시킬 상황을 수전의 말처럼 우연에만 맡겨두었을 가능성은 희박하다.

그러나 지금 우리의 이야기에서 정확한 세부 내용은 중요하지 않다. 중요한 것은 수전이 어린 시절 체스에 관심을 가지게 되었다는 것이다.

그리고 당시 세 살이었던 수전이 그 연령대에 아이들이 무언가에 흥미를 느끼는 유일한 방식으로 그것에 흥미를 가졌다는 점이다. 즉 수전은 체스 말이 재미있다고 생각했다. 장난감으로, 가지고 놀 어떤 것으로 말이다. 어린아이들은 호기심이 왕성하고 놀기를 좋아한다. 강아지나 새끼 고양이가 그렇듯이 아이들은 주로 놀이를 통해 세상과 소통한다. 따라서 놀고 싶은 욕망이 어린아이에게는 최초의 동기부여 역할을 한다. 그것이 동기가 되어 아이들은 이런저런 것을 시도해보고, 무엇이 재미있고 무엇이 그렇지 않은지 알아보고, 향후 이런저런 기술을 키우는 데 도움이 될 각종 활동을 하게 된다. 이즈음 아이들은 당연히 체스판에 체스 말들을 늘어놓고, 공을 던지고, 라켓을 휘두르고, 구슬을 모양이나 무늬에 따라서 정리하는 등 간단한 기술을 키운다. 그러나 미래의 전문가들에게는 무엇이 되었든 그들의 관심을 끄는 것과의 놀이를 통한 소통 자체가 훗날 전문가로 우뚝 서는 첫 번째 단계다.

1980년대 초반, 시카고 대학교에서 심리학자 벤저민 블룸은 간단한 질문 한 가지에서 시작된 연구 프로젝트를 지휘했다.[5] 전문가들의 유년 시절에서 많고 많은 사람들 중 유독 그들만이 비범한 능력을 발전시킨 이유를 말해줄 무언가를 찾을 수 있을까? 블룸과 함께 작업한 연구자들은 피아노 연주자, 올림픽 수영 선수, 테니스 챔피언, 수학자, 신경학자, 조각가까지 여섯 분야 120명의 전문가를 선별하여, 그들이 능력을 개발시킨 과정에서 공통점을 찾았다. 블룸의 연구에서 이들 모두에게 공통되는 세 단계가 밝혀졌는데, 이는 블룸과 동료들이 조사한 여섯 분야뿐만 아니라 모든 분야 전문가의 성장 과정에서 공통된 것으로 보인다.

첫 번째 단계에서는 어린아이들이 놀이처럼 재미난 방식으로 훗날 자신의 관심 분야가 될 무언가를 접하게 된다. 수전 폴가르의 경우 체스 말들을 발견했고, 그 모양을 마음에 들어 했다. 처음에 체스 말은 그녀에게 가지고 노는 장난감 이상이 아니었다. 타이거 우즈Tiger Woods는 9개월 영아 시절 작은 골프채를 하나 받았다. 이것 역시 장난감이었다.

처음 아이의 부모는 아이 수준에서 놀아주지만[6] 서서히 '장난감'의 진짜 목적으로 놀이를 변화시킨다. 그들은 아이에게 체스 말의 특별한 움직임에 대해서 설명한다. 골프채로 공을 때리는 법을 보여주고, 피아노에서 단순한 소음이 아니라 아름다운 선율이 만들어질 수 있다는 것을 보여준다.

이런 단계에서 훗날 전문가가 되는 아이의 부모는 중요한 역할을 한다. 무엇보다 아이에게 많은 시간과 관심을 쏟고, 아이를 많이 격려해준다. 또한 그런 부모는 매우 성취 지향적인 성향을 보이며, 아이에게 자제력, 근면함, 책임감, 건설적인 시간 활용 등을 가르친다. 이런 부모 밑에서 자란 아이가 특정 분야에 관심을 가지게 되면, 자연스럽게 이런 자세, 말하자면 절제, 근면, 성취 지향 등의 태도를 가지고 거기에 접근하게 된다.

이는 아이의 성장에서 결정적인 시기다. 아이들은 태어날 때부터 호기심이 왕성하고 놀이를 좋아하기 때문에 무언가를 탐구하거나 시도할 초기 동기가 충분히 부여되어 있는 상태다. 따라서 부모들은 이 같은 왕성한 관심을 능력을 향상시키는 발판으로 활용할 기회를 갖게 된다. 그러나 호기심에서 시작된 동기만으로는 충분하지 않으며 추가적으로 동기를 부여해줄 필요가 있다. 특히 어린아이들에게 아주 좋은 방법은 칭찬이다. 다른 동기부여 요인은 특정 기술을 개발하는 데서 오는 만족감이다. 특히 부모가 인정해주면 만족감이 더욱 커진다. 일단 아이가 일관되게 야구 방망이로 공을 맞히게 되거나, 피아노로 가락을 만들어내거나, 달걀 한 판을 모두 셀 수 있게 되는 경우, 그런 성취가 자부심을 느끼게 하는 요인이 되며, 이런 자부심이 해당 실력을 더욱 키우려는 동기부여 요인으로 작용한다.

블룸과 동료들은 연구 대상이었던 전문가들이 그들의 부모가 특히 관심을 가진 분야를 선택한 경우가 많다는 것을 발견했다. 연주자든 유달리 음악 감상을 즐기는 사람이든 부모가 음악에 조예가 깊은 경우 자녀가 음악에 관심을 보이는 사실을 종종 발견하게 된다. 그것이 부모와 시간을 보내고 관심을 공유하는 방법이기 때문이다. 스포츠에 푹 빠져 지내는 부모도 마찬가지다. 미래의 수학자나 신경과학자처럼 지적인 방향으로 나아갈 아이들의 부모는 아이와 지적인 주제에 대해 이야기를 나누는 경우가 많았고, 학교와 공부의 중요성을 강조했다. 이런 식으로 부모(적어도 훗날 전문가가 될 아이들의 부모)들은 아이의 관심사 형성에 영향을 미친다. 블룸은 폴가르 부부 같은 사례는 이야기하지 않았다. 블룸의 연구 대상 중에는 부모가 의식적으로 특정 방향으로 아이들을 이끈 그런 사례는 없었다. 그러나 반드시 의식적일 필요는 없다. 그저 아이와 긴밀하게 소통을 하는 것만으로 부모는 자신과 비슷한 관심을 키우도록 아이를 자극한다.

지금 말하는 첫 번째 단계에서 아이들은 연습 자체를 하지는 않는다(연습은 나중 단계에 등장한다). 그러나 많은 아이들이 놀이 겸 훈련이 되는 활동을 스스로 생각해낸다. 좋은 예는 아이스하키 역사상 최고의 선수 가운데 한 사람으로 꼽히는 캐나다의 마리오 르뮤Mario Lemieux다. 마리오에게는 알랭과 리처드라는 형이 있는데, 셋은 지하실에 가서 양말을 신은 채로 아이스 스케이트를 타는 것처럼 바닥을 미끄러지듯 움직이면서 주방용 나무 주걱으로 병마개를 이리저리 보내는 놀이를 했다.[7] 영국의 허들 선수 데이비드 헤머리David Hemery 역시 이런 좋은 사례를 제공한다(영국 역사상 가장 위대한 육상 선수 중 한 명으로 꼽힌다). 그는 유년 시절 많은 활동을 자신과의 경쟁으로 만들었고[8] 자신에 대한 도전을 통해 부단히 실력을 향상시켰다. 예를 들자면 크리스마스 선물로 포고(아래에 용수철이 달린 발판에 올라타고 통통 뛰면서 노는 놀이기구―옮긴이)를 받자 그는 전화번호부를 쌓아놓고 장애물 삼아 점프 연습을 했다. 이런 유의 놀이 활동의 가치를 살펴본 연구가 있다는 말은 듣지 못했지만, 아무튼 아이들이 이런 과정을 통해 전문성으로 가는 첫발을 내딛는다고 생각된다.

특히 마리오 르뮤의 경험은 천재들의 유년 시절 경험에서 두드러지는 다른 특징을 잘 보여준다. 그들 중 많은 이들이 자극을 받고, 무언가를 가르쳐주고, 함께 경쟁하고, 스스로 귀감으로 삼을 손위 형제자매가 있었다는 사실이다. 주디트 폴가르에게는 수전과 소피아라는 언니가 있었다. 볼프강 아마데우스 모차르트에게는 마리아 안나라는 누나가 있었다. 마리아 안나는 모차르트보다 4년 6개월 위로, 모차르트가 처음 음악에 관심을 가질 무렵 이미 하프시코드를 연주하고 있었다. 위대한 테니스 선수 세레나 윌리엄스는 언니 비너스 윌리엄스Vennus Williams를 따라 테니스를 배웠는데, 언니 역시 당대 최고의 테니스 선수 중 한 사람이었다. 2014년 올림픽에서 역사상 최연소 스키 회전 경기 우승자가 된 미국의 미케일라 시프린Mikaela Shiffrin에게도 역시 스키 선수인 오빠 테일러Taylor가 있었다.

이것 역시 동기부여 요인이다. 손위 형제자매가 어떤 활동을 하고 부모에게서 관심과 칭찬을 받는 것을 보는 아이는 자연스럽게 거기에 합류해 관심과 칭찬을 받으려 한다. 일부 아이들에게는 형제자매와의 경쟁 자체가 동기부여가 되기도 한다.

여러 연구 사례를 보면 재능 있는 형제자매를 둔 아이들은 자녀들을 격려해주는 부모가 있다는 공통점도 있었다(경우에 따라 부모 중 한쪽일 때도 있고, 양쪽 모두일 때도 있다). 폴가르 자매가 그렇고, 모차르트도 마찬가지였다. 천재를 키워내겠다는 집념 면에서 모차르트의 아버지는 라슬로 폴가르와 크게 다르지 않았다. 세레나와 비너스 윌리엄스의 아버지 리처드 윌리엄스도 프로 테니스 선수로 키우겠다는 분명한 계획을 가지고 아이들에게 테니스를 시켰다. 이런 경우 형제자매의 영향과 부모의 영향을 구분하기 힘들다. 그러나 이들 사례에서 일반적으로 동생이 더욱 높은 수준에 도달한 것은 우연이 아닐 터이다. 부모가 위의 아이들을 길러본 경험에서 터득한 바가 있어 아래 아이들을 기를 때는 좀 더 역할을 잘한 것도 영향을 미쳤을 것이다. 그러나 특정 활동에 온전히 열중하는 손위 형제자매의 존재가 동생에게 여러 가지 이점으로 작용했을 가능성 역시 있다. 그런 형제자매를 보고 동생이 해당 활동에 관심을 보이고 그 활동을 시작하는 시기가 그런 모습을 보지 않았을 때보다 훨씬 빨라졌을 수도 있다. 형제자매가 동생을 가르칠 수도 있는데, 이 경우 부모가 해주는 수업보다 재밌을 가능성이 높다. 형제자매 사이의 경쟁 역시 동생 쪽에 유리하게 작용할 가능성도 높다. 적어도 상당히 오랫동안 손위 형제자매가 기량이 더 좋을 것이 자연스럽기 때문이다.

블룸은 수학자와 신경학자가 된 아이들의 초기 성장 과정이 운동선수, 연주자, 예술가 등과는 살짝 다른 패턴을 보이는 것을 발견했다. 이런 경우 부모가 특정 주제로 아이들을 이끈 것이 아니라 전반적인 지식 공부 자체를 강조한 경우가 많았다. 부모는 아이들의 호기심을 자극하고 독려했고, 여가 시간에 주로 독서를 하며 보냈다. 초기에는 부모가 책을 읽어주고 나중에는 아이가 스스로 읽었다. 또한 부모들은 아이에게 놀이의 일부로 (교육적이라고 볼 수 있는) 모형을 만들고 과학 활동을 하도록 독려했다.

그러나 구체적인 내용이 어떠하든 이들 미래의 전문가들에게 공통적으로 나타나는 일반적인 패턴은 일정 시점이 되면 아이가 특정 영역에 강하게 흥미를 느끼기 시작하고, 비슷한 연령대의 다른 아이들보다 장래성을 보인다는 점이다. 수전 폴가르의 경우 단순한 장난감으로서 체스 말에 흥미를 잃고, 게임 도중 말들이 체스판 위에서 움직이는 규칙과 논리, 다른 말들과의 상호작용 등에 흥미를 느끼기 시작한 시점이 바로 그런 시기였다. 그런 시점이 되면 아이는 다음 단계로 넘어갈 준비가 된 것이다.

진지한 단계로의 전환

일단 미래의 전문가가 특정 영역에 관심을 가지고 장래성을 보이기 시작하면, 전형적인 다음 단계는 코치나 교사에게 가르침을 받는 것이다.[9] 이런 아이들 대부분은 바로 이때 '의식적인 연습'을 처음으로 접하게 된다. 주로 놀이였던 지금까지의 경험과 달리, 연습은 일이 되려 한다.

일반적으로 아이들에게 이런 유의 연습을 시키는 교사들은 스스로가 전문가 수준은 아니지만 아이들과 함께하는 작업에 능숙하다. 그들은 아이들에게 동기를 부여하고 아이들이 '의식적인 연습'을 통해 실력을 향상시키면서 계속 전진하게 하는 방법을 알고 있다. 또한 열정적으로 학생들을 격려하고 학생이 무언가를 해냈을 때는 보상을 해준다. 보상은 칭찬일 때도 있고, 사탕 등의 소소한 군것질거리 같은 보다 구체적인 것일 때도 있다.

폴가르 자매는 아버지 라슬로가 최초의 선생님이었다. 세 딸 모두 10대가 되기 전에 아버지의 실력을 훌쩍 뛰어넘은 것으로 보아 라슬로는 체스를 아주 잘하지는 않았다. 그러나 아이들에게 처음 체스를 접하게 해줄 만큼은 알고 있었고, 더욱 중요한 것으로 아이들이 계속 게임에 흥미를 가지게끔 하는 재주가 있었다. 주디트는 자기 평생에 아버지만큼 동기부여에 능한 사람은 없었다고 말했다. 어쩌면 이것이 전문가의 초기 성장 과정에서 가장 중요한 요인일 수도 있다. 실력과 습관을 키워가는 동안 관심을 잃지 않도록 계속 동기부여를 해주는 것이다.

부모 역시 해야 할 중요한 역할이 있다(폴가르 집안의 경우 라슬로는 부모이자 교사였다). 부모는 '하루에 1시간씩 피아노 연습하기' 식으로 습관을 정착시키는 데 도움을 주고, 아이를 지지하고 격려하며, 실력이 향상되었을 때는 칭찬해준다. 필요한 경우에는 다른 활동보다 연습에 우선순위를 두도록 아이에게 압박을 가하기도 한다. 연습이 먼저고 놀이는 나중이라는 식으로 말이다. 아이의 저항이 심해서 연습 일정을 지속하기 힘든 경우, 부모가 극단적인 수단으로 개입할 수도 있다. 블룸이 연구한 미래 전문가의 부모 중 몇몇은 피아노 수업을 중단하고 피아노를 팔아버린다든가 수영장에 다시는 데려가지 않겠다는 식으로 위협하는 방법을 쓰기도 했다. 당연히 미래의 전문가들은 모두 이런 갈림길에서 계속하는 쪽을 택했다. 물론 다른 쪽을 택한 아이들도 있을 것이다.

부모와 교사가 아이에게 동기를 부여할 많은 방법이 있지만 동기부여는 궁극적으로 아이 자신에게서 나와야 하며, 그렇지 않으면 오래가지 못한다. 어린아이를 둔 부모는 무엇보다 칭찬과 보상을 통해 아이에게 동기를 부여할 수 있지만, 결국에는 그것으로 충분하지 않게 된다. 부모와 교사가 장기적으로 동기를 부여할 한 가지 방법은 아이들이 재미있게 할 수 있는 관련 활동을 찾게 하는 것이다. 예를 들어 어떤 아이가 사람들 앞에서 악기를 연주하는 것이 즐겁다는 사실을 깨달으면, 그런 깨달음 자체가 필요한 연습을 하게끔 만드는 충분한 동기가 된다. 아이가 심적 표상을 개발하도록 돕는 것도 동기부여 방법이 된다. 자신이 배우는 기술을 평가하고 즐기는 능력을 기를 수 있기 때문이다. 음악에 대한 표상은 아이가 연주하는 것을 더욱 즐길 수 있게 해준다. 특히 연습실에서 혼자 좋아하는 곡을 연주하는 순간을 즐기게끔 해준다. 체스 말의 배치에 대한 표상은 아이가 게임의 묘미를 한층 깊이 인식하게 해준다. 야구 경기에 대한 표상은 아이가 경기의 기저에 있는 전략을 이해하고 감탄하게 해준다.

블룸은 미래에 수학자가 된 아이들에게서는 흥미와 동기부여 패턴이 다른 것을 발견했다. 주된 이유는 아이들이 수학이라는 분야에 깊이 관심을 갖게 되는 시기가 많이 늦기 때문이었다. 여섯 살짜리 아이에게 수학을 가르치려고 개인 교사를 고용하는 부모는 거의 없다. 미래의 수학자들이 대수학, 기하학, 미적분학 같은 진지한 수학 과목을 처음 접하는 시기는 중학교나 고등학교 때이고, 그들이 평생 열정을 쏟을 대상을 처음 접하게 해주는 사람도 부모가 아니라 해당 과목 교사인 경우가 많다. 훌륭한 교사는 공식 같은 문제풀이 규칙에 중심을 두지 않고, 학생들이 일반 패턴과 과정을 생각하도록 자극하고 독려했다. 단순한 '방법'보다는 근본적인 '이유'를 알게 가르치는 것이다. 이런 방법이 이들 학생에게는 동기부여 요인이 되었다. 이로 인해 학창 시절 수학 공부 그리고 나중에는 수학자로서 연구를 견인할 지적인 흥미가 유발되었기 때문이다.

아이들이 제법 나이를 먹었고 부모의 영향 없이 해당 주제에 관심을 가지게 되었기 때문에, 굳이 부모는 숙제를 포함해 선생님이 시키는 무언가를 하라고 자극하고 독려할 필요가 없었다. 그럼에도 불구하고 이런 학생들의 부모가 확실하게 했던 일이 하나 있다. 전반적인 공부의 중요성을 강조하고, 아이들이 고등학교 이후, 심지어 대학 이후에도 공부를 계속하기를 바란다는 자신들의 기대를 분명히 밝힌 것이었다.

2단계 초기에는 부모와 교사의 독려와 지지가 아이들의 발전에서 결정적이었지만, 시간이 흐르면서 학생들은 노력 끝에 얻는 보상을 경험하기 시작하고 점점 스스로 동기를 부여하기 시작했다. 피아노를 배우는 학생은 다른 사람 앞에서 연주를 하고 받는 박수갈채의 진가를 알게 되었다. 수영을 배우는 학생은 친구들의 인정과 우러러보는 시선에 만족감을 느꼈다. 학생들은 점점 자기가 하는 활동에 대한 귀속감이 커졌고, 각자의 자아상에 친구들과 자신을 구분해주는 이런 능력을 포함시키기 시작했다. 수영 같은 단체 운동의 경우, 학생들은 뜻이 맞는 사람들로 이루어진 집단의 일원이라는 소속감을 즐겼다. 그러나 이유가 무엇이든 동기부여의 근원이 외부에서 내부로 이동하기 시작했다는 것만은 분명했다.

마지막으로 학생들이 계속 실력이 향상됨에 따라 자신들을 다음 단계로 이끌어줄 더욱 실력 있는 교사나 코치를 찾기 시작했다. 예를 들어 피아노를 배우는 학생은 가까운 곳에 있는 교사에서 가능한 최고 수준의 교사로 바꾸는 경향이 있었다. 이들 중에는 학생을 받기 전에 오디션을 보는 교사도 있었다. 마찬가지로 수영을 하는 학생들도 거리상으로 가장 편한 곳에 있는 코치가 아니라 최고의 코치를 찾기 시작했다. 강사의 수준이 높아지면서 학생들의 연습 시간도 길어지기 시작했다. 부모는 강습비를 내고 장비를 사주는 등 여전히 지원을 계속했지만, 연습 책임은 거의 전적으로 학생 자신과 교사, 코치에게로 옮겨갔다.

캐나다 몬트리올, 컨커디어 대학교의 연구자인 데이비드 페리서David Pariser는 재능 있는 예술가로 성장한 아이들에게서 비슷한 동기부여 방식을 발견했다. 아이들은 여전히 부모와 교사로부터 "정서적, 기술적 지지와 지원"을 필요로 했지만, "스스로 에너지를 공급하고 동기를 부여함으로써 작동하는, 미래에 큰일을 해낼 추진력"을 가지고 있었다.[10]

블룸에 따르면, 이런 단계에서 2년에서 5년 정도가 흐르면 미래의 전문가들은 스스로의 정체성을 학교생활이나 사교 생활 같은 다른 영역이 아니라 자신이 익히는 해당 기술이라는 측면에서 더욱 강하게 인식하기 시작했다. 아이들은 11세나 12세가 되면 스스로를 '피아노 연주자'나 '수영 선수'로 생각했고, 수학을 배우는 학생들도 열예닐곱 살이 되면 스스로를 '수학자'로 생각했다. 자신이 하는 일에 진지해지기 시작한 것이다.

이런 여러 단계 내내 그리고 어떤 사람의 인생을 통틀어 동기부여에 영향을 미친 여러 요인들을 분리해서 생각하기는 사실 쉽지 않다. 호기심처럼 일정한 역할을 하는 내부의 심리적인 요인들이 분명 존재하며, 부모와 친구들의 지지와 격려 같은 외적인 요인들도 존재한다. 그러나 특정활동을 실제로 하는 순간에 신경 구조가 동기부여에 미치는 영향은 간과하는 경우가 너무나 많다. 어떤 종류든 장기간의 연습은 체스나 악기 연주, 수학 공부 등 연습 중인 기술의 수행능력을 향상시키는 뇌 구조의 변화를 야기한다는 사실은 이미 알고 있다. 그러므로 그런 연습이 동기부여와 쾌락 등을 조절하는 뇌의 구조에도 변화를 가져오지 않을까 하는 질문이 당연히 따라 나올 수밖에 없다.

아직 이런 질문에 답을 하기는 힘들다. 그러나 다년간의 연습을 통해 특정 기술을 발전시킨 사람들은 거기에 몰두하는 자체에서 엄청난 즐거움을 얻는다는 것은 알려져 있다. 연주자들은 연주를 즐긴다. 수학자들은 수학을 즐긴다. 축구 선수들은 축구를 즐긴다. 물론 이런 즐거움이 연습의 결과가 아니라 선택 과정에서 이미 예정된 결과일 가능성도 있다. 말하자면 무언가를 다년간 연습하는 사람들은 원래 그것을 좋아해서 선택한 사람들이라는 것이다. 그러나 연습 자체가 특정 활동에서 더욱 많은 즐거움을 얻고 동기부여를 받도록 뇌의 구조 등에 물리적인 변화를 야기할 가능성도 있다. 지금은 추측일 뿐이지만 사리에 맞는 합리적인 추측이라고 본다.

정상을 향한 헌신

일반적으로 10대 초반이나 중반이 되면 미래의 전문가들은 가능한 최고가 되기 위해 상당한 헌신을 하게 된다. 이런 헌신이 바로 세 번째 단계다.

이제 학생들은 대륙을 횡단하는 불편을 감수하고라도 훈련에 필요한 최적의 교사나 학교를 찾는 일이 많아진다. 대부분의 경우 교사는 스스로가 해당 분야 최고 수준에 도달한 사람이다. 교사가 된 정상급 피아노 연주자, 올림픽 출전 선수들을 키우는 수영 코치, 최고 수준의 수학자 등이다. 일반적으로 이런 교사나 코치의 제자가 되거나 특정 학교의 교육 과정에 들어가는 자체가 쉽지 않으며, 거기에 들어갔다는 자체가 자신이 최고 수준에 도달할 수 있다는 학생의 믿음을 교사도 공유한다는 의미가 된다.

이즈음 학생은 점점 커지는 기대에 직면한다. 학생이 사실상 인력으로 가능한 최고 수준으로 실력을 키울 때까지 기대의 압박은 계속된다. 수영 선수라면 끊임없이 개인 기록을 경신하라는 압박을 받고, 궁극적으로는 국내 기록, 나아가 세계 기록까지 좇으라는 압력을 받는다. 피아노 연주자라면 점점 어려운 곡들을 완벽하게 연주해야 한다는 기대와 압박을 받는다. 수학자는 일찍이 누구도 풀지 못한 문제를 풀어 전문 영역에서 실력을 입증해야 한다는 기대에 직면한다. 물론 직접적으로 그런 기대를 드러내지는 않지만 인간 능력의 최대치까지 가서 최고가 되는 것이 궁극적인 목표이다.

이 단계에서 동기부여는 오로지 학생에게 달려 있겠지만, 가족은 여전히 중요한 지원자 역할을 한다. 최고의 코치와 훈련하려고 대륙을 횡단하는 10대들의 경우 가족 전체가 아예 이사를 하는 경우도 많다. 훈련 비용 자체가 엄청나게 많이 들 수도 있다. 여기에는 코치나 교사 비용뿐만 아니라 장비나 교통비 등도 고려되어야 한다.

2014년, 《머니》Money에서는 어느 가정에서 아이 하나를 엘리트 테니스 선수로 키우는 데 드는 비용을 추정해보았다.[11] 개인 교습비는 4,500달러에서 5,000달러에 단체 교습비는 7,000달러에서 8,000달러 정도가 든다. 테니스 코트 사용료는 시간당 50달러에서 100달러다. 전국 대회 참가비가 150달러에 교통비가 추가로 들고, 최고 수준 선수들의 경우

1년에 이런 대회만 20개 정도에 참가한다. 코치를 동반하여 대회에 참가하면 하루에 코치 비용 300달러에 교통비, 숙박비, 식비가 별도로 든다. 이상을 더해보면 1년에 3만 달러는 쉽게 들어간다. 또한 테니스로 진로를 정하고 진지하게 연습하는 학생들 다수가 1년 내내 테니스를 가르치는 사설 훈련 기관에 가는데, 이렇게 하면 비용이 그야말로 껑충 뛴다. 예를 들어 플로리다에 있는 유명한 IMG 아카데미에 들어가면 수업료, 기숙사비, 식비 등으로 1년에 7만 1,400달러를 지불해야 한다. 물론 여기에 대회 참가비는 별도다.

당연히 블룸은 한 자녀 이상을 이렇게까지 지원할 여력이 되는 가정은 거의 없다고 말한다. 비용이 많이 들 뿐만 아니라 이런 과정에서 아이를 돕는 일 자체가 부모에게 하루를 투자해야 하는 일종의 직업이 되다시피 하기 때문이다. 주중에는 아이를 자동차로 연습장에 데려다주고 데려오고, 주말에는 대회 참가를 위해 함께 이동하다 보면 부모가 온전히 아이 하나에 매달려야 하는 상황이 된다.

그러나 이런 힘든 길을 끝까지 해낸 학생은 엘리트 집단의 일원에 합류할 것이다. 자신이 인간 성취의 정점에 도달했다고 망설임 없이 말할 수 있는 그런 사람이.

조기교육의 진실과 거짓

블룸의 연구에서 120명의 전문가들은 유년 시절에 모두 정상을 향한 등반을 시작했는데, 이는 전문가들 사이에서는 일반적인 현상이다. 그럼

늦게 시작한 경우에는 가능성이 얼마나 되느냐고 내게 묻는 사람들이 많다. 영역에 따라 세부적인 부분이야 달라지겠지만 성인이 되어 훈련을 시작한 사람들에게도 절대적인 한계 같은 것은 비교적 없는 편이다. 사실 매일 4~5시간을 '의식적인 연습'에 투자할 수 있는 성인이 거의 없다는 사실 같은 지극히 현실적인 한계가 신체적, 정신적 한계보다 문제가 되는 경우가 많다.

그러나 일부 영역에서의 전문성은 어려서 시작하지 않으면 힘든 경우도 있다. 그런 한계를 알면 매진할 영역을 결정하는 데 도움이 될 터이다.

수행능력에서 연령이 가장 문제가 되는 분야는 신체 능력과 긴밀하게 연관된 분야들이다. 일반적으로 인간의 신체 능력은 20세 즈음 정점에 오른다. 나이가 들면서 유연성이 떨어지고, 부상을 당하기 쉬우며, 부상에서 회복되는 데도 오랜 시간이 걸린다. 당연히 기력도 쇠해진다. 일반적으로 운동선수는 20대의 어느 시기에 수행능력이 정점에 도달한다. 최근에 훈련 기법이 많이 발전한 덕분에 프로 운동선수들은 30대는 물론이고 40대 초반에도 경쟁력을 가지는 경우가 있다. 사실 인간은 80대에도 충분히 효율적으로 훈련할 수가 있다.[12] 여러 기술에서 나타나는 나이와 관련된 퇴화 현상의 많은 부분은 사람들이 훈련을 줄이거나 그만두기 때문에 생긴다. 규칙적으로 훈련하는 경우 나이가 들어도 수행능력이 크게 줄지 않는다. 육상 경기에는 연령대별로 팀을 나누어 따로 경쟁하는 마스터스 대회master's division가 있는데, 80세 이상 고령 참가자들도 적지 않다. 고령 참가자라고 해서 훈련 방법이 달라지거나 하지는 않는다. 대회에 참가하는 것을 목적으로 훈련하는 고령자들은 수십 년 젊은 사람들이 하는 것과 정확히 같은 방법으로 훈련한다. 다만 훈련 시간이 짧고, 강도가 낮을 뿐이다. 부상 위험이 크고 훈련 이후 몸이 회복되는 데도 상대적으로 오랜 시간이 걸리기 때문이다. 한때는 나이가 한계라고 생각했지만 이제는 그렇지 않다는 인식이 퍼지면서 열심히 훈련하는 고령자들이 점점 늘고 있다. 실제로 지난 몇십 년 동안 마스터스 대회 운동선수의 수행능력은 젊은 운동선수보다 훨씬 높은 비율로 향상되었다.[13] 예를 들면 현재 60대 마라톤 주자의 4분의 1이[14] 20세부터 54세까지 대회 참가자들의 절반보다 좋은 성적을 거두고 있다.

이런 마스터스 대회의 최고령 참가자 중 한 사람이 돈 펠먼Don Pellmann 이다. 펠먼은 2015년 샌디에이고 시니어올림픽에서 100미터를 27초 이하로 뛴 최초의 100세 이상 고령자가 되었다.[15] 같은 대회에서 펠먼은 높이뛰기, 멀리뛰기, 원반던지기, 투포환까지 다른 네 가지 종목에서도 연령대 최고 기록을 세웠다. 펠먼이 속한 100세에서 104세 그룹 참가자가 결코 적지 않으며, 이들이 뛰는 종목에는 마라톤을 포함하여 육상 대회에서 하는 대부분의 경기가 포함되어 있다(해당 연령대 마라톤 세계 기록은 8시간 25분 17초로, 2011년에 영국의 파우자 싱Fauja Singh이 세웠다). 걸리는 시간이 길어지고, 점프 거리가 짧아지고, 점프 높이가 낮아지겠지만 이런 선수들은 여전히 뛰고 있다.

노화에 수반되는 신체 능력상의 점진적인 퇴화뿐만 아니라 일부 신체 기술은 유년 시절에 시작하지 않으면 전문가 수준까지 발전시키기가 불가능하다. 인간의 육체는 사춘기를 거쳐 10대 후반이나 20대 초반까지 성장하고 발달하지만, 20세 정도가 되면 인체의 골격 구조는 거의 정해지고 이로 인해 일부 신체 능력은 제약을 받는다.

예를 들어 발레 무용수가 기본 동작 중 하나인 턴아웃turnout[16](고관절부터 시작하여 다리 전체를 회전시켜 정확히 좌우 바깥쪽을 향하도록 하는 기술)을 제대로 익히려면 일찍 발레를 시작해야 한다. 고관절과 무릎관절이 석회화한 이후에 시작하면(보통 8세에서 12세 사이에 일어나는 현상이다.) 완벽한 턴아웃 동작은 불가능할 것이다. 야구 투수 같은 운동선수의 어깨에도 비슷한 현상이 일어난다.[17] 손을 머리 위로 들어 올려 공을 던지는 소위 '오버헤드' 동작이 포함된 운동들이 거의 그러하다. 어려서 일찍 훈련을 시작한 사람만이 성인이 되어서도 필요한 각도로 팔을 움직일 수 있고, 그래야 공을 던지는 팔이 어깨 뒤로 충분히 뻗어 나가서 전통적인 와인드업 자세를 만들어낼 수 있다. 테니스 선수들의 서브 동작에도 비슷한 논리가 적용된다. 어려서 훈련을 시작한 사람만이 온전한 각도의 서브 동작을 할 수 있다.

한편 어려서 운동을 시작한 프로 테니스 선수들은 라켓을 쥐는 팔의 팔뚝이 지나치게 발달하게 된다. 근육뿐만 아니라 뼈까지도 말이다. 테니스 선수의 라켓을 쥐는 팔의 뼈는[18] 다른 팔에 비해서 20퍼센트 이상 굵은데, 이런 엄청난 차이 덕분에 시속 80킬로미터 속도로 날아오는 공을 칠 때마다 거기에서 가해지는 꾸준한 충격을 견딜 수 있다. 훈련을 20대 쯤에 늦게 시작한 테니스 선수의 뼈도[19] 어려서 시작한 선수들만큼은 아니지만 어느 정도 적응력을 발휘해 변화한다. 달리 말하자면 인간의 뼈는 사춘기를 한참 지나서도 스트레스에 반응하여 변화하는 능력을 보유하고 있다.

스트레스를 비롯한 여러 자극에 반응하는 인체의 능력과 연령 사이의 관계를 조사하다 보면 이런 패턴을 반복적으로 보게 된다. 인간의 신체와 두뇌 모두 성인이 되어서보다는 유년기와 청소년기에 적응력이 뛰어나지만, 대부분의 경우 평생토록 어느 정도의 적응력을 보유하고 있다. 나이와 적응력의 관계는 개인이 정확히 어떤 마음가짐을 가지고 있느냐에 따라서 상당히 다르며, 이런 패턴은 신체적인 적응력보다 심리적인 적응력에 따라서 많이 달라진다.

연주 훈련이 두뇌에 영향을 미치는 다양한 방식들을 생각해보자. 여러 연구 결과에 따르면, 연주자는 뇌의 일부분이 연주자가 아닌 사람들보다 크게 나타났다. 하지만 연주자가 어려서 음악을 공부하기 시작했을 때만 그런 법칙이 적용되는 뇌의 부위도 있다. 연구자들은 뇌량腦梁에서 이런 증거를 발견했다.[20] 뇌량은 뇌의 양쪽 반구를 연결하면서 좌우 뇌 사이에 소통 통로의 역할을 하는 조직 다발이다. 성인의 뇌를 보면 연주자의 뇌량이 보통 사람에 비해서 상당히 컸다. 그러나 면밀히 조사한 결과 뇌량은 7세 이전에 음악 교육을 시작한 연주자에게서만 크게 나타난다는 사실이 밝혀졌다. 1990년대에 이런 연구 결과가 처음 발표된 이래, 여러 연구를 통해서 특정 연령 이전에 연습을 시작했을 때만 연주자에게서 보통 사람들보다 크게 나타나는 뇌의 부위가 다수 밝혀졌다.[21] 그리고 이런 패턴을 보이는 다수의 부위가 감각운동피질처럼 근육 통제와 관련되어 있다.

한편 연주자에게서는 소뇌처럼 운동 통제에 관여하는 뇌의 일부분도 보통 사람보다 크게 나타났는데, 이들 부위는 일찍 음악 훈련을 시작한 연주자와 늦게 시작한 연주자 사이에 크기 차이가 없었다.[22] 소뇌에 이런 변화가 일어나는 정확한 이유와 이로 인한 구체적인 영향 등에 대해서는 자세히 밝혀지지 않았다. 그러나 유년기를 지나 음악 공부를 시작했을 때도 음악 훈련이 소뇌에 분명한 영향을 미친다는 것만은 확실하다.

성인의 뇌가 학습하는 방법은 비교적 새로운 분야이면서 한층 흥미로운 연구 분야이기도 하다. 또한 관련 연구는 인간의 뇌는 사춘기가 끝나면 변화가 없다는 전통적인 생각들을 뒤엎고 있다. 여기서 핵심 교훈은 우리는 나이가 들어서도 새로운 기술을 확실히 습득할 수 있으나, 기술을 습득하는 구체적인 방법은 나이가 들어감에 따라서 달라진다는 것이다. 인간의 뇌는 청소년기 초기에 회백질 수치가 최고조에 이르며 이후부터 회백질 양을 줄이기 시작한다(회백질은 뉴런, 뉴런들을 연결하는 신경섬유, 뉴런 지지세포 등으로 이루어져 있다). 뉴런과 뉴런을 연결하는 접합 부위인 시냅스는 생의 아주 초기에 최대 수치에 도달한다. 2세 아기는 성인에 비해 50퍼센트나 많은 시냅스를 가지고 있다. 여기서 우리에게 중요한 것은 일반적인 사실이지 구체적이고 전문적인 세부 사항은 아니다. 아무튼 우리 뇌는 탄생 이후 대략 20년 동안 끊임없이 발달하고 변화하며, 따라서 뇌의 학습 환경도 계속 바뀐다는 것이 일반적인 사실이다. 그러므로 같은 것을 배운다고 해도 6세 어린이의 뇌는 14세 청소년의 뇌와는 다른 방법으로 학습하며, 14세 청소년의 뇌도 성인의 뇌와는 다른 방법으로 학습한다는 말이 이상할 것이 없다.

다수의 언어를 학습할 때 뇌에 일어나는 변화를 생각해보자. 2개 국어 이상을 구사하는 사람들은 뇌의 특정 부위가 그렇지 않은 사람에 비해서 회백질이 많다(특히 언어 능력과 관련된 부위로 알려진 하측두정피질에 많다).[23] 사람이 이른 나이에 외국어를 배울수록 회백질이 많다는 사실은 널리 알려져 있다. 따라서 이른 나이의 언어 학습은 적어도 부분적으로는 늘어나는 회백질을 통해 진행되는 것으로 보인다.

그러나 성인이 되어 공부를 해서 동시통역사가 된 다언어 구사자를 상대로 한 어느 연구를 보면 언어 학습이 뇌에 전혀 다른 영향을 미치는 것으로 나타난다.[24] 이들은 같은 수의 언어를 말하지만 동시통역사로 활동하지 않는 사람들에 비해 회백질의 양이 적었다. 연구를 수행한 연구진은 이런 차이가 학습이 진행되는 환경이 다르기 때문이라고 추정했다. 어린아이와 청소년이 새로운 언어를 배울 때는 늘어나는 회백질을 배경으로 학습이 이루어지고, 그러므로 추가적인 언어 학습이 회백질 증가를 수반한다. 하지만 성인이 다언어 구사에 집중하는 경우(여기서는 동시통역) 시냅스의 불필요한 부분을 잘라내는 것을 배경으로 학습이 이루어진다. 따라서 성인기에 이루어지는 언어 학습은 (처리 속도를 높이기 위해 불필요한 신경세포들을 제거하는) 회백질 감소를 수반한다. 동시통역사가 다언어를 구사하는 일반 성인보다 회백질의 양이 적은 이유가 여기에 있다.

현재 시점에서 연령에 따라 뇌에서 이루어지는 학습의 차이에 대해서는 명쾌한 답보다는 의문이 많은 실정이다. 그러나 지금 이 책에서 우리의 목적을 생각하면 반기지 않을 수 없는 두 가지 교훈은 분명하다. 첫째, 성인의 뇌가 특정 부분에서 어린아이나 청소년만큼 적응력이 높지는 않을지 모르지만 여전히 학습과 변화 능력이 뛰어나다는 것이다. 둘째, 성인 뇌의 적응 능력이 어린이나 청소년의 그것과는 다르기 때문에 성인이 되어서 하는 학습은 다소 다른 메커니즘을 통해 이루어질 가능성이 높다는 점이다. 그러나 성인이 충분히 열심히 하면 우리 뇌는 어떻게든 방법을 찾아낼 것이다.

32살에 절대음감을 '배울' 수 있을까

성인의 뇌가 어떻게 방법을 찾아내는지를 보여주는 사례로 절대음감을 생각해보자. 이는 책의 서두에서 뇌의 뛰어난 적응력을 보여주는 사례로 이야기했던 주제이기도 하다. 앞에서 설명한 것처럼 절대음감은 그 시기를 넘기면 불가능한 것까지는 아니라도 발달시키기가 무척 힘들어지는 특정 연령이 있는 것 같다. 6세가 되기 전에 적절한 훈련을 받으면 절대음감을 발달시킬 가능성이 높아진다. 그러나 12세를 넘기면 아무래도 힘들다. 적어도 이것이 지금까지 절대음감 이야기의 '표준 버전'이다. 그런데 서문에서 소개한 기존의 절대음감 이론에 대반전을 가져온 일본의 심리학자 사카키바라의 연구 결과처럼 생각지 못한 반전을 담고 있는 다른이야기가 있다. 들어보면 알겠지만 매우 교훈적인 이야기이기도 하다.

1969년, 구■ 벨전화연구소의 연구자 폴 브래디Paul Brady는 많은 사람이 어느 모로 봐도 돈키호테 같은 황당한 발상이라고 생각할 작업에 착수했다.[25] 당시 브래디는 서른두 살이었고, 평생 음악과 가까운 생활을 해왔다. 그는 일곱 살 이후 피아노를 연주했고, 열두 살 이후로는 합창단에서 노래도 했으며, 심지어 자기 하프시코드를 직접 조율도 했다. 그러나 브래디는 절대음감 비슷한 것은 전혀 가지고 있지 않았다. 그는 피아노나 하프시코드에서 나오는 음을 결코 구별하지 못했다. 게다가 이미 성인이었기 때문에, 당시 절대음감에 대해 알려진 모든 정보가 그에게는 그것을 가질 기회가 없다고 말하고 있었다. 그에 따르면 브래디가 아무리 열심히해도 절대로 절대음감을 갖지 못할 것이었다.

그러나 브래디는 다들 그렇다고 말하기 때문에 어떤 것이 사실이라고 믿는 그런 부류의 사람이 아니었다. 스물한 살에 브래디는 이미 음을 듣고 구별하는 법을 혼자서 깨쳐보기로 결심했다. 그는 2주 동안 피아노로 라 음을 연주하고 어떤 소리인지 기억하려고 노력했다. 그러나 성과는 없었다. 잠시 뒤에 다시 해보면 시, 도, 높은 솔 등과 라 음을 구별할 수 없었다. 몇 년 뒤에 비슷한 방법으로 다시 시도했지만 결과는 비슷했다.

돈키호테 기질에 끈기까지 갖춘 브래디는 서른두 살의 나이에 이를 다시 시도하기로 결심했고, 이번에는 성공할 때까지 계속하리라고 맹세했다. 그는 자신이 생각할 수 있는 모든 것을 시도했다. 몇 시간이고 음에 대해 생각하고 머릿속에서 곡을 연주해보고, 음들의 차이를 들어보려고 노력했다. 소용이 없었다. 피아노 곡을 조성調性을 바꿔서 여러 가지로 연주해보기도 했다. 바뀐 조성을 통해 음의 차이를 구별할 수 있지 않을까 싶은 마음에서였다. 그렇게 세 달을 연습해도 시작할 때보다 나아진 것이 없었다.

그때 브래디는 절대음감이 없는 연주자들이 단순음單純音을 익히게 도와준다는 훈련 기법을 설명한 글을 보고 영감을 얻었다.[26] 그는 무작위로 단순음을 내도록 컴퓨터를 설정했다. 단순음이란 피아노에서 나오는 음과 달리 단일 주파수로 구성된 음이다. 반면에 피아노에서 나오는 음은 지배적인 주파수가 있지만 동시에 다수의 주파수로 이루어진 복합음이다. 그는 설정된 컴퓨터에서 나오는 단순음을 이용해 연습을 했다. 일단 도 음을 인식하는 법을 배우면 이를 토대로 도 음과의 관계를 가지고 다른 음들을 구별할 수 있으리라는 가설을 세우고, 처음에는 무작위로 생성되는 음의 많은 비율을 도 음 주파수에 맞춰 설정했다. 시간이 흐르면서 브래디는 도 음을 인식하는 능력이 점점 좋아졌고, 컴퓨터 설정도 점점

도 음을 줄이는 쪽으로 바꾸어 나중에는 12가지 음을 동등한 빈도로 내도록 설정했다.

브래디는 이런 음 발생기를 가지고 매일 30분씩 연습을 했고, 두 달이 끝나가는 시점에는 컴퓨터에서 나오는 12가지 음을 실수 없이 식별하게 되었다. 이어서 자신이 정말로 절대음감을 가지게 되었는지 확인하기 위해 피아노를 이용한 테스트 방법을 고안했다. 매일 아침 아내가 피아노에서 무작위로 음을 하나 치면 그가 맞히는 식이었다. 거의 두 달 동안(정확히 말하자면 57일) 테스트를 진행한 뒤에 결과를 확인했더니 37개를 정확히 맞혔고, 18개는 반음씩 틀렸다. 높은 시를 시라고 하는 식이었다. 그리고 2개는 온음을 틀렸다. 완벽하지는 않지만 절대음감에 상당히 가까웠다. 더구나 절대음감의 전문적인 정의에 따르면 반음 정도 벗어나는 어느 정도의 오답 비율은 허용되며, 연구자들이 절대음감을 가지고 있다고 인정하는 많은 이들이 사실은 그런 실수를 한다. 그러므로 절대음감을 글자 그대로의 의미로 볼 때 (그리고 현실적인 의미로 보아도) 브래디는 두 달 동안의 올바른 연습 방법을 통해서 독학으로 절대음감을 갖게 되었다.

브래디가 절대음감을 획득한 과정을 기술한 글은 이후 수십 년 동안 상대적으로 관심을 받지 못했다. 아마도 단 한 사람의 사례이고, 실험도 자신을 대상으로 이루어졌기 때문일 것이다. 아무튼 연구자들은 이후에도 성인이 절대음감을 개발할 수 있다는 확실한 증거는 없다고 계속 주장했다.

1980년대 중반, 오하이오 주립 대학교 대학원생인 마크 앨런 러시 Mark Alan Rush는[27] 세심하게 통제된 연구를 통해서 성인 집단에서 절대음감을 개발하는 일이 가능한지 알아보는 실험을 했다. 러시는 데이비드 루카스 버지David Lucas Burge가 고안한 시스템을 사용하기로 결정했다. 누구라도 절대음감을 개발하게 해준다는 훈련 프로그램이었다. 지금도 판매되고 있는 버지의 프로그램은 음마다 '색깔'을 정해주고, 학생들이 음량이나 음질이 아니라 음색에 주의하여 음을 듣도록 하는 것이 골자다. 러시는 음악 전공 학부생 52명을 선발하여, 절반에게는 버지의 훈련 과정에 따라서 절대음감을 개발하는 노력을 하도록 하고, 나머지에게는 아무것도 하지 않게 했다. 훈련 기간은 9개월이었고, 러시는 훈련 기간 전후로 훈련 참가자들의 음을 식별하는 능력을 테스트했다.

러시의 연구 결과는 버지의 방법론을 분명하게 지지하는 내용은 아니었지만, 음을 식별하는 능력을 개발하는 가능성에 대해서는 고무적인 증거를 내놓았다. 9개월 동안의 훈련이 끝난 뒤에 실험 요건을 가하지 않은 대조군의 점수는 당연히 이전과 거의 동일했다. 그러나 나머지 그룹에서는 다수의 학부생이 음을 식별하는 능력이 향상되었다. 테스트는 전체 120개 음으로 구성되었는데, 러시는 학생들이 얼마나 많은 음을 정확하게 맞히고, 틀리는 경우 얼마나 엉뚱하게 틀리는지를 모두 기록했다.

가장 큰 향상을 보인 학생은 시작 단계에서도 점수가 가장 높았던 학생이었다. 이 학생은 실험 전인 1차 테스트에서 60개를 맞혔고, 2차 테스트에서는 100개 이상을 맞혔다. 학생이 훈련 전부터 잘하기는 했지만 100개 이상은 절대음감을 가지고 있다고 해도 좋을 수치다. 처음 테스트에서 비교적 낮은 점수를 받았던 학생 3명은 두 번째에는 훨씬 성적이 나아져서 정답률이 2배 또는 3배가 되었고, 심각한 오류도 현저하게 줄었다. 실험군 26명 가운데 이 4명을 제외한 나머지는 결과가 살짝 나아지거나 처음과 같았다. 그러나 실험 결과에서 나타난 학생들의 발전 패턴을 보면 성인이(적어도 일부 성인은) 음을 식별하는 기술을 실제로 훈련하는 것이 가능하며, 만약 훈련이 지속되었거나 그보다 효과적인 방법을 활용한다면, 이들 실험 참가자의 다수가 절대음감을 개발했을지도 모른다는 점은 분명했다.

이런 결과는 전통적인 견해와는 많이 다른 그림이다. 전통적인 견해에서 절대음감은 양자택일의 명제였다. 유년 시절에 개발하거나 영원히 개발하지 못하는 문제 말이다. 엄청난 노력이 필요할지도 모르고, 일부 성인은 영원히 개발이 불가능할 수도 있지만, 이제 적어도 일부 성인은 절대음감을 개발하는 것이 가능하다는 사실이 밝혀졌다.

정상을 넘어 새로운 길을 개척하는 사람들

1997년 뉴질랜드인 나이젤 리처드Nigel Richards는[28] 철자 맞히기 보드게임인 스크래블 게임의 뉴질랜드 전국 대회에 참가했다. 그리고 우승을 해서 모두를 깜짝 놀라게 했다. 2년 뒤에 리처드는 오스트레일리아 멜버른에서 열린 세계스크래블선수권대회에 참가했다. 그리고 이번에도 우승했다. 나이젤 리처드는 이후 세계선수권대회에서 세 번, 미국전국선수권대회에서 다섯 번, 영국오픈에서 여섯 번, 세계 최대 규모의 스크래블 대회인 방콕에서 열리는 킹스컵에서 열두 번 우승했다. 리처드는 스크래블협회에서 채점하는 스크래블 레이팅에서도 지금까지 가장 높은 점수를 얻었다. 아마 가장 놀라운 것은 2015년 나이젤 리처드가 프랑스어를 말하지도 못하는 상태에서 프랑스어 스크래블선수권대회에서 우승한 것일

터이다.[29]

　스크래블계에는 그동안 나이젤 리처드 같은 사람이 없었다. 그러나 다른 영역에서는 있었다. 대부분이 일반인도 아는 익숙한 사람들이기도 하다. 베토벤, 뉴턴, 아인슈타인, 다윈, 마이클 조던, 타이거 우즈 등이다. 이들은 자신들의 공헌으로 해당 영역에 영원한 변화를 가져온 사람들로, 자기 분야의 다른 사람들이 따라갈 새로운 경지로 들어가는 길을 만든 개척자들이다. 이것이 바로 전문성의 네 번째 단계다. 여기에 도달한 사람들은 기존에 통용되던 지식을 넘어선 독창적인 공헌으로 이전에는 없었던 새로운 경지를 개척한다. 이는 네 단계 가운데 가장 덜 알려졌지만 가장 흥미로운 부분이기도 하다.

　이 혁신자들에 대해 우리가 분명하게 아는 한 가지는 이들이 거의 예외 없이 신경지를 개척하기 전에 열심히 노력해서 해당 분야의 전문가가 되었다는 점이다. 어찌 보면 당연한 이야기다. 앞선 사람들의 업적에 모방이 가능할 정도로 익숙해지지 않고서 어떻게 가치 있는 새로운 과학 이론을 도출해내고, 효과적인 새로운 바이올린 연주 기법을 개발해내겠는가?

　새로운 발명이 항상 기존의 업적을 토대로 이루어진다는 점이 그렇게 분명하게 부각되지 않는 분야에서도 이는 마찬가지다. 화가 파블로 피카소를 예로 들어보자. 피카소 후기의 유명한 작품들만 아는 사람이라면 이들 작품이 기존 회화 전통과의 접촉 없이 개인에게서 독자적으로 나왔다는 결론이 타당해 보일 것이다. 이들 후기 작품은 기존의 어떤 회화 전통과도 닮아 있지 않기 때문이다. 하지만 사실 피카소는 고전 양식에 가까운 그림으로 작품 활동을 시작했다. 그리고 그쪽 분야에서 매우 뛰어난 실력을 보였다. 시간이 흐르면서 피카소는 다양한 회화 양식을 탐구했고, 이것들을 결합하고 수정하여 자신만의 양식을 만들어냈다. 그러나 자신만의 양식으로 유명세를 타기 전에 오랜 시간 힘든 연습을 통해 화가로서 실력을 연마했고, 선배들이 숙달했던 여러 기법에서 탁월한 능력을 보였다.

그렇다면 이런 창조성은 궁극적으로 어디서 나오는 것일까? 이것은 '의식적인 연습'과는 전혀 다른 경지에 있는 것이 아닐까? '의식적인 연습'이란 결국 다른 사람들이 이미 개발해놓은 기술을 익히고 연마하기 위해서 다른 사람들이 찾아낸 방법으로 무언가를 연습하는 것이 아닌가?

나는 그렇게 생각하지 않는다. 창조적인 천재들을 다수 연구해온 결과,[30] 나는 전문가들이 영역의 경계를 넘어 새로운 것을 창조하기 위해 하는 일이 경계까지 도달하기 위해 했던 일과 비슷하다는 결론을 내렸다.

다음을 생각해보자. (최고의 수학자, 최정상급 체스 그랜드마스터, 메이저 대회에서 우승하는 골프 선수, 세계적인 바이올린 연주자처럼) 자기 분야의 정점이자 끝, 미개척지가 바로 눈앞에 있는 변방에 선 전문가들은 스승을 모방하기만 해서 그런 경지에 도달한 것이 아니다. 우선 이 단계에서 이들 대부분은 이미 스승을 능가하고 있다. 이들이 스승에게서 얻는 가장 중요한 가르침은 스스로 실력을 향상시키는 능력이다. 이들의 스승은 훈련의 일부로 심적 표상을 발달시키도록 돕는다. 아시다시피 심적 표상은 이들이 자신의 수행능력을 모니터 하고, 어떤 부분에 개선이 필요한지를 파악하고, 이를 현실화할 구체적인 방법을 도출하는 데 활용된다. 그러므로 부단히 갈고닦아 날카롭게 다듬어진 심적 표상이야말로 이들을 위대한 경지로 이끄는 안내자다.

이런 과정을 앞서도 말한 것처럼 사다리를 한 단 한 단 만들어가는 과정으로 생각할 수도 있을 것이다. 가능한 가장 높은 계단까지 올라가서 맨 위에 한 단을 더 만들고, 다시 거기로 올라가고, 이어서 다시 한 단을 만든다. 일단 해당 분야의 끝인 변경에 도달한 다음에는 정확히 어디로 가야 할지 갈피가 잡히지 않을 수도 있다. 그러나 전반적인 방향은 알고 있으며, 지금까지 사다리를 만드는 데 삶의 상당 부분을 바쳤기 때문에 한 계단을 더 만들려면 어떻게 해야 하는지도 잘 알고 있다.

과학, 미술, 음악, 스포츠 등 어느 분야에서든 창조적인 천재가 획기적인 무언가를 만들어낸 방법을 연구한 결과들을 보면, 길고, 느리고, 반복적인 과정을 거쳤다는 사실을 확인할 수 있다. 때로 개척자들은 (보는 사람의 눈이 번쩍 뜨일 독특한 효과를 만들어내려고 하는 화가처럼) 원하는 목표는 알지만 어떻게 해야 할지 방법을 모른다. 그래서 이들은 효과적인 것을 찾아내려고 다양한 방법을 탐구한다. 때로 정확한 방향은 모르지만 해결이 필요한 문제 또는 개선이 필요한 상황은 알고 있을 때도 있다. 예를 들어 아주 까다로운 정리를 증명하려는 수학자가 대표적인 경우일 것이다. 이번에도 이들은 과거의 경험에 비추어 다양한 방법을 시도한다. 엄청난 도약 같은 것은 없다. 전체를 구성하는 작은 단계들을 모두 보지 못했기 때문에 외부인의 눈에 거대한 도약처럼 보이는 발전들이 있을 뿐이다. 역사 속 유명한 깨달음의 순간들도 마찬가지다. '아하' 하는 깨달음으로 마지막 한 조각을 채워 완전해진 것일 뿐, 오랜 시간 엄청난 노력을 들여 차곡차곡 쌓아 올린 구조물이다. 이는 당연히 그동안 들인 시간과 노력이 없었다면 애초에 존재할 수도 없었을 것이다.

나아가 여러 분야, 특히 과학 분야에서 가장 성공한 창의적인 사람들을 연구한 결과에 따르면 창조성은 오랜 시간에 걸쳐 집중하고 노력하는 능력과 밀접하게 연관되어 있다. 이는 애초에 전문가 수준의 능력을 만들어내는 '의식적인 연습'의 구성 요소다. 예를 들어 노벨상 수상자들을 연구한 결과를 보면[31] 일반적으로 이들은 동료들보다 이른 시기에 학술 논문을 발표하기 시작했으며, 현업에 있는 내내 자기 분야에서 다른 이들보다 상당히 많은 논문을 발표했다. 달리 말해 이들은 다른 누구보다 열심히 노력했다.

창조성은 어느 정도 항상 수수께끼 같은 신비로운 요소를 가질 수밖에 없다. 정의 자체가 말해주듯이 이전에 보지 못했거나 경험하지 못했던 것을 만들어내기 때문이다. 그러나 전문성을 만들어내는 집중력과 노력이 누구도 가보지 않은 미지의 영역까지 가는 개척자들의 작업 특징이기도 하다는 사실을 이제 우리는 분명히 알고 있다.

나이젤 리처드의 스크래블 능력을 연구했던 한 심리학자는 '나이젤 효과'Nigel effect라는 말을 썼다. 나이젤의 등장과 그가 거둔 놀라운 대회 성적이 스크래블계에 미친 영향을 말하는 것이다. 핵심은 그가 다른 스크래블 선수들에게 그 분야에서 무엇이 가능한지 새로운 경지를 보여주었다는 것이다. 그는 참가한 모든 대회에서 75퍼센트의 승률을 보였고, 세계 최고 수준인 누구를 상대로도 놀라울 정도로 높은 점수를 기록했다. 그가 나타나기 전까지 누구도 이렇게까지 잘할 수 있다고는 생각하지 못했고, 이로 인해 다른 선수들은 자신의 기술 수준을 높일 방법을 모색하지 않을 수 없었다.

나이젤 리처드가 어떻게 그런 능력을 쌓았는지는 아무도 모른다. 그는 자신의 훈련 방법이나 전략을 이야기하는 데 무관심하기로 악명 높았다. 그러나 그가 다른 어떤 경쟁자보다 단어를 많이 안다는 것이 부분적인 이유임은 분명하다. 다른 스크래블 선수들은 직접 많은 단어를 암기하거나 그의 강점을 무력화시킬 다른 방법들을 가지고 그를 따라잡으려고 노력하고 있다. 이 글을 쓰고 있는 지금 그는 여전히 최고의 자리에 있지만, 시간이 흐르면 동료들이 분명코 그에 맞먹을 또는 그를 능가할 기술들을 개발할 것이다. 그리고 분야 전체가 발전할 것이다.

항상 그런 법이다. 창의적인 사람, 안주하기 싫어하는 사람, 의욕이 넘치는 사람은 현재 상황에 만족하지 않는다. 그들은 앞으로 나아갈 방법, 다른 사람들이 해보지 않은 무언가를 해낼 방법을 찾는다. 그리고 개척자가 새로운 무엇이 어떻게 가능한지를 알려주면, 다른 이들이 그 방법을 배우고 따라간다. 나이젤처럼 개척자가 구체적인 방법을 공유하지 않아도, 새로운 무언가가 가능하다는 사실을 아는 것만으로 다른 이들은 해법을 찾기 시작한다.

인간이 알고 있는 지식의 한계, 인간이 할 수 있는 가능성의 한계에 도달하는 데 필요한 노력조차 들이지 않는 사람이 아니라, 그곳에 도달한 이후에도 멈추지 않고 계속 노력하는 사람에 의해 새로운 경지를 개척하는 발전이 이루어진다. 요컨대 대다수 영역에서 우리는 전문가에게 의지해 발전할 수밖에 없다(고도로 발전된 영역일수록 더욱 그렇다). 우리 모두에게 다행스러운 사실은 전문가들이 제일 잘하는 일이 바로 앞으로 나아가는 것이라는 점이다.

제8장

'재능'이라는
지름길은 없다

_뿌리 깊은 믿음에서 벗어나기

'의식적인 연습'과 전문성에 대해 글을 쓰거나 연설을 할 때마다 어김없이 받는 질문이 하나 있다. 그럼 선천적 재능은 어떻게 되는 건가요?

다른 글과 연설에서도 나의 기본 메시지는 항상 여기서 말하는 내용과 같다. 간략히 요약하자면 다음과 같다. 전문가들은 다년간의 '의식적인 연습'을 통해 단계적으로 실력을 향상시켜 비범한 능력을 갖게 되었다. 이는 길고도 힘든 과정이며, 이를 건너뛸 묘안이나 손쉬운 지름길 같은 것은 없다. 여러 종류의 연습이 효과가 있을 수 있지만, 가장 효과적인 것은 '의식적인 연습'이다. 이 연습은 인간의 뇌와 몸의 선천적인 적응력을 활용하여 새로운 능력을 만들어낸다. 이런 능력의 대부분은 섬세한 심적 표상의 도움을 받아 만들어지며, 우리는 심적 표상 덕분에 상황을 휠씬 효과적으로 분석하고 거기에 반응할 수 있다.

그러면 일부 사람들의 반응은 이렇다. "좋아요. 모두 이해했습니다. 그런데, 그렇다고 해도, 다른 사람들만큼 열심히 하지 않아도 잘하는 그런 사람이 있지 않습니까? 그리고 어떤 분야, 예를 들어 음악이나 수학, 운동 같은 분야를 보면, 타고난 재능이 전혀 없어서 아무리 노력해도 못하는 사람도 있지 않습니까?"

인간성에 관한 모든 믿음을 통틀어 선천적 재능이 인간의 능력을 결정짓는 데 중요한 역할을 한다는 생각만큼 오래되고 뿌리 깊은 것도 없을 것이다. 이런 믿음은 어떤 사람은 쉽게 걸출한 운동선수, 연주자, 체스 기사, 작가, 수학자 등이 되게 해주는 선천적인 자질을 타고 태어난다고 주장한다. 그들도 기술을 개발하려면 여전히 어느 정도 연습을 해야 할지 모르지만, 재능이 없는 사람에 비해 훨씬 적은 노력을 들이고 결과적으로 훨씬 위대한 경지에 도달한다고 말이다.

나는 전문가를 다룬 여러 연구에서 어떤 영역에서 일부 사람들이 결국 다른 사람들보다 뛰어난 능력을 개발하는 이유가 무엇인지에 대해 이와는 상당히 다른 설명을 한다. 내 설명에서 주인공은 '선천적 재능'이 아니라 '의식적인 연습'이다. 그러므로 비범한 능력을 개발하는 데 있어서 복잡하게 뒤엉킨 재능과 훈련의 역할을 세심하게 살펴봄으로써 현실과 신화, 즉 근거 없는 믿음을 구별해보도록 하자. 미리 말하자면 인간의 능력을 개발하는 데 있어 타고난 자질은 흔히들 생각하는 것보다 훨씬 적은 (그리고 많이 다른) 역할을 한다.

파가니니의 마법

이탈리아의 니콜로 파가니니Niccolò Paganini는 당대 가장 위대한 바이올린 연주자였다. 이런 파가니니와 관련하여 오랜 세월 버전을 달리하면서 인구에 회자되는 이야기가 하나 있다.[1] 아무리 파가니니라고 해도 믿기 힘든 신기에 가까운 연주 실력에 관한 이야기다. 그가 관객이 꽉 찬 연주회장에서 세레나데를 연주할 때의 이야기라고도 하고, 야외에서 어느 신사의 요청으로 아가씨 한 사람에게 연주해줄 때의 이야기라고도 하는 등 세부적인 내용은 조금씩 다르다. 그러나 기본 내용은 동일하다.

파가니니가 아름다운 연주를 거의 마무리해가고 있었다. 이야기에 따라서 연주회장을 찾은 다수의 사람들일 수도 있고 운이 좋은 아가씨 한 사람일 수도 있는 관객은 아름다운 선율에 매료되어 무아지경에 빠져 있었다. 이때 바이올린 현 하나가 끊어졌다. 200년 전인 파가니니 시대에 바이올린 현은 양의 창자로 만들어져서 오늘날의 현보다 끊어지기 쉬웠다. 곡의 클라이맥스로 치달으면서 빈약한 현이 파가니니의 강렬한 연주를 견디지 못했던 것이다. 관객들은 너무 좋은 연주가 갑자기 끝나겠구나 생각하며 한편으로 놀라고 한편으로 안타까워했다. 그러나 그는 관객들을 안심시키며 연주를 계속했다. 세 줄의 현으로 하는 연주가 네 줄일 때보다 못하지 않았다. 그때 두 번째 현이 끊어졌지만 이번에도 그는 멈추지 않았다. 이쯤 되자 관객들은 안도와 함께 경이를 느꼈다. 보면서도 도무지 믿을 수가 없었다. 두 줄의 현만으로 어떻게 저렇게 아름다운 멜로디를 만들어내는 것일까? 이런 상황에서 파가니니의 왼손 손가락에 요구되는 민첩성과 유연성은 관객의 상상을 넘어서는 것이었지만 소리에는 전혀 문제가 없었다. 현 두 줄로 하는 그의 연주는 여느 바이올린 연주자가 네 줄로 하는 것보다 나았다.

그리고 그때…… 지금쯤은 여러분도 짐작하시겠지만 세 번째 현이 끊어졌다. 그러나 파가니니는 굴하지 않았다. 그는 손가락을 거의 보이지 않을 정도로 빠르게 움직여 남아 있는 하나의 현으로 무사히 연주를 마쳤다. 관객은 그저 놀랄 뿐이었다.

나는 열 살 무렵 아버지로부터 이 이야기를 처음 들었다. 그때 나는 이야기가 사실이라면, 즉 파가니니가 정말로 그런 상황에서 훌륭한 연주를 해냈다면, 그는 아주 희귀하거나 어쩌면 유일무이할지도 모르는 설명하기 힘든 어떤 능력을 가지고 태어났음이 분명하다고 생각했다. 그리고 나중에 '의식적인 연습'을 오랫동안 연구한 뒤에도 아버지의 이야기를 기억하고 있었다. 그래서 어떻게 그런 신기에 가까운 묘기가 가능했는지 알아보기 위해 자료들을 꼼꼼하게 뒤지기 시작했다.

파가니니에 관한 글을 읽고 제일 먼저 알게 되는 사실은 그가 진정으로 신기원을 이룩한 획기적인 바이올린 연주자였다는 것이다.[2] 그는 전에 없는 독창적인 방식으로 바이올린을 연주하게 해주는 여러 가지 주법을 개발했다. 또한 그는 쇼맨십이 있는 사람이었다. 관객에게 강렬한 인상을 주는 것, 어떤 바이올린 연주자도 한 적 없는 새로운 것을 시도하고 보여주기를 좋아했다. 그러나 아버지가 들려준 이야기를 이해할 열쇠는 어느 학술 보고서에서 나왔다.[3] 파가니니 스스로 이야기한 예전 버전을 그대로 옮겨놓은 내용이었다. 이야기는 다음과 같이 전개된다.

대략 200년 전에 파가니니는 이탈리아의 도시 루카에서 정기적으로 공연을 하고 있었다. 루카는 당시 프랑스 황제였던 나폴레옹 보나파르트

Napoleon Bonaparte가 가족들과 함께 와서 오래 머물다 가는 곳이기도 했다. 파가니니는 자신의 연주회에 자주 오는 단골 관객이었던 한 아가씨에게 관심을 가지게 되었고, 두 사람은 서로에 대한 호감이 깊어졌다. 파가니니는 아가씨를 위해 곡을 써서 다가오는 연주회에서 연주하기로 마음먹었다. 그는 그 곡에 〈사랑 풍경〉이라는 제목을 붙였는데, 두 연인 사이의 대화를 표현한 것이었다. 파가니니는 바이올린의 가운데 두 현을 제거하고 위 현과 아래 현으로만 곡을 연주하는 것이 좋겠다고 생각했다. 낮은 G현은 남자의 목소리를, 높은 E현은 여자의 목소리를 대변해 연인이 대화를 나누는 식으로 말이다. 그는 남녀의 목소리를 대변한 두 현의 대화를 다음과 같이 설명했다. "이제 현들이 서로를 책망하고 한숨을 쉬어야 합니다. 속삭여야 하고, 신음하고, 뛰놀고, 기뻐하고 그리고 마지막에는, 환희에 어쩔 줄 몰라야 합니다. 마지막 화해에서는 다시 한마음이 된 두 사람이 춤을 추고, 눈부신 종결부로 끝을 맺습니다."[4]

〈사랑 풍경〉 연주는 엄청난 성공을 거뒀고, 이후 파가니니는 특이한 요청을 받게 되었다. 그가 '공주'라고만 언급한 나폴레옹 집안의 여성이 현 하나로만 연주하는 곡을 만들 수 있는지 물어 온 것이다. 소리에 민감한 편이었던 듯한 그녀에게는 네 현을 모두 사용하는 연주가 때로는 너무 과해서 신경을 거슬렀다. 그 의뢰를 받아들인 결과 G현만을 쓰는 곡이 만들어졌다. 그 곡에는 〈나폴레옹〉이라는 이름이 붙었다. 황제의 생일이 다가오고 있었기 때문이다. 관객은 이 곡 역시 좋아했고, 파가니니는 현을 하나만 사용하는 곡을 쓰고 연주하는 새로운 도전에 흥미를 붙이게 되었다.

극적 효과를 좋아하고, 쇼맨십이 있는 사람이었기 때문에 파가니니는 현을 하나만 사용하는 곡을 연주 목록에 포함시키면서도 그런 곡이라는 사실을 밝히지 않았다. 그리고 연주 도중 점점 힘을 과하게 주어 현을 하나씩 끊어 G현만 남기고, 그런 상태에서 곡을 마무리하는 일종의 연기를 했다. 그리고 이런 연기까지 염두에 두고 곡을 쓰곤 했다. 곡의 대부분은 네 현을 사용해 연주하도록 작곡하고, 이어서 한 부분은 세 현, 다음 부분은 두 현, 마지막 부분은 G현 하나만 가지고 연주하는 것으로 말이다. 음반이 나오기 훨씬 전이었기 때문에 관객은 곡을 들어본 적이 없었고, 따라서 원래 어떻게 전개되는 곡인지에 대한 정보가 전혀 없었다. 다만 연주되는 곡 하나하나가 천상의 소리처럼 아름답다는 사실 그리고 한 곡은 파가니니가 현이 세 줄이나 끊어진 상황에서도 훌륭하게 마무리를 했다는 사실만 알 뿐이었다.

물론 어떤 이유에서든 바이올린 현을 하나만 사용한 곡을 써서 아름다운 선율을 만들어낸 파가니니의 능력을 가볍게 생각해서는 안 된다. 파가니니는 분명 바이올린의 대가였고, 이는 당대 다른 바이올린 연주자들은 갖지 못한 능력이었다. 그러나 그의 이런 연주가 당시 관객들이 생각했던 것처럼 신기한 마법 수준은 아니었다. 이는 오랜 시간 공들여 준비하고 연습한 결과물이었다.

사람들이 타고난 재능의 힘을 믿는 주된 이유는 선천적인 천재들이 분명 존재하는 것처럼 보이기 때문이다. 파가니니처럼 세상 누구도 하지 못할 것 같은 기술을 보여준다거나 거의 또는 전혀 훈련을 하지 않고 전문성을 보이는 사람들이 있는 것 같기 때문이다. 이런 선천적인 천재들이 정말 존재한다면, 다른 사람은 못 하는 일을 그들은 할 수 있게 해주는 천부적 재능을 가지고 태어나는 사람이 적어도 일부는 있다는 의미가 된다.

공교롭게도 나는 이런 천재들의 이야기를 조사하는 일이 취미였다. 따라서 장기간의 강도 높은 연습 없이 비범한 능력을 개발한 어떤 설득력 있는 사례도 찾지 못했노라고 자신 있게 말할 수 있다. 내가 천재를 이해할 때 접근하는 기본 방법은 전문가를 이해할 때 사용하는 방법과 동일하다. 나는 단순한 두 가지 질문을 던진다. 천재라는 사람들이 지닌 능력의 정확한 성질이 무엇인가? 어떤 종류의 훈련이 이를 가능하게 했나? 30여 년 동안 살펴본 결과 나는 위의 두 질문으로 설명되지 않는 능력은 본 적이 없다.

세상에는 타고났다는 명성이 자자한 천재들이 너무 많아서 여기서 다룬다고 해봐야 극히 일부에 불과하다. 사실 천재에 대한 논의가 이 책의 주요 목적도 아니다. 그러나 얼핏 보면 도저히 믿기지 않는 신기한 능력들이 '의식적인 연습'이라는 렌즈를 통해서 찬찬히 살피면, 금세 충분히 그럴 수 있겠구나 싶은 능력으로 바뀌기 때문에, 여러분에게 '맛보기'라도 제공하고자 몇몇 사례를 살펴보도록 하겠다.

모차르트 천재성의 진실

탄생 이후 250여 년이 흘렀지만 모차르트는 여전히 설명이 불가능한 천재의 궁극적인 사례다. 그는 너무 어린 나이에 너무나 뛰어난 솜씨와 업적을 보여주었기에 보통 사람들은 가지지 못한 무엇인가를 가지고 태어났다고 가정하지 않고서는 달리 설명할 길이 없어 보이는 그런 사람으로 남아 있다.

우리는 역사 기록을 통해서 모차르트가 아주 어린 나이에 유럽 연주 여행을 하면서 하프시코드, 클라비코드, 바이올린 등을 연주하여 관객에게 깊은 인상을 남겼다는 사실을 알고 있다. 아버지, 누나와 함께 여러 해에 걸친 유럽 연주여행을 시작할 무렵 그의 나이는 불과 여섯 살이었다. 뮌헨, 빈, 프라하, 만하임, 파리, 런던, 취리히, 이외 많은 도시에서 3명의 모차르트(볼프강, 아버지 레오폴트, 누나 마리아 안나)는 당대 유럽의 엘리트들에게 인상 깊은 연주를 선보였다. 물론 의자에 앉으면 발이 바닥에 닿지 않아 달랑거리고, 손은 겨우 건반에 닿는 꼬마 볼프강이 핵심 볼거리였다. 이전까지 유럽인들은 모차르트 같은 존재를 본 적이 없었다.

그러므로 어린 나이에 모차르트가 보여준 재능에는 논쟁의 여지가 없다. 그렇다면 우리는 이런 질문을 던져야 한다. 모차르트는 어떻게 연습했는가? 연습이 그의 능력을 설명해줄 수 있을까? 어린 모차르트는 분명, 18세기 유럽인들이 그렇게 어린 나이에 가능하리라고는 생각지 못했던 실력으로 바이올린과 건반 악기들을 연주했다. 말하자면 18세기 유럽인들은 유럽 연주여행 당시 모차르트처럼 어린 나이에 그런 실력으로 연주하는 아이들을 본 적이 없었다. 모차르트의 연주가 놀라움 자체로 다가온 것은 당연하다. 그러나 스즈키 교수법으로 훈련한 대여섯 살 아이들이 바이올린이며 피아노를 훌륭하게 연주하는 모습에 익숙한 지금 사람들은 어떨까? 18세기 사람들에 비하면 어린 모차르트의 실력을 보는 놀라움이 훨씬 덜했을 것이다.[5] 실제로 유튜브에는 네 살짜리 아이가 웬만한 어른은 저리 가라 할 정도의 훌륭한 실력으로 바이올린과 피아노를 연주하는 영상들이 적지 않다. 그러나 우리는 다짜고짜 이런 아이들이 우월한 음악적 재능을 타고났다고 생각하지는 않는다. 이런 '신동'들을 충분히 많이 봐와서 이제 우리는 이 아이들이 두 살, 또는 그보다 어린 시기부터 강도 높은 연습을 통해 이런 능력을 발달시켰다는 것을 알기 때문이다.

물론 모차르트는 스즈키 교본의 혜택을 누리지는 못했다. 그러나 그에게는 어느 모로 보나, 스즈키 교수법을 활용하는 현대 부모들 못지않게 음악 영재 교육에 헌신했던 아버지가 있었다. 나아가 서문에서도 말한 것처럼 레오폴트 모차르트는 어린이 음악 교육에 관한 최초의 책을 집필하고 자신의 이론을 모차르트의 누나에게 테스트했다. 뿐만 아니라 그는 아이들이 아주 어린 나이에 교육을 시작해야 한다는 생각을 지지했던 최초의 음악 교사 가운데 한 사람이었다. 모차르트는 아마도 네 살 이전에 음악 훈련을 시작했을 것이다. 현재 우리가 알고 있는 정보를 동원하면, 어린 모차르트가 특출한 타고난 재능에 의존하지 않고 그런 능력을 개발한 방법을 충분히 설명할 수 있다.

연주자로서 어린 모차르트의 조숙한 실력은 그렇게 설명할 수 있다고 치자. 그러나 모차르트 전설의 또 다른 부분인, 어린이 작곡자로서의 재능은 현대 바이올린 영재 조기교육 사례들로도 설명이 되지 않는다. 여러 전기에 따르면[6] 모차르트는 여섯 살 때 최초로 작곡을 했고, 여덟 살에 최초의 교향곡을 작곡했다고 한다. 그리고 열한 살에는 오라토리오 한 곡과 대여섯 곡의 건반악기 협주곡을 썼으며, 열두 살에는 오페라를 썼다.

여기서 모차르트의 재능은 실제로 무엇이었나? 정확히 모차르트는 무엇을 했던 것인가? 일단 이 질문에 답을 하고 어떻게 된 일인지 살펴볼 예정이다.

첫째, 오늘날 음악 교육이 그의 아버지가 아들에게 시킨 것과는 많이 다르다는 점을 지적할 필요가 있다. 오늘날 스즈키 교수법을 따르는 음악 교사들은 단일 악기 연주라는 음악의 한 측면에만 집중한다. 반면에 레오폴트 모차르트는 어린 모차르트에게 다수의 악기 연주를 가르쳤을 뿐만 아니라 음악을 듣고 분석하고 작곡하는 법도 같이 가르쳤다. 그러므로 일찍부터 레오폴트는 모차르트가 작곡 실력을 기르도록 한 셈이다.

그렇지만 더욱 중요한 부분은 모차르트가 여섯 살과 여덟 살에 작곡을 했다는 주장들 자체가 과장된 것이 분명해 보인다는 점이다. 첫째, 이미 밝혀진 것처럼 모차르트가 작곡했다는 초기 곡들은 실상 레오폴트의 필체로 되어 있다. 레오폴트는 어린 모차르트의 작품을 정리만 했을 뿐이라고 주장했지만, 특정 작품의 얼마만큼이 모차르트의 작품이고 얼마만큼이 레오폴트의 작품인지 알 길은 없다. 이쯤에서 우리는 레오폴트가 작곡가였다는 사실을 기억해야 한다. 그것도 간절히 원했던 대중의 찬사를 받지 못해 좌절한 연주자이자 작곡가였다는 사실 말이다. 아이의 과학 전람회 출품작에 과도하게 손을 대는 요즘의 초등학생 부모들은 많고도 많다. 어린 모차르트의 작품에 비슷한 일이 일어났다고 해도 전혀 놀랄 일은 아니다. 레오폴트가 그즈음 자기 일을 그만두고 아들의 성공에 자신의 모든 것을 걸었다는 점을 생각하면 더욱 그렇다.

모차르트가 열한 살에 '작곡했다는' 피아노 협주곡들에 대해 지금까지 밝혀진 사실을 종합해보면 이런 가설은 더욱 그럴듯해 보인다.[7] 이 작품들은 오랫동안 모차르트의 독창적인 작품으로 생각되었다. 비교적 최근에 와서야 음악학자들은 이 곡들이 모두 다른 사람들이 쓴 무명의 소나타를 토대로 하고 있다는 사실을 밝혀냈다. 레오폴트가 피아노 협주곡 구조에 익숙해지라는 의미에서 아들에게 이 작품들을 주고 작곡 연습을 시켰을 가능성이 크다. 이에 따라 모차르트의 독창성은 비교적 적게 들어간 결과물이 탄생하지 않았을까 싶다. 뿐만 아니라 증거를 보면 다른 사람의 작품을 고치는 작업에서도 모차르트는 아버지로부터 많은 도움을 받았다. 그러므로 우리가 확실하게 볼프강 모차르트가 작곡했다고 말할 수 있는 최초의 진지한 작품들은 그가 열다섯이나 열여섯 살에 쓴 작품들이다. 이때쯤이면 아버지의 지도하에 10년 이상 진지한 연습을 한 이후다.

그러므로 볼프강 모차르트가 10대 이전에 의미 있는 작품을 스스로 작곡했다는 믿을 만한 증거는 없는 대신, 그렇지 않다고 믿을 이유는 많은 셈이다. 또한 모호한 구석이 없이 분명하게 독창적이고 수준 높은 음악을 작곡하기 시작했을 때, 모차르트는 이미 10여 년의 작곡 훈련을 받은 뒤였다. 요컨대 모차르트가 비범한 연주자이자 작곡가였다는 데는 의심의 여지가 없지만, 그가 업적과 재주 면에서 연습의 결과라고 이해하기 힘든, 따라서 타고난 재능 덕분이라고 볼 수밖에 없는 천재였다는 주장을 뒷받침하는 근거는 없다. 오히려 반대 증거만 잔뜩 있는 셈이다.

나는 지금까지 살펴본 모든 어린 천재들에게서 같은 점을 발견했다.[8] 최근의 사례로는 마리오 르뮤를 들 수 있다. 캐나다의 하키 선수인 그는 일반적으로 역사상 최고의 선수 중 한 사람으로 꼽힌다. 어린 마리오가 물 만난 고기처럼 빙판을 좋아했다는 이야기,[9] 스케이트를 시작하자마자 타고난 것처럼, 몇 년씩 스케이트를 탔던 나이 많은 아이들을 앞서 가는 남다른 실력을 보였다는 이야기 등 어린 마리오의 천재성을 말해주는 일화는 적지 않다(출처를 찾자면 마리오의 어머니에게서 나온 것들이 많다). 이런 이야기들이 일부에서 그가 선천적으로 우월한 재능을 가지고 태어난 분명한 사례라고 주장하는 근거가 되었다.[10]

그러나 마리오 르뮤의 유년 시절을 조금만 세심하게 들여다보면 어린 볼프강 모차르트와 아주 흡사한 상황들이 드러난다.[11] 제7장에서도 언급한 것처럼 그는 하키 사랑이 극진했던 집안의 셋째 아들로 태어났고, 그가 걷기 시작할 무렵부터 하키와 스케이팅을 가르쳐주었던 두 형들과 함께 자랐다. 삼 형제는 지하실에서 양말 신은 발로 바닥을 밀고 다니며 나무 주걱을 스틱 삼아 하키를 했고, 나중에는 아버지가 앞마당에 스케이트장을 만들어주자 거기서 하키 연습을 했다. 마리오의 부모가 아이들의 하키 연습에 쏟은 정성 역시 대단했다. 집안에 일종의 직선 '아이스' 코스를 만들어 아이들은 밖이 어두워진 뒤에도 집에서 스케이트를 탈 수 있었다. 그리고 눈덩이를 집 안으로 들여와 현관, 식당, 거실 바닥에 깔고, 문을 열어두어 집 안을 차갑게 유지했다. 글자 그대로 '얼음집'이 아닐 수 없었다. 덕분에 삼 형제는 미끌미끌한 눈이 깔린 실내에서 맘껏 스케이트를 타고 다녔다. 요컨대 이상의 증거를 종합해보면 마리오 르뮤도 모차르트와 마찬가지로 사람들이 감탄하는 대단한 '선천적' 재능을 발휘하기 전에 엄청나게 많은 연습을 했다.

과연 '혜성처럼 등장'한 걸까?

최근에 유명세를 떨치고 있는, 소위 스포츠 천재의 가장 극적인 사례는 바하마의 높이뛰기 선수 도널드 토머스Donald Thomas가 아닌가 싶다.[12] 데이비드 엡스타인David Epstein이 저서 《스포츠 유전자》에서 도널드 토머스의 사례를 이야기했는데, 워낙 관심을 끄는 흥미로운 내용이어서 이후 여러 차례 여기저기서 소개되었다. 기본 내용은 이렇다.[13]

도널드 토머스는 원래 바하마 출신으로 미주리 주 린든우드 대학교 학생이자 대학 농구부 2군 선수이기도 했다. 어느 날 토머스는 육상부에서 높이뛰기 선수로 활동하던 친구와 농구를 하면서 놀라운 덩크슛 실력을 맘껏 과시했다. 나중에 식당에서 이를 두고 악의 없이 티격태격하던 중에 친구가 "맞아. 너는 덩크슛을 잘해. 하지만 195센티미터 높이뛰기는 절대 못 할 거야."라는 취지의 말을 했다(195센티미터면 대학 수준에서는 괜찮은 실력이었다. 특히 토머스와 친구가 다니던 린든우드처럼 학생들 실력이 그리 뛰어나지 않은 곳에서는 더욱 그랬다. 대학에서도 최정상급 높이뛰기 선수들은 보통 210센티미터를 뛴다). 토머스는 친구의 이런 말을 도전으로 받아들이고 응하기로 했다.

　두 사람은 대학 체육관으로 갔고, 토머스의 친구가 높이뛰기 가로대를 195센티미터로 맞췄다. 농구부 반바지와 신발을 신은 토머스는 195센티미터를 쉽게 뛰어넘었다. 그러자 친구가 높이를 200센티미터로 높였다. 이번에도 토머스는 뛰어넘었다. 친구는 가로대를 210센티미터까지 올렸다. 토머스가 그것 역시 뛰어넘자 친구는 토머스를 학교 육상 코치에게 데려갔다. 육상 코치는 토머스를 육상부에 합류시키고 이틀 뒤 대회에 참가시켰다.

　대회에서 여전히 육상용이 아닌 농구화를 신은 토머스는 2.22미터를 뛰어 우승했다. 이는 대회가 열린 이스턴 일리노이 대학교 최고 기록이었다. 두 달 뒤에 토머스는 오스트레일리아 멜버른에서 열린 영연방대회에서 바하마 대표로 뛰었고, 거기서 2.23미터를 뛰어 4위를 차지했다. 나중에 토머스는 오번 대학교 육상부로 소속을 바꿨다. 그리고 높이뛰기 재능을 발견한 지 불과 1년 뒤에 일본 오사카에서 열린 세계육상선수권대회에서 2.35미터를 뛰어 1위를 차지했다.

엡스타인은 같은 책에서 유년기부터 높이뛰기 연습을 혹독하게 했던 스웨덴의 스테판 홀름Stefan Holm 선수와 비교함으로써 토머스의 성공을 더욱 극적으로 만들었다(엡스타인의 계산에 따르면 홀름은 도합 2만 시간 이상을 높이뛰기 연습에 쏟았다). 더구나 2007년 세계육상선수권대회에서 홀름은 (엡스타인이 추정하기에) 연습 시간이 불과 수백 시간밖에 되지 않는 토머스에게 패했다.

이런 이야기에는 분명 매력이 있다. 느닷없이 튀어나온 어떤 사람이 천부적 재능 덕분에 탁월한 실력을 뽐내며 분야를 평정하는 이야기에는 사람들을 흥분시키는 묘한 매력이 있다. 그리고 요즘은 '1만 시간의 법칙'이 워낙 널리 알려지다 보니 이런 이야기가 이 법칙이 틀렸다는 '증거'로 거론될 때도 많다. 제대로 된 유전자만 가지고 태어나면 그렇게 연습하지 않고도 세계 최고가 될 수 있다는 것을 보여주는 도널드 토머스 같은 사람이 있다고 말이다.

나라고 사람들의 이런 심리를 모르는 바는 아니다. 사람들은 삶에 마법 같은 것이 있다고 믿고 싶어 한다. 모든 것이 고루하고 지루한 현실 세계의 규칙을 따라야 하는 것은 아니라는 것을 말이다. 실력을 키우기 위한 힘든 노력이나 훈련이 필요 없는 놀라운 능력을 가지고 태어나는 것보다 신비로운 것이 또 있겠는가? 이를 전제로 형성된 거대한 만화책 산업이 있을 정도다. 느닷없이 마법 같은 일이 일어나고, 갑자기 당신은 놀라운 힘을 얻게 된다. 당신도 모르는 사실이지만, 알고 보면 당신은 크립톤이라는 행성에서 태어났고, 하늘을 나는 능력이 있다. 방사능을 쬔 거미에게 물린 다음 벽에 매달리고 벽을 타고 오르내릴 수도 있게 된다. 우주 방사선에 노출되었고 이제 당신은 모습을 숨길 수 있는 투명인간이 되었다. 기타 등등.

그러나 나는 수십 년간의 전문성 연구 덕분에 그런 마법은 없다고 확신하게 되었다. 내가 앞서 말한 두 가지 질문(재능이란 무엇인가? 어떤 연습이 그런 재능을 만들어냈는가?)을 렌즈 삼아 비범한 능력을 가진 사람들을 조사해보면 커튼 뒤의 본모습이 보인다.

토머스의 이야기를 생각해보자. 사실 그의 배경에 대해서는 그가 직접 말한, 대단히 제한적인 내용밖에는 거의 알려진 바가 없다. 때문에 토머스가 그전에 어떤 훈련을 했는지는 정확히 추적하기 어렵다. 그러나 우리가 분명하게 아는 몇 가지가 있다. 첫째, 그가 직접 인터뷰에서 고등학교 시절 적어도 한 번은 교내 높이뛰기 대회에 나간 적이 있으며, 당시 "185센티미터, 190센티미터 정도를 뛰었지만 인상적인 기록은 아니었다."라고 말한 적이 있다.[14] 그의 말대로 전에 높이뛰기 대회에 나간 적이 있고, 고등학교 때 높이뛰기팀에 있었다면, 어느 정도 훈련을 받았을 가능성이 농후하다. 또한 스스로 "인상적인 기록은 아니었다."라고 말했지만, 이 말은 다소 겸손한 감이 있다. 190센티미터면 고등학생으로서 대단한 높이뛰기 기록이라고 볼 수는 없지만 충분히 뛰어난 기록이다.

물론 그때도 토머스가 높이뛰기 훈련을 전혀 받지 않고, 아무런 연습도 없이 그저 한 번 나가서 190센티미터를 뛰었을 수도 있다. 대학교에서 연습 없이 210센티미터를 뛰었던 것처럼 말이다. 그러나 이런 시나리오에는 문제가 있다. 토머스가 처음 참가한 대학 대회에서 가로대를 뛰어넘는 사진이 있는데, 그 모습이 높이뛰기 훈련을 전혀 받지 않은 사람의 기술이 아니라는 점이다. 토머스는 등을 밑으로 해서 넘는 포스베리 플롭fosbury flop 기술을 사용하고 있는데, 1960년대 이 기술을 널리 보급하는 데 결정적인 역할을 했던 딕 포스베리Dick Fosbury라는 미국 높이뛰기 선수의 이름에서 따온 명칭이다. 포스베리 플롭은 인간의 직관에는 상당히 어긋나는 가로대 넘기 방식이다. 살짝 곡선을 그리며 가로대 바로 앞까지 뛰어간 다음, 가슴이 아니라 등이 가로대를 향하도록 방향을 바꾸면서 뛰어오른다. 가로대 위에서 등이 아치형으로 휘어지게 하고, 발이 가로대를 쳐서 떨어뜨리지 않도록 마지막 순간에 발을 들어 올려준다. 이는 발에 힘을 주어 용수철처럼 강하게 튀어 오른다고 해서 되는 기술이 아니다. 이런 점프를 하려면 제대로 된 방법을 사용해야 한다. 장시간의 연습 없이는 누구도 포스베리 플롭을 효과적으로 할 수 없다. 그러므로 린든우드 체육관에서의 그날 이전에 토머스가 어떤 훈련을 했는지에 대해 명시적으로 밝혀진 것은 아무것도 없지만, 토머스가 "185센티미터, 190센티미터 정도를" 뛰는 수준이 되기까지 포스베리 플롭을 익히는 데 적지 않은 시간을 들였으리라고 추정해볼 수 있다.

둘째, 우리는 토머스가 덩크슛을 하면서 놀라운 점프 실력을 보였다는 사실을 알고 있다. 그가 농구 덩크슛을 하는 영상들이 있는데, 골대에서 4.5미터 정도 떨어진 자유투 라인에서 뛰어올라 중간에 2명을 제치고 골대까지 가는 장면이다. 이번에도 그가 덩크슛 연습에 얼마나 많은 시간을 들였는지에 대한 정보는 없지만, 용수철처럼 튀어 오르는 기술을 연마하는 데 공을 들였으리라는 것은 확실하다. 더구나 덩크슛은 그가 자랑스러워하는 기술이었으므로, 열심히 하지 않았다고 생각하는 것이 오히려 이상하다. 그러므로 이번에도 정황 증거이기는 하지만 그가 덩크슛에서 높이 뛰는 능력을 키우려고 부지런히 연습하고 실력을 갈고닦았으리라고 확신할 수 있다. 공교롭게도 (몇 발짝 걸어가서 한쪽 발로 점프를 하는) 덩크 숏에 사용하는 점프 기술은 높이뛰기 점프 기술과 매우 흡사하다. 본인이 의도하지 않았더라도 토머스는 덩크숏을 연습하면서 높이뛰기 연습도 한 셈이 되었을 것이다. 2011년의 연구 결과를 보면 한쪽 발로 도약하는 점프 능력은[15] 숙련된 높이뛰기 선수들의 실력과 밀접히 관련되어 있다.

셋째, 토머스는 키가 185센티미터인데, 이는 이상적까지는 아니라도 높이뛰기에 유리한 신장이다. 앞서도 말한 것처럼 운동 실력에 영향을 미치는 유전적 요인으로 확실하게 밝혀진 두 가지가 바로 신장과 체격이다. 토머스가 2007년 세계육상선수권대회에서 이긴 스웨덴의 높이뛰기 선수 스테판 홀름은 신장이 177.5센티미터였는데, 이는 높이뛰기 선수치고는 많이 작은 키다. 홀름은 이런 결점을 보완하기 위해 남들보다 열심히 훈련을 했다. 반면 토머스는 높이뛰기에 유리한 좋은 체격을 유전적으로 타고났다.

이런 모든 것을 종합해보면 토머스의 솜씨는 하늘에서 뚝 떨어진 마법 같지는 않다. 인상적인 것은 맞지만 설명하기 힘들 정도는 아니라는 의미다. 토머스는 이전에도 높이뛰기 연습을 했을 것이 거의 확실하다. 적어도 포스베리 플롭을 능숙하게 구사할 정도로까지는 연습을 했던 것이 분명하다. 또한 농구부원으로 활동하며 덩크숏 연습을 하면서 한쪽 발로 뛰어오르는 기술을 연마했다. 이는 높이뛰기 훈련법으로는 일반적이지 않지만 적어도 토머스의 경우에는 효과가 있었다.

그리고 우리에게는 한 가지 증거가 더 있다. 2015년 현재 토머스는 9년 동안 높이뛰기 선수로 뛰고 있다. 그동안 그는 선수의 능력을 최대한 활용하고 끌어낼 줄 아는 유능한 코치들 밑에서 훈련을 받았다. 만약 그가 2006년에 다듬어지지 않은 날것 그대로의 잠재력만을 보여줬다면 엄격한 훈련을 시작한 이후에 괄목할 만한 성장을 보였어야 마땅하다. 실제로 그가 혜성처럼 나타나서 눈길을 사로잡았던 때로부터 1년쯤 뒤에 사람들은 그 정도의 '타고난 재능'이면 세계 기록인 2.45미터를 깨는 것도 어렵지 않으리라고 예측했다. 그러나 그는 세계 기록에 가까이 가지조차 못했다. 그의 대회 최고 기록은 2007년 세계육상선수권대회에서 나왔는데, 당시 2.35미터를 뛰었다. 이후에도 당시 기록에 가까이 가기는 했지만 결코 똑같은 기록을 내지는 못했다. 2014년 영연방대회에서 2.21미터를 뛰었는데, 8년 전인 2006년 영연방대회에서 뛴 높이에도 미치지 못하는 기록이었다. 2006년 영연방대회는 토머스가 처음으로 자신의 이름을 알린 대회이기도 하다. 여기서 나오는 명백한 결론은 그가 2006년 대학 대회에 나왔을 때 이미 많은 양의 훈련을 거친 상태였고(높이뛰기 훈련과 덩크슛을 위해 더욱 높이 뛰려는 훈련), 따라서 추가 훈련으로 크게 효과를 보기 힘든 상태였다는 것이다. 그가 정말로 훈련한 적이 없다면 이후에 훨씬 많은 발전이 있었어야 한다.

서번트는 어떻게 이해해야 하는가

모차르트나 도널드 토머스 같은 누가 봐도 명백한 천재들 이외에 거의 마법이 아니고는 불가능하다 싶을 정도로 비범한 능력을 보인다고들 하는 일단의 사람들이 있다. 바로 서번트 증후군savant syndrome(자폐증이나 지적장애 같은 뇌 기능 장애가 있는 사람들이 계산, 음악, 미술 같은 특정 분야에서 기이하다 싶을 정도로 비범한 능력을 보여주는 현상—옮긴이)을 가진 사람들이다.[16] 이런 사람들을 '서번트'savant라고 부르는데, 이들의 능력은 일반적으로 아주 특수한 영역에서 나타난다. 일부는 연주에서 이런 능력을 보이는데, 수천 곡의 음악을 외우는 경우도 있고 한 번만 듣고 새로운 곡을 연주하기도 한다. 그림이나 조각을 비롯한 미술 분야에 능한 이들도 있는데, 깜짝 놀랄 정도로 세밀한 작품을 만들어내는 경우도 종종 있다. 어떤 이들은 숫자 계산에 능해서 큰 숫자 둘을 암산으로 곱한다든가 한다. 그런가 하면 유독 날짜와 요일 계산에 능한 이들도 있다. 예를 들어 2577년 10월 12일이 무슨 요일인지를 금방 계산해내는 식이다(굳이 말하자면 답은 일요일이다).

이런 능력이 특히 눈길을 끄는 이유는 서번트 대부분이 이런저런 정신장애를 가지고 있기 때문이다. 어떤 이들은 지능지수가 현저히 낮고, 어떤 이들은 자폐가 심해서 다른 사람과는 거의 소통을 하지 않는다. 세상에서 온전한 사람 구실하기도 힘들어 보이는 이들에게서 나타나는 이처럼 놀라운 능력은 서번트 증후군을 더욱 흥미롭게 만들어주는 요소다. 동시에 이런 능력이 흔히들 생각하는 정상적인 연습 없이 나타났음이 분명하다고 확신하게 만드는 요소이기도 하다.

이번에도 이런 능력을 이해하는 데 접근하는 가장 좋은 방법은 먼저 정확히 어떤 능력인지를 이해하고, 그런 능력을 설명해줄 연습 방법을 찾는 것이다. 이런 방법을 택한 연구에 따르면 서번트들은 기적처럼 신비한 재능을 가진 이들이 아니다. 이들이 가진 재능 역시 다른 사람들과 마찬가지로 열심히 노력해서 얻은 것이다.[17]

킹스 칼리지 런던의 두 연구자, 프란체스카 하페Francesca Happé와 페드로

비탈Pedro Vital은 서번트 같은 능력을 발전시키는 자폐증 어린이와 그런 능력을 개발하지 않은 자폐증 어린이를 비교하는 연구를 진행했다. 연구 결과 자폐증이 있는 서번트는 그렇지 않은 자폐아보다 세밀한 것에 집중하고 반복적인 행동을 하는 경향이 훨씬 높았다.[18] 자폐증이 있는 서번트들은 어떤 것이 관심을 끌면 자기만의 세계로 들어가서 주변의 다른 모든 것을 배제하고 거기에만 집중한다. 이런 유형의 자폐를 가진 사람은 강박적으로 한 곡만 연주하거나 전화번호부를 외우는 경향도 높다. 따라서 '목적의식 있는 연습'이나 '의식적인 연습'에 전념하는 사람들과 같은 방식으로 해당 영역의 기술을 발전시킬 가능성이 높다.

이런 대표적인 사례가 도니Donny인데, 자폐증이 있는 서번트다. 도니는 지금까지 검사를 받은 누구보다 빠르고 정확하게 달력 계산을 해낸다. 그는 어떤 날짜를 듣고 1초 내에 해당 날짜의 요일을 계산해낸다. 그의 계산은 거의 어김없이 정답이다. 네덜란드 흐로닝언 대학교의 마르크 티우Marc Thioux는 여러 해 동안 도니를 연구했는데, 그의 연구는 자폐증이 있는 서번트의 정신세계를 엿볼 전례 없는 기회를 제공한다.

티우에 따르면, 도니는 날짜에 중독되어 있다.[19] 도니가 어떤 사람을 만나면 제일 먼저 하는 일은 생일을 묻는 것이다. 그리고 끊임없이 날짜에 대해 생각하고 날짜를 되뇐다. 그는 열네 가지 가능한 연간 달력들을 모두 외웠다[20](즉 1월 1일이 일요일인 경우부터 토요일인 경우까지 일곱 가지 평년 달력과 이에 상응하는 윤년 달력을 말한다). 그리고 특정 연도가 이 열네 가지 달력 중 어디에 해당하는지를 재빨리 계산할 방법들을 발전시켰다. 특정 날짜의 요일을 묻는 질문이 떨어지면 도니는 처음에는 열네 가지 달력 가운데 어떤 것을 사용할지 파악하려고 연도에 집중한다. 그리고 찾아낸 머릿속 달력을 참조하여 질문을 받은 날짜의 요일을 찾아낸다. 요컨대 여러 해에 걸친 강박적인 학습의 결과로 고도로 발달된 달력 계산 기술을 가지고 있는 것이다. 그리고 그것이 기적처럼 신비로운 타고난 재능이라는 신호는 어디에도 없다.

1960년대 말에 바넷 애디스Barnett Addis라는 심리학자는[21] 평균 지능을 가진 사람을 서번트들이 하는 달력 계산 같은 일을 하도록 훈련시킬 수 있는지 알아보는 실험에 착수했다. 애디스는 이전에 달력 계산을 하는 쌍둥이의 계산 방법을 연구한 바 있다. IQ가 60~70 사이인 이 쌍둥이는 서기 132470년 어느 날짜의 요일을 평균 6초 안에 계산해낸다. 애디스는 이들의 계산 방법이 1600에서 2000 사이에서 해당하는 연도를 찾고, 세기, 연도, 달의 요일에 해당하는 숫자를 더하는 식으로 진행된다는 것을 밝혀냈다. 방법을 이해한 다음 애디스는 그런 방법이 다른 사람에게도 효과가 있는지 보기 위해서 대학원생 한 사람을 같은 방법으로 훈련시켰다. 불과 16회 연습으로 대학원생은 쌍둥이 한쪽만큼이나 빠른 속도로 계산을 해냈다. 더욱 흥미로운 것은 대학원생은 필요한 계산 분량에 따라서 요일을 생각해내기까지 걸리는 시간이 달랐다는 것이다. 대학원생의 반응 시간 유형이 쌍둥이 중에서도 잘하는 쪽과 일치했는데, 애디스는 이것을 이 두 사람이 사실상 비슷한 인지 과정을 거쳐서 답을 얻는다는 의미라고 보았다.

여기서 교훈은 도니를 비롯해 어떤 서번트의 달력 계산 능력에도 이해 못할 마법 같은 구석은 확실히 없다는 점이다. 도니는 오랫동안 날짜에 대해서 연구하고 생각한 결과 그런 능력을 개발했고, 열네 가지 달력 각각을 우리가 전화번호를 알 듯 빠삭하게 아는 경지에 도달했다. 이어서 어느 해에 어느 달력을 쓸 것인지를 알아내는 자기만의 방법을 개발했다 (이에 대해서는 연구자들이 아직 완벽하게 이해하지 못한 상태다). 그리고 이런 과정은 심리학 실험에 참가한 의욕 넘치는 대학원생도 연습만 하면 얼마든지 할 수 있는 일이다.

다른 서번트들이 정확히 어떻게 신기할 정도로 비범한 일들을 해내는지, 구체적으로 어떻게 그런 기술을 개발하는지에 대해서는 아직 모른다. 서번트는 자폐가 있거나 하여 일반적인 대화를 나누며 그런 방법에 대해 물어보기가 쉽지 않은 이들이 대부분이기 때문이다. 그러나 내가 1988년의 리뷰에서 지적한 것처럼[22] 서번트에 대한 연구 결과들을 보면 이런 능력은 주로 습득된 능력이다. 즉 서번트가 다른 전문가들과 비슷한 방식으로 자신들의 능력을 개발한다는 의미가 된다. 서번트들도 자기 뇌의 적응력을 활용하는 방식으로 연습을 하고, 이런 연습이 다시 뇌에 변화를 주어 비상한 능력으로 이어지는 것이다. 이후에 나온 서번트의 뇌에 대한 최근의 사례연구도[23] 이와 일치하는 결과들을 내놓고 있다.

재능 없이 태어난 둔재?

천재와 서번트에 대한 분석을 계속 내놓을 수도 있겠지만 비슷비슷한 내용이 반복될 뿐이다. 결론은 이들 사례를 면밀히 조사할 때마다 비상한 능력이 많은 '연습과 훈련의 결과'임을 깨닫게 된다는 것이다. 따라서 천재와 서번트는 이런저런 영역에서 일부 사람들이 선천적인 능력을 가지고 태어난다고 믿을 어떤 근거도 제공하지 않는다.

그러나 천재의 반대, 둔재는 어떤가? 도무지 재능이라고는 없이 태어난 것 같은 그런 사람은 어떤가? 이런 질문은 개인 차원에서 답하기는 무척 어려운 문제다. 특정 개인이 어떤 것을 못하는 정확한 이유를 밝히기는 어렵기 때문이다. 노력이 부족해서인가, 아니면 적절한 교육을 받지 못해서, 그것도 아니면 '타고난 재능'이 부족해서인가? 어느 쪽인지 항상 밝힐 수 있는 것은 아니지만 다음 사례들을 생각해보자.

미국 성인 가운데 6분의 1이 자신은 노래를 못한다고 생각한다.[24] 그들은 도무지 음정을 맞추지 못한다. 테니스 라켓을 준대도 음을 맞히지 못할 위인들이다. 전반적으로 이들은 이런 상황을 달가워하지 않는다.[25] 음악 교사, 또는 이처럼 노래를 못하는 사람들을 연구한 소수의 연구자들과 이야기를 해보면 이들도 상황이 다르기를 바랐다. 최소한 사람들을 놀라게 하지 않고 '생일 축하' 노래 정도는 불렀으면 하는 바람을 가지고 있다. 노래방에 가서 〈마이 웨이〉My Way나 〈베이비 원 모어 타임〉Baby One More Time을 멋지게 불러서 사람들이 환호성을 지르게 만드는 꿈을 꾸기도 한다.

그러나 그런 과정에서 누군가가 그들이 노래를 못한다는 확신을 심어준 적이 있었다.[26] 인터뷰 결과를 보면, 그 누군가는 보통 (부모, 손위 형제자매, 음악 교사, 좋아하는 친구처럼) 그들에게 영향력 있는 사람인 경우가 많았고, 그런 확인을 하게 되는 시점 역시 어른이 되어서도 잊지 못하는 결정적인 (그리고 고통스러운) 순간일 때가 많았다. 관련하여 그들이 가장 자주 들었던 말이 '음치'tone-deaf라는 말이었다. 그래서 이들은 자신이 노래를 못하게 태어났다고 믿고 포기했다.

사실 '음치'라는 단어는 아주 특수한 의미를 지닌다. 음악의 음과 음

사이의 차이를 구별하지 못한다는 의미다. 예를 들어 어떤 사람이 피아노로 '도'를 치고 이어서 '레'를 치면 음치인 사람은 차이를 구별하지 못한다. 그리고 물론 음과 음을 구별하지 못하므로 노래를 정확하게 부르기는 불가능할 수밖에 없다. 음들이 연결되어 만들어지는 것이 노래이기 때문이다. 음을 구별하지 못하면서 노래를 부른다는 것은, 빨강, 노랑, 파랑을 구별하지 못하면서 일몰 풍경을 그리려고 하는 것과 다를 바가 없다.

일부 사람들은 실제로 음치로 태어난다. 이는 일종의 질환으로 '선천성 음치'congenital amusia라고 알려져 있다. 그러나 반전이 있다. 극도로 드문 현상이라는 것이다. 워낙 희귀한 현상이어서 그런 질환을 가진 여성을 발견하고 관찰한 결과가 주요 학술 잡지에 논문으로 실릴 정도다.[27] 문제의 여성은 명백한 뇌의 손상이나 결함이 없고 청력과 지력도 정상이었는데, 자신이 이미 들은 가락과 들은 적이 없는 새로운 가락의 차이를 구별하지 못했다. 흥미롭게도 그녀는 박자도 잘 구별하지 못했다. 이런 환자의 경우 아무리 노력해도 음정을 맞추지 못할 것이다.

그러나 자기가 노래를 못한다고 믿는 사람들 대부분은 이런 경우가 아니다. 이들이 극복해야 하는 장애물은 그런 믿음 자체다. 앞에서 말한 것처럼 자신이 노래를 못한다고 생각하는 사람이 적지 않은데, 이런 주제를 연구한 여러 연구자들에 따르면[28] 그렇게 많은 사람이 선천적으로 그런 능력이 없이 태어났다는 증거는 어디에도 없다. 나이지리아의 아낙이 비비오 부족[29] 같은 일부 사회에서는 모든 사람이 노래를 당연히 하는 것으로 생각하고, 모든 사람이 노래를 배우고, 그래서 모든 사람이 노래를 잘한다. 반면에 우리 사회에서 많은 이들이 노래를 잘 부르지 못하는 이유는 노래 실력을 개발하는 쪽으로 연습을 하지 않았다는 지극히 단순한 사실 때문이다.

수학 같은 영역에도 같은 논리가 해당될까? 사람들이 "나는 ○○에 영 소질이 없어."라고 말할 때 괄호 안에 들어가는 빈도가 가장 높은 단어가 수학이 아닐까 싶다. 특히 미국에서는 많은 학생이 자신은 덧셈, 뺄셈(때로는 곱셈까지 포함되기도 한다) 같은 숫자 계산 이상의 복잡한 수학에는 유전적인 재능이 없다는 확신을 가지고 고등학교를 졸업한다. 그러나 성공적이었던 다수의 수학 교육 사례들을 보면, 올바른 방식으로 가르치기만 하면 거의 모든 아이가 수학을 배울 수 있었다.

이런 시도 중 가장 흥미로운 것은 캐나다의 수학자 존 마이튼John Mighton이 개발한 점프수학Jump Math이라는 교육 과정이 아닐까 싶다.[30] 점프수학 프로그램은 '의식적인 연습'에서도 발견되는 기본 원칙들을 활용한다. 학습 내용을 분명하게 구별되는 작은 기술들로 잘게 쪼개고, 정확한 순서에 따라 각각을 가르치는 교수법을 고안하고, 피드백을 활용하여 학생의 발전 정도를 확인한다. 점프수학 교육 과정을 활용해본 교사들에 따르면, 덕분에 뒤처지는 사람 없이 기본적으로 모든 학생에게 교육과정에 포함된 수학 기술을 가르칠 수 있었다고 한다. 온타리오에서 29명의 교사와 대략 300명의 5학년 학생들이 참가하여 진행된 무작위 대조군 연구에 따르면, 5개월 뒤에 표준검사 방식에 따라 측정한 결과 점프수학을 사용하여 수업한 학생들은 그렇지 않은 학생들에 비해서 수학 개념 이해도면에서 2배나 높은 진척을 보였다.

안타깝게도 해당 실험 결과는 전문가의 감수를 받는 학술 잡지에는 게재되지 않아서 객관적으로 평가하기는 어려우며, 다른 집단에서도 같은 결과가 나오는지를 확인할 필요가 있다. 그러나 결과는 내가 그동안 노래와 수학뿐만 아니라 글쓰기, 그림 그리기, 테니스, 골프, 원예, 스크래블, 십자말풀이 같은 여러 게임까지 포함하여 다양한 영역에서 공통적으로 목격한 내용과 일치한다. 사람들이 자신의 수행능력에서 타고난 한계에 도달했기 때문에 학습과 발전이 멈추는 것이 아니라, 이유가 무엇이든 그들이 연습을 멈추고 재개하지 않았기 때문에 학습도 발전도 멈추는 것이다. 다른 부분에서 지극히 정상인 사람이 노래나 수학, 또는 다른 어떤 기술을 수행하는 데 있어 선천적인 재능이 없이, 말하자면 둔재로 태어난다는 증거는 없다.

연습과 재능의 대결

여러분이 유년 시절 피아노 연주나 야구공 던지기, 혹은 그림 그리기 등을 막 배우기 시작했을 때를 떠올려보라. 아니면 살짝 진도가 나갔을 때의 느낌을 생각해보는 것도 좋다. 6개월 정도 축구를 해서 이제 좀 알 것 같다 싶던 때, 아니면 1년 정도 체스 클럽에 다녀서 드디어 기초적인 게임을 할 수 있게 되었을 때, 아니면 덧셈, 뺄셈, 곱셈을 깨쳐서 선생님이 긴 나눗셈 문제를 던지던 그런 때 말이다. 어떤 경우든 주변을 둘러보면 다른 이들보다 잘하는 친구나 급우, 동기가 있고, 다른 이들보다 못하는 아이들이 있었을 것이다. 여러 사람이 무언가를 배우는 속도에는 항상 명백한 차이가 있다. 악기를 연주하는 것이 마냥 편안해 보이는 사람이 있는가 하면, 타고난 운동선수다 싶은 사람도 있고, 천부적으로 수학에 능한 것처럼 보이는 사람도 있다.

초보자에게서 그런 차이가 보이기 때문에 이런 차이가 지속되리라고, 말하자면 시작 단계에서 잘했던 사람은 나중에도 수월하게 관문들을 통과하리라고 당연하게들 간주한다. 우리는 이런 운이 좋은 사람들은 선천적 재능을 가지고 태어났으며, 덕분에 크게 고생하지 않고도 남보다 뛰어난 실력을 가지게 되리라고 생각한다. 이는 여정의 시작을 보고 나머지 여정도 비슷하리라고 결론을 내리는, 충분히 이해할 수 있는 결과다.

그러나 틀린 생각이기도 하다. 일단 시작부터 전문가가 되기까지 전체 과정을 보고 나면, 사람이 어떻게 배우고 발전하는지, 탁월한 실력에 이르려면 어떤 조건이 필요한지에 대해 이와는 많이 다른 생각을 가지게 된다.

시작부터 끝까지 전체 과정을 훑어보고 깨달음을 얻기에 가장 좋은 예는 체스가 아닐까 싶다. 대중의 상상 속에서 훌륭한 체스 실력은 논리 및 지력과 긴밀한 관련이 있다. 소설가나 시나리오 작가가 등장인물이 특별히 똑똑하다는 인상을 주고 싶으면 체스판 앞에 앉아서 솜씨 좋게 상대를 외통수로 몰아가는 상황을 연출한다. 그보다 좋은 방법은 천재가 진행 중인 게임을 우연한 기회에 접하고 체스판을 1~2초 정도 흘낏 보는가 싶더니 승기를 잡을 수를 정확하게 찾아내는 모습이다. 소설이나 영화에서 체스를 잘 두는 사람이 별나지만 똑똑한 탐정일 때도 있고, 마찬가지로 별나고 똑똑한 범죄자일 때도 많다. 아니면 체스를 잘하는 탐정과 악당이 동시에 등장하는 경우도 있다. 적대 관계인 두 사람이 체스판을 사이에 두고 마주 앉아 두뇌 싸움을 하면서 재담을 나누는 것이다. 셜록 홈스와 모리어티가 나오는 2011년 영화 《셜록 홈스: 그림자 게임》의 클라이맥스 장면은 거기서 한발 더 나간다. 결국에는 홈스와 모리어티 모두 체스판은 완전히 무시하고, 각자의 다음 수를 상대에게 말로 뱉는다. 마치 한쪽이 결정적인 일격을 가할 때까지 상대를 속이는 페인팅 동작과 찌르기를 반복하는 권투 선수들 같다. 그러나 등장인물이 누구고 구체적인 상황이 어떻든 메시지는 항상 똑같다. 체스에 능하다는 것은 운이 좋은 소수만이 타고나는 뛰어난 지능을 말해주는 표시다. 역으로 체스를 잘하려면 똑똑한 머리가 필수다.

실제로 체스를 막 배우기 시작한 아이들의 실력을 조사해보면 지능지수, 즉 IQ가 높은 아이일수록 빨리 배우고 잘 배운다. 그러나 이것은 이야기의 시작일 뿐이다. 그리고 항상 그렇듯이 진짜 이야기, 진짜 하고 싶은 말은 말미에 나오게 마련이다.

오랫동안 많은 연구자가 체스 실력과 지능의 관계를 연구해왔다. 몇몇 초기 연구는 지능 검사의 아버지로 불리는 프랑스의 심리학자 알프레드 비네Alfred Binet가 1890년대에 수행한 연구들이다.[31] 비네가 체스 기사들을 연구한 주된 목적은 눈가림 체스를 하는 데 어떤 종류의 기억이 필요한지 이해하려는 것이었다. 그는 학교 수업에서 문제 해결 능력이 좋은 아이들을 식별할 수단으로 IQ 검사를 개발했는데, 아주 성공적이었다고 평가할 수 있다. IQ 검사는 실제로 학업 성취도와 긴밀한 관련이 있기 때문이다. 그러나 비네의 시대 이래 많은 연구자들이 IQ 검사가 체스뿐만 아니라 모든 영역에서 성공과 관련이 있는 일반적인 능력을 측정한다고 주장해왔다. 이런 연구자들은 IQ 검사가 타고난 지능 전반을 측정한다고 믿는다. 이런 의견에 반대하는 이들은 IQ, 즉 지능지수는 타고난 전반적인 지능이 아니라 IQ 검사로 측정하는 일부 지능에 대한 지수로 생각해야 한다고 주장한다. 거기에는 비교적 희귀한 단어에 대한 지식과 수학과 관련한 후천적 기술 등이 포함된다. 여기서 IQ를 둘러싼 복잡한 논쟁에 깊이 들어갈 생각은 없다. 다만 IQ를 선천적 지능과 동일시하지 말고 IQ 검사의 특징을 있는 그대로 받아들여 IQ 검사에서 측정되는 인지적 요인, 즉 학업 성취도 같은 특정 요소들을 예측해주는 지수라고 생각하는 것이 최선이라고 말하고 싶다.

1970년대 이래 점점 많은 연구자가 비네의 뒤를 이어 체스 기사들의 생각 방법과 좋은 체스 기사가 되게 해주는 조건 등을 파악하려는 연구를 진행해왔다. 일깨워주는 것이 많아 특히 관심을 끄는 연구는[32] 2006년 옥스퍼드 대학교의 메림 빌라릭Merim Bilalić과 피터 맥클라우드Peter McLeod, 브루넬 대학교의 페르낭 고베Fernand Gobet, 3명의 영국 연구자들이 수행한 것이다. 곧 설명할 여러 가지 이유로 세 연구자는 그랜드마스터가 아니라 체스를 배우는 학생을 연구하기로 하고, 초등학교와 중학교의 체스 클럽에서 57명을 선발했다. 이들 어린 체스 기사는 9세에서 13세에 사이로, 평균 4년 정도 체스를 하고 있었다. 일부는 체스 대회에 나오는 평균 수준의 어른을 거뜬히 이길 정도로 아주 잘했고, 일부는 별로 잘하지 못했다. 57명 가운데 44명이 남자아이였다.

연구의 목적은 IQ가 (만약 역할을 한다면) 어떤 사람이 실력 있는 체스 기사가 되는 데서 어떤 역할을 하는지를 조사하는 것이었다. 연구진은 연구 결과를 발표하면서 그동안 이런 주제를 연구한 심리학자들이 적지 않았지만 이와 관련한 논쟁이 아직 해결되지 않았다는 사실을 먼저 지적했다. 예를 들어 일부 연구에서는 IQ와 체스 실력 사이의 연관성뿐만 아니라[33] 시공간 능력visuospatial ability 측정 결과와 체스 실력 사이의 연관성도 발견했다. 어느 쪽도 특별히 놀라울 것은 없다. 체스가 보통 이상의 지능을 필요로 한다는 일반적인 견해를 생각하고 시공간 능력이 체스 기사에게 특히 중요해 보인다는 점을 감안하면 당연한 결과로 보인다. 체스 기사는 가능한 수들을 생각하는 과정에서 체스 말의 배치와 움직임을 시각화할 수 있어야 하므로 시공간 능력이 중요할 수밖에 없다. 그러나 이런 연구들은 어린 체스 기사들을 대상으로 진행되었는데, 이 어린 기사들이 분명 보통 이상의 IQ점수를 가지고 있었던 반면, IQ와 특정 기사들이 얼마나 잘하느냐 사이에는 뚜렷한 관련성이 없었다.

이와 대조적으로 성인을 연구한 결과들을 보면, 전반적으로 성인 체스 기사가 체스를 두지 않는 일반 성인에 비해서 시공간 능력이[34] 월등하지 않다는 결과가 나왔다. 또한 그랜드마스터까지 포함한 실력 있는 성인 체스 기사가 비슷한 수준의 교육을 받은 다른 성인에 비해 전반적으로 높은 IQ를 가지고 있지도 않았다.[35] 실력이 좋은 체스 기사들의 IQ와 그들의 체스 레이팅 사이에도 관련성이 없었다.[36] 유독 체스에 탁월한 실력을 보이는, 삐딱하고 별나지만 '똑똑한' 소설 속 등장인물들에 둘러싸여 성장한 우리에게는 이상하게 보일지 모르지만, 이런 모든 증거가 성인에게서는 높은 지능이 체스 실력과 상관관계가 없다고 말하고 있다.

그보다 이상한 것은 바둑이다. 바둑은 아시아의 체스라고 하는 게임이다. 두 사람이 앉아서 한 사람은 흑돌, 다른 사람은 백돌을 쥐고 가로세로 19칸으로 구성된 바둑판 위의 선이 교차하는 지점에 돌을 놓으며 겨루는 게임이다. 목표는 다른 편의 돌을 둘러싸서 차지하는 것이며, 승자는 게임 말미에 바둑판에서 더 넓은 영역을 차지하는 사람이다. 일종의 '말'도 한 가지 종류밖에 없고, 움직이는 방법도 (선이 교차하는 지점에 돌을 놓는) 한 가지뿐이지만, 바둑은 체스보다 복잡하다. 게임에서 나오는 가능한 경우의 수가 훨씬 많다는 점에서 그렇다. 실제로 바둑을 잘 두는 소프트웨어가 체스 소프트웨어를 개발하는 것보다 훨씬 어려운 것으로 증명되었다.

따라서 체스에서처럼 바둑 고수들은 높은 IQ나 비상한 시공간 능력을 지녔으리라고 생각될 테지만 이번에도 틀렸다. 바둑 고수를 연구한 최근의 연구 결과에 따르면[37] 이들의 평균 IQ는 오히려 평균 이하였다. 한국 바둑 전문가들을 대상으로 별개로 진행된 두 가지의 연구에 따르면, 그들의 평균 IQ는 대략 93이었고, 나이와 연령대를 맞춰 선발한 바둑을 두지 않는 대조군의 평균 IQ는 100 정도였다. 두 연구에서 다룬 바둑 고수들의 수가 적어서 평균 이하의 IQ가 통계학적인 우연이라고 할 수도 있지만, 바둑 고수들이 평균적으로 일반인보다 IQ 검사 결과가 높지 않은 것만은 확실하다.[38]

이처럼 상충하는 연구 결과들 사이에 결론이 나지 않은 상황에서 영국 연구자들은 해법을 찾으러 나선 것이다. 높은 지능(즉 높은 IQ 점수)이 체스를 잘 두는 데 도움이 될까, 아닐까? 이들은 지능과 연습 시간 모두를 고려한 연구 계획을 세웠다. 이전의 연구들은 지능이나 연습 시간 중 한 가지만 고려했던 것이다.

빌라릭과 동료들은 57명의 어린 체스 기사에 대해서 가능한 많은 정보를 확보했다. 그들은 아이들의 지능을 IQ와 공간 지능뿐만 아니라 기억력, 언어 지능, 정보 처리 속도까지 다양한 측면에서 측정했다. 또한 아이들이 언제 체스를 시작했고, 연습을 얼마나 했는지에 대해서도 질문했다. 아이들에게 6개월 동안 매일 연습한 시간의 양을 기록하는 연습일지도 작성하게 했다. 연구의 한 가지 약점은 어린 기사들이 말하는 '연습' 시간의 대부분이 혼자 하는 연습이 아니라 체스 클럽에서 다른 회원을 상대로 게임을 하는 것이었는데, 연구자들이 이 두 가지를 구별하지 않았다는 것이다. 그래도 이 척도들은 아이들이 게임 실력을 향상시키는 데 얼마나 많은 노력을 들이는지에 대한 합리적인 추정을 제공했다. 마지막으로 연구자들은 아이들의 체스 실력을 측정했다. 방법은 체스에 관한 문제를 풀게 하고, 게임이 진행 중인 체스판에 말들이 배치된 모습을 잠깐 보여주고 기억에 의지해 재구성해보도록 하는 것이었다. 실험 참가 학생 가운데 몇몇은 정기적으로 대회에 참가했기 때문에 이런 경우 연구자들은 거기서 나온 체스 레이팅도 활용했다.

모든 자료를 분석한 뒤에 연구자들은 다른 연구자들과 비슷한 결과를 얻었다. 아이들이 체스 연습에 쏟은 시간이 체스 실력을 말해주는 가장 중요한 요인이었다. 연습 시간이 많을수록 여러 척도로 측정한 체스 실력 점수가 높았다. 그보다 작지만 여전히 중요한 요인은 지능이었는데, 높은 IQ가 좋은 체스 실력과 관련이 있었다. 의외로 시공간 지능은 중요한 요인이 아니었다. 하지만 기억력과 정보 처리 속도는 중요한 요인이었다. 모든 증거를 살펴본 뒤에 연구자들은 이 연령대의 아이들에게는 연습이 성공의 가장 중요한 요인이라는 결론을 내렸다. 타고난 지능(즉 IQ)이 여전히 어느 정도 역할을 하고 있기는 하지만 말이다.

그러나 연구자들이 연구 대상 내의 '엘리트' 기사들만을 분석하자 그야말로 극적이라 할 수 있는, 전혀 다른 그림이 나왔다. 이들은 23명으로, 정기적으로 지역 대회와 전국 대회에 참가하고 때로는 국제 대회에도 참가하는 아이들이었다(그리고 모두 남학생이었다). 아이들의 평균 체스 레이팅은 1,603, 레이팅이 가장 높은 아이는 1,835, 가장 낮은 아이는 1,390

이었다. 간단히 말해서 이 아이들은 이미 체스 실력이 상당했다. 성인과 어린이를 통틀어 체스 대회에 참가해 겨루는 사람의 평균 체스 레이팅은 대략 1,500이므로, 이 엘리트 그룹의 남학생 대부분이 평균을 넘어선다는 의미다. 이들 중에서 가장 못하는 학생도 체스깨나 한다는 어른을 가볍게 이길 수 있다는 것이다.

이 엘리트 학생들 사이에서도 연습량은 여전히 체스 실력을 결정하는 중요한 요인이었지만 지능은 눈에 띄는 역할을 하지 못했다. 엘리트 그룹이 57명 전체의 평균보다 IQ가 살짝 높기는 했지만, 그룹 내에서만 보면 평균보다 IQ가 낮은 학생이 높은 학생보다 약간 실력이 나았다.

확실한 이해를 위해 잠시 정리를 해보자. 이 어린 엘리트 학생들 사이에서는 높은 IQ가 이점이 아니었을 뿐만 아니라 오히려 살짝 불리하게까지 작용하는 것처럼 보인다. 연구자들은 IQ가 낮은 학생들이 더 많은 연습을 하는 경향이 있었고, 이로 인해 IQ가 높은 엘리트 학생보다 체스 실력이 높아졌다고 이유를 밝혔다.

이 연구는 IQ가 어린 기사들의 경우 체스 실력과 연관이 있는 데 반해 성인 기사와 마스터, 그랜드마스터의 경우는 그렇지 않다는 과거 연구들 사이의 명백한 모순을 설명하는 데 크게 도움이 되었다. 이런 결과는 체스 기사만이 아니라 모두에게 중요한 의미를 지닌다. 체스뿐만 아니라 어떤 기술 개발에든 해당되는 내용이기 때문이다.

아이들이 막 체스를 배우기 시작했을 때는 지능(즉 IQ 검사 결과)이 학습 속도와 실력에 영향을 미친다. 일반적으로 IQ가 높은 아이들은 규칙을 배우고 기억하며 전략을 개발하고 실행하는 것을 상대적으로 쉽다고 느낀다. 이런 모든 것이 체스를 배우는 초기 단계, 기사가 추상적인 생각을 체스판 위의 말에 직접적으로 적용하는 시점에서는 이점으로 작용한다. 이런 종류의 학습은 학교 공부와 크게 다르지 않은데, 그것이 바로 알프레드 비네가 애초 IQ 검사를 개발한 목표이기도 하다. 이미 말한 것처럼 비네는 학교에서의 학습 능력을 측정하기 위해 IQ 검사를 개발했다.

그러나 앞에서 다룬 것처럼 어린이 또는 성인이 체스 게임을 공부하고 익힘에 따라 그들은 (일종의 심리적 지름길이라 할 수 있을) 심적 표상을 발전시킨다. 심적 표상 덕분에 이들은 게임 도중에 나오는 체스 말의 배치를 소상히 기억하는 우월한 기억력뿐만 아니라, 특정 상황에서 신속하게 적절한 수를 생각해내는 능력도 키울 수가 있다. 우수한 심적 표상 덕분에 게임을 더욱 신속하고 효과적으로 할 수 있게 되는 것이다. 심적 표상을 발달시키고 나면 특정 말의 배치를 볼 때도 구체적으로 어떤 말이 공격 중인지, 어떤 말이 다른 말을 공격할 수 있는지 등을 하나하나 파악할 필요가 없다. 그보다는 전체 패턴을 인식하고 거의 반사적으로 가장 효과적인 수를 파악한다. 이런 단계에서는 단기기억과 분석 능력을 이용해 체스판 위 모든 말의 배치를 기억하려고 노력하면서 자신이 이 수를 두면 상대가 저 수를 두고 이렇게 계속되면 어떻게 될지 등을 복잡하게 상상할 필요가 없다. 특정 배치에서 진행되는 상황에 대한 명쾌한 개념을 가지고 있으며, 체스판 위의 개별 말들이 아니라 심적 표상을 가지고 논리적 능력을 활용하여 작업하기 때문이다.

혼자 하는 개별 연습을 충분히 하면 게임 도중 심적 표상을 더없이 효과적이고 유용하게 활용할 수 있게 된다. 이쯤 되면 게임의 승패를 가르는 핵심 요인이 양쪽 기사의 지능, 또는 시공간 능력이나 기억력, 정보 처리 능력이 아니라 각자가 가지고 있는 심적 표상의 질과 양 그리고 그것을 얼마나 효율적으로 활용하느냐가 된다. 심적 표상은 체스 말의 배치를 분석하고 가장 좋은 수를 생각해내려는 목적에 맞춰 특별히 발전시킨 것이다(심적 표상이 보통 그랜드마스터들의 게임을 수천 시간 동안 연구함으로써 개발된다는 것을 기억하라). 그러므로 게임을 할 때 자신의 기억력과 논리를 활용해 체스판 위의 말들을 개별적으로 분석하는 것보다 심적 표상을 활용하는 쪽이 훨씬 효과적일 수밖에 없다. 따라서 체스 기사가 그랜드마스터가 되거나 그보다는 못해도 12세 이상 실력자들이 출전하는 대회의 참가 선수가 되었을 무렵에는 IQ 검사로 측정되는 능력이 연습을 통해 개발한 심적 표상보다 훨씬 덜 중요해지는 것이다. 나는 성공한 체스 기사들을 살펴보면 IQ와 체스 실력 사이에 연관성이 보이지 않는 이유가 여기에 있다고 생각한다.

물론 IQ 검사로 측정되는 능력이 학습 초기에는 분명 일정한 역할을 하는 것으로 보이며, IQ가 높은 어린이는 시작 단계에서 상대적으로 우수한 실력을 드러낸다. 그러나 빌라릭과 동료들의 연구에 따르면, 체스 대회에 참가하는 어린이, 즉 체스에 대한 헌신도가 높아 학교 체스 클럽 수준을 넘어선 아이들 가운데는 IQ가 낮은 아이들이 연습에 더욱 열심인 경향이 있었다. 이유가 분명하게 밝혀진 것은 아니지만 충분히 짐작은 가능하다. '엘리트'로 분류되는 학생들 모두가 체스에 헌신적이었지만 IQ가 좋은 아이들은 처음에 상대적으로 수월하게 능력을 개발했다. 그렇지 못한 아이들은 따라잡으려는 마음에 더욱 열심히 연습하고, 어느새 그것이 습관화된다. 그렇다 보니 나중에는 처음에 따라잡아야 한다는 압박을 느끼지 않았던 IQ가 높은 아이들보다 실력이 좋은 체스 기사가 된 것이다. 여기서 우리가 취해야 하는 중요한 메시지는 이렇다. 장기적으로 흥하는 사람은 연습을 많이 하는 사람이지 지능을 비롯한 여러 재능 면에서 초기에 유리했던 이들이 아니다.

재능이라 불리는 것들의 진정한 역할

앞서 소개한 체스 연구 결과는 각종 기술 개발에서 '재능'과 연습 간의 상호작용에 대해 결정적인 통찰을 제공한다. 어떤 선천적 재능(체스 연구에서는 IQ)을 가진 사람이 기술을 배우는 초기 단계에서는 어느 정도 이점을 가지고 있을지 모르지만, 이런 이점은 시간이 흐르면서 점점 줄어들고, 결국 개인의 실력을 결정하는 데는 노력의 양과 질이 훨씬 중요한 역할을 한다.

연구자들에 따르면 다른 여러 영역에도 같은 패턴이 존재한다는 증거가 적지 않다.[39] 체스에서처럼 연주 분야에서도 초기에는 IQ와 실력의 상관관계가 있었다. 예를 들면 5학년 학생 91명에게 6개월 동안 피아노를 가르친 연구에서는 교육이 끝난 뒤에 IQ가 높은 학생들이 IQ가 낮은 학생보다 평균적으로 실력이 나았다.[40] 그러나 IQ와 연주 실력 사이의 상관관계는 학습 기간이 길어짐에 따라 감소했고, 대학의 악기 연주 전공자나 전문 연주자들 사이에서는 IQ와 연주 실력 사이에 상관관계가 전혀 없었다.[41]

구강 수술 전문성에 대한 어느 연구에서는[42] 치대 학생의 실력은 시공간 능력 검사 점수와 관련이 있는 것으로 나타났다. 시공간 능력 검사에서 높은 점수를 받은 학생이 턱 모형을 가지고 하는 모의 수술에서 성적이 좋았다. 그러나 치과 레지던트와 치과 의사들을 대상으로 실시한 동일한 검사에서는 그런 상관관계가 발견되지 않았다. 그러므로 시공간 능력이 수술 실력에 미치는 영향이 치대 학생들이 기술을 연습하는 동안 서서히 줄어들어서 레지던트가 되었을 무렵에는 '재능'(이 경우에는 시공간 능력) 차이가 눈에 띄는 영향을 미치지 못하게 된 것으로 해석할 수 있다.

제2장에서 살펴본 런던의 택시 운전사 지망생의 경우[43] 과정을 마치고 운전사 자격을 취득한 사람과 중도에 그만둔 사람 사이에 IQ 차이가 없었다. IQ가 런던에서 길 찾는 방법을 배우는 운전사들의 능력에는 영향을 미치지 못한 것이다.

과학자들의 평균 IQ는 일반 사람의 평균 IQ보다는 확실히 높지만, 과학자들 사이에서는 IQ와 과학적 성과 사이에 상관관계가 없다.[44] 실제로 노벨상을 수상한 과학자들 다수는 멘사Mensa 회원 자격에도 미치지 못하는 IQ를 가지고 있었다. 멘사 회원은 측정 IQ가 최소 132가 되어야 하는데, IQ 132이면 인구의 상위 2퍼센트에 드는 수치다. 20세기 최고의 물리학자 중 한 사람으로 꼽히는 리처드 파인만Richard Feynman의 IQ는 126이었다. DNA 이중나선 구조의 공동 발견자인 생물학자 제임스 왓슨James Watson의 IQ는 124였다. 트랜지스터 발명에 기여한 공로로 노벨 물리학상을 받은 윌리엄 쇼클리William Shockley의 IQ는 125였다.[45] IQ 검사로 측정한 능력이 과학 성적에는 분명 도움이 되고, 일반적으로 IQ가 높은 학생이 낮은 학생보다 과학 성적이 좋지만(이번에도 역시 학교에서의 학습 능력 측정이라는 비네의 IQ 검사 개발 목적과 일치하는 결과다), 직업적인 과학자가 된 사람들 사이에서는 높은 IQ가 이점으로 작용하지는 않은 것으로 보인다.

많은 연구자들이 여러 영역에서 훌륭하게 자기 일을 수행하려면 최소한의 필요 요건이 있다고 말한다. 예를 들어 적어도 일부 분야에서는 과학자로 성공하려면 IQ가 110에서 120 사이는[46] 되어야 하지만, IQ가 그보다 높다고 해서 추가적인 이득이 있지는 않다고 한다. 그러나 IQ 110이 과학자로서 임무를 실제로 수행하기 위해서 필요한지, 아니면 과학자가 되는 데까지만 필요한지는 확실하지 않다. 여러 과학 분야에서는 연구보조금을 받고 연구를 수행하려면 박사 학위가 필수이며, 박사 학위를 받으려면 높은 수준의 글쓰기 실력과 어휘 능력(이는 본질적으로 언어지능 검사에서 측정되는 자질이다.)을 갖춰야 하고, 대학원에서 4년에서 6년 정도 성공적인 학문적 성과를 내야 한다. 나아가 과학 박사 학위 과정은 수학적이고 논리적인 사고를 필요로 하는데, 이것 역시 지능 검사를 통해 측정되는 요소다. 대학생들이 학부를 졸업하고 대학원에 지원하면 대학원 입학자격 시험GRE 같은 시험을 치러야 하는데, 여기서도 이런 능력들을 측정하며 높은 점수를 받은 학생들만 과학 분야 대학원 과정에 들어갈 수가 있다. 따라서 이런 관점에서 보면 과학자들의 IQ가 보통 110에서 120 정도, 또는 그 이상이라는 것이 놀라운 일이 아니다. 그런 점수를 얻을 만한 능력이 없으면 애초에 과학자가 될 기회 자체를 잡지 못할 가능성이 높다.

　또한 스포츠나 그림 같은 일부 분야에는 최소한의 '재능' 요건이 필요해서 그에 미치지 못하는 사람은 해당 분야에서 고도의 기술을 익히기가 힘들거나 불가능하리라고 생각할 수도 있다. 그러나 스포츠에서 신장이나 체격처럼 아주 기본적인 신체적 조건 이외에 반드시 필요한 최소한의 재능 요건이 존재한다는 어떤 명확한 증거도 없다.

확실한 것은 그리고 중요한 것은, 자신이 선택한 분야에서 충분히 열심히 연습해서 특정 수준의 기량에 도달한 사람들을 보면, 유전적 요인이 누가 최고가 되느냐에 있어 결정적인 역할을 한다는 증거가 없다는 사실이다. 일단 최고의 자리에 도달하면 차이를 만드는 것은 선천적인 재능이 아니다. 적어도 특정 활동에서 다른 사람들보다 우수한 실력을 발휘하게 해주는 타고난 능력이라는 의미로 흔히들 오해하는 그런 '재능'은 아니다.

그렇기 때문에 특정 분야에서 누가 최고의 자리에 오를지 예측하기란 어렵다. 타고난 능력이 특정 영역에서 누가 최고가 되느냐를 결정하는 데 중요한 역할을 한다면, 초기 단계부터 미래의 챔피언을 찾아내기가 훨씬 수월할 것이다. 예를 들어 미식축구를 잘하는 재능을 타고난 사람이 최고의 미식축구 선수가 된다면, 선수들이 대학에 들어갔을 즈음에는 그런 재능이 분명하게 드러나야 한다. 대학에 들어갔을 즈음에는 보통 6년쯤은 미식축구를 했을 것이기 때문이다. 그러나 대학 미식축구 선수들의 장래성을 정확하게 평가하는 방법, 누가 최고가 되고 누가 실패할지를 파악할 확실한 방법을 찾아낸 사람은 없다. 2007년, 루이지애나 주립 대학교 쿼터백 자마커스 러셀JaMarcus Russell은 미국프로미식축구연맹NFL의 신인 드래프트 1순위로 꼽혔다. 그러나 그는 완전한 실패작으로 드러났고, 3년 뒤에 미식축구를 그만두었다. 대조적으로 톰 브래디Tom Brady는 2000년 드래프트 당시 6라운드에서 (다른 선수 198명이 지명된 뒤에야) 뽑혔지만, 역사에 남을 최고의 쿼터백 중 한 사람으로 성장했다.

테니스 선수를 다룬 2012년의 연구에서는[47] 주니어 테니스 선수(즉 프로 선수가 되려고 노력하면서 대회에 출전해 실력을 겨루는 어린 선수들)의 실력과 순위를 살펴보고, 그들이 프로로 전향한 뒤의 결과와 비교해보았다.

상관관계는 나타나지 않았다. 타고난 재능이 최고의 프로 테니스 선수를 결정하는 데 있어서 역할을 한다면, 주니어 시절에도 그 차이가 눈에 띄리라고 생각하는 것이 당연하다. 그런데 결과는 그렇지 않았다.

핵심은 지금까지 누구도 '타고난 재능'을 가진 사람을 식별할 방법을 밝혀내지 못했다는 것이다. 지금까지 누구도 이런저런 영역에서 우월한 실력이 예상되는 유전자 변형체를 찾아내지 못했다. 그리고 누구도 어린 아이들을 검사하여 누가 최고의 운동선수, 최고의 수학자, 최고의 의사, 최고의 연주자가 될지를 식별할 방법을 생각해내지 못했다.

이유는 간단하다. (특정 기술을 배우기 시작하는 초기 단계를 넘어) 장기적으로 어떤 사람의 실력에 영향을 미치는 유전적인 차이가 정말로 존재한다 해도, 그것이 '음악 유전자'나 '체스 유전자', '수학 유전자'처럼 기술에 직접적으로 영향을 미치는 그런 것이 아닐 가능성이 높다. 나는 그런 유전적 차이가 만약 존재한다면, 그것은 기술을 개발하는 데 필요한 연습과 노력을 통해서 발현될 가능성이 농후하다고 생각한다. 예를 들면 어떤 아이들은 그림을 그리는 데서 또는 악기를 연주하는 데서 다른 아이들보다 즐거움을 느끼게 하는 그런 유전자를 가지고 태어날 수도 있을 것이다. 그런 유전자를 가진 아이는 그렇지 않은 아이에 비해 그림을 그리거나 악기를 연주하는 시간이 많아질 가능성이 높다. 이런 아이에게 미술 수업이나 음악 수업을 받게 하면 그렇지 않은 아이에 비해 오랫동안 열심히 연습할 가능성이 높다. 거기서 즐거움을 얻기 때문이다. 해당 활동이 즐겁다 보니 어디를 가나 스케치북이나 기타를 가지고 다닐 수도 있다. 그렇게 시간이 흐르다 보면 아이는 다른 아이들보다 그림을 잘 그리거나 기타를 잘 연주하게 된다. 아이들이 음악 능력이나 미술 능력 개발에 유리한 특정 유전자를 가지고 있다는 의미에서 선천적으로 재능이 많아서가 아니라, 무언가(아마도 유전적인 무언가)가 연습을 많이 하도록 부추겨서 결과적으로 해당 기술을 또래 친구들보다 높은 수준으로 발전시키게 되는 것이다.

아주 어린아이들의 어휘 실력 향상에 관한 연구를 보면, 아이의 기질과 부모에게 관심을 쏟는 능력 같은 요인들이 아이가 발전시키는 어휘의 크기에 영향을 미친다고 한다. 대부분 어린아이의 어휘 능력은 부모나 그밖의 아이를 돌보는 보호자와의 상호작용을 통해 발달된다. 연구들을 보면 사회적 상호작용을[48] 독려하는 기질을 가진 아이들이 결국 뛰어난 언어 능력을 개발한다. 마찬가지로 부모가 책을 읽어주거나 책에 나온 그림을 가리킬 때 부모에게 더욱 관심을 기울이는 9개월 아이가[49] 다섯 살 무렵이 되면 주의를 덜 기울였던 아이보다 훨씬 풍부한 어휘를 구사하는 아이로 성장했다.

유전에 근거한 이런 종류의 차이야 이외에도 얼마든지 생각해볼 수 있다. 예를 들어 어떤 사람은 선천적으로 다른 사람보다 강도 높게 장시간 집중하는 능력을 가지고 태어났을 수 있다. '의식적인 연습'은 이런 식의 집중 능력에 달려 있기 때문에, 이런 사람은 선천적으로 다른 사람보다 효과적으로 연습할 수 있고, 따라서 연습에서 더욱 많은 이득을 볼 수 있다. 심지어 뇌가 도전에 반응하는 방법 면에서 차이가 있다고 생각해볼 수도 있을 것이다. 말하자면 뇌의 반응 특성상, 어떤 사람은 연습을 통해 다른 사람에 비해 효과적으로 새로운 뇌 구조와 정신 능력을 만들어낼 수 있고, 그것이 결과적으로 수행능력의 차이로 이어질 수도 있다.

이런 주장의 많은 부분이 현재까지는 추측에 머물고 있다. 그러나 특정 영역에서 개인의 궁극적인 성취를 결정하는 가장 중요한 요인이 연습이라는 것에는 의심의 여지가 없다. 따라서 만약 유전자가 어떤 역할을 한다면, 사람이 얼마나 '의식적인 연습'에 매진하게 될지, 또는 그런 연습이 얼마나 효과적으로 이루어질지 등에 영향을 미치는 방식으로 발현되리라고 생각하는 것이 이치에 맞는다. 유전자의 역할을 이렇게 보면 유전적 차이를 보는 시각도 완전히 달라진다.

천재를 이길 수 없다는 믿음의 어두운 면

이번 장에서 나는 전문가의 발전에서 연습과 타고난 재능이 하는 역할에 대해서 논의했다. '타고난 특질'이 새로운 기술이나 능력을 배우기 시작한 초기 단계에는 수행능력에 영향을 미칠지 모르지만, 장기적으로는 '훈련 정도와 효율성'이 누가 잘하고 누가 못할지를 결정하는 핵심 요인이라고 주장했다. 이런 결과가 나오는 궁극적인 이유는, 도전에 직면하여 발휘되는 우리 몸과 뇌의 선천적인 적응 능력이 초기에 일부에게 이점으로 작용했을지 모르는 어떤 유전적인 차이보다 훨씬 크기 때문이다. 그러므로 나는 사람들 사이의 유전적인 차이를 살펴보는 것보다 특정 유형의 연습이 능력 향상에 효과적인 이유와 구체적인 방법을 이해하는 것이 훨씬 중요하다고 생각한다.

그러나 태생적 차이보다 연습의 역할을 강조해야 하는 훨씬 긴급하고 중요한 이유는 따로 있다. 바로 '자기 충족적 예언'self-fulfilling prophecy의 위험 때문이다.

어떤 사람이 재능을 특정 분야에서 개인의 성취 정도에 영향을 주는 주된 요인, 심지어 결정적인 요인이라고 생각하면, 이는 생각으로 끝나지 않는다. 이런 생각이 그를 특정 결정과 행동으로 이끌게 된다. 만약 여러분이 천부적 재능이 있는 사람이 아니면 어떤 분야를 잘할 수 없다고 생각한다고 해보자. 그러면 해당 분야를 시작하자마자 뛰어난 능력을 보이지 않는 아이에게는 일찌감치 접고 다른 것을 찾아보라고 권하게 된다. 움직임이 굼뜨면 운동은 생각하지 말라고 하고, 음정이며 박자를 곧장 맞추지 못하는 아이에게는 음악 말고 다른 것을 생각해보라고 할 것이다. 숫자에 즉시 적응하지 못하는 아이를 보면 수학에 재능이 없다고 말할 것이다. 그리고 당연히 이런 예언이 실현된다. 운동은 생각도 하지 말라는 말을 들었던 여자아이는 테니스공을 치는 것도 축구공을 차는 것도 절대로 잘하지 못한다. 음치라는 말을 들었던 남자아이는 결코 악기를 연주하는 법을 배우지 못하고 노래도 잘하지 못한다. 수학에 재능이 없다는 말을 들었던 아이는 스스로 그렇게 믿으면서 자란다. 그리하여 그런 예언이 스스로 충족된다. 바로 이것이 '자기 충족적 예언'이다.

반대의 경우도 마찬가지다. 교사나 코치의 관심과 칭찬, 부모의 지지와 격려를 많이 받은 아이는 시도조차 하지 말라는 말을 들은 아이보다 훨씬 높은 수준에 도달하게 된다. 그리하여 모든 사람에게 그가 한 최초의 판단이 옳았음을 확인시켜준다. 이것 역시 스스로 충족된다.

말콤 글래드웰은 저서 《아웃라이어》에서 한 가지 이야기를 들려준다.[50] 사실 그전에도 많은 사람이 했던 이야기지만 글래드웰의 버전이 가장 내 관심을 끌었다. 캐나다의 프로 하키 선수 가운데 10월에서 12월생보다 1월에서 3월생이 유독 많은 이유에 대한 이야기다. 운이 좋아 1월에서 3월에 태어나는 아이는 하키에 유리한 재능을 부여받는 신비로운 어떤 현상이라도 있는 것일까? 그렇지 않다. 사실 캐나다에는 어린이 하키 팀에서 뛰려면 일종의 연령 제한이 있다. 전년도 12월 31일을 기준으로 특정 연령에 도달해야 하는 것이다. 따라서 동기생 중 연초 3개월 동안 태어난 아이들은 태어난 월까지 따지면 가장 나이가 많은 아이들이다. 아이들이 하키를 시작하는 네다섯 살 무렵에는 비록 몇 달 차이라도 나이가 많은 아이가 적은 아이에 비해서 가지는 이점이 두드러진다. 많게는 1년 가까운 연령상의 이점을 가진 아이들은 그보다 어린아이에 비해서 신장도 크고, 체격도 좋고, 근육의 협응력도 좋고, 정신적으로도 성숙하다. 또한 한두 시즌을 더 보내며 하키 기술을 익혔기 때문에 같은 연령 집단에서 잘할 가능성이 높다. 그러나 아이들이 성장하면서 나이로 인한 신체적 차이는 점점 줄어들며, 성인이 되었을 무렵에는 거의 사라진다. 그러므로 연령과 관련된 이점은 유년 시절, 신체적인 차이가 여전히 존재하는 때에 뿌리를 두고 있음이 분명하다.

당연한 이야기지만 이런 연령 효과는 코치에게서 시작된다. 코치들은 가장 어린 나이에 시작한 가장 재능 있는 선수들을 찾는다. 코치들은 어린 하키 선수들의 정확한 연령 차이까지는 구별하지 못한다. 코치들은 당장 누가 제일 잘하는지, 그것으로 미루어 생각할 때 누가 가장 재능이 있어 보이는지만 본다. 많은 코치가 당장 잘하는 '재능 있는' 선수를 다른 선수보다 많이 칭찬하고, 많이 가르쳐주고, 경기에서 뛸 기회도 많이 주는 경향이 있다. 그렇게 하다 보면 코치뿐만 아니라 다른 동기 선수들도 이들이 더 재능이 많다고 간주하게 된다. 나아가 이런 선수가 자발적인 연습량도 많을 가능성이 높아진다. 높은 수준, 심지어 프로 선수로까지 뛸 수 있는 장래성이 있다는 말을 들었으므로 연습에 열심일 수밖에 없다. 이런 모든 것이 합쳐진 결과는 무척 인상적이다. 더구나 이런 현상은 하키에서만이 아니다. 어느 연구에 따르면 13세 축구 선수 가운데 최고 수준으로 지명된 선수의 90퍼센트 이상이 연중 상반기에 태어난 아이들이었다.

하키 선수들 사이에 나이로 인한 이런 차이는 선수들이 메이저리그에 진출하고 나면 다소 줄어드는 것으로 보인다.[51] 아마도 불리한 상황에서 버티고 기다린 어린 선수들이 더욱 열심히 연습하는 법을 배워서 6개월 정도 나이가 많은 아이들보다 뛰어난 실력을 갖추게 되었기 때문이리라. 그러나 캐나다에서 하키를 하려는 소년이라면 누구에게든 1월에서 3월에 태어나는 것이 이점으로 작용한다는 사실에는 의심의 여지가 없다.

같은 일이 체스에도 일어났다고 가정해보자. 일단의 사람들이 체스 심화 교육 프로그램에 합류할 초보 체스 기사를 '타고난 재능'이라고 생각되는 것에 따라서 선발했다고 가정해보자. 그들은 일단의 어린이에게 체스를 가르치고, 3개월이나 6개월이 흐른 뒤에 누가 제일 잘하는지 보았다. 결과는 이제 우리도 충분히 예측이 가능하다. 평균적으로 IQ가 높은 아이들이 말의 움직임 등을 배우는 초기 단계에 체스를 수월하게 익히는 경향이 있고, 심화 교육 대상자로 선발될 것이다. 나머지는 교육 기회를 제공받지 못할 것이다. 이로 인한 최종 결과는 평균 IQ보다 훨씬 높은 IQ를 지닌 체스 기사들의 모임이 될 것이다. 그러나 이미 말한 것처럼 현실에서는 IQ 검사 결과가 특별히 좋지 않은 그랜드마스터들이 많다. 이상의 시나리오가 사실이었다면, 지금 우리는 위대한 체스 기사 중 많은 사람들을 보지 못했을 것이다.

체스 교육이 아니라 대다수 학교에서의 수학 교육에 대해 이야기해보면 어떨까? 지금까지 이야기한 체스 학습에서 진행된 연구와 비슷한 연구가 수학 분야에서는 진행되지 않았지만, 일단 수학도 상황이 비슷하다고 가정해보자. 즉 높은 공간 지능을 가진 아이들이 다른 아이들보다 기초 수학을 빨리 배운다고 말이다. 최근 연구 결과에 따르면, 학교에 들어가기 전에 보드게임을 해본 경험이 있는 아이들이 일단 학교에서는 수학을 더 잘하는 경향이 있다.[52] 판에 순서대로 표시된 숫자를 기준으로 칸을 세어 말을 움직이며 수를 익히게 되기 때문이다. 이외에도 취학 전 경험을 통해 나중에 아이들의 수학 실력 향상에 영향을 미칠 다양한 요인들이 있을 것이다. 그러나 대부분의 교사는 이런 가능성을 생각하지 않고, 일부 아이들이 다른 아이들보다 수학 수업 내용을 빨리 '알아들으면', 이 아이들은 수학에 재능이 있고 다른 아이들은 아닌 것으로 간주해버린다. 그러면 '재능 있는' 아이들은 그렇지 않은 아이들보다 격려도 많이 받고, 연습도 많이 하는 식의 패턴이 학년 내내 지속된다. 그렇게 1년쯤 지나면 너무나 당연하게도 '재능 있는' 아이들은 다른 아이들보다 훨씬 수학을 잘하게 되고, 이로 인한 이점은 학창 시절 내내 계속 커진다. 대학에는 공학이나 물리학처럼 수학 과정이 필수인 전공과 직업이 많은데, 수학에 재능이 없다는 판정을 받은 학생들은 이런 전공이며 직업이 모두 자신에게는 불가능한 꿈이라고 느낀다. 그러므로 만약 수학도 체스 시나리오처럼 진행된다면, 우리는 결국 아주 초기 단계에 '수학을 못한다'는 꼬리표만 붙이지 않았더라면 이들 다양한 분야에서 성공을 거뒀을지도 모르는 학생들 전체를 통째로 놓치게 된다.

이는 타고난 재능에 대한 믿음의 어두운 단면이다. 재능을 믿게 되면,

일부는 어떤 분야에 재능이 있고 다른 사람은 그렇지 않으며, 초기에 이런 차이를 구별할 수 있다고 생각하게 된다. 이런 믿음 때문에 '재능 있는' 아이들을 독려하고 지원하는 한편으로, 나머지는 해당 분야에 대한 마음을 접게 만든다. 이는 다시 '재능 있는' 아이는 정말로 잘하고, 나머지는 그렇지 못한 자기 충족적 예언으로 이어진다. 시간, 돈, 교육, 격려, 지원 같은 노력을 최대 효과를 볼 수 있는 곳에 투자하려 하고, 아이가 실망하지 않게 보호하려는 것이 인간의 본성이다. 이런 심리에는 어떤 악의도 없지만 그 결과는 엄청나게 치명적일 수 있다. 이런 상황을 피할 가장 좋은 방법은 우리 모두의 안에 있는 잠재력을 인정하는 것이다. 그리고 이를 개발할 방법을 찾으려고 노력하는 것이다.

제9장

'호모 엑세르켄스'를 향해

_어떤 '1만 시간'을 선택할 것인가

일종의 맛보기라고 불러도 좋다. 전통적인 대학 1학년 물리학 수업을 신청한 학생들이 일주일 동안 미래의 물리학 학습이 어떤 모습일지를 일별하는 경험을 했다. 두 학기로 이루어진 과정의 말미에 가르치는, 전자기파를 다룬 짧은 내용에 불과했지만 결과는 거의 경이로운 수준이었다. '의식적인 연습' 원칙에서 영감을 받은 교수법으로 해당 내용을 배운 학생들은 전통적인 접근법으로 배운 학생들보다 학업 성취도가 2배 이상 높았다. 어떤 면에서 이것은 지금까지 교육적 개입으로 얻은 가장 큰 효과였다.

　이런 맛보기는 브리티시 컬럼비아 대학교의 세 연구진[1] 루이 델로리에Louis Deslauriers, 엘렌 슈루Ellen Schelew, 칼 와이먼Carl Wieman 덕분에 가능했다. 2001년 노벨 물리학상을 수상한 칼 와이먼은 대학 학부생 과학 교육 개선을 제2의 인생 목표로 삼아 왕성하게 활동하고 있다. 그는 노벨상 상금 일부를 써서 2002년 콜로라도 대학교에서 '물리 교육공학 프로젝트'를 만들었고, 나중에 브리티시 컬럼비아 대학교에 '칼 와이먼 과학 교육 계획'을 수립했다. 와이먼이 이런 모든 활동을 하도록 이끈 것은 전통적인 50분짜리 강의실 강의보다 나은 과학 교육 방법이 있다는 확신이었다. 그리고 바로 이것을 동료 두 사람과 함께 전통 교육의 보루라 할 수 있는 1학년 물리학 수업에서 증명하기로 마음먹었던 것이다.

브리티시 컬럼비아 대학교의 해당 수업에는 세 반에 850명의 학생이 있었다. 이는 1학년 공학부 학생을 대상으로 미적분학을 이용하여 물리학 개념을 가르치는 본격적인 물리학 강의였다. 수업에서 학생들은 복잡한 수학 개념이 들어가는 물리학 문제를 푸는 법을 배워야 했다. 교수들은 강의 능력 면에서 좋은 평가를 받고 있었다. 해당 과목을 오랫동안 가르친 경험이 있었고, 학생들의 교수 평가에서도 좋은 점수를 얻었다. 교수 방법은 비교적 일반적이었다. 대형 강의실에서 일주일에 3회 50분짜리 파워포인트 강의를 하고, 매주 과제를 내주고, 학생들이 조교의 지도 하에 문제를 푸는 문제풀이 시간으로 구성되어 있었다.

와이먼과 동료 교수들은 세 반 중 두 반을 택해서 실험 무대로 삼았다. 각 반의 학생 수는 대략 270명 정도 되었다. 전자기파를 다루는 2학기 12주째 수업에서 한 반은 평소와 다름없는 수업을 받은 반면, 다른 반은 전혀 다른 방식으로 진행되는 수업을 받았다. 두 반 학생들은 실력이 거의 비슷해 보였다. 그때까지 두 번의 중간고사에서 받은 평균 점수는 양쪽 반이 동일했다. 11주째에 치른 물리학 이론 시험에서도 두 반 학생의 평균 점수가 같았다. 10주째와 11주째의 강의 출석률도 동일했다. 10주와 11주 수업에서 평가한 학생들의 참여도도 양쪽 반이 동일했다. 요컨대 실험 시점까지 두 반은 수업 태도와 물리학 학습 능력 등이 사실상 똑같았다. 이런 동일성에 변화가 오기 직전이었다.

12주째에 한쪽 반의 강사는 평소대로 수업을 계속한 반면, 다른 반의 강사는 와이먼의 두 동료 델로리에와 슈루로 교체되었다. 델로리에가 중심 강사를 맡았고, 슈루가 조교 역할을 했다. 두 사람 모두 이전에는 강의를 맡아본 경험이 없었다. 델로리에는 박사후연구원이었는데, 칼 와이먼 과학 교육 계획에 참여했던 무렵 효과적인 교수법, 특히 물리학 교수법 훈련을 약간 받았다. 슈루는 물리학과 대학원생으로, 물리학 교육에 관한 세미나에 한 번 참석한 것이 전부였다. 둘 다 조교로 일한 경험은 있었다. 그러나 종합해보면 둘은 실험이 있던 주에 다른 반에서 계속 수업을 진행하던 강사에 비하면 강의 경험이 부족해도 한참 부족했다.

델로리에와 슈루가 가지고 있었던 것은 경험이 아니라 와이먼과 동료들이 '의식적인 연습' 원칙을 적용하여 개발한 새로운 물리학 교수법이었다. 일주일 동안 두 사람은 자신들이 맡은 학생들이 전통적인 강의에서와는 많이 다른 패턴을 따르도록 했다. 수업 전에 물리학 교재에서 그날 공부할 부분(보통 서너 쪽 분량)을 읽고, 온라인에서 그와 관련된 간단한 OX 문제를 풀고 수업에 참석하도록 했다. 수업에 들어오기 전에 그날 배울 개념에 익숙해지게 하자는 취지였다. (공평을 기하기 위해서 이 일주일 동안 전통적인 수업을 받는 반 학생들에게도 수업 전 교재 읽기를 시켰다. 이것이 실험 기간 중에 전통적인 수업 그룹에 가해진 유일한 변화였다.)

'의식적인 연습' 반의 목표는 학생들에게 정보를 주입하는 것이 아니라 물리학자처럼 생각하는 법을 연습시키는 것이었다.[2] 이를 위해 델로

리에는 먼저 학생들을 소그룹으로 나누고, '클리커 문제'clicker question라는
것을 냈다. 학생들이 '클리커'라고 하는 일종의 리모컨 버튼을 눌러 답을
하면 답이 강사에게 자동으로 전달되는 시스템이었다. 문제들은 물리학
을 배우는 1학년 학생에게 일반적으로 어렵게 느껴지는 개념들을 생각해
보라는 취지로 선정된 것들이었다. 학생들이 소그룹 내에서 각각의 문제
에 대해 토론하고, 답을 보내면, 델로리에는 결과를 보여주고, 그에 대해
서 이야기를 한다. 물론 학생들의 질문에 대한 답변도 해준다. 이런 토론
은 학생들이 여러 개념에 대해 생각하고, 개념들 사이의 관련성을 끌어내
도록 유도했고, 결과적으로 때로는 특정 '클리커 문제'를 넘어선 사고를
하게 했다. 델로리에는 수업 도중 5~6개의 클리커 문제를 던졌고, 가끔
은 학생들이 좀 더 고민해봤으면 하는 생각들을 제기한 다음에 같은 문제
를 다시 생각해보라고 시키기도 했다. 학생들이 특정 개념을 이해하는 데
어려움을 겪는 것 같으면 소강의를 제공하기도 했다. 매번 수업에는 '능
동 학습 과제'active learning task라는 것도 포함되었다. 소그룹 학생들이 어떤
문제에 대해 생각해보고 개별적으로 답을 써서 제출하는 것이었다. 그런
뒤에 델로리에가 다시 학생들의 질문에 답을 하고 잘못된 개념을 바로잡
아주었다. 수업 도중 슈루는 그룹들 사이를 돌아다니면서 질문에 답하고,
토론 내용을 경청하고, 문제가 있는 부분을 찾아냈다.

이런 수업에서 학생들은 전통적인 수업에서 공부하는 것보다 훨씬 적
극적인 참여자가 되었다. 이는 연구진이 사용했던 참여도 측정으로도 증
명되었다. 10주째와 11주째에는 두 반 사이에 참여도 차이가 없었지만,
12주째에는 델로리에 반 학생들의 참여도가 전통적인 수업을 받는 반에
비해서 거의 2배였다. 이는 참여도만이 아니었다. 델로리에 반의 학생들

은 다양한 개념에 대한 자신들의 이해에 대해서 즉각적인 피드백을 받았다. 강사의 피드백뿐만 아니라 동료 학생들과의 소그룹 토의 역시 일종의 피드백 역할을 하여 개념 이해에 혼란이 있을 경우 정리할 수 있도록 돕고 있었다. 클리커 문제와 능동 학습 과제 모두 학생들이 물리학자처럼 생각하도록 하는 데 중점을 두고 만들어졌다. 먼저 질문을 제대로 이해하고, 어떤 개념이 적용되는지를 파악하고, 해당 개념에서 답을 추론해내는 것이다. (전통적인 수업을 이끄는 강사도 자신의 수업 전에 델로리에의 수업을 참관하고, 클리커 문제 대부분을 자신의 수업에서도 활용하기로 했다. 그러나 토론을 이끌어내는 용도로 활용하지 않고 얼마나 많은 학생이 정답을 맞혔는지 결과만 보여주었다.)

12주가 지나고 양쪽 반의 학생들은 수업 내용을 얼마나 잘 이해했는지 알아보는 선다형選多型 '클리커 시험'clicker test을 보았다. 시험은 델로리에와 전통적인 수업을 진행한 강사가 함께 의논하여 준비했다. 또한 두 반은 물론 실험에 참가하지 않은 나머지 반의 강사도 해당 주의 학습 목표를 측정하기에 좋은 척도라고 동의했다. 문제들은 아주 일반적인 수준으로, 대부분이 다른 대학교의 물리학 수업 시간에 활용된 클리커 문제들이었다. 이따금 살짝 변형된 것도 있었다.

전통적인 수업을 받은 반 학생들의 평균 정답률은 41퍼센트였고, 델로리에 반 학생들의 평균은 74퍼센트였다. 이것만 보아도 분명 큰 차이다. 그러나 정답을 모르고 소위 '찍는' 무작위 추측이 23퍼센트를 차지했기 때문에, 이를 포함해 계산을 해보면 전통적인 수업을 받은 학생들은 평균적으로 24퍼센트의 질문에 대해서만 정답을 알고 있었던 셈이 된다. '의식적인 연습' 방법을 적용하여 설계된 수업을 받은 반의 평균이 대략

66퍼센트인 것과 비교하면 이는 엄청난 차이다. 이 반의 정답률이 다른 반의 2.5배나 되는 셈이다.

와이먼과 동료들은 이런 차이를 '효과크기'effect size라고 알려진 통계학 용어를 사용하여 표현했다. 이런 관점에서 보면 두 반의 수행능력 차이는 표준편차가 2.5이다. 비교하자면[3] 과학과 공학 수업에서 다른 새로운 교수법들은 보통 효과크기가 1.0 이하이고, 이전까지 관찰된 최대 효과크기는 2.0이었다. 이는 전문 교육을 받은 개인 교사를 활용했을 때 얻은 수치였다. 그런데 와이먼은 한 번도 학생들을 가르쳐본 적이 없는 대학원생과 박사후연구원을 통해 2.5라는 수치를 얻었다.

'의식적인 연습'이 보장하는 미래

와이먼의 성과는 그야말로 흥분되는 이야기가 아닐 수 없다. 이는 '의식적인 연습'에서 얻은 통찰을 반영하는 방향으로 전통적인 교수법을 변경함으로써 다양한 분야에서 교육 효과를 '극적으로' 향상시킬 수 있다는 의미다. 그렇다면 어디서 시작해야 할까?

우선은 세계적인 수준의 운동선수, 연주자를 비롯한 여러 전문가의 수행능력 향상을 위해 이를 활용하는 방법을 생각해볼 수 있다. '의식적인 연습'에 관한 이해와 관련된 내 작업이 이들 분야 종사자와 코치들에게 유용하다는 것이 증명되기를 나는 항상 바라왔다. 무엇보다 이들은 수행능력을 향상시킬 방법을 찾는 데 누구보다 관심이 많은 사람들일뿐 아니라, 내가 연구 과정에서 가장 많은 정보를 얻고 배운 대상들이기도 하다. 실제로 나는 이들 전문가와 전문가 지망생들이 훈련을 보다 효과적으로 만들기 위해 할 수 있는 일이 많다고 생각한다.

예를 들어 직업 운동선수나 코치들과 이야기를 나누다 보면 깜짝 놀라게 되는 사실이 하나 있다. 정말 많은 이들이 구체적으로 수행능력의 어떤 측면을 향상시키고 싶은지를 파악하고 그에 맞는 훈련 방법을 개발하려고 노력해본 적이 없다는 사실이다. 실제로 운동선수, 특히 단체 운동선수가 하는 훈련의 많은 부분이 개인이 어디에 중점을 두어야 하는지를 파악하지 않고 집단으로만 진행된다.

게다가 이들 중에서 성공한 운동선수들이 활용하는 심적 표상에 대해 공부를 해본 사람은 거의 없었다. 심적 표상을 개발하고 수정하는 이상적인 접근 방법은 선수가 운동을 하는 동안 자기 생각을 소리 내어 말하게 하는 것이다. 그렇게 하면 연구자와 코치, 심지어 선수 자신도 이를 분석하여 게임 상황에서 심상을 발전시킬 훈련 방법을 생각해낼 수 있다. 제3장에서 이야기한 것과 같은 방식으로 말이다. 물론 혼자서 효과적인 표상을 개발하는 일부 엘리트 운동선수가 있기는 하지만, 이들 최정상급 운동선수 대다수는 자신들의 표상이 실력이 못한 선수들의 표상과는 다르다는 사실을 인지조차 못 한다. 반대로 생각해도 마찬가지다. 실력이 그만 못한 다른 선수들 역시 자신의 심적 표상이 최정상급 선수들의 그것에 미치지 못한다는 사실을 알지 못한다.

예를 들자면 지난 몇 년 동안 나는 미 프로미식축구연맹의 필라델피아 이글스 팀의 수석 코치 칩 켈리Chip Kelly를 비롯하여 여러 운동 분야의 코치들과 이야기를 나눴다. 코치들은 전반적으로 '의식적인 연습'을 통해 어떻게 선수들의 실력을 향상시킬 수 있는지에 지대한 관심을 보였다.

2014년 봄에는 이글스 코치진 전체와 만난 자리에서 심적 표상에 관한 이야기를 했다. 훌륭한 선수는 누구나 훈련이나 경기 도중 상대 팀과 선수들의 움직임까지 포착해서 끝난 뒤에 상세히 말할 수 있다는 구체적인 예를 들어가면서 말이다. 그러나 나중에 알고 보니 효과적인 심적 표상의 중요성을 인식했던 코치들조차도 엘리트 선수가 아닌 일반 선수들의 표상 개발을 돕는 작업은 거의 하지 않았다. 오히려 이미 효과적인 심적 표상을 발전시킨 선수들을 택해서 이들이 각자의 표상을 한층 더 발전시키도록 훈련시키는 쪽을 편하게 생각했다.

2011년, 영국에서 맨체스터 시티 축구 클럽을 방문했을 때도 나는 비슷한 주제를 이야기했다. 맨체스터 시티 축구 클럽이 흔히 FA컵이라고 불리는 잉글랜드축구협회 챌린지컵에서 우승하기 전이었다. 그곳 코치들은 심적 표상 훈련법에 대한 이야기를 적극적으로 받아들였다. 그들은 어린 선수들에게 심적 표상을 훈련시켰고, 그중 몇은 결국에는 성인팀의 정규 경기에서 뛸 수 있게 되었다.

나는 또한 수영 코치이자 국제수영코치협회 회장이기도 한 로드 하브릴룩Rod Havriluk[4]과도 작업을 하면서 수영 교육 향상을 위해 '의식적인 연습'에서 얻은 통찰을 활용하도록 돕고 있다. 작업 도중 로드와 나는 중하위권 선수들을 대상으로 하는 개인별 맞춤 지도(즉 '의식적인 연습')가 거의 없음을 깨달았다.

이처럼 전문가, 특히 운동선수의 실력을 향상시키기 위해 '의식적인 연습' 원칙을 활용하는 사례가 매우 드물다는 사실을 생각하면, 개인별 맞춤 지도와 선수들의 심적 표상 개발에 집중함으로써 기대할 수 있는 수행능력 향상 가능성은 엄청나다고 보아야 한다. 그러므로 나는 코치, 트레이너, 운동선수들과 함께 일하면서 이들이 '의식적인 연습'을 더욱 효과적으로 활용하게끔 돕는 작업을 계속할 것이다.

그러나 '의식적인 연습'에서 얻을 잠재적 이득이 가장 큰 부분은 따로 있다는 것이 내 생각이다. 프로 운동선수, 세계적인 악기 연주자, 체스 그랜드마스터 같은 고도로 전문화되고 경쟁이 치열한 분야의 정상급 실력자는 전체 인구의 극히 적은 부분을 차지할 뿐이다. 따라서 눈에 띄고 흥미로운 분야이기는 하지만, 이들 분야에서 소수가 어느 정도 성과를 본다고 해도 나머지 세계에 미치는 영향은 상대적으로 크지 않다. '의식적인 연습'을 적용했을 경우 수적으로 훨씬 많은 사람이 도움을 받을 수 있는 데다, 기존 훈련 방법이 이 연습법에서 강조되는 이상적인 방법과 워낙 동떨어져 있어서 훨씬 큰 효과를 볼 수 있는 다른 영역들이 있다.

그런 대표적인 분야가 바로 교육이다. 우선 교육은 모든 사람에게 영향을 미치며, '의식적인 연습'을 통해 사람들이 배우는 방식에 혁명에 가까운 변화를 일으킬 방법 또한 다양하다.

첫째는 교수법과 관련된 것이다. 어떻게 해야 학생들이 가장 잘 배우는가? '의식적인 연습'은 이에 대해 해줄 이야기가 한 보따리다.

'의식적인 연습' 원칙을 어떻게 활용하여 학생들이 전통적인 수업에서 보다 빠르고 정확하게 배우도록 도와줄 수 있는지를 알아보자. 앞서 말한 브리티시 컬럼비아 대학교의 물리학 수업을 좀 더 자세히 살펴보자. 수업 계획을 짜는 과정에서 와이먼과 동료들이 가장 먼저 한 일은[5] 전통적인 수업을 진행하는 강사들을 만나 이야기를 나누면서 해당 수업을 마치고 나면 학생들이 무엇을 할 수 있어야 하는지를 파악한 것이다.

제5장에서 설명한 것처럼 '의식적인 연습'에서 학습에 접근하는 방법

과 전통적인 접근법 사이의 핵심 차이는 강조점을 '기술'에 두느냐, '지식'에 두느냐이다. 달리 말하면 '무엇을 할 수 있느냐'에 중점을 두느냐, '무엇을 아느냐'에 중점을 두느냐가 된다. '의식적인 연습'은 기술을 무엇보다 중시한다. 그러므로 필요한 지식을 활용하여 기술을 개발하는 것이 목적이지, 지식은 결코 그 자체로 목적이 될 수 없다. 그럼에도 불구하고 '의식적인 연습'을 통해 학생들은 결과적으로 많은 지식을 쌓게 된다.

학생들에게 사실, 개념, 규칙 등을 가르치면 각각이 조각조각 분리되어 장기기억에 보관된다. 그리고 학생이 이것들을 이용해서 문제를 풀고, 질문에 대한 답을 추론해내고, 정리하고 분석하여 어떤 이론이나 가설을 만들어내는 등 무언가를 하려고 하면, 집중력과 단기기억의 한계가 자꾸 발목을 붙잡는다. 이것들을 활용하여 어떤 해답을 찾으려 하는 동안, 학생들은 별개의 다양한 모든 정보를 생각해내야 한다. 그러나 만약 이런 정보들이 어떤 일을 수행하는 것을 목표로 하는, 심적 표상의 일부로 흡수되어 있다면, 개별 조각들이 전체 정보에 맥락과 의미를 제공하는 연결된 패턴의 일부가 되며, 가지고 작업하기가 한결 수월해진다. 제3장에서 살펴본 것처럼 어떤 것에 대해서 생각한다고 해서 심적 표상이 만들어지는 것이 아니다. 심적 표상은 직접 해보고, 실패하고, 계획을 변경하고, 다시 시도하는 과정을 반복하면서 만들어진다. 그런 과정이 끝나고 나면 목표했던 기술의 효과적인 심적 표상을 갖게 되는 것은 물론이고, 기술과 관련된 다량의 정보 역시 흡수하게 된다.

그러므로 수업 계획을 짜는 경우 학생이 '무엇을 알아야 하는가?'보다 '무엇을 할 수 있어야 하는가?'를 파악하는 것이 훨씬 효과적이다. 그러면 지식 습득은 자연히 따라오게 마련이다.

와이먼과 동료들은 학생들이 무엇을 할 수 있어야 하는지를 파악하여 목록을 작성한 다음, 이를 다시 구체적인 학습 목표로 바꾸었다. 이것 역시 '의식적인 연습'의 전형적인 접근법이다. 기술을 가르칠 때, 학습 내용을 학생들이 한 번에 하나씩 숙달할 수 있는 작은 단계들로 나누고, 순서에 따라 하나하나 해가면서 궁극적인 목표에 이르게 하는 것이다. 이는 전통적인 교육 방식에서 활용하는 단계적 접근법과 아주 흡사해 보인다. 하지만 '의식적인 연습'에서는 각각의 단계에서 필요한 심적 표상을 이해하고, 학생이 다음 단계로 넘어가기 전에 적절한 표상을 개발하도록 하는 데 중점을 둔다는 점에서 결정적으로 다르다. 제8장에서 설명한 점프수학 프로그램이 성공을 거둔 핵심 요인 역시 이것이 아닌가 싶다.[6] 점프수학 프로그램에서는 특정 수학 기술을 발전시키는 데 필요한 표상이 무엇인지를 세심하게 규정하고, 학생들이 그런 표상을 개발할 수 있도록 가르쳤다.

　　거의 모든 교육 영역에서 가장 유용한 학습 목표는 학생들이 효과적인 심적 표상을 개발하도록 돕는 것이다. 물리학을 예로 들면, 학생들에게 특정 방정식을 푸는 방법을 가르치고, 어떤 상황에서 어떤 방정식을 적용할지 판단하는 방법을 가르치는 일이야 항상 가능하다. 그러나 물리학자가 알아야 하는 가장 중요한 부분은 그것이 아니다. 물리학 전문가와 물리학과 학생들을 비교한 연구를 보면[7] 학생들은 때로 양적인 문제, 즉 적절한 방정식을 활용하면 해결되는 숫자와 관련된 문제를 푸는 데는 전문가와 거의 같은 수준의 실력을 보이지만, 질적인 문제, 즉 숫자가 아니라 어떤 개념과 관련된 문제, 예를 들어 "여름에는 덥고 겨울에는 추운 이유는?" 같은 문제를 푸는 데는 한참 실력이 떨어졌다. 그런 문제에 답하려면 숫자를 능숙하게 다루는 실력보다는 특정 사건이나 과정의 기저에 놓인 개념을 명확하게 이해해야 한다. 즉 훌륭한 심적 표상이 필요하다.

과학 교사를 제외하면 대부분의 사람들은 초등학교 과학 시간에 이미 배웠음에도[8] 계절의 변화가 생기는 이유를 정확하게 설명하지 못한다. 하버드 대학교 졸업식장에서 찍은 흥미로운 비디오를 보면[9] 지구가 여름에는 태양에 가까이 가고 겨울에는 태양에서 멀어지기 때문에 계절의 변화가 생긴다고 자신 있게 설명하는 졸업생들의 모습이 연이어 등장한다. 이는 당연히 완전히 틀린 설명이다. 북반구가 겨울일 때 남반구는 여름이기 때문이다. 계절이 생기는 진짜 이유는 지구의 자전축이 기울어져 있기 때문이다. 그러나 여기서 말하려는 핵심은 명문 하버드 대학교 졸업생들의 무식함도 아니고, 학생들에게 방정식에 숫자를 집어넣는 방법을 가르치는 것도 아니다. 물리 현상을 명확하게 이해하고 그에 대해 사고하는 데 필요한 기본적인 심적 표상을 형성하게 해주는 과학 교육이 거의 없다는 점이다.

물리학 수업을 받는 학생들이 그런 심적 표상을 형성하도록 도울 목적으로 와이먼과 동료들은 강사가 사전에 파악한 학습 목표에 맞는 클리커 문제와 학습 과제를 만들어냈다. 학생들이 배우는 개념을 이해하고 활용하도록, 그리하여 궁극적으로 그런 개념을 활용하여 문제에 답하고 과제를 해결하게끔 이끄는 토론을 유발하는 데 중점을 두었다.

이들 클리커 문제와 학습 과제는 또한 학생들이 자신들의 컴포트 존에서 벗어나도록 압박하도록 만들어졌다. 말하자면 학생들이 답을 찾기 위해서 고심해야 하는 그런 문제를 냈다는 것이다. 그러나 한편으로 컴포트 존에서 너무 벗어나서 어떻게 답을 찾아야 할지 감을 잡기 힘든 정도까지는 되지 않도록 세심한 주의를 기울였다. 와이먼과 동료들은 해당 물리학 강의를 듣는 학생 중 지원자 2명에게 이들 문제와 과제를 사전에 보여주고 시험하는 단계도 거쳤다.[10] 그리고 두 학생에게 답을 찾는 과정에서 생각하는 내용을 소리 내어 말하게 했다. 연구자들은 여기서 들은 내용을 토대로 문제와 과제를 수정했다. 이때 오해의 여지를 없애고, 너무 어려워서 풀기 힘든 문제들을 제외시키는 데 특히 중점을 두었다. 그리고 다른 학생들을 상대로 두 번째 시험을 진행하면서 문제와 과제들을 한층 분명하게 다듬었다.

마지막으로 와이먼 등은 학생들이 자신의 실수와 수정 방법을 알게 해주는 피드백을 통해 여러 개념을 반복해서 다룰 기회를 갖도록 수업을 설계했다. 피드백을 하는 사람은 토론 그룹의 동료 학생들이기도 하고 강사이기도 했지만, 여기서 중요한 것은 학생들에게 자신이 어디서 무엇을 잘못했으며 어떻게 고쳐야 하는지를 즉각적으로 확인할 기회가 제공된다는 점이다.

브리티시 컬럼비아 대학교의 물리학 수업 실험은 '의식적인 연습' 원칙에 따라 교육 내용을 재설계하는 일종의 지침을 제공한다. 일단 학생들이 교육을 받고 '무엇을 할 수 있어야 하는가?'를 분명하게 파악하는 것이 시작이다. 목표는 지식이 아니라 기술이어야 한다. 학생들이 기술을 배울 구체적인 방법을 찾아내는 방식으로는 분야 전문가들이 하는 방법을 참조하라. 특히 전문가들이 사용하는 심적 표상을 최대한 많이 이해하고, 학생들이 비슷한 심적 표상을 개발하는 데 도움이 될 기술을 가르쳐라. 이런 교육은 구체적으로는 기술을 세분화하여 단계적으로 가르치는 과정으로 이루어진다. 단계마다 학생들이 자신의 컴포트 존에서 벗어나되, 너무 멀리 벗어나서 단계를 마스터하지 못하는 그런 상태가 되지는 않도록 세심한 주의를 기울여 설계해야 한다. 그리고 다량의 반복과 피드백을 제공하라. 학생들은 시도, 실패, 피드백, 재시도 등으로 이루어지는 반복 과정을 통해 심적 표상을 개발한다.

와이먼의 '의식적인 연습' 원칙에 근거한 물리학 수업이 성공을 거두자, 브리티시 컬럼비아 대학교의 많은 교수들이 그 선례를 따르게 되었다. 《사이언스》에 실린 기사에 따르면 실험 이후 몇 년 사이에 '의식적인 연습' 방법론이 거의 100개에 가까운 과학 및 수학 강의에서 채택되었고,[11] 이들 강의를 듣는 학생 수는 3만 명이 넘는다. 수학과 과학 교수들은 일반적으로 교수법을 변경하는 데 저항이 강한 편이기 때문에 이런 변화는 와이먼의 연구 결과의 질에 대해서 많은 것을 말해준다고 하겠다.

'의식적인 연습' 원칙을 활용하여 교수법을 재설계하면 학생들의 학습 속도와 질을 극적으로 높일 수 있다. 와이먼의 실험 당시 학생들에게서 나타난 것처럼 거의 믿기지 않을 정도로 향상된다. 그러나 이를 위해서는 교육자의 사고방식이 변화해야 할 뿐만 아니라 분야 전문가의 사고에 대한 훨씬 많은 연구가 필요하다. 전문가들이 사용하는 심적 표상의 유형과 '의식적인 연습'을 통해 이런 표상을 발전시키는 방법에 대한 이해는 이제 막 걸음마를 뗀 단계이다. 앞으로 해야 할 일이 훨씬 많다.

효과적인 교수법을 재설계하는 것 외에도 교육 분야에서 '의식적인 연습'을 활용할 방법들이 있다. 나는 아이들, 특히 청소년들이 적어도 한 영역에서라도 효과적인 심적 표상을 개발하면 엄청난 가치가 있으리라고 생각한다. 안타깝게도 현재의 교육 시스템에서는 이를 목표로 두지 않는다. 현재 그런 심적 표상을 확실하게 개발하는 학생들은 학교 밖에서 특정 기술을 익히는 학생들뿐이다. 주로 특정 운동을 하거나 악기를 연주하는 학생이 대부분이다. 게다가 이렇게 심적 표상을 개발하는 학생들조차도 자신이 그런 일을 하고 있다는 사실을 제대로 이해하지 못하거나, 이런 표상이 여러 분야에 걸친 광범위한 현상의 일부분이라는 사실을 인식하지 못한다.

어린 학생들이(아니 사실상 누구든) 심적 표상을 개발하는 데서 얻는 크나큰 이점 중의 하나는 혼자서도 학습할 수 있는 능력이 생긴다는 점이다. 음악에서 어떤 곡이 어떻게 들려야 하는지, 곡의 여러 악절이 어떻게 어우러져서 더 큰 전체를 만들어내는지, 연주에 변화를 주면 전체 곡이 어떻게 영향을 받는지에 대한 명확한 표상이 있으면, 학생은 혼자서든 다른 사람 앞에서든 곡을 연주함과 동시에 문제점을 찾아내고 수정할 수가 있다. 이런 단계가 되면 매번 어느 방향으로 갈지를 알려주는 교사가 더 이상 필요하지 않다. 학생 스스로 방향을 택하고 전진할 수가 있다.

학업에도 비슷한 원리가 적용된다. 심적 표상을 개발하는 학생은 스스로 과학 실험을 구상하고 실행하거나 스스로 책을 쓸 수가 있다. 연구 결과를 보면 많은 성공한 과학자와 저자가 젊은 시절 바로 이런 식으로 자신의 일을 시작했다. 특정 영역에서 기술과 심적 표상을 개발하도록 돕는 최선의 방법은 학생이 모방하면서 배울 본보기를 제공하는 것이다. 벤저민 프랭클린이 《스펙테이터》에 실린 글을 모방함으로써 글쓰기 실력을 향상시켰듯이 말이다. 심적 표상을 개발하려면 시행착오가 필요하다. 그러나 무작정 시행착오를 거듭한다고 되는 것은 아니다. 성공이 어떤 모습인지를 보여주는 가까운 본보기가 있는 상태에서의 시행착오여야 한다.

학생이 어떤 한 영역에서 제대로 된 심적 표상을 개발하면, 결과적으로 다른 영역에서도 어떻게 해야 성공하는지를 알게 된다. 그렇기 때문에 아이들, 특히 청소년이 적어도 한 영역에서라도 효과적인 심적 표상을 개발하도록 돕는 일이 중요하다. 하지만 안타깝게도 성인, 아이 할 것 없이 사람들 대부분이 어떤 영역에서도 심적 표상의 진정한 힘을 체감할 만큼 높은 수준의 수행능력에 도달해본 적이 없다. 그러므로 전문가들이 하는 식으로 계획하고, 실행하고, 결과를 평가하는 심적 표상의 진정한 힘을 경험하지 못했다. 그러므로 이들은 그런 수준에 도달하려면 무엇이 필요한지를 결코 제대로 이해하지 못한다. 거기에 필요한 시간은 물론, 질 높은 연습의 필요성도 말이다. 일단 이들이 한 영역에서 그런 수준에 도달하는 데 무엇이 필요한지를 제대로 이해하면, 다른 영역에서도 어떻게 해야 하는지를 이해하게 된다(실제에서는 여러 변수가 작용하므로 경우에 따라 차이가 있겠지만 적어도 원칙상으로는 그렇다). 분야가 달라도 전문가들끼리는 서로가 하는 일에 대한 이해가 남다른 경우가 있곤 하는 이유가 바로 이 때문이다. 적어도 일반적인 관점에서는 물리학자가 실력 있는 바이올린 연주자가 되는 데 무엇이 필요한지를 충분히 이해하고, 발레리나가 유능한 화가가 되는 데 들어가는 수고를 충분히 이해할 수가 있다.

그러므로 학교가 모든 학생이 어떤 영역에선가는 그런 경험을 할 수 있도록 이끌어주어야 한다. 그런 경험을 했을 때만 그들은 무엇이 가능한지, 그런 가능성을 실현하려면 어떻게 해야 하는지를 진정으로 이해하게 된다.

연습하는 인간, 호모 엑세르켄스

서문에서 나는 '의식적인 연습'이 어떻게 인간의 잠재력에 대한 기존의 생각에 혁명 같은 변화를 일으키게 되는지 이야기했다. 나는 혁명이라는 표현이 결코 과장이나 과대평가가 아니라고 생각한다. 이런 혁명은 우리가 현재 여러 영역에서 최고의 자리에 있는 이들이 선천적인 재능을 타고 태어났기 때문이 아니라 인간의 몸과 뇌의 적응력을 십분 활용하면서 오랜 시간 연습한 결과로 각자의 능력을 개발했기 때문에 그런 자리를 차지한 것임을 깨닫는 순간 시작된다.

그러나 그런 깨달음만으로는 충분하지 않다. 사람들에게 그런 적응력을 활용하고 자신의 잠재력을 통제하는 데 필요한 도구를 주어야 한다. 내가 지금 이 책을 쓰는 것처럼 '의식적인 연습'이라는 개념을 널리 알리는 것도 그런 방법 중 하나지만 필요한 도구 가운데 많은 것들이 아직 개발되지 않았다. 대다수 분야에서 우리는 정확히 무엇이 전문가와 나머지 사람을 가르는 핵심 차이인지 알지 못한다. 또한 전문가의 심적 표상에 대해서도 상세하게 알고 있는 분야가 많지 않다. 전문성을 키우기를 바라는 사람들이 따를 지침을 제공하기 위해 어느 전문가의 일생에 걸쳐 그에게 영향을 미친 다양한 요인들을 지도를 그리듯 세밀하게 파악할 필요가 있다.

그러나 그런 포괄적인 지침이나 상세한 지도를 갖기 전에도 가능한 좋은 출발점이 있다. 앞에서 말한 것처럼 학생들이 적어도 한 가지 영역에서 전문성과 효과적인 심적 표상을 발전시키도록 하여 전문성 자체를 이해하도록 하는 방법이 있다. 누구든 전문성을 획득할 수 있다는 사실부터 그것을 얻는 구체적인 방법까지 말이다. 또한 제6장에서 이야기한 대로 '의식적인 연습'을 통해 어떤 기술을 개발하면, 그로 인해 얻는 긍정적인 피드백이 또 다른 기술을 개발하는 데 동기부여가 될 수 있다. 그러므로 우리가 학생들에게 자신이 선택한 어떤 기술을 개발할 능력을 가지고 있으며, 그 일이 쉽지는 않지만 성공했을 경우 그만 한 가치가 있는 많은 보상이 따른다는 것을 보여준다면, 이런 긍정적인 경험 덕분에 이들이 살아가면서 '의식적인 연습'을 활용하여 다양한 기술을 발전시킬 가능성이 훨씬 높아진다.

시간이 흐르면서 여러 분야에서 전문성을 개발하는 데 구체적으로 무엇이 필요한지에 대해 더욱 많이 알게 되고, 이를 활용할 준비된 학생들을 키워냄으로써 우리는 지금과는 다른 새로운 세상을 만들어낼 수 있다. 사람들 대부분이 '의식적인 연습'을 이해하고 이를 활용하여 자신과 자녀들의 삶을 풍요롭게 만드는 그런 세상을.

그런 세상은 어떤 세상일까? 우선 그런 세상에는 지금 세계와 비교하여 훨씬 많은 영역에 훨씬 많은 전문가가 있을 것이다. 이것이 사회 전체에 미치는 영향은 어마어마하다. 의사, 교사, 공학자, 조종사, 컴퓨터 프로그래머, 이외 많은 전문직 종사자가 지금 바이올린 연주자, 체스 기사, 발레리나와 같은 방법으로 각자의 기술을 연마하는 세상을 상상해보라. 그런 직업 종사자의 50퍼센트가 오늘날 5퍼센트만이 가능한 높은 수준으로 자신의 일을 수행하는 그런 세상을 상상해보라. 그것이 우리 사회의 의료, 교육 제도, 기술 등에 얼마나 큰 변화를 가져올까?

사회 전체뿐만 아니라 개인적인 이익 역시 엄청나다. 지금까지 이에 대해서는 별로 이야기하지 않았지만, 전문가들은 자신의 능력을 활용하는 데서 크나큰 만족과 기쁨을 얻으며, 새로운 기술, 특히 자기 분야 최고의 기술을 개발하도록 스스로를 채찍질하는 데서 엄청난 개인적 성취감을 느낀다. 그들은 지루함 따위는 설 자리가 없이, 항상 자극과 활력이 넘치는 여행을 하고 있는 것과 같다. 항상 새로운 도전과 기회가 있기 때문이다. 또한 연주자, 무용수, 체조 선수처럼 대중 앞에서 보여주는 기술을 연마하는 전문가들은 대중 앞에 서는 데서 크나큰 즐거움을 얻는다고 말한다. 모든 것이 순조롭게 진행되는 경우 그들은 공연 도중 미하이 칙센트미하이Mihaly Csikszentmihalyi 덕분에 크게 인기를 끌었던 '몰입'flow이라는[12] 심리적 상태와 여러모로 유사한 무아지경, 말하자면 의식적인 노력이 없이도 완벽한 수행이 가능한 그런 단계를 경험한다. 덕분에 이들은 전문가가 아니면 거의 경험하지 못하는 귀중한 '황홀경'을 경험한다.

내가 살아오면서 가장 흥분되고 즐거웠던 순간 중 하나는 노벨 경제학상 수상자인 허버트 사이먼과 함께 작업했을 때였다. 당시 함께했던 모든 사람이 우리가 분야의 최전선, 즉 새로운 경지를 바로 앞에 두고 있다고, 그 자리에 있어서 너무나 운이 좋다고 느꼈다. 나는 이것이 인상파 화가들이 미술에 혁명을 일으키고 있을 무렵에 느꼈던 흥분과 같은 종류이리라고 확신한다.

물론 그런 경지에 도달하지 않은 사람이라도 자기 삶을 통제하고 자신의 능력을 향상시키는 도전을 즐길 수 있다. '의식적인 연습'이 일상이 된 세상은 지금에 비해 모든 사람이 훨씬 의욕이 넘치고 만족감이 충만한 그런 세상일 것이다.

그리고 나는 자기 개발에 힘쓸 때 사람이 가장 사람다워진다고 생각한다. 인간은 선택한 방향으로의 자기 개발을 위해 의식적으로 자신을 바꿀 수가 있다. 이는 다른 어느 동물과도 구별되는 인간만의 특징이다. 이는 인간이 오늘날 지구상에 살고 있는 어떤 종과도 다르며, 우리가 아는 한은 과거에 지구상에 살았던 그 어떤 종과도 다른 차이다.

인간 본성에 대한 이런 전통적인 개념은 우리가 스스로에게 부과한 종의 명칭에서 잘 드러난다. 바로 호모 사피엔스Homo sapiens다. 머나먼 과거로 가면 직립보행이 가능했기 때문에 호모 에렉투스Homo erectus(직립 보행하는 인간)라고 불린 인류의 조상도 있었고, 최초로 석기를 만들어 사용했다고 생각되었기 때문에 호모 하빌리스Homo habilis(도구를 사용하는 인간)라고 불린 조상도 있다. 지금 우리는 자신이 방대한 양의 지식으로 선조들과는 구분된다고 생각해서 스스로를 '지식을 가진 인간'knowing man이라고 부른다. 그러나 내가 보기에는 호모 엑세르켄스Homo exercens, 즉 '연습하는 인간'이 그보다 좋은 명칭이 아닐까 싶다. 현생 인류는 연습을 통해 삶을 통제하고 연습을 활용하여 원하는 것을 이루는 종이라는 의미에서 말이다.

이런 새로운 이해와 깨달음이 찾아온 시점 역시 이보다 더 좋을 수는 없다고 말할 수도 있을 것이다. 기술 덕분에 현대 세계는 더없이 빠른 속도로 변하고 있다. 200년 전에는 개인이 어떤 기능이나 일을 한 가지 배우고 나면 죽을 때까지 교육은 그것으로 충분했다. 나와 같은 세대에 태어난 사람들은 "교육을 받아 일자리를 얻으면 은퇴할 때까지 삶이 안정될 것"이라는 생각을 하며 성장했다. 그러나 내 생전에 이런 생각이 변하고 있다. 40년 전에 존재했던 많은 직업들이 지금은 사라지거나 같은 직업이라고 말하기 무색할 정도로 많이 변화했다. 지금 직장에 들어가는 사람은 일하는 동안 직업을 두세 번은 바꿀 생각을 하고 있다. 그렇다면 지금 태어나는 아이들은 어떻게 될까? 누구도 답하기 힘든 부분이다. 그러나 적어도 변화가 지금보다 빨라지면 빨라지지 느려지지는 않을 것이다. 그 정도는 확신을 가지고 말해도 되지 않을까 싶다.

사회 전체적인 차원에서는 어떻게 미래에 대비할까? 미래에는 사람들이 선택의 여지없이 끊임없이 새로운 기술을 배워야 할 것이므로, 학생과 성인 모두에게 효율적으로 배우는 법을 가르치는 것이 무엇보다 중요하다. 기술 혁명 덕분에 효과적인 교수법을 개발할 새로운 기회들이 많이 생겼다. 예를 들어 의사, 운동선수, 교사 등의 실제 경험을 영상으로 녹화하여 학생들이 훈련을 받을 수 있는 자료실 겸 학습센터를 만들 수도 있다. 이렇게 하면 지금은 환자나 학생, 고객의 안녕을 위험에 빠뜨리면서 현장에서 배워야 하는 것들을 미리 터득할 수 있을 것이다.

지금 당장 시작해야 한다. 이미 직업의 세계에 몸담고 있는 성인에게는 지금보다 나은 훈련 방법을 개발해야 한다. 이는 '의식적인 연습' 원칙에 근거하여 보다 효과적인 심적 표상을 만들어내는 것을 목표로 하는 데 기반을 둔 방법이어야 한다. 성인들이 현재의 직업에서 사용하는 기술을 키우도록 돕는 것뿐만 아니라, 새로운 직업에 필요한 새로운 기술 역시 개발하도록 돕는 것을 목표로 해야 한다. 그리고 자신의 잠재력을 스스로 통제할 수 있다는 메시지를 널리 알려야 한다.

그러나 가장 많은 혜택을 보게 되는 것은 다음 세대들이다. 우리가 아이들에게 줄 수 있는 최고의 선물은 자신을 반복해서 다시 만들 수 있다는 확신과 이를 가능하게 하는 도구다. 아이들은 자신의 능력 밖이라고 생각했던 능력을 개발하는 경험을 통해서 스스로의 능력을 통제할 수 있게 되고, 선천적인 재능이라는 시대착오적 사고로부터 완전히 자유로워져야 한다. 그리고 우리는 아이들에게 그들이 원하는 어떤 식으로든 스스로를 발전시킬 수 있는 지식과 지원을 제공해야 한다.

결국 급속한 기술 발전으로 일하고, 놀고, 살아가는 환경이 끊임없이 바뀌는 그런 세상에 대한 유일한 해법은 자신이 스스로의 발전을 통제할 수 있다는 것을 인식할 뿐만 아니라 그렇게 하는 구체적인 방법까지 알고 있는 사람들로 구성된 사회를 만들어내는 것이다. '의식적인 연습'에 대해서, 그로 인해 얻게 되는 스스로의 미래를 통제하는 힘에 대해서, 지금까지 우리가 배웠고 앞으로 배우게 될 내용의 궁극적인 결과는 연습하는 인간, 즉 호모 엑세르켄스들로 이루어진 새로운 세상일 것이다.

| 서문 | '타고난 재능'이란 없다

(1) 모차르트의 절대음감에 대해 이야기하는 독자 투고는 다음 두 자료에서 볼 수 있다. Otto Erich Deutsch, Mozart: A Documentary Biography, 3rd ed. (London : Simon and Schuster, 1990), 21 ; Diana Deutsch, "Absolute pitch," *The Psychology of Music*, ed. Diana Deutsch, 3rd ed. (San Diego : Elsevier, 1990), 141 –182.

(2) 예를 들어 다음 자료를 참조하라. William Lee Adams, "The mysteries of perfect pitch," Psychology Today, July 1, 2006, https : //www.psychologytoday.com/articles/200607/the-mysteries-perfect-pitch (accessed February 25, 2015).

(3) Robert J. Zatorre, "Absolute pitch: A model for understanding the influence of genes and development on neural and cognitive function," *Nature Neuroscience* 6, no. 7 (2003): 692 –695. See also Siamak Baharloo, Paul A. Johnston, Susan K. Service, Jane Gitschier, and Nelson B. Freimer, "Absolute pitch: An approach for identification of genetic and nongenetic components," *American Journal of Human Genetics* 62 (1998): 224 –231.

(4) Diana Deutsch, Kevin Dooley, Trevor Henthorn, and Brian Head, "Absolute pitch among students in an American music conservatory: Association with tone language fluency," *Journal of the Acoustical Society of America* 125 (2009): 2398 –2403.

(5) 절대음감이 후천적 자질임을 뒷받침하는 증거에 대한 내 견해는 다음 자료에 요약되어 있다. K. Anders Ericsson and Irene Faivre, "What's exceptional about exceptional abilities?" in *The Exceptional Brain : Neuropsychology of Talent and Special Abilities*, ed. Loraine K. Obler and Deborah Fein (New York: Guilford, 1988), 436 –473.

(6) Ayako Sakakibara, "A longitudinal study of the process of acquiring absolute pitch: A practical report of training with the 'chord identification method,' " *Psychology of Music* 42, no. 1 (2014): 86 –111.

(7) 실험에 참가한 24명 가운데 2명은 훈련 도중에 그만두었지만, 그들의 낙오는 훈련 결

과와는 무관했다. 훈련을 마친 22명 모두 절대음감을 보여주었다.

(8) Deutsch, *Mozart*, 21.

(9) Stanley Sadie, *Mozart: The Early Years*, 1756 – 1781 (New York: W. W. Norton, 2006), 18.

(10) 세계적인 여성 체조 선수의 성인이 되었을 때의 평균 신장은 155센티미터이며, 상한선은 167.5센티미터이다. Neoklis A. Georgopoulos, Anastasia Theodoropoulou, Nikolaos D. Roupas, et al., "Growth velocity and final height in elite female rhythmic and artistic gymnasts," *Hormones* 11, no. 1 (2012) : 61 –69.

(11) Jackie MacMullan, "Preparation is key to Ray Allen's 3's," *ESPN Magazine*, February 11, 2011, http://sports.espn.go.com/boston/nba/columns/story?columnist=macmullan_jackie&id=6106450 (accessed March 30, 2015).

(12) 다음과 같은 책들이다. (한국어 번역판이 출간된 경우에는 한국어판의 정보를 표기했다 — 편집자주)

말콤 그래드웰, 《아웃라이어: 성공의 기회를 발견한 사람들》*Outliers: The Story of Success*, 김영사, 2009; 데이비드 셍크, 《우리 안의 천재성: 유전학, 재능 그리고 아이큐에 관한 새로운 통찰》*The Genius in All of Us*, 한국방송출판, 2011; 캐롤 드웩, 《성공의 새로운 심리학》*Mindset: The New Psychology of Success*, 부글북스, 2011. 그 외에 다음과 같은 책들도 참고하라. K. Anders Ericsson and Jacqui Smith, eds., *Toward a General Theory of Expertise: Prospects and Limits* (Cambridge, UK: Cambridge University Press, 1991); K. Anders Ericsson, ed., *The Road to Excellence: The Acquisition of Expert Performance in the Arts and Sciences, Sports, and Games* (Mahwah, NJ: Erlbaum, 1996); Janet Starkes and K. Anders Ericsson, eds., *Expert Performance in Sport: Recent Advances in Research on Sport Expertise* (Champaign, IL: Human Kinetics, 2003); K. Anders Ericsson, Neil Charness, Paul Feltovich, and Robert R. Hoffman, eds., *The Cambridge Handbook of Expertise and Expert Performance* (Cambridge, UK: Cambridge University Press, 2006); K. Anders Ericsson, ed., *Development of Professional Expertise: Toward Measurement of Expert Performance and Design of Optimal Learning Environments* (Cambridge, UK: Cambridge University Press, 2009).

| 제1장 | 우리는 왜 '노력의 배신'에 부딪히는가?

(1) Pauline R. Martin and Samuel W. Fernberger, "Improvement in memory span,"

American Journal of Psychology 41, no. 1 (1929): 91 – 94.

(2) 기억하는 평균 숫자의 개수, 즉 '숫자 폭'은 다음과 같은 방법으로 계산되었다. 정답을 맞춘 뒤에 오답이 발생한 것은 스티브가 '숫자 폭' 기억 한계에 도달했다는 증거로 보았다. 따라서 만약 스티브가 6개까지 정확하게 말하고 일곱 번째 숫자에서 틀렸다면, 우리는 스티브의 '숫자 폭'을 6에서 7 사이 어딘가로 간주했다. 그러고는 두 숫자의 중간, 즉 6.5점을 부여했다. 매번 실험 시간이 끝나면 우리는 그날의 모든 점수를 평균하여 해당 시간의 전체 점수를 구했다. 네 번째 시간에 스티브의 평균 점수가 8.5였는데, 이는 스티브가 8개까지는 대부분 기억했고, 아홉 번째 수는 대부분 놓쳤다는 의미가 된다. 물론 어떤 숫자 배열은 저절로 쉽게 외워지기 때문에 8.5를 넘어서는 예외도 제법 있게 마련이다.

(3) Anthony Tommasini, "Virtuosos becoming a dime a dozen," *New York Times*, August 12, 2011, available at http://www.nytimes.com/2011/08/14/arts/music/yuja-wang-and-kirill-gerstein-lead-a-new-piano-generation.html?_r=2 (accessed November 12, 2015).

(4) http://rcranger.mysite.syr.edu/dvorak/blackburn.htm (accessed November 16, 2015).

(5) http://www.guinnessworldrecords.com/world-records/greatest-distance-cycled-in-24-hours-(unpaced)-/ (accessed November 16, 2015).

(6) http://www.guinnessworldrecords.com/world-records/most-mental-calculations-in-one-minute(accessed November 16, 2015).

(7) 밥.J. 피셔와의 (이메일을 통한) 직접 대화. 2012년 6월 18일.

(8) Steve Oare, "Decisions made in the practice room: A qualitative study of middle school students' thought processes while practicing," *Update: Applications of Research in Music Education* 30 (2012): 63 – 70, conversation at 63.

(9) Niteesh K. Choudhry, Robert H. Fletcher, and Stephen B. Soumerai, "Systematic review: The relationship between clinical experience and quality of health care," *Annals of Internal Medicine* 142 (2005): 260 – 273. Paul M. Spengler and Lois A. Pilipis, "A comprehensive meta-analysis of the robustness of the experience-accuracy effect in clinical judgment," *Journal of Counseling Psychology* 62, no. 3 (2015): 360 – 378.

(10) 해당 회의 보고서는 다음 웹사이트에서 다운받을 수 있다. http://macyfoundation.org/publications/publication/en hancing-health-professions-education-technology.

(11) 벤저민 프랭클린과 체스에 얽힌 이야기는 적어도 체스계 내에서는 비교적 널리 알려져 있다. 자세한 내용을 알고 싶다면 다음 자료들을 참조하기 바란다. John McCrary, "Chess and Benjamin Franklin — His pioneering contributions," www.benfranklin300.

org/_etc_pdf/Chess_John_McCrary.pdf (accessed April 13, 2015); Bill Wall, "Ben Franklin and chess trivia" (2014), www .chess.com/blog/billwall/benjamin-franklin-and-chess-trivia (accessed April 13, 2015).

(12) Christopher L. Tyner, "Violin teacher Dorothy DeLay: Step by step, she helps students reach beyond their limits," Investors.com (October 2, 2000), http://news. investors.com/management-leaders-in-success/100200-350315-violin-teacher-dorothy-delay-step-by-step-she-helps-students-reach-beyond-their-limits. htm#ixzz3D8B3Ui6D (accessed March 13, 2015).

(13) William G. Chase and K. Anders Ericsson, "Skilled memory," in *Cognitive Skills and Their Acquisition*, ed. John R. Anderson (Hillsdale, NJ: Lawrence Erlbaum Associates, 1981), 141-189.

(14) William G. Chase and K. Anders Ericsson, "Skill and working memory," in *The Psychology of Learning and Motivation*, ed. Gordon H. Bower, vol. 16 (New York: Academic Press, 1982), 1-58; K. Anders Ericsson, "Memory skill," *Canadian Journal of Psychology* 39, no. 2 (1985): 188-231; K. Anders Ericsson and Walter Kintsch, "Long-term working memory," *Psychological Review* 102 (1995): 211-245.

| 제2장 | 쓸수록 발달하는 뇌를 이용하는 법

(1) 런던의 택시 운전사 지망생 시험과 관련한 세부 내용의 많은 부분은 다음 자료를 참조하였다. Jody Rosen, "The knowledge, London's legendary taxi-driver test, puts up a fight in the age of GPS," *New York Times*, December 7, 2014, http://tmagazine.blogs. nytimes .com/2014/11/10/london-taxi-test-knowledge/.

(2) Eleanor A. Maguire, David G. Gadian, Ingrid S. Johnsrude, Catriona D. Good, John Ashburner, Richard S. J. Frackowiak, and Christopher D. Frith, "Navigation-related structural change in the hippocampi of taxi drivers," *Proceedings of the National Academy of Sciences* USA 97 (2000): 4398-4403.

(3) John R. Krebs, David F. Sherry, Susal D. Healy, V. Hugh Perry, and Anthony L. Vaccarino, "Hippocampal specialization of food-storing birds," *Proceedings of the National Academy of Sciences* USA 86 (1989): 1388-1392.

(4) Nicola S. Clayton, "Memory and the *hippocampus* in food-storing birds: A comparative approach," Neuropharmacology 37 (1998): 441-452.

(5) 특히 택시 운전사들은 운전사가 아닌 사람들에 비해 회백질의 양이 많았다. 회백질은 뇌의 뉴런 대부분을 함유하고 있는 뇌세포이다.

(6) 엄밀히 말해서 택시 운전사로 지낸 기간이 증가함에 따라 크기가 상당히 증가한 부분은 우측 후위 해마다. 인간은 좌우 뇌에 해마를 하나씩 가지고 있지만, 본문에서는 설명을 단순화하기 위해서 전체적으로 해마라고만 언급했다. 런던의 택시 운전사는 양쪽 해마 모두가 다른 사람보다 크지만, 맥과이어 등이 진행한 최초 연구에 따르면, 우측 후위 해마에서만 운전사로 일한 기간과 해마의 크기 사이에 유의미한 연관성이 발견되었다. 연관성 자체는 양쪽 해마 모두에 존재하지만 통계적으로 의미가 있다고 보기에는 실험 대상이 너무 적었을 수도 있다.

(7) Eleanor A. Maguire, Katherine Woollett, and Hugo J. Spiers, "London taxi drivers and bus drivers: A structural MRI and neuropsychological analysis," *Hippocampus* 16 (2006): 1091 – 1101.

(8) Katherine Woollett and Eleanor A. Maguire, "Acquiring 'the knowledge' of London's layout drives structural brain changes," *Current Biology* 21 (2011): 2109 – 2114.

(9) 최초 실험 참가자 전원이 두 번째 뇌 촬영에 응했던 것은 아니다. 대조군이었던 31명은 모두 돌아왔지만 훈련생 79명 가운데는 59명만 돌아왔다. 시험에 합격하여 택시 운전사 자격을 얻은 41명 가운데는 39명이 돌아왔지만, 자격을 갖춘 택시 운전사가 되지 못한 38명 가운데는 20명만이 돌아와 조사에 응했다.

(10) For a review, see Lofti B. Merabet and Alvaro Pascual-Leone, "Neural reorganization following sensory loss," *Nature Reviews Neuroscience* 11, no. 1 (2010): 44 – 52.

(11) 신경가소성과 시각장애의 관계에 대한 명확한 논평을 보고 싶다면 다음 자료를 참조하기 바란다. Andreja Bubic, Ella Striem-Amit, and Amir Amedi, "Large-scale brain plasticity following blindness and the use of sensory substitution devices," in *Multisensory Object Perception in the Primate Brain*, ed. Marcus Johannes Naumer and Jochen Kaiser (New York: Springer, 2010), 351 – 380.

(12) H. Burton, A. Z. Snyder, T. E. Conduro, E. Akbudak, J. M. Ollinger, and M. E. Raichle, "Adaptive changes in early and late blind: A fMRI study of Braille reading," *Journal of Neurophysiology* 87, no. 1 (2002): 589 – 607. Also see Norihiro Sadato, "How the blind 'see' Braille: Lessons from functional magnetic resonance imaging," Neuroscientist 11, no. 6 (2005): 577 – 582.

(13) Annette Sterr, Matthias M. Müller, Thomas Elbert, Brigitte Rockstroh, Christo Pantev, and Edward Taub, "Perceptual correlates of changes in cortical representation of fingers in blind multifinger Braille readers," *Journal of Neuroscience* 18, no. 11 (1998):

4417 – 4423.

(14) Uri Polat, Clifton Schor, Jian-Liang Tong, Ativ Zomet, Maria Lev, Oren Yehezkel, Anna Sterkin, and Dennis M. Levi, "Training the brain to overcome the effect of aging on the human eye," Scientific Reports 2(2012): 278, doi:10.1038/srep00278.

(15) James A. Carson, Dan Nettleton, and James M. Reecy, "Differential gene expression in the rat soleus muscle during early work overload-induced hypertrophy," FASEB Journal 16, no. 2 (2002): 207 – 209.

(16) 아주 정확하게 말하자면 과학자들은 이전에 비해 작업 강도가 높아진 근육세포 안에서 112개의 mRNA, 즉 메신저 RNA을 셌다. 전령 RNA라는 의미의 mRNA는 DNA 내의 유전 정보가 단백질 생성으로 발현되는 과정에서 유전 정보를 리보솜으로 전달하는 역할을 한다. 각각의 mRNA는 특정 유전자와 관련되어 있다. 그러나 연구자들이 실제로 파악한 것은 mRNA지 유전자 자체는 아니었다.

(17) 이번에도 100퍼센트 정확성을 기하자면, 쥐의 근육이 새로운 작업 부하에 완전히 적응하기 전에 쥐를 죽여 근육 조직을 분석했다. 이는 불가피한 과정이었다. 일단 근육이 완전히 적응하여 새로운 항상성을 얻게 되면, 근육 조직에서 이들 112개의 유전자가 발현되지 않기 때문이다. 그러므로 근육이 작업 부하에 완전히 적응할 때까지 쥐들이 생존했다면 새로운 항상성에 도달했을 것이라고 말하는 편이 더욱 정확한 표현이라 하겠다.

(18) Fred H. Gage, "Neurogenesis in the adult brain," *Journal of Neuroscience* 22 (2002): 612 – 613.

(19) Samuel J. Barnes and Gerald T. Finnerty, "Sensory experience and cortical rewiring," *Neuroscientist* 16 (2010): 186 – 198.

(20) Arne May, "Experience-dependent structural plasticity in the adult human brain," Trends in Cognitive Sciences 15, no. 10(2011): 475 – 482. See also Joenna Driemeyer, Janina Boyke, Christian Gaser, Christian Büchel, and Arne May, "Changes in gray matter induced by learning—Revisited," *PLoS ONE* 3 (2008): e2669.

(21) 이런 연구에 대한 훌륭한 고찰을 보려면 다음 자료를 참조하기 바란다. Karen Chan Barrett, Richard Ashley, Dana L. Strait, and Nina Kraus, "Art and science: How musical training shapes the brain," *Frontiers in Psychology* 4, article 713 (2013). 이번 장에서 내가 다루는 많은 내용이 앞의 논고와 거기서 인용한 참고문헌들에서 나왔다.

(22) Thomas Elbert, Christo Pantev, Christian Wienbruch, Brigitte Rockstroh, and Edward Taub, "Increased cortical representation of the fingers of the left hand in string players," Science 270 (1995): 305 – 307.

(23) 뇌자기도腦磁氣圖 작업이 여간 까다로운 것이 아니어서 연구자들은 왼손의 모든 손가락에 대해 뇌자기도 작업을 하지는 않았고, 엄지와 새끼손가락만 관찰했다. 중간의 세 손가락에 반응하는 뇌의 영역이 엄지와 새끼손가락을 관장하는 영역 사이에 있을 것이므로, 연구자들은 두 손가락만 보고도 엄지와 네 손가락을 관장하는 영역의 크기를 상세히 나타낼 수 있었다.

(24) Siobhan Hutchinson, Leslie Hui-Lin Lee, Nadine Gaab, and Gottfried Schlaug, "Cerebellar volume of musicians," *Cerebral Cortex* 13 (2003): 943 – 949.

(25) Christian Gaser and Gottfried Schlaug, "Brain structures differ between musicians and non-musicians," *Journal of Neuroscience* 23 (2003): 9240 – 9245.

(26) Kubilay Aydina, Adem Ucarb, Kader Karli Oguzc, O. Ozmen Okurd, Ayaz Agayevb, Z. Unale, Sabri Yilmazband, and Cengizhan Ozturkd, "Increased gray matter density in the parietal cortex of mathematicians: A voxel-based morphometry study," *American Journal of Neuroradiology* 28 (2007): 1859 – 1864.

(27) Sandra F. Witelson, Debra L. Kigar, and Thomas Harvey, "The exceptional brain of Albert Einstein," *The Lancet* 353(1999): 2149 – 2153.

(28) 흥미롭게도 수학자로 활동한 기간의 길이와 해당 부위의 크기 사이의 연관성은 좌측 아래마루소엽에서는 나타나지 않았다. 그러나 이는 어쩌면 연구의 실험 대상자 수가 충분치 않아서 통계적으로 유효한 결과를 얻지 못한 것이기 때문일 수도 있으며, 연구 규모가 커지면 상관성이 나타날 수도 있을 것이다.

(29) Tosif Ahamed, Motoaki Kawanabe, Shin Ishii, and aniel E. Callan, "Structural differences in gray matter between glider pilots and non-pilots: A voxel-based morphometry study," *Frontiers in Neurology* 5(2014): 248.

(30) Gaoxia Wei, Yuanchao Zhang, Tianzi Jiang, and Jing Luo, "Increased cortical thickness in sports experts: A comparison of diving players with the controls," *PLoS One* 6, no. 2 (2011): e17112.

(31) Sara L. Bengtsson, Zoltán Nagy, Stefan Skare, Lea Forsman, Hans Forssberg, and Fredrik Ullén, "Extensive piano practicing has regionally specific effects on white matter development," Nature Neuroscience 8 (2005): 1148 – 1150.

(32) Katherine Woollett and Eleanor A. Maguire, "Acquiring 'the knowledge' of London's layout drives structural brain changes," *Current Biology* 21 (2011): 2109 – 2114.

(33) David Williams, Andre Kuipers, Chiaki Mukai, and Robert Thirsk, "Acclimation during space flight: Effects on human physiology," *Canadian Medical Association Journal* 180 (2009): 1317 – 1323.

(34) Iñigo Mujika and Sabino Padilla, "Detraining: Loss of training-induced physiological and performance adaptations. Part II: Longterm insufficient training stimulus," *Sports Medicine* 30 (2000): 145-154.

(35) Katherine Woollett, Hugo J. Spiers, and Eleanor A. Maguire, "Talent in the taxi: A model system for exploring expertise," *Philosophical Transactions of the Royal Society B* 364 (2009): 1407-1416.

| 제3장 | 심적 표상 이해하기

(1) 알레힌과 그가 눈을 가리고 동시에 진행했던 극적인 체스 경기 시범에 관한 내용의 많은 부분이 다음의 자료에서 나왔다. Eliot Hearst and John Knott, *Blindfold Chess: History, Psychology, Techniques, Champions, World Records, and Important Games* (Jefferson, NC: McFarland, 2009).

(2) 눈가림 체스의 역사와 관련한 상세 내용은 여러 자료에서 볼 수 있지만, 가장 포괄적인 것은 다음 자료이다. Hearst and Knott, ibid. 51 two losses, and nineteen draws: Eliot Hearst, "After 64 years: New world blindfold record set by Marc Lang playing 46 games at once," Blindfold Chess, December 16, 2011, http://www.blindfoldchess.net/blog/2011/12/after_64_years_new_world_blindfold_record_set_by_marc_lang _ playing_46_games/(accessed May 27, 2015).

(3) 알레힌의 생애와 체스 경기에 대한 상세한 내용은 이하의 자료들을 참조하였다. Alexander Kotov, Alexander Alekhine, trans. K. P. Neat (Albertson, NY: R. H. M. Press, 1975); Hearst and Knott, Blindfold Chess; "Alekhine's biography" on Chess.com, www.chess.com/groups/forum view/alekhines-biography2 (accessed May 27, 2015); and "Alexander Alekhine" on Chessgames.com, www.chessgames.com/perl/chessplayer?pid =10240 (accessed May 27, 2015).

(4) Kotov, Alexander Alekhine.

(5) Hearst and Knott, Blindfold Chess, 74.

(6) Alexander Alekhine, On the Road to a World Championship, 1923-1927, 1st English ed. (New York: Pergamon Press, 1984), as quoted in Hearst and Knott, Blindfold Chess, 78.

(7) Adrianus D. De Groot, Thought and Choice in Chess, 2nd ed. (The Hague: Mouton de Gruyter, 1978).

(8) William G. Chase and Herbert A. Simon, "Perception in chess," *Cognitive Psychology* 4 (1973): 55 – 81. 체스 마스터와 초보자가 게임 도중에 나타나는 정상적인 체스 말의 배치와 그런 것을 무시하고 무작위로 섞어놓은 체스 말의 배치를 얼마나 기억하는지를 비교하는 실험을 최초로 수행한 사람은 아드리아누스 데 그루트Adrianus de Groot 이다. 이에 대해서는 다음 자료들을 참조하기 바란다. Adrianus Dingeman De Groot, Thought and Choice in Chess (The Hague: Mouton, 1965); Adrianus Dingeman De Groot, "Perception and memory versus thought: Some old ideas and recent findings," in *Problem Solving*, ed. B. Kleimnuntz (New York: Wiley, 1966), 19 – 50.

(9) Fernand Gobet and Neil Charness, "Expertise in chess," in *The Cambridge Handbook of Expertise and Expert Performance*, ed. K. Anders Ericsson, Neil Charness, Paul J. Feltovich, and Robert R. Hoffman (New York: Cambridge University Press, 2006), 523 – 538.

(10) William G. Chase and K. Anders Ericsson, "Skill and working memory," in *The Psychology of Learning and Motivation*, ed. G. H. Bower (New York: Academic Press, 1982), 1 – 58.

(11) Herbert A. Simon and Kevin Gilmartin, "A simulation of memory for chess positions," *Cognitive Psychology* 5, no. 1 (1973): 29 – 46.

(12) Hartmut Freyhof, Hans Gruber, and Albert Ziegler, "Expertise and hierarchical knowledge representation in chess," Psychological Research 54 (1992): 32 – 37.

(13) Hearst and Knott, Blindfold Chess, 10.

(14) Andrew Waters, Fernand Gobet, and Gery Leyden, "Visuo-spatial abilities in chess players," *British Journal of Psychology* 93 (2002): 557 – 565.

(15) Sean Müller and Bruce Abernethy, "Expert anticipatory skill in striking sports: A review and a model," *Research Quarterly for Exercise and Sport* 83, no. 2 (2012): 175 – 187.

(16) Paul Ward, K. Anders Ericsson, and A. Mark Williams, "Complex perceptual-cognitive expertise in a simulated task environment," *Journal of Cognitive Engineering and Decision Making* 7 (2013): 231 – 254.

(17) Bettina E. Bläsing, Iris Güldenpenning, Dirk Koester, and Thomas Schack, "Expertise affects representation structure and categorical activation of grasp postures in climbing," *Frontiers in Psychology* 5 (2014): 1008.

(18) 독해 능력과 심적 표상이라는 주제에 대한 전반적인 논평과 참고문헌 목록을 보고 싶다면 다음 자료를 참조하기 바란다. K. Anders Ericsson and Walter Kintsch, "Long-

term working memory," *Psychological Review* 102, no. 2 (1995): 211 – 245.

(19) Lisa Sanders, "Think like a doctor: A knife in the ear," *New York Times*, March 23, 2011, http://well.blogs.nytimes.com/2015/08/06/think-like-a-doctor-a-knife-in-the-ear/ (accessed September 24, 2015); Lisa Sanders, "Think like a doctor: A knife in the ear solved," *New York Times*, March 24, 2011, http://well.blogs.nytimes.com/2015/08/07/think-like-a-doctor-a-knife-in-the-ear-solved/(accessed September 24, 2015).

(20) Vimla L. Patel, Jose F. Arocha, and David R. Kaufmann, "Diagnostic reasoning and medical expertise," in *The Psychology of Learning and Motivation*, ed. Douglas Medin, vol. 30 (New York: Academic Press, 1994), 187 – 251.

(21) Thomas W. Leigh, Thomas E. DeCarlo, David Allbright, and James Lollar, "Salesperson knowledge distinctions and sales performance," *Journal of Personal Selling & Sales Management* 34, no. 2 (2014): 123 – 140.

(22) Xavier Sanchez, P. Lambert, G. Jones, and D. J. Llewellyn, "Efficacy of pre-ascent climbing route visual inspection in indoor sport climbing," *Scandinavian Journal of Medicine & Science in Sports* 22, no. 1 (2010): 67 – 72.

(23) See, for example, Nathan R. Zilbert, Laurent St-Martin, Glenn Regehr, Steven Gallinger, and Carol-Anne Moulton, "Planning to avoid trouble in the operating room: Experts' formulation of the preoperative plan," *Journal of Surgical Education* 72, no. 2 (2014): 271 – 277.

(24) 다음 자료에 나온 내용이다. Marlene Scardamalia and Carl Bereiter, "Knowledge telling and knowledge transforming in written composition," in *Advances in Applied Psycholinguistics*, ed. Sheldon Rosenberg (Cambridge, UK: Cambridge University Press, 1987), 142 – 175. 특히 149쪽을 참조하기 바란다.

(25) The terms "knowledge telling" and "knowledge transforming" come from Scardamalia and Bereiter, ibid.

(26) For a good overview, see Paul L. Sikes, "The effects of specific practice strategy use on university string players' performance," *Journal of Research in Music Education* 61, no. 3 (2013): 318 – 333.

(27) Gary E. McPherson and James M. Renwick, "A longitudinal study of self-regulation in children's music practice," Music Education Research 3, no. 2 (2001): 169 – 186.

(28) Susan Hallam, Tiija Rinta, Maria Varvarigou, Andrea Creech, Ioulia Papageorgi, Teresa Gomes, and Jennifer Lanipekun, "The development of practicing strategies in

young people," *Psychology of Music* 40, no. 5 (2012): 652 –680.

(29) Roger Chaffin and Gabriela Imreh, "'Pulling teeth and torture': Musical memory and problem solving," Thinking and Reasoning 3, no. 4 (1997): 315 –336; Roger Chaffin and Gabriela Imreh, "A comparison of practice and self-report as sources of information about the goals of expert practice," *Psychology of Music* 29 (2001): 39 –69; Roger Chaffin, Gabriela Imreh, Anthony F. Lemieux, and Colleen Chen, "'Seeing the big picture': Piano playing as expert problem solving," *Music Perception* 20, no. 4 (2003): 465 –490.

(30) Roger Chaffin and Topher Logan, "Practicing perfection: How concert soloists prepare for performance," Advances in *Cognitive Psychology* 2, nos. 2 –3 (2006): 113 – 130.

| 제4장 | 황금 기준

(1) 2015년 7월 기억력 대회 통계는 세계기억력경기위원회 웹사이트에 나와 있다. http://www.world-memory-statistics.com/discipline.php?id=spoken1 (accessed July 15, 2015).

(2) K. Anders Ericsson and Peter G. Polson, "A cognitive analysis of exceptional memory for restaurant orders," in *The Nature of Expertise*, ed. Michelene T. H. Chi, Robert Glaser, and Marshall J. Farr (Hillsdale, NJ: Lawrence Erlbaum, 1988), 23 –70.

(3) William L. Oliver and K. Anders Ericsson, "Repertory actors' memory for their parts," in Eighth Annual Conference of the Cognitive Society (Hillsdale, NJ: Lawrence Erlbaum Associates, 1986), 399 –406.

(4) 초기에 나온 다음 자료에서 연구에 대한 어느 정도 상세한 내용을 확인할 수 있다. K. Anders Ericsson, Clemens Tesch-Römer, and Ralf Krampe, "The role of practice and motivation in the acquisition of expert-level performance in real life: An empirical evaluation of a theoretical frame-work," in Encouraging the Development of Exceptional Skills and Talents, ed. Michael J. A. Howe (Leicester, UK: British Psychological Society, 1990), 109 –130. 그러나 연구에 대한 완결된 설명은 다음 자료 에 나와 있다. K. Anders Ericsson, Clemens Tesch-Römer, and Ralf Krampe, "The role of deliberate practice in the acquisition of expert performance," *Psychological Review* 100, no. 3 (1993): 363 –406

(5) 우리가 학교 교수들의 판단에만 의지했던 것은 아니다. 다른 수치를 활용해 교수들의 판단을 검증했다. 특히 공개적인 음악 경연 대회에서 학생들이 거둔 성적에 관한 정보를 모았는데, '최우수' 학생들이 '우수' 학생들에 비해 성적이 좋았으며, '최우수'와 '우수' 학생 모두 음악 교육 과정에 있는 학생들보다 성적이 좋았다. 또한 우리는 최우수 그룹 학생이 우수 그룹 학생보다 외워서 연주하는 곡이 상당히 많고, 이들 두 그룹이 음악 교사 지망생보다 외워 연주하는 곡이 많다는 사실도 확인했다. 이런 결과를 보고 우리는 애초 의도했던 대로 분명하게 실력이 구분되는 세 그룹을 선발했다는 사실에 안도했다.

(6) 어린 시절의 연습량은 학생들의 오래전 기억에 의존해야 했지만 우리는 이런 기억이 상당히 정확하리라고 생각했다. 이들은 바이올린 학습을 시작하는 단계부터 매일 또는 매주 일정한 시간을 정해두고 연습을 했기 때문에 단계마다 자신이 얼마나 많은 시간을 연습했는지 비교적 정확하게 알고 있었다(연습에 할애하는 이런 시간은 나이가 들면서 꾸준히 증가했다).

(7) 우리는 학생들이 내놓은 연습량 추정치에서 그룹별 학생들이 갖고 있을지 모르는 편견이 문제가 될 수 있다고 생각했다. 예를 들어 (정말 재능이 많다는 소리를 귀에 못이 박히도록 들어온) 최우수 학생들은 자신이 재능이 못한 다른 학생만큼 연습할 필요가 없었다는 생각에 빠져서 자신의 연습 시간을 계속 과소평가했을 수도 있다(아무튼 그런 편견을 가지고 있다면). 이런 편견은 실력이 좋은 학생이 더 많이 연습했다는 결과가 나올 가능성을 떨어뜨린다.

(8) Carla U. Hutchinson, Natalie J. Sachs-Ericsson, and K. Anders Ericsson, "Generalizable aspects of the development of expertise in ballet across countries and cultures: A perspective from the expert performance approach," *High Ability Studies* 24 (2013): 21-47.

(9) Herbert A. Simon and William G. Chase, "Skill in chess," *American Scientist* 61 (1973): 394-403.

(10) 체스 기사들이 이전에 비해 어린 나이에 그랜드마스터가 되는 경향에 대해서는 다음 자료를 참조하기 바란다. Robert W. Howard, "Preliminary real-world evidence that average human intelligence really is rising," *Intelligence* 27, no. 3 (1999): 235-250. 이전보다 효과적인 훈련 방법에 관심이 있다면 다음 자료를 참조하기 바란다. Fernand Gobet, Guillermo Campitelli, and Andrew J. Waters, "Rise of human intelligence: Comments on Howard" (1999), *Intelligence* 30, no. 4 (2002): 303-311.

(11) Ericsson, Tesch-Römer, and Krampe, "The role of deliberate practice," 367-368.

(12) David Wechsler, *The Range of Human Capacities* (New York: Williams & Wilkins,

1935).

(13) K. Anders Ericsson, Xiaojun Cheng, Yafeng Pan, Yixuan Ku, and Yi Hu. "Refined memory encodings mediate exceptional memory span in a world-class memorist" (paper submitted for publication), corresponding author Yi Hu, School of Psychology and Cognitive Science, East China Normal University, Shanghai, China.

(14) Frances A. Yates, *The Art of Memory*(Chicago: University of Chicago Press, 1966).

(15) 이런 식의 장기기억 활용에 대해 상세한 내용을 알고 싶다면 다음 자료를 참조하기 바란다. K. Anders Ericsson and W. Kintsch, "Long-term working memory," *Psychological Review* 102 (1995): 211–245.

(16) Alf Gabrielsson, "The performance of music," in *The Psychology of Music*, ed. Diana Deutsch, 2nd ed. (San Diego, CA: Academic Press, 1999), 501–602.

(17) Robert T. Hodgson, "An examination of judge reliability at a major U.S. wine competition," *Journal of Wine Economics* 3, no. 2(2008): 105–113.

(18) Robyn M. Dawes, *House of Cards: Psychology and Psychotherapy Built on Myth* (New York: Free Press, 1994).

(19) 관련한 초기 연구로 다음 자료를 들 수 있다. Carl-Axel S. Staël Von Holstein, "Probabilistic forecasting: An experiment related to the stock market," *Organizational Behavior and Human Performance* 8, no. 1 (1972): 139–158. 스타엘 본 홀스타인 Staël Von Holstein은 주식 전문가, 은행가, 통계학자, 대학 경영학과 교수, 대학 경영학과 강사의 주가 예측을 20주에 걸쳐서 연구했고, 평균적으로 이들 그룹 가운데 누구도 무작위 확률, 즉 우연보다 크게 나은 실적을 보여주지 못한다는 결과를 얻었다. 이런 연구에 대한 최근의 검토 결과는 다음 자료를 참조하기 바란다. K. Anders Ericsson, Patric Andersson, and Edward T. Cokely, "The enigma of financial expertise: Superior and reproducible investment performance in efficient markets," http://citeseerx.ist.psu.edu/viewdoc/download?, doi:10.1.1.337.3918&rep=re p1&type=pdf (accessed August 16, 2015).

(20) K. Anders Ericsson, "Acquisition and maintenance of medical expertise: A perspective from the expert-performance approach with deliberate practice," *Academic Medicine* 90 (2015): 1471–1486. 또한 다음의 책들도 참고하라. Niteesh K. Choudhry, Robert H. Fletcher, and Stephen B. Soumerai, "Systematic review: The relationship between clinical experience and quality of health care," *Annals of Internal Medicine* 142 (2005): 260–273; K. Anders Ericsson, James Whyte 4th, and Paul Ward, "Expert performance in nursing: Reviewing research on expertise in nursing within the framework of the

expert performance approach," *Advances in Nursing Science* 30, no. 1 (2007):E58 – E71; Paul M. Spengler, Michael J. White, Stefanía Ægisdóttir, Alan S. Maugherman, Linda A. Anderson, Robert S. Cook, Cassandra N. Nichols, Georgios K. Lampropoulos, Blain S. Walker, Genna R. Cohen, and Jeffrey D. Rush, "The meta-analysis of clinical judgment project: Effects of experience on judgment accuracy," *Counseling Psychology* 20 (2009): 350 –399.

(21) 이런 방법에 대해서는 다음 자료에 나와 있다. K. Anders Ericsson, "Protocol analysis and expert thought: Concurrent verbalizations of thinking during experts' performance on representative task," in The Cambridge Handbook of Expertise and Expert Performance, ed. K. Anders Ericsson, Neil Charness, Paul Feltovich, and Robert R. Hoffman (Cambridge, UK: Cambridge University Press, 2006), 223 –242.

(22) Malcolm Gladwell, *Outliers: The Story of Success* (New York: Little, Brown), 2008.

(23) Mark Lewisohn, Tune In (New York: Crown Archetype, 2013).

(24) 심지어 일부 연구자도 때때로 이런 사실을 망각한다. 우리가 이 책을 작업하는 동안에 일단의 연구자들이 (과거에 발표된 다량의 연구 결과를 분석하는) 메타분석 결과를 내놓았는데, (그들은 '의식적인 연습'이라고 부르긴 했지만) 체계적인 연습이 음악, 스포츠, 교육 등을 포함한 여러 영역에서 개인의 실력 향상에 미치는 영향이 상대적으로 미미하다고 결론 내리고 있다. 자세한 내용은 다음 자료를 참조하기 바란다. Brooke N. Macnamara, David Z. Hambrick, and Frederick L. Oswald, "Deliberate practice and performance in music, games, sports, education, and professions: A meta-analysis," *Psychological Science* 25 (2014): 1608 – 1618. 이 메타분석의 중요한 문제점은 연구자들이 검토한 과거 연구 가운데 우리가 '의식적인 연습'이라고 부르는 그런 종류의 연습이 수행능력에 미치는 영향을 다룬 연구가 거의 없었다는 것이다. 대신에 연구자들은 매우 느슨한 기준을 가지고 어떤 연구를 메타분석에 포함시킬지를 결정했으며, 결과적으로 우리가 이번 장의 앞부분에서 설명한 '의식적인 연습'의 기준을 충족시키지 못하는 잡다한 연습과 훈련을 주로 다루는 그런 연구들을 살피고 결론을 냈다. 이들의 작업에 대한 상세한 비평을 내 홈페이지에 올렸으니 참조하기 바란다. K. Anders Ericsson, "Challenges for the estimation of an upper-bound on relations between accumulated deliberate practice and the associated performance in domains of expertise: Comments on Macnamara, Hambrick, and Oswald's (2014) published meta-analysis," https://psy.fsu.edu/faculty /ericsson/ericsson.hp.html. 결국, 앞서의 메타분석을 통해 정말로 증명된 것은 어떤 사람이 다른 사람보다 잘하는 이유, 즉 실력 차이를 이해하고 싶다면 종류에 상관없이 어떤 연습에든 매진한 시간을 모두 측정하는 것으로는 충분하

지 않다는 사실이다. '의식적인 연습'이라는 우리의 기준에 맞는 활동을 집중적으로 살펴야 한다. 예를 들어 다음 자료를 참조하기 바란다. K. Anders Ericsson, "Why expert performance is special and cannot be extrapolated from studies of performance in the general population: A response to criticisms," *Intelligence* 45 (2014): 81 – 103.

(25) '의식적인 연습'의 정의는 예를 들어 다음 자료에서 볼 수 있다. K. Anders Ericsson and Andreas C. Lehmann, "Expert and exceptional performance: Evidence of maximal adaptations to task constraints," *Annual Review of Psychology* 47 (1996): 273 – 305. '의식적인 연습'이란 "반복과 지속적인 개선을 통해서 개인 수행능력의 구체적인 부분들을 개선하고자 코치나 교사가 특별히 설계한 개인별 맞춤 훈련"이다.(278 – 279).

(26) Ericsson, Tesch-Römer, and Krampe, "The role of deliberate practice."

(27) John R. Hayes, *The Complete Problem Solver*(Philadelphia: Franklin Institute Press, 1981).

(28) Scott Adams, *Dilbert*, February 7, 2013.

| 제5장 | 직장에서 활용하는 '의식적인 연습'

(1) 탑건 학교의 탄생과 초기 역사에 대한 상세한 내용은 다음 자료를 참조하였다. Ralph Earnest Chatham, "The 20th-century revolution in military training," *Development of Professional Expertise*, ed. K. Anders Ericsson (New York: Cambridge University Press, 2009), 27 – 60. 다음 자료도 참조하기 바란다. Robert K. Wilcox, *Scream of Eagles* (New York: Pocket Star Books, 1990).

(2) Chatham, "The 20th-century revolution."

(3) "'You fight like you train,' and Top Gun crews train hard," Armed Forces Journal International 111 (May 1974): 25 – 26, 34.

(4) Wilcox, Scream of Eagles, vi.

(5) Ibid.

(6) K. Anders Ericsson, "The influence of experience and deliberate practice on the development of superior expert performance," in Cambridge Handbook of Expertise and Expert Performance, ed. K. Anders Ericsson, Neil Charness, Paul Feltovich, and Robert R. Hoffman(Cambridge, UK: Cambridge University Press, 2006), 685 – 706.

(7) Geoff Colvin, "What it takes to be great: Research now shows that the lack of natural talent is irrelevant to great success. The secret? Painful and demanding practice and

hard work," Fortune, October 19, 2006, http://archive.fortune.com/magazines/ fortune/fortune_archive/2006/10/30/8391794/index.htm (accessed September 27, 2015).

(8) 여기 나오는 상세한 내용은 많은 부분 터록의 웹사이트와 저서에서 볼 수 있다. www. turock.com ; Art Turock, Competent Is Not an Option: Build an Elite Leadership Team Following the Talent Development Game Plan of Sports Champions (Kirkland, WA: Pro Practice Publishing, 2015).

(9) 터록은 위에서 말한 자신의 저서에서 블루 버니 회사의 이야기를 하고 있다. Competent Is Not an Option, ibid.

(10) Diana L. Miglioretti, Charlotte C. Gard, Patricia A. Carney, Tracy L. Onega, Diana S. M. Buist, Edward A. Sickles, Karla Kerlikowske, Robert D. Rosenberg, Bonnie C. Yankaskas, Berta M. Geller, and Joann G. Elmore, "When radiologists perform best: The learning curve in screening mammogram interpretation," Radiology 253 (2009): 632–640. See also Calvin F. Nodine, Harold L. Kundel, Claudia Mello-Thoms, Susan P. Weinstein, Susan G. Orel, Daniel C. Sullivan, and Emily F. Conant, "How experience and training influence mammography expertise," Academic Radiology 6 (1999): 575–585.

(11) William E. Barlow, Chen Chi, Patricia A. Carney, Stephen H. Taplin, Carl D'Orsi, Gary Cutter, R. Edward Hendrick, and Joann G. Elmore, "Accuracy of screening mammography interpretation by characteristics of radiologists," *Journal of the National Cancer Institute* 96 (2004): 1840–1850.

(12) Ibid.

(13) K. Anders Ericsson, "Deliberate practice and the acquisition and maintenance of expert performance in medicine and related domains," Academic Medicine 79 (2004): S70–S81.

(14) http://www.breastaustralia.com/public/index.

(15) BaoLin Pauline Soh, Warwick Bruce Lee, Claudia Mello-Thoms, Kriscia Tapia, John Ryan, Wai Tak Hung, Graham Thompson, Rob Heard, and Patrick Brennan, "Certain performance values arising from mammographic test set readings correlate well with clinical audit," *Journal of Medical Imaging and Radiation Oncology* 59 (2015): 403–410.

(16) M. Pusic, M. Pecaric, and K. Boutis, "How much practice is enough? Using learning curves to assess the deliberate practice of radiograph interpretation," Academic

Medicine 86 (2011): 731 –736.

(17) Alan Lesgold, Harriet Rubinson, Paul Feltovich, Robert Glaser, Dale Klopfer, and Yen Wang, "Expertise in a complex skill: Diagnosing X-ray pictures," in The Nature of Expertise, ed. Michelene T. H. Chi, Robert Glaser, and Marshall J. Farr (Hillsdale, NJ: Lawrence Erlbaum Associates, 1988), 311 –342; Roger Azevedo, Sonia Faremo, and Susanne P. Lajoie, "Expert-novice differences in mammogram interpretation," in Proceedings of the 29th Annual Cognitive Science Society, ed. D. S. McNamara and J. G. Trafton (Nashville, TN: Cognitive Science Society, 2007), 65 –70.

(18) Claudia Mello-Thoms, Phuong Dung Trieu, and Mohammed A. Rawashdeh, "Understanding the role of correct lesion assessment in radiologists' reporting of breast cancer," in Breast Imaging: Proceedings, 12th International Workshop, IWDM 2014, ed. Hiroshi Fujita, Takeshi Hara, and Chisako Muramatsu (Cham, Switzerland: Springer International, 2014), 341 –347.

(19) Lawrence L. Way, L. Stewart, W. Gantert, Kingsway Liu, Crystine M. Lee, Karen Whang, and John G. Hunter, "Causes and prevention of laparoscopic bile duct injuries: Analysis of 252 cases from a human factors and *cognitive psychology* perspective," *Annals of Surgery* 237, no. 4 (2003): 460 –469.

(20) Helena M. Mentis, Amine Chellali, and Steven Schwaitzberg, "Learning to see the body: Supporting instructional practices in laparoscopic surgical procedures," in Proceedings of the SIGCHI Conference on Human Factors in Computing Systems (New York: Association for Computing Machinery, 2014), 2113 –2122.

(21) 수혈 사례는 다음 책에 나온 내용이다. David Liu, Tobias Grundgeiger, Penelope M. Sanderson, Simon A. Jenkins, and Terrence A. Leane, "Interruptions and blood transfusion checks: Lessons from the simulated operating room," Anesthesia & Analgesia 108 (2009): 219 –222.

(22) Niteesh K. Choudhry, Robert H. Fletcher, and Stephen B. Soumerai, "Systematic review: The relationship between clinical experience and quality of health care," Annals of Internal Medicine 142 (2005): 260 –273. See also Paul M. Spengler and Lois A. Pilipis, "A comprehensive meta-analysis of the robustness of the experience-accuracy effect in clinical judgment," *Journal of Counseling Psychology* 62, no. 3 (2015): 360 – 378.

(23) Paul M. Spengler, Michael J. White, Stefanía Ægisdóttir, Alan S. Maugherman, Linda A. Anderson, Robert S. Cook, Cassandra N. Nichols, Georgios K. Lampropoulos,

Blain S. Walker, Genna R. Cohen, and Jeffrey D. Rush, "The meta-analysis of clinical judgment project: Effects of experience on judgment accuracy," Counseling Psychology 20 (2009): 350 - 399.

(24) K. Anders Ericsson, James Whyte 4th, and Paul Ward, "Expert performance in nursing: Reviewing research on expertise in nursing within the framework of the expert performance approach," Advances in Nursing Science 30, no. 1 (2007): E58 - E71.

(25) Dave Davis, Mary Ann Thomson O'Brien, Nick Freemantle, Fredric M. Wolf, Paul Mazmanian, and Anne Taylor-Vaisey, "Impact of formal continuing medical education: Do conferences, workshops, rounds, and other traditional continuing education activities change physician behavior or health care outcomes?" JAMA 282, no. 9 (1999): 867 - 874.

(26) Louise Forsetlund, Arild Bjørndal, Arash Rashidian, Gro Jamtvedt, Mary Ann O' Brien, Fredric M. Wolf, Dave Davis, Jan Odgaard-Jensen, and Andrew D. Oxman, "Continuing education meetings and workshops: Effects on professional practice and health care outcomes," Cochrane Database of Systematic Reviews 2 (2012): CD003030.

(27) J. M. Rodriguez-Paz, M. Kennedy, E. Salas, A. W. Wu, J. B. Sexton, E. A. Hunt, and P. J. Pronovost, "Beyond 'see one, do one, teach one': Toward a different training paradigm," Quality and Safety in Health Care 18 (2009): 63 - 68. See also William C. McGaghie, Jacob R. Suker, S. Barry Issenberg, Elaine R. Cohen, Jeffrey H. Barsuk, and Diane B. Wayne, "Does simulation-based medical education with deliberate practice yield better results than traditional clinical education? A meta-analytic comparative review of the evidence," Academic Medicine 86, no. 6 (June 2011): 706 - 711.

(28) Michael J. Moore and Charles L. Bennett, and the Southern Surgeons Club, "The learning curve for laparoscopic cholecystectomy," American Journal of Surgery 170 (1995): 55 - 59.

(29) John D. Birkmeyer, Jonathan F. Finks, Amanda O'Reilly, Mary Oerline, Arthur M. Carlin, Andre R. Nunn, Justin Dimick, Mousumi Banerjee, and Nancy J. O. Birkmeyer, "Surgical skill and complication rates after bariatric surgery," New England Journal of Medicine 369 (2013): 1434 - 1442.

(30) K. Anders Ericsson, "Acquisition and maintenance of medical expertise: A perspective from the expert performance approach and deliberate practice," Academic

Medicine 90, no. 11 (2015): 1471–1486.

(31) Andrew J. Vickers, Fernando J. Bianco, Angel M. Serio, James A. Eastham, Deborah Schrag, Eric A. Klein, Alwyn M. Reuther, Michael W. Kattan, J. Edson Pontes, and Peter T. Scardino, "The surgical learning curve for prostate cancer control after radical prostatectomy," *Journal of the National Cancer Institute* 99, no. 15 (2007): 1171–1177.

(32) Andrew J. Vickers, Fernando J. Bianco, Mithat Gonen, Angel M. Cronin, James A. Eastham, Deborah Schrag, Eric A. Klein, Alwyn M. Reuther, Michael W. Kattan, J. Edson Pontes, and Peter T. Scardino, "Effects of pathologic stage on the learning curve for radical prostatectomy: Evidence that recurrence in organ-confined cancer is largely related to inadequate surgical technique," European Urology 53, no. 5 (2008): 960–966.

(33) K. Anders Ericsson, "Surgical expertise: A perspective from the expert-performance approach," in Surgical Education in Theoretical Perspective: Enhancing Learning, Teaching, Practice, and Research, ed. Heather Fry and Roger Kneebone (Berlin: Springer, 2011), 107–121.

(34) Diana L. Miglioretti, Charlotte C. Gard, Patricia A. Carney, Tracy L. Onega, Diana S. M. Buist, Edward A. Sickles, Karla Kerlikowske, Robert D. Rosenberg, Bonnie C. Yankaskas, Berta M. Geller, and Joann G. Elmore, "When radiologists perform best: The learning curve in screening mammogram interpretation," Radiology 253 (2009): 632–640.

(35) Curtis Craig, Martina I. Klein, John Griswold, Krishnanath Gaitonde, Thomas McGill, and Ari Halldorsson, "Using cognitive task analysis to identify critical decisions in the laparoscopic environment," Human Factors 54, no. 3 (2012): 1–25.

(36) Ibid.

(37) James W. Lussier, Scott B. Shadrick, and Michael Prevou, Think Like a Commander Prototype: Instructor's Guide to Adaptive Thinking (Fort Knox, KY: Armored Forces Research Unit, U.S. Army Research Institute, 2003).

(38) Sayra M. Cristancho, Tavis Apramian, Meredith Vanstone, Lorelei Lingard, Michael Ott, and Richard J. Novick, "Understanding clinical uncertainty: What is going on when experienced surgeons are not sure what to do?" Academic Medicine 88 (2013): 1516–1521; and Sayra M. Cristancho, Meredith Vanstone, Lorelei Lingard, Marie-Eve LeBel, and Michael Ott, "When surgeons face intraoperative challenges: A

naturalistic model of surgical decision making," *American Journal of Surgery* 205 (2013): 156 – 162.

(39) Mica R. Endsley, "Expertise and situation awareness," in The Cambridge Handbook of Expertise and Expert Performance, ed. K. Anders Ericsson, Neil Charness, Paul J. Feltovich, and Robert R. Hoffman, eds. (Cambridge, UK: Cambridge University Press, 2006), 633 – 652. See also Paul M. Salmon, Neville A. Stanton, Guy H. Walker, Daniel Jenkins, Darsha Ladva, Laura Rafferty, and Mark Young, "Measuring situation awareness in complex systems: Comparison of measures study," *International Journal of Industrial Ergonomics* 39 (2009): 490 – 500.

| 제6장 | 일상생활에서 활용하는 '의식적인 연습'

(1) 댄 맥러플린은《재능은 어떻게 단련되는가》에서 내 연구 결과를 읽었다고 구체적으로 언급했지만, 그즈음 '의식적인 연습'의 효과를 논한 책이 이미 여럿이었고 따라서 해당 개념이 상당히 널리 알려져 있었다. 제프 콜빈의 《재능은 어떻게 단련되는가》, 말콤 글래드웰의 《아웃라이어》, 다니엘 코일의 《탤런트 코드》등이 바로 그것이다.

(2) 댄 맥러플린은 thedanplan.com이라는 웹사이트를 운영하는데 거기에 자신의 계획과 진척 상황을 기록한다. 또한 골프 잡지에 소개된 댄 맥러플린에 대한 좋은 기사도 있다. Rick Lipsey, "Dan McLaughlin thinks 10,000 hours of focused practice will get him on Tour," Golf, December 9, 2011, www.golf.com/tour-and-news /dan-mclaughlin-thinks-10000-hours-focused-practice-will-get-him-tour (accessed August 26, 2015).

(3) 댄이 계획에 돌입한 이후에 PGA 투어카드를 얻는 규칙이 바뀌었다. 지금은 PGA 투어 예선 대회에서 충분히 잘해도 PGA의 2부 투어인 웹닷컴투어에서 뛰는 자격밖에 얻지 못한다. 웹닷컴투어에서 성적이 좋으면 PAG 투어에서 뛸 수 있다.

(4) Lipsey, "Dan McLaughlin thinks 10,000 hours."

(5) 댄 맥러플린과의 개인적인 대화. 2014년 6월 4일.

(6) Linda J. Duffy, Bachman Baluch, and K. Anders Ericsson, "Dart performance as a function of facets of practice amongst professional and amateur men and women players," *International Journal of Sports Psychology* 35 (2004): 232 – 245.

(7) Kevin R. Harris, "Deliberate practice, mental representations, and skilled performance in bowling" (Ph.D. diss., Florida State University, 2008), Electronic Theses, Treatises

and Dissertations, DigiNole Commons, paper no. 4245.

(8) Christina Grape, Maria Sandgren, Lars-Olof Hansson, Mats Ericson, and Tores Theorell, "Does singing promote well-being? An empirical study of professional and amateur singers during a singing lesson," *Integrative Physiological and Behavioral Science* 38 (2003): 65-74.

(9) Cole G. Armstrong, "The influence of sport specific social organizations on the development of identity: A case study of professional golf management" (Ph.D. diss., Florida State University, 2015), Electronic Theses, Treatises and Dissertations, DigiNole Commons, paper no. 9540.

(10) Ibid., 179.

(11) 나탈리 코플린의 훈련에 대한 자세한 내용은 다음 자료에 나와 있다. Gina Kolata, "Training insights from star athletes," *New York Times*, January 14, 2013.

(12) Daniel F. Chambliss, Champions: The Making of Olympic Swimmers (New York: Morrow, 1988); Daniel F. Chambliss, "The mundanity of excellence: An ethnographic report on stratification and Olympic swimmers," *Sociological Theory* 7 (1989): 70-86.

(13) Chambliss, "Mundanity of excellence," 85.

(14) 이 분야 선구적인 연구로는 다음 연구가 있다. W. P. Morgan and M. L. Pollock, "Psychological characterization of the elite distance runner," *Annals of the New York Academy of Sciences* 301 (1977): 382-403. 후속 연구에 대한 보다 최근의 검토는 다음 자료에서 볼 수 있다. Ashley Samson, Duncan Simpson, Cindra Kamphoff, and Adrienne Langlier, "Think aloud: An examination of distance runners' thought processes," *International Journal of Sport and Exercise Psychology*, online publication July 25, 2015, doi :10.1080/1612197X.2015.1069877.

(15) Benjamin Franklin, The Autobiography of Benjamin Franklin (New York: Henry Holt, 1916), (프랑스어판이 최초로 출판된 것은 1791년, 영어판이 최초로 나온 것은 1793년이다.) https://www.gutenberg.org/files/20203/20203-h/20203-h.htm (accessed August 30, 2015). 벤저민 프랭클린이 글쓰기 실력을 키우려고 활용한 방법을 내가 처음으로 다룬 것은 다음 책의 도입부에서다. K. Anders Ericsson, ed., Roads to Excellence: The Acquisition of Expert Performance in the Arts and Sciences, Sports, and Games (Mahwah, NJ: Erlbaum, 1996), 1-50. 이와 관련하여 최근에 나온 훌륭한 설명으로 다음 자료를 들 수 있다. Shane Snow, "Ben Franklin taught himself to write with a few clever tricks," The Freelancer, August 21, 2014, http://contently. net/2014/08/21/stories/ben -franklin-taught-write-clever-tricks/ (accessed August

30, 2015).

(16) Lecoq de Boisbaudran, The Training of the Memory in Art and the Education of the Artist, trans. L. D. Luard (London: MacMillan, 1911), https://books.google.com/books?hl=en&lr=&id=SJufAAAAMAAJ&oi=fnd&pg=PR5&dq=the+training+of+the+memory+in+art+and+the+education+of+the+artist&ots=CvAENj-mHl&sig=Iu4ku1d5F-uIP_aacBLugvYAiTU#v=onepage&q=the%20training%20of%20the%20memory%20in%20art%20and%20the%20education%20of%20the%20artist&f=false (accessed October 2, 2015).

(17) K. Anders Ericsson, "The cquisition of expert performance as problem solving," in The Psychology of Problem Solving, ed. Janet E. Davidson and Robert J. Sternberg (New York: Cambridge University Press, 2003), 31 – 83.

(18) Angela L. Duckworth, Teri A. Kirby, Eli Tsukayama, Heather Berstein, and K. Anders Ericsson, "Deliberate practice spells success: Why grittier competitors triumph at the National Spelling Bee," Social Psychology and Personality Science 2 (2011): 174 – 181.

(19) 예를 들어 Rena R. Wing and Suzanne Phelan, "Long-term weight-loss maintenance," American Journal of Clinical Nutrition 82 (supplement, 2005): 222S – 225S; K. Ball and D. Crawford, "An investigation of psychological, social, and environmental correlates of obesity and weight gain in young women," International Journal of Obesity 30 (2006): 1240 – 1249.

(20) 해당 일화는 40여 년 뒤에 집필한 헤그의 자서전에 나와 있다. Gunder Hägg, Mitt Livs Lopp [The competition of my life] (Stockholm: Norstedts, 1987).

(21) Franklin, Autobiography.

| 제7장 | 비범함으로 가는 로드맵

(1) 폴가르 가족과 관련한 상세한 내용은 다음의 여러 자료에서 나왔다. Linnet Myers, "Trained to be a genius, girl, 16, wallops chess champ Spassky for $110,000," Chicago Tribune, February 18, 1993, http://articles.chicagotribune.com/1993-02-18/news/9303181339_1_judit-polgar-boris-spassky-world-chess-champion (accessed August 19, 2015); Austin Allen, "Chess grandmastery: Nature, gender, and the genius of Judit Polgár," JSTOR Daily, October 22, 2014, http://daily.jstor.org/chess-

grandmastery–nature–gender–genius–judit–polgar/ (accessed August 19, 2015); Judit
Polgár, "Biography," Judit Polgár website, 2015, http://www.juditpolgar.com /en/
biography (accessed August 19, 2015).

(2) "Chessmetrics player profile: Sofia Polgar," at Chessmetrics, http://chessmetrics.com/
cm/CM2/PlayerProfile.asp?Params=199510SSSSS1S10271400000001111102267600
024610100(accessed August 20, 2015). See also "Zsofia Polgar," at Chessgames.com,
http://www.chessgames.com/player/zsofia–polgar (accessed August 20, 2015).

(3) Myers, "Trained to be a genius."

(4) Nancy Ruhling, "Putting a chess piece in the hand of every child in America,"
Lifestyles (2006), reprinted in Chess Daily News, https://chessdailynews.com/
putting–a–chess–piece–in–the–hand–of–every–child–in–america–2/ (accessed
August 20, 2015).

(5) Benjamin S. Bloom, ed., Developing Talent in Young People (New York: Ballantine
Books, 1985), 3 – 18.

(6) Benjamin S. Bloom, "Generalizations about talent development," in ibid., 507 – 549.

(7) Matt Christopher and Glenn Stout, On the Ice with . . . Mario Lemieux (New York:
Little, Brown, 2002).

(8) David Hemery, Another Hurdle (London: Heinemann, 1976), 9.

(9) Bloom, "Generalizations about talent development," 512 – 518.

(10) David Pariser, "Conceptions of children's artistic giftedness from modern and
postmodern perspectives," *Journal of Aesthetic Education* 31, no. 4 (1997): 35 – 47.

(11) Kara Brandeisky, "What it costs to raise a Wimbledon champion," Money, July
4, 2014, http://time.com/money/2951543/cost–to–raise–tennis–champion–
wimbledon/ (accessed August 23, 2015).

(12) K. Anders Ericsson, "How experts attain and maintain superior performance:
Implications for the enhancement of skilled performance in older individuals," *Journal
of Aging and Physical Activity* 8 (2000): 366 – 372.

(13) Amanda Akkari, Daniel Machin, and Hirofumi Tanaka, "Greater progression of
athletic performance in older Masters athletes," *Age and Ageing* 44, no. 4 (2015):
683 – 686.

(14) Dieter Leyk, Thomas Rüther, Max Wunderlich, Alexander Sievert, Dieter Eßfeld,
Alexander Witzki, Oliver Erley, Gerd Küchmeister, Claus Piekarski, and Herbert
Löllgen, "Physical performance in middle age and old age: Good news for our

sedentary and aging society," *Deutsches Aerzteblatt International* 107 (2010): 809 – 816.

(15) Karen Crouse, "100 years old. 5 world records," *New York Times*, September 21, 2015, http://www.nytimes.com/2015/09/22/sports/a-bolt-from-the-past-don-pellmann-at-100-is-still-breaking-records.html?module=CloseSlideshow&region=SlideShowTopBar&version=SlideCard-10&action=click&contentCollection=Sports&pgtype=imageslideshow (accessed October 1, 2015).

(16) Edward H. Miller, John N. Callander, S. Michael Lawhon, and G. James Sammarco, "Orthopedics and the classical ballet dancer," *Contemporary Orthopedics* 8 (1984): 72–97.

(17) Edward H. Miller, John N. Callander, S. Michael Lawhon, and G. James Sammarco, "Orthopedics and the classical ballet dancer," Contemporary Orthopedics 8 (1984): 72–97. throwing shoulder," *Sports Medicine and Arthroscopy Review* 22, no. 2 (2014): 88–93.

(18) Heidi Haapasalo, Saija Kontulainen, Hau Sievänen, Pekka Kannus, Markku Järvinen, and Ilkka Vuori, "Exercise-induced bone gain is due to enlargement in bone size without a change in volumetric bone density: A peripheral quantitative computed tomography study of the upper arms of male tennis players," *Bone* 27, no. 3(2000): 351–357.

(19) Saija Kontulainen, Harri Sievänen, Pekka Kannus, Matti Pasanen, and Ilkka Vuori, "Effect of long-term impactloading on mass, size, and estimated strength of humerus and radius of female racquet-sports players: A peripheral quantitative computed tomography study between young and old starters and controls," *Journal of Bone and Mineral Research* 17, no. 12 (2002): 2281–2289.

(20) Gottfried Schlaug, Lutz Jäncke, Yanxiong Huang, Jochen F. Staiger, and Helmuth Steinmetz, "Increased corpus-callosum size in musicians," *Neuropsychologia* 33 (1995): 1047–1055.

(21) Dawn L. Merrett, Isabelle Peretz, and Sarah J. Wilson, "Moderating variables of music training — induced neuroplasticity: A review and discussion," *Frontiers in Psychology* 4 (2013): 606.(22) Siobhan Hutchinson, Leslie Hui-Lin Lee, Nadine Gaab, and Gottfried Schlaug, "Cerebellar volume of musicians," *Cerebral Cortex* 13 (2003): 943–949.

(22) Siobhan Hutchinson, Leslie Hui-Lin Lee, Nadine Gaab, and Gottfried Schlaug,

"Cerebellar volume of musicians," *Cerebral Cortex* 13 (2003): 943–949

(23) Andrea Mechelli, Jenny T. Crinion, Uta Noppeney, John O'Doherty, John Ashburner, Richard S. Frackowiak, and Cathy J. Price, "Structural plasticity in the bilingual brain: Proficiency in a second language and age at acquisition affect grey-matter density," *Nature* 431 (2004): 757.

(24) Stefan Elmer, Jürgen Hänggi, and Lutz Jäncke, "Processing demands upon cognitive, linguistic, and articulatory functions promote grey matter plasticity in the adult multilingual brain: Insights from simultaneous interpreters," *Cortex* 54 (2014): 179 – 189.

(25) Paul T. Brady, "Fixed-scale mechanism of perfect pitch," *Journal of the Acoustical Society of America* 48, no. 4, pt. 2 (1970): 883 – 887.

(26) Lola L. Cuddy, "Practice effects in the absolute judgment of pitch," *Journal of the Acoustical Society of America* 43 (1968): 1069 – 1076.

(27) Mark Alan Rush, "An experimental investigation of the effectiveness of training on absolute pitch in adult musicians" (Ph.D. diss., Ohio State University, 1989).

(28) 나이젤 리처드에 관한 세부 내용은 다음 자료들을 참조하기 바란다. Stefan Fatsis, Word Freak: Heartbreak, Triumph, Genius, on Obsession in the World of Competitive Scrabble (New York: Houghton Mifflin Harcourt, 2001). Stefan Fatsis, "An outtake from Word Freak: The enigmatic Nigel Richards," *The Last Word 21* (September 2011): 35 – 37, http://www.thelastwordnewsletter.com/Last _Word/Archives_files/TLW%20September%202011.pdf (accessed August 21, 2015); Oliver Roeder, "What makes Nigel Richards the best Scrabble player on earth," FiveThirtyEight, August 8, 2014, http://fivethirtyeight .com/features/what-makes-nigel-richards-the-best-scrabble-player-on-earth/ (accessed August 21, 2015).

(29) Kim Willsher, "The French Scrabble champion who doesn't speak French," *The Guardian*, July 21, 2015, www.theguardian.com/lifeandstyle/2015/jul/21/new-french-scrabble-champion-nigel-richards-doesnt-speak-french (accessed August 21, 2015).

(30) 여기 나오는 창조적인 천재들에 관한 내용 대부분이 다음 자료에 나와 있다. K. Anders Ericsson, "Creative genius: A view from the expert performance approach," in *The Wiley Handbook of Genius*, ed. Dean Keith Simonton (New York: John Wiley, 2014), 321 – 349.

(31) Harriett Zuckerman, *Scientific Elite: Nobel Laureates in the United States* (New York:

Free Press, 1977).

| 제8장 | '재능'이라는 지름길은 없다

(1) 인터넷으로 조금만 검색해도 여러 버전의 이야기가 나온다. David Nelson, "Paganini: How the great violinist was helped by a rare medical condition," *News and Record* (Greensboro, NC), January 9, 2011, http://inmozartsfootsteps.com/1032/paganini-violinisthelped-by-marfan-syndrome/ (accessed August 21, 2015); "Nicolo Paganini," Paganini on the Web, http://www.paganini.com/nicolo/nicindex.htm (accessed August 21, 2015); "One string . . . and Paganini," Dr. S. Jayabarathi's Visvacomplex website, http://www.visvacomplex.com/One_String_and_Paganini.html (accessed August 21, 2015).

(2) Maiko Kawabata, "Virtuosity, the violin, and the devil . . . What really made Paganini 'demonic'?" *Current Musicology* 83 (2007): 7 - 30.

(3) Edgar Istel and Theodore Baker, "The secret of Paganini's technique," *Musical Quarterly* 16, no. 1 (1930): 101 - 116.

(4) Ibid., 103.

(5) Andreas C. Lehmann and K. Anders Ericsson, "The historical development of domains of expertise: Performance standards and innovations in music," in *Genius and the Mind: Studies of Creativity and Temperament in the Historical Record*, ed. Andrew Steptoe (Oxford: Oxford University Press, 1998), 64 - 97.

(6) 아시다시피 모차르트의 전기는 많다. 모차르트 생전에 기록된 이야기들로 이루어져서 특히 유용한 것으로는 다음 자료가 있다. Otto Erich Deutsch, *Mozart: A Documentary Biography*, 3rd ed. (London: Simon & Schuster, 1990). Edward Holmes, The Life of *Mozart* (New York: Cosimo Classics), 2005.

(7) Jin Young Park, "A reinvestigation of early Mozart: The three keyboard concertos, K. 107" (Ph.D. diss., University of Oklahoma, 2002). See also Arthur Hutchings, *A Companion to Mozart's Piano Concertos* (Oxford, UK: Clarendon Press, 1999) and Wolfgang Plath, "Beitrâge zur Mozart-Autographie 1: Die Handschrift Leopold Mozarts" [The handwriting of Leopold Mozart], in *Mozart-Jahrbuch 1960/1961* (Salzburg: Internationalen Stiftung Mozarteum, 1961), 82 - 117.

(8) 마리오 르뮤에 대한 자세한 내용을 알고 싶다면 다음 자료를 참조하기 바란다.

K. Anders Ericsson, "My exploration for Gagné's 'evidence' for innate talent: It is Gagné who is omitting troublesome information so as to present more convincing accusations," in *The Complexity of Greatness: Beyond Talent or Practice*, ed. Scott Barry Kaufmann (New York: Oxford University Press, 2012), 223–256.

(9) M. Brender, "The roots of Route 66," Hockey News (May 16 supplement: "Mario Lemieux's journey to greatness") 50, no. 35 (1997): 14.

(10) François Gagné, "Yes, giftedness (aka 'innate' talent) does exist!" in Kaufmann, *Complexity of Greatness*, 191–222.

(11) Matt Christopher and Glenn Stout, On the Ice with . . . Mario Lemieux (New York: Little, Brown, 2002).

(12) David Epstein, *The Sports Gene: Inside the Science of Extraordinary Athletic Performance* (New York: Current, 2013). 엡스타인의 도널드 토머스 이야기가 소개된 여러 사례 하나를 들자면 다음 자료가 있다. Tony Manfred, "This anecdote about high jumpers will destroy your faith in Malcolm Gladwell's 10,000-hours rule," *Business Insider*, August 15, 2013, http://www.businessinsider.com/high-jumpers-anecdote -questions-gladwells-10000-hours-rule-2013-8 (accessed August 21, 2015).

(13) USTFCCCA (U.S. Track & Field and Cross Country Coaches Association), "USTFCCCA profile of Donald Thomas: An improbable leap into the limelight," *Track and Field News*, http://trackandfieldnews.com/index.php/display-article?arId=15342 (accessed August 21, 2015).

(14) Ibid.

(15) Guillaume Laffaye, "Fosbury Flop: Predicting performance with a three-variable model," *Journal of Strength & Conditioning Research* 25, no. 8 (2011): 2143–2150.

(16) 《왕립사회회보》 특별호 전체가 서번트 증후군, 특히 서번트 증후군과 자폐증과의 관계를 다루고 있으므로, 최근의 서번트 증후군에 대한 연구 동향을 보기에 좋은 자료이다. 특히 전체를 개관한 다음 논문을 참조하기 바란다. Darold A. Treffert, "The savant syndrome: An extraordinary condition. A synopsis: Past, present, and future," *Philosophical Transactions of the Royal Society B* 364, no. 1522 (2009): 1351–1357.

(17) 서번트 증후군을 보는 이런 새로운 사고를 일반인이 이해하기 쉽게 설명한 자료로는 다음 글이 있다. Celeste Biever, "The makings of a savant," *New Scientist* 202, no. 2711 (June 6, 2009): 30.

(18) Francesca Happé and Pedro Vital, "What aspects of autism predispose to talent?" Philosophical Transactions of the Royal Society B 364, no. 1522 (2009): 1369–1375.

(19) Jennifer Vegas, "Autistic savant 'addicted' to dates," *ABC Science*, January 31, 2007, http://www.abc.net.au/science/articles/2007/01/31/1837037.htm (accessed June 26, 2015).

(20) Marc Thioux, David E. Stark, Cheryl Klaiman, and Robert T. Schultz, "The day of the week when you were born in 700 ms: Calendar computation in an autistic savant," *Journal of Experimental Psychology: Human Perception and Performance* 32, no. 5 (2006): 1155 – 1168.

(21) Barnett Addis, "Resistance to parsimony: The evolution of a system for explaining the calendar-calculating abilities for idiot savant twins" (1968년 4월 뉴올리언스에서 열린 남서부심리학협회 회의에 제출한 논문이다.) 이들 쌍둥이에 대한 상세한 정보를 알고 싶다면 다음 자료를 참조하기 바란다. O. A. Parsons, "July 19, 132,470 is a Saturday: Idiot savant calendar-calculating twins" (1968년 4월 뉴올리언스에서 열린 남서부심리학협회 회의에 제출한 글이다.)

(22) K. Anders Ericsson and Irene Faivre, "What's exceptional about exceptional abilities?" In *The Exceptional Brain: Neuropsychology of Talent and Special Abilities*, ed. Loraine K. Obler and Deborah Fein (New York: Guilford, 1988), 436 – 473.

(23) G. L. Wallace, F. Happé, and J. N. Giedd, "A case study of a multiply talented savant with an autism spectrum disorder: Neuropsychological functioning and brain morphometry," Philosophical Transactions of the Royal Society of London Series B, Biological Sciences 364 (2009): 1425 – 1432; and Richard Cowan and Chris Frith, "Do calendrical savants use calculation to answer date questions? A functional magnetic resonance imaging study," Philosophical Transactions of the Royal Society of London Series B, Biological Sciences 364 (2009): 1417 – 1424.

(24) Lola L. Cuddy, Laura-Lee Balkwill, Isabelle Peretz, and Ronald R. Holden, "Musical difficulties are rare: A study of 'tone deafness' among university students," *Annals of the New York Academy of Sciences* 1060 (2005): 311 – 324.

(25) Susan Knight, "Exploring a cultural myth: What adult non-singers may reveal about the nature of singing," *Phenomenon of Singing 2* (2013): 144 – 154.

(26) Ibid.

(27) Isabelle Peretz, Julie Ayotte, Robert J. Zatorre, Jacques Mehler, Pierre Ahad, Virginia B. Penhune, and Benoît Jutras, "Congenital amusia: A disorder of fine-grained pitch discrimination," *Neuron* 33 (2002): 185 – 191.

(28) Magdalena Berkowska and Simona Dalla Bella, "Acquired and congenital disorders

of sung performance: A review," *Advances in Cognitive Psychology* 5 (2009): 69 – 83; Karen J. Wise and John A. Sloboda, "Establishing an empirical profile of self–defined 'tone deafness': Perception, singing performance and self–assessment," *Musicae Scientiae* 12, no. 1 (2008): 3 – 26. See also Knight, "Exploring a cultural myth."

(29) Knight, "Exploring a cultural myth."

(30) David Bornstein, "A better way to teach math," *New York Times*, April 11, 2011, http://opinionator.blogs.nytimes.com/2011/04/18/a-better-way-to-teach-math/?_r=0 (accessed August 21, 2015).

(31) Alfred Binet, Psychologie des grands calculateurs et joueurs d'echecs [The psychology of great calculators and chess players] (Paris: Libraire Hachette, 1894).

(32) Merim Bilalić, Peter McLeod, and Fernand Gobet, "Does chess need intelligence? A study with young chess players," *Intelligence* 35 (2007): 457 – 470.

(33) Dianne D. Horgan and David Morgan, "Chess expertise in children," Applied *Cognitive Psychology* 4 (1990): 109-128; Marcel Frydman and Richard Lynn, "The general intelligence and spatial abilities of gifted young Belgian chess players," *British Journal of Psychology* 83 (1992): 233 – 235.

(34) 예를 들면 다음 자료들을 참조하기 바란다. Andrew J. Waters, Fernand Gobet, and Gerv Leyden, "Visuo–spatial abilities in chess players," *British Journal of Psychology* 93 (2002): 557 – 565; Josef M. Unterrainer, Christoph P. Kaller, Ulrike Halsband, and B. Rahm, "Planning abilities and chess: A comparison of chess and non–chess players on the Tower of London," *British Journal of Psychology* 97 (2006): 299 – 311; Roland H. Grabner, Aljoscha C. Neubauer, and Elbeth Stern, "Superior performance and neural efficiency: The impact of intelligence and expertise," Brain Research Bulletin 69 (2006): 422 – 439; Jörg Doll and Ulrich Mayr, "Intelligenz und Schachleistung — eine Untersuchung an Schachexperten" [Intelligence and chess performance — A study of chess experts], Psychologische Beiträge 29 (1987): 270 – 289. 그랜드마스터에 대한 초기 연구는 다음 자료를 참조하기 바란다. I. N. Djakow, N. W. Petrowski, and P. A. Rudik, *Psychologie des Schachspiels* [Psychology of chess playing] (Berlin: de Gruyter, 1927).

(35) Josef M. Unterrainer, Christoph P. Kaller, Ulrike Halsband, and B. Rahm, "Planning abilities and chess: A comparison of chess and non–chess players on the Tower of London," *British Journal of Psychology* 97 (2006): 299 – 311; Roland H. Grabner, Aljoscha C. Neubauer, and Elbeth Stern, "Superior performance and neural efficiency:

The impact of intelligence and expertise," *Brain Research Bulletin* 69 (2006): 422 –439.

(36) Jörg Doll and Ulrich Mayr, "Intelligenz und Schachleistung — eine Untersuchung an Schachexperten" [Intelligence and chess performance — A study of chess experts], *Psychologische Beiträge* 29(1987): 270 –289.

(37) Boreom Lee, Ji-Young Park, Wi Hoon Jung, Hee Sun Kim, Jungsu S. Oh, Chi-Hoon Choi, Joon Hwan Jang, Do-Hyung Kang, and Jun Soo Kwon, "White matter neuroplastic changes in long-term trained players of the game of 'Baduk' (GO): A voxel-based diffusion-tensor imaging study," *NeuroImage* 52 (2010): 9 – 19; Wi Hoon Jung, Sung Nyun Kim, Tae Young Lee, Joon Hwan Jang, Chi-Hoon Choi, Do-Hyung Kang, and Jun Soo Kwon, "Exploring the brains of Baduk (Go) experts: Gray matter morphometry, resting-state functional connectivity, and graph theoretical analysis," *Frontiers in Human Neuroscience* 7, no. 633 (2013): 1 –16.

(38) IQ 검사 결과, 점수가 높은 사람들은 학교 성적이 좋고 따라서 학교에 남을 확률이 높기 때문에(이는 반복적으로 관찰되는 현상이다.) IQ가 낮은 어린 바둑 기사들 중 일부가 바둑 학습에 온전히 매진하기 위해서 동료들보다 일찍 학교를 그만두었을 가능성도 있다. 이렇게 하면 전문 바둑 기사들의 IQ가 평균 이하인 것이 설명이 된다.

(39) 관련된 여러 연구에 관한 상세한 참고문헌 목록이 있는 자료로는 다음 글이 있다. K. Anders Ericsson, "Why expert performance is special and cannot be extrapolated from studies of performance in the general population: A response to criticisms," *Intelligence* 45 (2014): 81 –103.

(40) William T. Young, "The role of musical aptitude, intelligence, and academic achievement in predicting the musical attainment of elementary instrumental music students," *Journal of Research in Music Education* 19 (1971): 385 –398.

(41) Joanne Ruthsatz, Douglas Detterman, William S. Griscom, and Britney A. Cirullo, "Becoming an expert in the musical domain: It takes more than just practice," *Intelligence* 36(2008): 330 –338.

(42) Kyle R. Wanzel, Stanley J. Hamstra, Marco F. Caminiti, Dimitri J. Anastakis, Ethan D. Grober, and Richard K. Reznick, "Visual-spatial ability correlates with efficiency of hand motion and successful surgical performance," *Surgery* 134 (2003): 750 –757.

(43) Katherine Woollett and Eleanor A. Maguire, "Acquiring 'the knowledge' of London's layout drives structural brain changes," *Current Biology* 21 (2011): 2109 –2114.

(44) Robert S. Root-Bernstein, Maurine Bernstein, and Helen Garnier, "Identification of scientists making long-term, high impact contributions, with notes on their methods

of working," Creativity Research Journal 6 (1993): 329 – 343; Kenneth S. Law, Chi-Sum Wong, Guo-Hua Huang, and Xiaoxuan Li, "The effects of emotional intelligence on job performance and life satisfaction for the research and development scientists in China," *Asia Pacific Journal of Management* 25(2008): 51 – 69.

(45) For information on Feynman, Watson, and Shockley, see Robert Root-Bernstein, Lindsay Allen, Leighanna Beach, Ragini Bhadula, Justin Fast, Chelsea Hosey, Benjamin Kremkow, Jacqueline Lapp, Kaitlin Lonc, Kendell Pawelec, Abigail Podufaly, Caitlin Russ, Laurie Tennant, Eric Vrtis, and Stacey Weinlander, "Arts foster scientific success: Avocations of Nobel, National Academy, Royal Society, and Sigma Xi members," *Journal of the Psychology of Science and Technology* 1, no. 2 (2008): 51 – 63.

(46) Donald W. MacKinnon, "The nature and nurture of creative talent," *American Psychologist* 17, no. 7 (1962): 484 – 495.

(47) Jessie Brouwers, Veerle de Bosscher, and Popi Sotiriadou, "An examination of the importance of performances in youth and junior competition as an indicator of later success in tennis," *Sport Management Review* 15 (2012): 461 – 475.

(48) Melanie Noel, Carole Peterson, and Beulah Jesso, "The relationship of parenting stress and child temperament to language development among economically disadvantages preschoolers," *Journal of Child Language* 35, no. 4 (2008): 823 – 843.

(49) Brad M. Farrant and Stephen R. Zubrick, "Parent-child book reading across early childhood and child vocabulary in the early school years: Findings from the Longitudinal Study of Australian Children," *First Language* 33 (2013): 280 – 293.

(50) The Story of Success(New York: Little, Brown, 2008).

(51) Benjamin G. Gibbs, Mikaela Dufur, Shawn Meiners, and David Jeter, "Gladwell's big kid bias?" *Contexts* 9, no. 4 (2010): 61 – 62.

(52) Robert S. Siegler and Geetha B. Ramani, "Playing board games promotes low-income children's numerical development," *Developmental Science* 11 (2008): 655 – 661.

| 제9장 | '호모 엑세르켄스'를 향해

(1) Louis Deslauriers, Ellen Schelew, and Carl Wieman, "Improved learning in a large-enrollment physics class," *Science* 332 (2011): 862 – 864.

(2) Ibid. Also see Jeffrey Mervis, "Transformation is possible if a university really cares," *Science* 340, no. 6130 (2013): 292 – 296.

(3) Deslauriers, Schelew, and Wieman, "Improved learning."

(4) 하브릴룩의 회사 웹사이트를 참조하기 바란다. Swimming Technology Research: https://swimmingtechnology.com/.

(5) Deslauriers, Schelew, and Wieman, "Improved learning."

(6) "A better way to teach math," *New York Times*, April 11, 2011, http://opinionator. blogs.nytimes.com/2011/04/18/a-better-way-to-teach-math/?_r=0 (accessed August 21, 2015).

(7) R. R. Hake, "Interactive-engagement vs. traditional methods: A six-thousand student survey of mechanics test data for introductory physics students," *American Journal of Physics* 66, no. 4 (1998): 64 – 74; David Hestenes, Malcolm Wells, and Gregg Swackhamer, "Force concept inventory," *Physics Teacher* 30 (1992): 141 – 158.

(8) Eve Kikas, "Teachers' conceptions and misconceptions concerning three natural phenomena," *Journal of Research in Science Teaching* 41 (2004): 432–448; Yaël Nazé and Sebastien Fontaine, "An astronomical survey conducted in Belgium," *Physics Education* 49 (2014): 151 – 163.

(9) "Harvard graduates explai n seasons," YouTube, https://www.youtube.com/ watch?v=p0wk4qG2mIg (accessed October 4, 2015).

(10) Deslauriers, Schelew, and Wieman, "Improved learning."

(11) Jeffrey Mervis, "Transformation is possible if a university really cares," *Science* 340, no. 6130 (2013): 292 – 296.

(12) *The Psychology of Optimal Experience* (New York: Harper & Row, 1990).